DE LA RAISON

RECHERCHES

SUR

LA NATURE ET L'ORIGINE

DES IDÉES MORALES ET SCIENTIFIQUES

PAR

A. OTT

PARIS

SANDOZ ET FISCHBACHER, ÉDITEURS

33, RUE DE SEINE ET RUE DES SAINTS-PÈRES, 33

1873

DE LA RAISON

NEUCHATEL. — IMP. DE JAMES ATTINGER.

DE LA RAISON

RECHERCHES

SUR

LA NATURE ET L'ORIGINE

DES IDÉES MORALES ET SCIENTIFIQUES

PAR

A

PARIS

SANDOZ ET FISCHBACHER ÉDITEURS

33, RUE DE SEINE ET RUE DES SAINTS-PÈRES, 33

1873

On me dispensera sans doute de prouver que la nature et les caractères de la raison ne sont pas encore parfaitement connus. La raison est un bien commun dont chacun use ainsi que bon lui semble, et rien de plus légitime. Mais la plupart s'en servent de même que des organes de leur corps, sans se soucier d'en pénétrer les ressorts secrets. Ils supposent d'ailleurs que la philosophie a depuis longtemps résolu tous les problèmes que soulève notre faculté de connaître et qu'on n'invoquerait pas l'autorité de la raison dans toute sorte de débats, si on ne s'était rendu compte exactement des éléments, des propriétés et de la portée de cette puissance intellectuelle.

Mais, à cet égard, ils se font illusion. Qu'on ouvre les livres des philosophes et qu'on y cherche des notions positives sur la raison! On n'y trouvera que divergences et controverses, et l'on sera tout surpris de voir le doute et l'incertitude se disputer le terrain que l'on suppose être le fondement de la certitude même.

Je crois pouvoir me dispenser aussi d'insister sur l'importance qu'il y aurait, au point de vue des progrès de la science philosophique en général, comme à celui du bon usage de nos facultés intellectuelles, à dissiper cette obscurité et à asseoir la théorie de la raison sur des bases satisfaisantes. C'est dans le but de contribuer, dans la limite de mes forces, à un résultat pareil que j'ai entrepris cet ouvrage.

Cette étude sera divisée en trois parties. Je me propose, dans la première, d'examiner en quoi consiste la raison, d'indiquer les éléments dont elle se compose, en me fondant uniquement sur les faits constatés par l'observation, enfin d'en déterminer le but et la fonction. La seconde partie sera consacrée aux sources de la raison, c'est-à-dire à l'origine des idées ; ce sera celle où je me trouverai en face des questions les plus controversées et où je serai obligé aussi de discuter un certain nombre de problèmes métaphysiques qui se rattachent directement à mon sujet. Enfin, dans la troisième partie, j'essaierai d'établir la portée et l'autorité de la raison, autant vis-à-vis de ceux qui en contestent les droits au nom de la foi, que de ceux qui en nient les principes en vertu de fausses conceptions philosophiques.

PREMIÈRE PARTIE

DE LA NATURE DE LA RAISON

CHAPITRE PREMIER

Caractère général de la raison.

Tout homme vivant en société et sain d'esprit a le pouvoir de porter des jugements motivés, de discerner dans certaines limites le vrai du faux, de combiner des notions ou des idées en vue d'un but à atteindre ou d'une action à accomplir. C'est ce pouvoir que le langage ordinaire, parfaitement conforme en cela aux véritables conclusions de la philosophie, appelle la raison. Quelle en est la nature ?

De bonne heure la philosophie a reconnu que la raison était plus que l'intelligence proprement dite ou la simple faculté de penser ; car autre chose est de saisir des perceptions, de former des idées, d'avoir des souvenirs, autre chose de porter des jugements motivés et de reconnaître la vérité de l'erreur. Mais de bonne heure aussi la tendance à distinguer entre les diverses manifestations de la vie physique et morale a abouti, sinon à la supposition de plusieurs âmes complètement séparées co-existant chez le même individu, du moins à celle de facultés intellectuelles multiples, parmi lesquelles la philosophie grecque déjà assignait à la raison une place spéciale bien marquée.

Est-on effectivement autorisé à admettre que la raison forme une faculté particulière de l'esprit?

L'hypothèse de la pluralité des facultés de l'âme comptait de nombreux partisans à la fin du XVIIIe siècle et au commencement du XIXe. Elle était reçue par l'école de Wolff et par celle de Reid et les matérialistes mêmes l'acceptèrent en transférant au cerveau les divisions que les spiritualistes croyaient apercevoir dans l'esprit. Ces derniers attribuaient la plupart des modes de l'activité intellectuelle à autant de facultés spéciales et quelques-uns portèrent l'analyse dans la raison même, en distinguant entre la raison proprement dite et l'entendement. Mais ce fut Kant qui poussa cette distinction à ses limites extrêmes, en admettant, en dehors de la perception des sens, deux facultés intellectuelles nettement séparées : l'entendement, organe du raisonnement habituel, des jugements fondés sur certaines idées premières, et la raison pure, puissance supérieure qui crée les conceptions spéculatives et les notions transcendantes.

Le premier qui contesta cette division de l'âme en facultés diverses fut Herbart. Il chercha à prouver que tous les faits de conscience se réduisent à des représentations, à des idées, à des sentiments, et que leur diversité ne résulte que de la différence des impressions d'où ces idées et ces représentations proviennent. Mais Herbart eut le tort d'attribuer à l'âme une passivité absolue et d'en faire le simple réceptacle d'impressions extérieures. Néanmoins les raisons qu'il donna contre la pluralité des facultés eurent grand succès en Allemagne et modifièrent considérablement les opinions à cet égard.

En France, le système de Herbart resta à peu près inconnu; l'attaque dirigée contre la pluralité des facultés intellectuelles fut complètement ignorée et la philosophie éclectique en particulier s'en tint exclusivement sous ce rapport aux traditions de l'école écossaise. La même attaque devait se reproduire en France sous une forme toute différente.

Ce fut Buchez qui, étudiant les relations de l'âme avec le cerveau, trouva que les centres nerveux jouaient un rôle considérable dans les opérations intellectuelles et que la plupart des phénomènes qu'on avait attribués jusque-là à des facultés particulières de l'âme, ne proviennent que de la combinaison de l'action de l'esprit avec celle des divers organes cérébraux. Dans cette voie, Buchez arriva à des résultats bien plus complets qu'Herbart, et surtout bien plus positifs. Il prouva que toute idée est représentée par un élément matériel, un filet ou une combinaison de filets nerveux ; il fit voir que l'association des idées, certains phénomènes de mémoire, l'état émotif ou le sentiment, l'habitude, ont leur siège ou leur source dans l'organisme. Il démontra, en outre, que toutes les opérations intellectuelles supposent l'intervention active et spontanée de la force spirituelle, et que, loin d'être passive vis-à-vis de l'organisme et du monde extérieur, l'âme est au contraire un principe d'incessante activité. Ainsi se trouvait confirmé le principe de l'unité de l'âme, auquel l'hypothèse de la pluralité des facultés porte une grave atteinte, en même temps que l'apparence de la diversité de ces facultés était parfaitement expliquée [1].

Les conclusions de Buchez me paraissent irrécusables. Il est certain que les propriétés de l'âme peuvent se réduire à un très petit nombre. La plus fondamentale, celle dont découlent toutes les autres, est l'activité libre et spontanée. Quand cette activité se détermine vers un but, elle prend le nom de volonté ; quand elle s'exerce sur certaines

---

[1] Voir BUCHEZ, *Introduction à la science de l'histoire*, et *Traité de philosophie*. On peut consulter aussi l'exposé des idées de Buchez que j'ai donné en tête de son *Traité de politique et de science sociale*, et mon mémoire intitulé : *La doctrine de Buchez sur le système nerveux et sur les rapports de l'esprit avec l'organisme* inséré dans les Annales médico-psychologiques (janvier 1866).

parties du système nerveux encéphalique, sur les filets nerveux ou les cellules cérébrales qui répondent aux sensations et à diverses autres notions, elle devient l'intelligence, elle produit des faits de conscience, des perceptions, des affirmations, des idées ; enfin quand elle agit sur les cellules nerveuses qui président aux mouvements musculaires, elle joue le rôle de force motrice. L'âme a de plus la propriété de conserver d'une manière latente en elle-même les faits de conscience qu'elle a une fois produits, et cette mémoire spirituelle est la seule de ses facultés qu'on ne puisse pas rattacher directement, jusqu'ici du moins, à son activité spontanée même.

De ces propriétés, la seule qui nous intéresse ici, est la faculté de produire des faits de conscience et de les conserver dans la mémoire. Sans ce pouvoir de l'âme, la raison ne pourrait prendre naissance. Mais, tout en formant la condition indispensable de la raison, il ne la constitue pas.

Au moyen de cette faculté, en effet, nous percevons, nous affirmons, nous connaissons. Mais nous ne pouvons juger et raisonner que lorsque nous possédons déjà un certain nombre de connaissances. Que ces dernières se trouvent naturellement dans notre esprit, comme le supposent les partisans des idées innées, ou qu'elles soient acquises de toute autre manière, cela importe peu en ce moment. Toujours faut-il qu'elles existent pour que nous portions un jugement quelconque.

Ce fait ne me paraît pas avoir besoin de preuve. Il est clair que pour juger d'un objet, d'un rapport, il faut commencer par avoir une idée de cet objet, de ce rapport ; que pour affirmer d'un fait qu'il est vrai ou faux, il faut avoir quelque notion de la vérité et de l'erreur, que pour combiner un plan ou une action, il faut connaître déjà les éléments de cette combinaison. L'exercice de la raison suppose donc nécessairement des idées déjà existantes dans l'esprit.

D'autre part, quand une fois nous possédons certaines idées, la faculté de penser même, par laquelle nous percevons, nous connaissons, suffit aussi pour nous permettre de juger, de raisonner. Comme nous aurons l'occasion de le prouver, le jugement ne diffère des affirmations et des perceptions ordinaires que parce qu'il suppose une ou plusieurs idées préexistantes; le raisonnement n'est qu'un enchaînement de jugements liés entre eux par une idée ou un but. Pour expliquer notre pouvoir de juger et de raisonner, il n'y a donc pas lieu de faire intervenir une faculté spéciale de l'esprit. Il suffit, pour que ces opérations intellectuelles soient possibles, que nous possédions la faculté de penser et des connaissances déjà acquises.

La raison n'étant pas identique à la faculté même de penser, elle ne peut donc résider que dans certaines idées ou connaissances déjà présentes à notre intelligence.

Cette vérité se manifeste même dans les diverses acceptions du mot raison. Quand nous portons un jugement, que nous affirmons une conclusion, c'est toujours en vertu de certaines raisons, et ces raisons consistent dans les idées, les motifs, les connaissances acquises qui nous ont déterminés à juger ou à conclure. La raison considérée comme pouvoir de l'esprit humain est d'une nature analogue; elle ne diffère des raisons particulières qu'en ce qu'elle est plus générale et qu'elle les embrasse toutes. Elle est l'ensemble des idées, des motifs, des connaissances acquises qui président à tous nos jugements, à toutes nos conclusions.

Un premier point est donc acquis : c'est que la raison consiste dans un ensemble d'idées. C'est d'ailleurs le point le moins contesté aujourd'hui. Il s'agit maintenant de déterminer quelles sont ces idées.

Dans cette recherche, j'appliquerai le nom d'idées à tous les faits de conscience de quelque nature qu'ils soient et de quelque nom qu'on les appelle : sensations, perceptions, représentations, notions, concepts, conceptions, connaissances, idées. Il est vrai que la différence de ces dénominations est justifiée jusqu'à un certain point et je n'hésiterai pas à me servir de préférence des unes ou des autres lorsque l'occasion s'en présentera, ce qui aura d'autant moins d'inconvénient que, pour un certain nombre d'entre elles, les différences de signification résultent des expressions mêmes. Mais je me crois autorisé à comprendre sous le terme d'idées tous les faits de conscience, parce que, d'une part, il n'existe pas à cet égard de terminologie généralement acceptée, chaque écrivain attachant un sens différent au même mot, et que, d'autre part, j'espère faire voir plus tard que tous sont les mêmes au fond et qu'il n'existe entre eux que des différences extérieures et accidentelles. Je comprendrai non-seulement sous le terme général d'idées les conceptions qui sont exprimées par un seul mot, comme celles qui forment les idées proprement dites des traités de logique, mais même les jugements, les principes exprimés par des propositions ; car, sauf un degré de complication de plus, le fait de conscience est le même dans ces dernières conceptions que dans les simples idées.

Quant à la nature du fait de conscience lui-même, du phénomène qui constitue la pensée, il est clair qu'elle échappe à toute analyse. Nous pouvons en étudier les caractères, nous pouvons déterminer les conditions sous lesquelles il se produit, et nous verrons que ces dernières ne sont pas indifférentes à la raison, mais il nous sera toujours impossible d'en rendre compte scientifiquement. Parmi les caractères du fait de conscience, il n'en est qu'un seul que je doive signaler ici, parce qu'il confirme une observation indiquée plus haut. Toute idée, quelle qu'elle soit, a la double propriété d'être à la fois une et multiple : une, parce qu'elle est indivisible et qu'il est impossible de concevoir par exemple le quart ou le tiers de l'idée d'un objet, lors même que cet objet est parfaitement divisible ; multiple, parce que l'objet de l'idée l'est lui-même ou parce que cet objet suppose des rapports multiples [1]. Rien ne prouve mieux la double nature des deux facteurs dont toute idée est le produit : l'élément intellectuel, l'esprit un et indivisible ; l'élément matériel, le cerveau, étendu et composé.

CHAPITRE II

La raison de chaque individu est formée par la totalité des idées qu'il possède.

Si la raison réside essentiellement dans un ensemble d'idées, quelles sont, parmi ces idées, celles qui en forment les éléments fondamentaux ?

Nous nous trouvons ici en face d'une doctrine qui a jeté un grand éclat, du système des idées innées. D'après ce système, les principes sur lesquels repose la raison humaine seraient peu nombreux et d'un caractère tellement général qu'ils ne toucheraient qu'aux plus hautes sommités de la science, ou plutôt n'en constitueraient que les premiers éléments. Ils consisteraient en quelques abstractions métaphysiques et en quelques notions morales non

---

[1] Ainsi, quoiqu'on conçoive parfaitement le 10me, le 100me du mètre, il est impossible de concevoir le 10me ou le 100me de l'idée du mètre. Cependant, quand nous concevons le mètre, la longueur de cette mesure est bien comprise dans l'idée, et par conséquent celle-ci renferme bien un élément divisible. Cet élément multiple se trouve même dans les idées simples et abstraites, telles que celles de cause, d'être, d'unité ; ces idées, en effet, ne se définissent que par leurs contraires et ne sont conçues qu'en vertu de la perception d'une foule de rapports divers.

moins générales. La partie est plus grande que le tout, tout effet provient d'une cause, deux propriétés contradictoires ne peuvent appartenir à la même substance, l'homme a pour devoir de faire le bien, il faut attribuer à chacun ce qui lui appartient, tout être libre est responsable de ses actes,— ces axiomes et un certain nombre d'autres de même nature, voilà quels seraient, suivant les partisans de cette doctrine, les principes généraux de la raison, principes communs à toute l'espèce humaine et suffisants pour guider l'homme dans tous ses raisonnements et lui faire découvrir toutes les vérités.

J'aurai l'occasion de revenir sur ces principes et d'en apprécier toute la valeur rationnelle. Mais évidemment, s'ils sont d'une importance première pour la raison, ils ne la constituent pas tout entière ; autrement, comment ces principes communs à tous les hommes leur auraient-ils dicté, suivant les temps et les lieux, des jugements si contradictoires sur les questions qui les intéressaient le plus? Les idées de toute nature, — notions métaphysiques, physiques et morales, conceptions sur Dieu, sur la nature, sur l'homme, sur sa destination terrestre, sur les relations des hommes entre eux, — combien de variations et d'oppositions n'ont-elles pas offert pendant le cours des siècles, et pourtant dans ce désaccord général chacun était convaincu d'obéir à la raison et d'affirmer la vérité! Cependant les abstractions morales et métaphysiques que j'ai indiquées n'ont jamais manqué à la raison. Elles ont joué toujours leur rôle dans le raisonnement humain, sans empêcher les plus grandes divergences de se produire sur les questions les plus fondamentales. Ce ne sont donc pas elles qui contiennent l'ensemble des raisons décisives. Cet ensemble doit être cherché ailleurs.

La vérité est que la raison de chaque individu réside dans la totalité des idées qu'il possède et qu'elle dépend de la manière dont ces idées sont systématisées dans son intelligence. Quant à la raison générale, elle résulte dans toute société donnée, de l'ensemble des idées communes à la grande majorité des individus dont cette société se compose. C'est ce que j'essaierai de prouver.

Il s'agit de démontrer d'abord que la raison individuelle consiste dans la totalité des idées que possède chaque individu. Cette démonstration sera faite si je prouve que tous les jugements d'un individu, tous ses actes, toutes ses déterminations rationnelles, dépendent plus ou moins de la totalité des idées qu'il a acquises, que toutes jouent un certain rôle dans ses opinions et ses convictions, enfin que sa raison est d'autant plus haute et plus compréhensive que cette totalité elle-même contient plus d'idées et des idées plus élevées et plus générales.

Mais en réalité cette preuve a-t-elle besoin d'être faite? N'est-il pas évident que les jugements des hommes dépendent de toutes les idées vraies ou fausses qu'ils ont reçues, que leurs déterminations sont subordonnées à l'ensemble de leurs connaissances générales et particulières sur eux-mêmes, sur la société, sur le monde extérieur, que leurs appréciations seront plus sûres et plus rationnelles si l'horizon qu'il leur est donné de voir est plus vaste et mieux éclairé? Si ce fait n'est pas généralement aperçu, c'est parce qu'on se figure toujours la raison comme une sorte de divinité austère qui ne prononce que des verdicts infaillibles et dont les sentences répondent nécessairement à la vérité. Mais ce n'est là qu'une raison imaginaire, un fantôme qui n'a jamais eu corps. La raison ne se manifeste toujours que par des jugements individuels, portés sur des questions générales ou particulières, mais le plus souvent particulières. Or, quand on l'étudie dans ces manifestations réelles, il est facile de voir que non-seulement l'ensemble des opinions générales d'un individu, mais même un grand nombre de ses jugements particuliers, dépendent de la totalité des idées qu'il a reçues.

Il est très vrai que les raisons par lesquelles nous décidons la plupart des questions de détail sont puisées dans les notions qui se rapportent aux objets particuliers dont dépendent ces questions. Il est vrai aussi que dans l'ensemble des jugements que nous portons, tel ordre de connaissances joue un rôle bien plus important que tel autre, et qu'il existe une certaine systématisation des idées, comme je le prouverai au chapitre suivant. Mais ces exceptions ne portent aucune atteinte au fait général. Quelques exemples feront voir comment les principes qui guident notre raisonnement et notre conduite, qui déterminent nos convictions les plus importantes et nos opinions habituelles, qui constituent notre raison en un mot, sont en rapport direct avec toute la masse des idées qui meublent notre intelligence.

Tout effet est produit par une cause. Voilà un principe abstrait fort juste, mais qui ne nous apprend absolument rien quand il s'agit de découvrir la cause d'un effet déterminé. Supposons que cet effet soit un coup de foudre. Demandez-en la cause aux Grecs et aux Romains primitifs, ils vous répondront que la foudre est lancée par la main de Jupiter. Voyez la masse d'idées particulières qui ont dû concourir pour provoquer une réponse pareille. Il a fallu croire d'abord à l'existence de dieux ayant forme humaine ; il a fallu supposer que les dieux produisaient directement tous les phénomènes naturels. La terre devait être immobile au centre, et le ciel former au-dessus d'elle une voûte solide, habitée par les dieux. La foudre était une arme aux mains du dieu, comme la flèche aux mains des mortels. La négation de la pluralité des dieux a suffi sans doute pour écarter cette solution primitive. Mais quelle accumulation de découvertes astronomiques, météorologiques, physiques, chimiques n'a-t-il pas fallu pour amener à la solution réelle ?

Prenons un exemple tout différent. Supposons-nous en

1792 et recherchons les motifs des jugements si contradictoires qui déterminaient d'un côté le volontaire républicain à prendre les armes pour courir à la défense de la patrie, et de l'autre l'émigré à s'engager dans l'armée de Condé pour combattre la France à la suite des étrangers. La raison de l'un et de l'autre comprenait certainement beaucoup de principes communs ; ils étaient complètement d'accord, non-seulement sur les axiomes abstraits de la métaphysique et de la morale, mais sur beaucoup de vérités scientifiques. Nous pouvons les supposer de parfaite bonne foi tous deux. Et cependant leurs convictions les plus fondamentales, les croyances pour lesquelles ils allaient donner leur vie, étaient en opposition absolue. C'est que le volontaire avait souffert des vices et des abus de l'ancien régime. Il avait la mémoire remplie de faits et de particularités qui en démontraient l'iniquité ; toutes ses lectures l'avaient entretenu dans l'idée d'une rénovation de la société et il avait accueilli avec enthousiasme les grands actes des assemblées nationales, destinés à inaugurer cette rénovation ; enfin il avait la conviction que l'individu doit se sacrifier au bien général, et c'était l'ensemble de toutes ces considérations qui l'avait déterminé à quitter femme et enfants pour affronter la mort sur la frontière. L'émigré, au contraire, n'avait connu l'ancien régime que par les avantages personnels qu'il en avait retirés, et n'avait lu que les écrits qui en faisaient l'apologie. Il s'était peu occupé des souffrances qui en résultaient pour la masse de la population et considérait les priviléges dont il avait joui comme des droits inaliénables ; il croyait son honneur intéressé à défendre les droits de sa caste et se décidait par l'ensemble de ces motifs à se joindre aux armées qui envahissaient sa patrie. Les raisons qui motivaient la conduite de l'émigré comme celle du volontaire, et qui formaient pour eux la raison, c'est-à-dire la base de leurs jugements dans les questions les plus générales et les plus importantes, étaient donc puisées dans toute la foule des notions qu'ils avaient reçues dans le cours de leur vie, et dérivaient de tout ce qu'ils avaient observé, de tout ce qu'ils avaient appris.

La raison dépend de la totalité des idées acquises, chez les savants comme chez les ignorants. Chez les uns et les autres la raison est d'autant plus haute, le jugement d'autant plus sûr, qu'ils ont manié un plus grand nombre d'idées, qu'ils ont accumulé plus d'expériences ou de savoir. La différence qui existe entre l'homme connaissant parfaitement une science spéciale et celui qui n'en possède que les éléments, se reproduit sur tous les degrés de l'échelle intellectuelle : le premier juge immédiatement la portée de toutes les idées nouvelles, de toutes les hypothèses qui se produisent sur le terrain de cette science, tandis que le second s'égare dans des suppositions incertaines, faute de se rendre compte des faits positifs sur lesquels son raisonnement peut porter. Ce qui ne veut pas dire que la raison de l'homme qui a fait des études prolongées, qui peut être même très instruit dans une science spéciale, soit nécessairement supérieure à celle de l'homme qui n'a puisé ses conceptions que dans la vie pratique. Des connaissances très détaillées, mais dans un seul ordre de faits et d'idées, rétrécissent la raison plutôt qu'elles ne l'étendent, tandis qu'une grande expérience pratique, surtout dans l'ordre des choses politiques et sociales, l'élargit toujours.

Mais c'est dans les œuvres des savants qui ont embrassé toute l'encyclopédie des sciences humaines qu'il faut étudier l'influence que la multiplicité des connaissances exerce sur le jugement. C'est dans les écrits des Descartes, des Leibnitz, des Newton, sans parler des modernes, qu'on voit combien toute la masse des notions acquises contribue au développement de la pensée, à la rectitude du raisonnement. Et si de là nous reportons les yeux sur les degrés inférieurs de l'échelle intellectuelle, sur le monde des ignorants, nous voyons se produire encore un phénomène analogue, mais dans le sens inverse et avec des conséquences contraires. Une idée, une observation quelconque prise dans la totalité des connaisances acquises, suffit quelquefois pour imprimer une direction définitive à la raison et pour la fausser. L'horreur légitime causée par une exécution sanglante, accomplie dans des troubles civils, a fait de certaines personnes des adversaires décidés de toutes les révolutions, même les plus bienfaisantes et les plus indispensables. Pour d'autres, un crime commis par un ecclésiastique constitue un motif suffisant pour condamner toutes les religions présentes et passées. C'est ainsi que le moindre fait exerce son influence sur l'ensemble de nos jugements et peut même prendre la valeur d'un principe de la raison.

La preuve que toutes nos idées jouent un rôle dans la raison résulte aussi de la défaillance que subit notre intelligence, sitôt qu'un certain nombre d'idées, même de celles que nous avons acquises par notre expérience individuelle, viennent à nous manquer. C'est ce qui arrive dans certaines maladies, mais notamment dans le rêve et la folie. Ici je dois rappeler ce que j'ai dit précédemment sur la part du cerveau dans nos opérations intellectuelles. D'après le résultat à peu près incontestable des recherches physiologiques modernes, on est obligé d'admettre qu'à toute idée spéciale correspond une cellule nerveuse spéciale ou un ensemble de cellules nerveuses, et que l'association des idées résulte de trajets nerveux établis entre ces éléments matériels de nos conceptions, enfin que certains phénomènes de mémoire ont également leur siège dans l'organisme cérébral [1]. S'il en est ainsi, la condition, pour

---

[1] La distinction physiologique entre la mémoire matérielle et la mémoire spirituelle a été établie par Buchez. Voici comment je l'ai exposée dans un mémoire lu à la Société médico-psychologique :

qu'une idée que nous avons eue antérieurement se représente à notre esprit, pour qu'elle devienne un souvenir actuel et ne reste pas enfouie dans le fond latent de notre mémoire spirituelle, c'est que la cellule nerveuse qui lui correspond entre en mouvement, et qu'il s'établisse un rap-

« Il existe une mémoire matérielle, celle qui nous permet de reproduire dans le même ordre une série d'impressions ou de signes, d'apprendre par cœur des morceaux de littérature, qui tient évidemment aux mêmes causes que l'association des idées. Ce n'est que l'association des idées combinée avec l'habitude. . . . Les liens nerveux entre les impressions et les signes ne s'établissent le plus souvent d'une manière stable que lorsque la répétition les a fixés dans le cerveau. En général, toute reproduction d'impressions ou de signes est un fait de mémoire matérielle, et la facilité plus ou moins grande qu'offre cette aptitude tient certainement à des conditions cérébrales.

» Mais la mémoire matérielle n'entre en jeu que lorsqu'il s'agit de reproduire actuellement, d'exprimer dans la pensée ou par la parole une série de signes et d'idées. Il ne faut pas la confondre avec la mémoire spirituelle, que Buchez en a distinguée avec soin. Par la mémoire spirituelle, nous conservons dans l'esprit les connaissances que nous avons acquises; elles y sont présentes, quelque éloignées qu'elles puissent être de notre pensée actuelle, et l'esprit peut les évoquer à sa volonté chaque fois qu'il a besoin de s'en servir. Quand nous lisons un livre, par exemple, les pages, les chapitres que nous avons lus les premiers restent dans notre esprit, quoiqu'il nous soit impossible d'en reproduire l'arrangement matériel, les expressions, les formes; car s'ils n'y restaient pas, nous ne comprendrions ni la suite, ni la conclusion de l'ouvrage. De même, quand on a étudié une science pendant de longues années, que pendant d'autres années encore on a complété ses connaissances par la pratique et l'expérience, toutes ces idées acquises restent déposées dans l'esprit, bien que nous y pensions rarement et que ce serait presque toujours un grand travail d'en dérouler le tableau. Mais que l'on ait besoin de ces idées, que l'avocat soit consulté par un client, que le médecin soit appelé au lit d'un malade, ces connaissances conservées dans l'esprit concourent toutes au jugement qu'on va porter. En d'autres termes, la mémoire matérielle est la faculté par laquelle nous *rappelons* des impressions antérieures, la mémoire spirituelle, celle par laquelle nous *savons* ce que nous avons appris. Aux yeux de Buchez, cette mémoire spirituelle est pour chaque homme le gardien incorruptible, non-seulement de toutes les idées générales qu'il a acquises, mais des actions bonnes ou mauvaises qu'il a accomplies; elle constitue, pour ainsi dire, sa conscience, sa raison; et il est impossible de ne pas y voir une modification substantielle de l'âme même. »

(*Annales médico-psychologiques*, janvier 1866.)

port entre cet élément matériel et la force spirituelle. Un phénomène intellectuel très habituel offre un exemple frappant de ce concours indispensable de l'esprit et de l'organisme cérébral. Très souvent nous sommes dans l'impossibilité de retrouver un mot, un nom propre. Nous savons que ce mot existe, notre mémoire spirituelle le connaît très bien, nous l'avons au bout des lèvres, mais nous sommes incapables de le prononcer, même mentalement. Or, cela ne peut provenir que d'un fait cérébral dont la nature nous est inconnue, mais en vertu duquel l'esprit ne trouve pas à sa disposition la cellule nerveuse qui répond à ce mot.

Il nous arrive assez souvent dans l'état sain de ne pouvoir retrouver un mot, beaucoup plus rarement de ne pouvoir retrouver une idée, sans doute parce que les dispositions organiques ne sont pas les mêmes pour ces deux ordres d'affirmations. Mais il est habituel d'oublier des idées dans le rêve et dans la folie et alors cet oubli suffit à lui seul pour altérer profondément notre raison.

Ce qui se passe dans le rêve est très facile à comprendre. Pendant le sommeil, ce n'est pas l'esprit, c'est l'organisme nerveux qui dort, c'est-à-dire qui se trouve dans l'état périodique d'inaction nécessaire à la réparation de la force nerveuse. Or, il peut arriver que toutes les cellules nerveuses soient dans cet état, ou quelques-unes seulement. Lorsque les cellules nerveuses dorment toutes, il n'y a pas de rêve ; mais lorsqu'une partie d'entre elles sont éveillées, et que d'autres restent engourdies, l'esprit se trouve en présence d'une portion seulement de l'élément matériel de ses idées et ne peut produire les autres, parce que l'instrument organique lui manque. C'est alors que survient le rêve. L'activité intellectuelle s'exerce sur un petit nombre d'images seulement ; ses notions sont obscures et incertaines, parce que les éléments nerveux qui concourent à la production d'une idée complexe ne sont éveillés qu'en partie ; elles sont dépourvues de suite, parce que les trajets intermédiaires qui les relient à d'autres et qui président à l'association des idées, sont en état de sommeil. Ce n'est qu'à mesure qu'un plus grand nombre d'éléments nerveux sortent de leur assoupissement, d'ordinaire peu avant le réveil complet, que les rêves deviennent plus clairs et plus suivis et présentent un développement logique. Mais même dans ce dernier cas, un grand nombre d'idées continuent à faire défaut et pour ce motif le rêve ne présente jamais un caractère parfaitement raisonnable.

Chacun peut observer ces faits sur lui-même. Nous oublions dans le rêve les conditions les plus élémentaires de notre existence matérielle, nous perdons le souvenir des événements les plus graves de notre vie. Le temps et l'espace ne nous opposent plus de barrières, nous marchons sur l'eau, nous traversons les airs, nous nous transportons dans un moment à cent lieues de distance. Nous oublions nos joies comme nos chagrins. Nous nous croyons ruinés, réduits à la misère, quand nos affaires sont en pleine prospérité ; nous revoyons en riant un ami mort dont le nom seul aurait suscité les souvenirs les plus douloureux si nous l'avions entendu prononcer étant éveillés. Tout ce défaut de raison provient évidemment de ce qu'un certain nombre de notions, des plus usuelles, se sont effacées momentanément de notre mémoire. Il est des gens qui prétendent avoir fait en rêve des inventions magnifiques et qui sont désolés de ne pouvoir se les rappeler. C'est que dans le raisonnement qu'ils avaient fait en dormant, ils avaient oublié quelqu'une des conditions fondamentales du problème, et cette condition étant présente à leur esprit quand ils sont éveillés, les solutions qui les satisfaisaient complètement en rêve ont perdu toute valeur à leurs yeux.

Des phénomènes analogues à ceux du rêve paraissent se produire dans la forme d'aliénation mentale qu'on désigne ordinairement sous le nom de manie. Là aussi le malade exprime une série d'idées fugitives, sans suite ou faiblement liées entre elles et ne se souvient plus des idées relatives aux conditions les plus élémentaires de l'existence matérielle. On peut s'expliquer ces phénomènes par des causes analogues à celles du rêve. En supposant, en effet, que la nutrition des organes cérébraux se fasse irrégulièrement, que tels éléments nerveux reçoivent une nourriture trop abondante, que tels autres en soient privés et s'atrophient, il doit se produire d'une manière permanente ce qui dans le sommeil n'arrive que passagèrement. Les éléments surexcités doivent être constamment présents à l'esprit, ceux qui sont atrophiés doivent lui manquer tout à fait, ceux qui sont dans un état intermédiaire ne doivent apparaître que par intervalles. De là les nombreuses lacunes dans les idées mêmes et dans la liaison des idées, qui font du maniaque un être privé de raison.

Les considérations que je viens de présenter auront prouvé, je l'espère, que la raison dépend de la totalité de nos idées. J'ai à faire voir maintenant qu'elle ne dépend pas moins de leur coordination systématique.

CHAPITRE III

Les idées formant la raison sont systématisées.

La systématisation de nos idées constitue une nécessité de notre nature intellectuelle. Elle résulte inévitablement de l'existence d'idées générales et d'idées particulières et de la manière dont ces dernières sont subordonnées aux premières. Comme il est impossible de concevoir une grande collection d'idées sans qu'il existe entre elles un ordre de subordination de ce genre, la totalité des idées d'un individu offre nécessairement aussi un système général d'après lequel ces idées sont classées et mises en relation entre elles, et je n'aurais pas à m'arrêter plus longtemps sur ce sujet, si je ne devais indiquer quelles sont dans la raison les idées dominantes, celles qui jouent le rôle de principes généraux et auxquelles viennent se subordonner toutes les autres.

On trouvera peut-être que ce problème n'offre guères de difficulté et que les idées qui dominent la raison sont celles qui par leur nature même sont les plus générales, et on citera comme telles les abstractions métaphysiques et morales que j'ai mentionnées précédemment, les idées d'être, de substance, de cause, de bien, etc. Mais, en réalité, il n'en est pas ainsi, et, si ces idées abstraites ont pu fournir quelquefois les bases de classifications scientifiques, jamais elles n'ont servi de principes coordinateurs à la raison vivante et pratique.

Ce sont des idées concrètes, des idées d'objets existants ou de rapports complexes qui forment les conceptions générales autour desquelles viennent se grouper les notions de la raison. Et ces conceptions diffèrent beaucoup, suivant les temps et les lieux. Pour ne pas laisser subsister d'obscurité sur ce sujet, je commencerai par dire quelques mots de la formation des idées générales, en me réservant d'en parler plus en détail quand je traiterai des sources de la raison.

Toute idée est générale de sa nature, même quand elle paraît tout à fait individuelle; toute conception forme dans l'esprit un type capable de s'appliquer à des objets divers; car jamais une idée n'embrasse un objet dans sa totalité entière; elle ne le représente toujours que par un certain nombre de grands traits qui servent à le déterminer, et tous les objets qui offrent les mêmes traits fondamentaux peuvent être compris sous la même idée. Pour la classification des objets, — et les conceptions elles-mêmes peuvent être considérées sous ce rapport comme des objets, — tout dépendra donc des traits qui auront le plus frappé l'esprit, de ceux qu'il aura regardés comme fondamentaux. Or, sous ce rapport, les différences peuvent aller à l'infini, suivant la diversité des points de vue où sont placés ceux qui font un travail de classification de ce genre.

Cette diversité se manifeste d'une manière éclatante dans la langue, cette forme sensible de la raison. D'où viennent les grandes différences qu'offrent les vocabulaires de langues souvent proches parentes? Comment se fait-il que dans ces langues le même être soit désigné par des noms si divers? C'est que pour désigner un même objet, les uns l'ont dénommé par telle de ses qualités, les autres par telle autre. Ainsi, pour les uns l'homme est l'être né de la terre et son nom indique cette qualité distinctive *(homo, humus)*, pour les autres c'est le mortel (le sanscrit *marta*), pour d'autres encore celui qui pense *(men, mann* [1]*)*. Le soleil a été appelé, suivant les peuples, le brillant, le chaleureux, le conservateur, le destructeur, etc. Ces différences dans les désignations ne prouvent autre chose que la diversité des points de vue sous lesquels on a saisi les traits fondamentaux de chaque objet.

L'histoire des sciences aussi fait voir combien les idées générales dépendent des caractères distinctifs auxquels on s'est attaché de préférence. Pendant bien longtemps la physique n'a vécu que sur les catégories du chaud et du froid, du sec et de l'humide. Puis les conceptions relatives au monde matériel ont roulé tour à tour sur les nombres de Pythagore, sur les quatre éléments, sur le vide et les atomes. Il n'est pas de science où les idées générales n'aient ainsi varié en raison des modifications survenues dans les conceptions relatives aux caractères distinctifs des objets.

---

[1] Max Muller. Leçons sur la science du langage. Ire série, neuvième leçon.

Ce qui est vrai des idées proprement dites, l'est également des principes, des formules générales sous lesquelles nous comprenons un ensemble de faits ou de règles pratiques. Le caractère de ces formules dépend nécessairement, en effet, de la nature des idées dont elles sont composées.

La diversité que nous rencontrons dans les idées générales qui servent aux coordinations de telle ou telle science particulière, doit se retrouver aussi jusqu'à un certain point dans la coordination définitive des idées les plus générales elles-mêmes, c'est-à-dire dans le système qui embrasse la totalité de nos idées, dans la raison même. Cette dernière coordination est nécessairement imparfaite et le système est toujours défectueux par cela même que nous ne connaissons pas toutes choses et que notre raison est essentiellement bornée. Il s'y trouve d'immenses lacunes et souvent d'énormes contradictions. Quant aux lacunes, la science s'occupe sans cesse à les combler, mais en en signalant constamment aussi de nouvelles. Pour les contradictions, la logique humaine ne peut les supporter, et sitôt qu'elles deviennent manifestes, nous sommes portés à modifier le système même de la raison, afin de les en éliminer.

Mais si les idées générales, qui servent à la coordination de l'ensemble de nos conceptions, offrent des différences notables suivant les temps et les lieux, ces différences cependant n'atteignent pas la nature de ces idées qui reste toujours la même; en d'autres termes, c'est toujours un même genre d'idées générales et de principes qui joue le rôle dominant dans la raison. La vie humaine, individuelle et sociale, présente, en effet, des conditions qui restent invariablement les mêmes, quelles que soient les époques et les régions que l'on considère. Ces conditions résultent de notre nature même et de celle du monde que nous habitons, et, par la force des choses, l'homme est obligé constamment d'y reporter sa pensée. Il n'est donc pas étonnant qu'il se préoccupe avant tout des idées qui s'y rapportent et que ces idées forment les pierres angulaires de sa raison. Or, on peut distinguer deux sortes d'idées qui jouent un rôle pareil : les unes qui se manifestent surtout dans la raison générale, dans les principes qui déterminent les opinions de la société entière ; les autres qui exercent une action prépondérante sur la raison des individus.

Les idées qui occupent le premier rang dans la raison générale sont les croyances morales et religieuses. Je réunis ces deux espèces de croyances à cause de la connexité intime qu'elles ont toujours présentée dans l'histoire, et bien que l'importance des unes et des autres ne soit pas tout à fait la même, le rôle le plus considérable appartenant aux idées morales. On méconnaît généralement la place éminente que ces deux espèces d'idées occupent dans notre raison. Cependant l'expérience historique aussi bien que le raisonnement s'accordent à démontrer leur suprématie.

J'entends par idées morales, toutes celles qui concernent nos devoirs et nos droits. Le mariage, la famille, la propriété, les contrats, toutes nos relations avec nos semblables, toute l'organisation politique et économique de la société rentrent dans le domaine de ces idées. Il ne saurait exister de notions dont l'homme fasse un usage plus continuel, qui touchent de plus près à tout ce qu'il pense et ce qu'il fait. Sciemment ou sans que nous nous en apercevions, les idées morales exercent leur empire sur la plupart de nos déterminations et de nos actions, et elles sont présentes lors même que nous désobéissons aux conseils qu'elles nous donnent. Par cela même que la grande affaire de l'homme est de vivre avec ses semblables, les idées morales qui règlent les rapports des hommes entre eux doivent former la préoccupation la plus générale et la plus constante de son intelligence.

Les croyances religieuses n'ont pas une importance beaucoup moindre, par cela même qu'elles constituent, ainsi que je le prouverai plus tard, le fondement nécessaire et indispensable des idées morales. Les idées religieuses sont d'ailleurs celles qui, par leur nature même, embrassent les connaissances les plus élevées et les plus générales, et qui, pour la masse de la société, contiennent la solution de tous les problèmes ontologiques et métaphysiques que peut poser l'esprit humain. En vertu de leur connexion avec la morale et de leur caractère propre, elles jouent donc un rôle dominant dans la raison et exercent une influence que ceux-mêmes qui les rejettent subissent jusqu'à un certain point.

Si les croyances morales et religieuses forment les principes fondamentaux de la raison, celle-ci doit varier avec les différences que présentent ces croyances, suivant les temps et les lieux. C'est, en effet, ce que démontre l'expérience historique. Pour réunir toutes les preuves de ce fait, il faudrait parcourir toute l'histoire de la civilisation. Je me bornerai à citer deux ou trois exemples de l'influence exercée par les croyances morales et religieuses sur la raison.

Je rappellerai, en premier lieu, les conséquences produites dans l'Inde par la doctrine de la différence des castes.

Le système des castes a dû peut-être son origine à des conquêtes successives, mais de bonne heure il a été consacré par des prescriptions morales et religieuses, conservées dans la loi de Manou. Or, ces prescriptions ont perdu leur autorité depuis des siècles, l'organisation politique et sociale qui en était l'expression s'est écroulée, des opinions sectaires de toute espèce ont remplacé l'orthodoxie brahmanique et la distinction des castes a complètement cessé de conclure à une différence de fonctions. Mais l'empreinte que cette ancienne distinction a laissée dans la raison des Indous, loin de disparaître, est devenue de plus en plus profonde. Le sentiment de la différence des castes s'est maintenu avec tant de force même chez ceux qui sont devenus complètement incrédules à l'égard des anciennes croyances religieuses, que la séparation entre gens de castes diverses est aujourd'hui plus absolue que jamais et que chacun croit contracter une souillure ineffaçable quand il a des rapports avec des personnes d'une caste différente. Tous les voyageurs constatent la puissance de ce préjugé, et des missionnaires chrétiens ont même cru, à tort suivant moi, qu'il fallait le respecter et tenir compte de la répugnance des néophites à se mêler à des gens d'une autre caste. Voilà donc la négation directe de l'égalité des hommes, qui, en vertu d'anciennes croyances morales et religieuses, est arrivée à former un des principes fondamentaux de la raison des Indous! Est-il étonnant que dans de telles circonstances cette nation n'ait jamais fait de progrès dans le sens de l'égalité, que le bouddhisme même n'ait pu s'acclimater dans son sein et que la propagation du christianisme y rencontre les plus grandes difficultés?

Une doctrine qui a des rapports étroits avec la distinction des castes, l'idée d'une souillure, d'une impureté que l'homme contracte en ne se conformant pas à certaines prescriptions religieuses et de l'impureté générale de tous les hommes d'une religion différente, se retrouve sous des formes diverses dans toutes les croyances orientales et elle a pénétré profondément dans l'islamisme. C'est là encore un de ces préjugés invincibles qui impriment un cachet particulier à la raison et dont la première conséquence sociale est d'établir des barrières presque insurmontables entre les hommes.

Une autre croyance joue un rôle non moins dominant dans la raison des mahométans : c'est le fatalisme. On a prétendu comparer cette passivité, qui les laisse indifférents vis-à-vis des événements les plus terribles, à la résignation chrétienne. Mais le chrétien ne se résigne que devant les faits définitivement accomplis qu'aucune force humaine ne pourrait changer. Le mahométan, au contraire, laisse s'accomplir les événements dont il pourrait avec quelque effort changer le cours, parce qu'il voit en tout le résultat d'une action divine, témoin les incendies que l'exemple des chrétiens seul lui a appris à éteindre, témoin les maladies qu'il ne soigne pas pour ne pas contrevenir aux décrets de Dieu. Sans doute, le principe fataliste ne saurait être appliqué par une société quelconque dans toutes ses conséquences, et mille nécessités obligent chaque jour de le contredire en pratique. Mais quand un principe de ce genre jouit d'une autorité pareille à celle dont il est revêtu dans la société musulmane, il ne peut manquer de produire une partie de ses effets, et le dogme fataliste, incarné dans la raison des croyants, est certainement pour beaucoup dans la décadence morale, intellectuelle et matérielle des populations adonnées à l'islamisme.

Je prendrai un dernier exemple dans l'antiquité classique. Chez les Grecs, l'idée de la pluralité des dieux était si solidement établie dans la raison générale, que, malgré la conception d'un être supérieur, cause première du monde qui se manifesta de bonne heure chez quelques penseurs, le principe de l'existence de dieux inférieurs, gouvernant les astres et habitant l'espace, se maintint même dans les systèmes de philosophie les moins religieux, tels que ceux d'Aristote et d'Epicure. Aujourd'hui cette idée paraît complètement contraire à la raison et il n'y a aucun danger que même ceux qui repoussent le Dieu du christianisme y reviennent jamais. Malgré eux les croyances chrétiennes ont, à cet égard, transformé leur raison, et leurs hypothèses, quelles qu'elles soient, ne sortent pas de l'idée de l'unité de Dieu.

Après la morale et la religion, c'est l'utilité qui fournit à la raison ses principes les plus généraux. Tel est, par exemple, le principe que la société et l'individu doivent tendre sans cesse à accroître leurs richesses par tous les moyens approuvés par la morale; ou celui qui veut que nous produisions ce dont nous avons besoin avec le moins de travail possible. Cet ordre de conceptions embrasse tous les intérêts généraux et collectifs de la société, ainsi que la satisfaction des besoins des individus. Les idées qui s'y rapportent sont toujours subordonnées aux idées morales et ne font souvent que les reproduire sous une forme différente, car la plupart des prescriptions de la morale tendent à l'utilité sociale et individuelle. Tant que cette subordination est acceptée, le rôle des principes d'utilité n'est donc que secondaire dans la raison.

Mais il arrive quelquefois que cet accord est rompu et que certains intérêts prennent le dessus sur les enseignements moraux. Alors les principes d'utilité acquièrent une grande influence, mais le plus souvent une influence funeste. Jusqu'à la fin du dernier siècle, par exemple, la politique de tous les Etats européens était dominée par la maxime que chaque peuple devait s'accroître et s'enrichir aux dépens de ses voisins; dans ce but, tous les moyens étaient légitimes, la guerre et la conquête surtout. En vertu d'une utilité mal comprise, car l'utilité réelle ne peut jamais être contraire à la morale, la raison des nations chrétiennes avait accepté ainsi une conception barbare que l'on comprend chez les anciens, parce qu'elle répondait à l'ensemble de leurs idées morales et religieuses, mais qui est incompatible avec le principe de la fraternité des peuples inauguré par le christianisme. Depuis la révolution française, ce principe nouveau a été proclamé hautement; il pénétrait de plus en plus dans la politique, et on pouvait espérer, qu'entre nations chrétiennes au moins, l'application du droit de conquête serait désormais impossible. D'affreux malheurs nous ont appris le contraire.

La conviction avec laquelle les Américains du Sud des Etats-Unis ont défendu la cause de l'esclavage offre, sur une plus petite échelle, un autre exemple d'une aberration analogue de la raison. L'idée de la nécessité, et par suite de la légitimité de l'esclavage, s'était tellement enracinée dans la raison des gens du Sud, que moralistes, jurisconsultes, prédicateurs s'évertuaient à la justifier. La lutte gigantesque qu'ils ont soutenue pour sauver leur institution particulière, prouve que dans cette question on croyait non-seulement défendre un intérêt, mais combattre pour un droit. Les gens du Sud ont plié devant la force prépondérante des armes, mais il est difficile de croire qu'ils aient reconnu leur erreur.

Le rôle de l'utilité se manifeste surtout dans la raison, lorsqu'il s'agit d'intérêts collectifs qui ne s'étendent pas à la société entière, d'intérêts d'une classe, d'une corporation, d'un parti. Il arrive facilement alors, surtout quand la passion s'en mêle, qu'un intérêt de ce genre devienne le principe par lequel un certain nombre d'hommes jugent toutes choses et jouisse d'une autorité plus haute que la morale. Qui ne connaît les conceptions particulières qu'engendre l'esprit sacerdotal, militaire, professionnel, et l'empire qu'elles exercent dans certaines régions intellectuelles ? C'est sous l'influence d'idées ainsi faussées que les privilégiés de l'ancien régime ont méconnu toutes les améliorations opérées par la révolution ; c'est à des intérêts de cette nature que sont dûs les nombreux préjugés qui s'opposent au développement des libertés publiques ; c'est enfin sur des principes pareils que les partis fondent les sophismes par lesquels ils savent absoudre les crimes de toute espèce, le parjure, la violation des lois, les massacres, du moment qu'ils ont été commis dans leur intérêt.

Les enseignements de la morale et de la religion et l'utilité fournissent les seuls principes généraux qui constituent la raison commune des sociétés ou des grandes collections d'hommes. Mais la raison individuelle de chacun, tout en subissant en première ligne ces influences générales, est soumise en outre à des influences particulières qui proviennent soit de la volonté de l'individu, soit de ses passions et qui exercent une action très sensible sur l'ensemble de ses raisonnements.

Le point essentiel dans la vie de chaque homme, c'est la manière dont il conçoit ses rapports avec ses semblables et la conduite qu'il doit tenir à leur égard. La morale, dont la société lui transmet les prescriptions, règle ces rapports. Mais vis-à-vis de ces prescriptions, sa volonté peut choisir entre deux voies : ou bien il les acceptera pour lui-même comme pour les autres, il se proposera de les mettre en pratique et y obéira, en effet, autant que le lui permettra la faiblesse humaine; ou bien il les repoussera en tout ce qui lui impose un sacrifice, une obligation, une gêne quelconque et ne les acceptera qu'autant qu'elles lui seront profitables, qu'elles imposeront aux autres des devoirs envers lui. Dans le premier cas, il sera le type de l'homme honnête et dévoué, dans le second, celui de l'égoïste. Il ne manque pas d'hommes dont la volonté est dirigée, en connaissance de cause, dans un de ces sens ou dans l'autre. Mais, en somme, ils forment la minorité et le plus grand nombre flotte entre les impulsions de l'égoïsme naturel à chacun et les convictions qui résultent des enseignements de la morale, obéissant tantôt aux unes, tantôt aux autres, et n'allant aux conséquences dernières dans aucun sens. Il est même rare de trouver parmi les hommes placés sous ce rapport à un point de vue bien arrêté une rigueur logique absolue : il n'a peut-être pas existé un individu, quelque égoïste qu'il fût, qui n'ait accompli quelque bonne action dans sa vie, et, d'autre part, il n'est pas d'homme si parfait, si dévoué, qui n'ait à se reprocher quelque acte d'égoïsme.

Néanmoins, les différences qui existent à cet égard exercent une influence bien marquée sur la raison. Cette influence est peu sensible chez les individus flottants, qui se déterminent *a posteriori* et, suivant l'occasion, soit d'après les impulsions de leur égoïsme, soit d'après les croyances qui ont cours dans la société. Mais elle s'aperçoit parfaitement chez ceux qui agissent *a priori*, en connaissance de cause, qu'ils aient suivi la voie de l'égoïsme ou celle du dévouement. Ceux qui ne recherchent qu'eux-mêmes, jugent tout à leur point de vue purement personnel; ils ne s'intéressent qu'aux vérités qui touchent à leur intérêt et trouvent bon et juste tout ce qui le favorise. Vis-à-vis de tout le reste, ils doutent, critiquent ou nient. En réalité, c'est le scepticisme qui forme la base de leur raison. Quand les hommes de cette espèce se multiplient dans une société, les croyances les plus indispensables à la vie sociale deviennent des objets de dérision et de mépris; les actes d'héroïsme et d'abnégation sont bafoués; on proclame qu'il n'y a dans le monde que des dupes et des fripons. Il en est tout autrement quand le dévouement domine la raison. L'individu alors est placé avant tout au point de vue des idées nobles et généreuses, des intérêts moraux, de l'utilité collective. Plus une société comptera d'individus de cette espèce, plus la raison y sera haute et compréhensive, plus on y verra de convictions fortes et désintéressées, plus on y trouvera d'hommes travaillant avec courage et confiance aux œuvres d'avenir. Sur toutes les questions touchant aux rapports des hommes entre eux, au progrès, à tous les grands intérêts moraux et matériels de la société, la raison de ces hommes portera des jugements complètement opposés à ceux des individus qui poursuivent un but purement égoïste.

Mais si la volonté générale des individus suffit pour exercer une influence déterminante sur leur raison, leurs passions sont capables de la transformer complètement. Chacun sait combien la passion est habile à créer des sophismes. J'ai rappelé plus haut le grand rôle qu'elle joue dans la raison quand elle s'attache à des intérêts de classe ou de parti.

Mais l'action qu'elle exerce sur la raison individuelle apparaît de la façon la plus claire dans ce qu'on appelle la folie partielle ou monomanie; cette maladie permet de prendre pour ainsi dire sur le fait le travail de systématisation dont résulte la raison.

J'ai notamment en vue ici l'espèce de monomanie qui répond à une idée fixe [1]. Les ouvrages sur l'aliénation mentale en contiennent de nombreux exemples [2], et tout le monde a pu observer de ces aliénés, dont la plus faible partie seulement est renfermée dans les maisons de santé. C'est ordinairement par un sentiment personnel qui préoccupe vivement l'individu que la monomanie débute, par un chagrin vif, provenant d'une affection brisée, de quelque grande déception, ou simplement par une exaltation des tendances égoïstes, de la vanité, de l'orgueil, de l'ambition, de la peur. Lorsque la volonté de l'individu s'attache à un sentiment pareil, il en résulte bientôt une passion, souvent dissimulée dans ses manifestations, mais toujours présente à l'esprit et que celui-ci caresse au lieu de la combattre. Alors cette idée fixe devient un centre autour duquel toutes les autres idées se coordonnent. Les facultés logiques restent intactes; les idées qui n'ont aucun rapport avec la préoccupation du malade ne sont pas atteintes et le malade raisonne parfaitement sur tout ce qui ne touche pas à l'objet de sa folie. Mais à l'égard de ce qui a rapport à son idée fixe, sa raison éprouve une transformation complète. Il faut avant tout que sa passion soit satisfaite et bientôt

---

[1] Il est beaucoup d'autres cas que l'on range ordinairement parmi les cas de monomanie, parce que le malade n'a pas perdu l'intelligence générale ni la faculté de raisonner, et qu'il ne divague que sur des points particuliers; mais ces cas que M. Delasiauve a compris sous le nom de *Pseudomonomanie* ne nous intéressent pas ici, parce qu'ils ne supposent aucune idée fixe.

[2] Voir Esquirol, *Maladies mentales*; Trélat, *la Folie lucide*; le *Journal de médecine mentale*, de M. Delasiauve, notamment les années 1864 et 1865.

tout ce qui contredit son idée est comme nul et non avenu pour sa raison. Il commence par ne plus apercevoir les impossibilités morales qu'impliquent ses convictions et peu à peu les impossibilités physiques mêmes s'évanouissent à ses yeux. Celui qui a fait de mauvaises affaires a été indignement volé; il désigne les personnes qui ont causé son malheur et les poursuit des accusations les plus violentes, quoique leur innocence soit matériellement évidente. Pour l'ambitieux ou l'orgueilleux, la moindre politesse est un hommage à sa puissance ou à son génie, la plus légère marque d'indifférence, un affront dicté par l'envie. L'homme à projets invente les systèmes les plus étranges et ne comprend pas qu'on refuse de les appliquer immédiatement. Les médecins qui soignent ces aliénés ont tous remarqué la sagacité avec laquelle ces malades cherchent à justifier leurs affirmations les plus absurdes et à les rendre plausibles aux yeux de ceux qui cherchent à les convaincre de leur erreur.

On a appelé cette espèce de folie *délire systématisé* et ce mot est parfaitement choisi, car, en effet, le malade systématise toutes ses idées d'après une seule, qui est absurde. Mais en le faisant, il obéit aux lois nécessaires de la logique humaine; il fait la même chose que l'homme qui est dans son bon sens, sauf que celui-ci se fonde sur des idées dont la vérité est généralement admise. Ces idées aussi peuvent être radicalement fausses, comme celles que l'on se faisait dans toute l'antiquité de la divinité, et celui qui aujourd'hui croirait sérieusement à Jupiter et à tous les dieux du panthéon romain serait à bon droit taxé de folie. Mais dans l'antiquité ces croyances se trouvaient en parfait rapport avec l'ensemble des conceptions et des connaissances de la société. Elles figuraient sans dissonance dans le système général de la raison. Le fou est celui qui rapporte tout à une idée, considérée par tout autre comme absurde; il n'est pas d'autre moyen de reconnaître que l'homme qui raisonne est privé de raison.

En résumé, ce sont les croyances morales et religieuses et les idées d'utilité générale qui constituent les bases de la raison dans chaque société ; c'est la volonté dévouée ou égoïste ou bien la passion, qui lui imprime le cachet individuel. Ces éléments sont les seuls dont dépende réellement le système rationnel. Il est d'autres idées générales, il est vrai, qui occupent une place importante dans ce système : telles sont notamment nos idées relatives au monde physique et en général toutes nos théories scientifiques; telles sont encore nos conceptions esthétiques, notre idée du beau dans la littérature et les arts. Mais comme j'aurai l'occasion de le démontrer, ces idées sont subordonnées toujours, soit aux croyances morales et religieuses, soit aux principes d'utilité, et en dépendent le plus souvent. Il n'y aurait donc à s'en occuper que si on voulait exposer le système de la raison dans ses moindres détails.

CHAPITRE IV

Les idées qui forment la raison ne sont vraies qu'en partie. La raison est progressive.

Dans notre recherche sur les idées dont se compose la raison et la coordination systématique qui les lie entre elles, nous n'avons pas tenu compte jusqu'ici de la vérité ou de la fausseté, ni de ces idées mêmes, ni des principes d'après lesquels elles sont coordonnées. Or, nous dira-t-on, la question de la vérité forme en cette matière le point capital. La raison dépend bien moins des conceptions et des systèmes de toute nature que nous pouvons imaginer que de la part de vérité que renferment nos idées. Le vrai seul est rationnel ; la raison n'est que le pouvoir de trouver et de comprendre la vérité ; on ne peut compter parmi ses acquisitions réelles que les vérités certaines.

Je suis loin de méconnaître l'importance que présente pour la théorie de la raison la vérité ou la fausseté des idées dont celle-ci se compose. La question de la vérité de nos conceptions est fondamentale et je ne prétends pas l'éluder. Mais il ne me sera possible de la résoudre d'une manière convaincante qu'après avoir traité des sources de la raison. Dès à présent, cependant, je puis faire voir que si la raison suppose toujours la vérité d'un certain nombre de nos connaissances, elle comprend toujours aussi des notions incomplètes ou fausses, étroitement liées aux premières et formant avec elles l'ensemble du système rationnel.

Quelques-uns des exemples cités dans les chapitres précédents suffisent pour le prouver. Reprenons celui de la croyance en la pluralité des dieux si profondément enracinée dans l'esprit des peuples anciens. Au fond de cette croyance, il y avait une notion parfaitement vraie, celle de l'existence de la divinité. On avait conçu une puissance supérieure à l'homme et au monde, qui dirigeait le cours de l'univers et traçait à l'homme les règles de sa vie. Mais cette puissance on l'avait décomposée en même temps en forces multiples et séparées, formant autant de divinités particulières, et là était l'erreur. Or, cette erreur a été bien longtemps indissolublement unie à la vérité qui en constituait le fond, et pour la raison des populations polythéistes, la négation de l'erreur emportait celle de la vérité. Quand la dernière s'est dégagée enfin de la première, une modification profonde s'est opérée dans la raison humaine.

Les mêmes considérations pourraient s'appliquer à la plupart des conceptions générales des peuples anciens. Leurs principes relatifs au droit de conquête, à l'esclavage, à l'infériorité de la femme, leur paraissaient parfaitement rationnels, et il en était de même de leurs suppositions sur l'ensemble du monde physique, sur l'immobilité de la terre, la voûte solide du ciel. Quelque fausses qu'elles fussent, ces idées renfermaient néanmoins des éléments de vérité, fondés soit sur l'observation, soit sur les nécessités sociales du temps. Mais le faux était intimement mélangé au vrai et était accepté par la raison au même titre que ce dernier.

En général, une idée est repoussée par l'intelligence quand celle-ci en a reconnu la fausseté. Mais tant que cette fausseté reste cachée et que l'idée s'encadre avec le reste des connaissances acquises, elle fait partie de la raison aussi bien que ces dernières. Il suffit que nous la croyions vraie, pour lui accorder dans nos jugements la même autorité qu'aux vérités les mieux démontrées.

Si la raison était le pouvoir de discerner toujours le vrai du faux et de se faire de tout objet des idées adéquates et complètes, ce mélange de conceptions vraies et fausses ne serait pas possible. Nous aurions le moyen alors de séparer d'une manière nette et précise nos connaissances certaines des notions douteuses et incomplètes, et la raison ne comprendrait que des vérités constatées. Mais ce pouvoir nous ne l'avons jamais eu et l'intelligence humaine ne contient aucune faculté pareille. Nous arrivons à distinguer le vrai du faux par les diverses méthodes que décrivent les traités de logique ; mais l'emploi de ces méthodes présente toujours de grandes difficultés et les résultats qu'elles donnent offrent rarement une clarté et une certitude incontestables. C'est l'œuvre lente et pénible du raisonnement de séparer l'erreur de la vérité. La raison, le plus souvent, n'est pas en état de le faire *a priori* et directement.

D'ailleurs, comme je l'ai déjà indiqué, jamais nos idées ne correspondent aux objets d'une manière adéquate. Nous concevons les objets par quelques-unes de leurs qualités, par certaines propriétés distinctives sur lesquelles notre attention s'est portée d'abord, mais nous en ignorons toujours l'essence, et toutes celles de leurs qualités que nous n'avons pas encore eu le moyen ou l'occasion d'étudier nous échappent. Cette imperfection de notre connaissance est évidente à l'égard des êtres spirituels, tels que Dieu et l'âme humaine. Mais elle n'existe pas moins à l'égard des substances matérielles, telles que les animaux, les plantes, les minéraux, ou les forces physiques et chimiques de la nature. Pour avoir l'idée complète d'un animal ou d'une plante quelconque, il ne suffit pas d'avoir la notion générale de sa forme extérieure, il faut connaître aussi ses organes intérieurs, les fonctions de ces organes, les propriétés et le jeu des tissus et des liquides dont ils se composent. A ce compte, nous n'avons aujourd'hui l'idée complète d'aucun animal ni d'aucune plante, ni même de l'organisme humain. Les corps simples minéraux même ne nous ont été connus jusqu'ici que fort imparfaitement, puisqu'à mesure qu'on les étudie mieux, on y découvre des propriétés nouvelles. Enfin, chacun sait qu'à l'égard des forces chimiques et physiques, de la chaleur, de la lumière, de l'électricité, il reste, malgré les progrès accomplis dans les connaissances de cet ordre, de graves problèmes à résoudre. Nous possédons une loi générale pour la gravitation universelle; cependant la formule de Newton est loin de répondre à toutes les questions que soulève le mot attraction, et sur la plupart de ces questions l'obscurité n'est nullement dissipée.

Or, quelle est la conséquence nécessaire de cette distance entre l'idée et l'objet, de cette impuissance où se trouve la première de saisir le second dans son intégrité complète? Cette conséquence est bien simple. C'est que dans chacune de nos idées, il reste une partie obscure et sujette à erreur. La partie de l'objet que nous ne connaissons pas donne lieu naturellement à des suppositions diverses qui presque toujours sont erronées. Nous sommes, à cet égard, vis-à-vis de tous les êtres dans la même position que les anciens vis-à-vis de la divinité, quand à l'idée vraie de l'existence d'un être suprême, ils mêlaient l'idée fausse de la pluralité des dieux. Lorsque, par exemple, nous attribuons les phénomènes de la gravitation universelle à une attraction proprement dite, nous faisons une hypothèse toute gratuite sur la cause absolument inconnue de ces phénomènes, et il est possible que cette hypothèse soit une complète erreur. C'est ainsi que, mieux connue, l'attraction exercée par l'ambre est devenue l'électricité, que les propriétés répulsives attribuées aux molécules matérielles ont disparu devant la théorie de la chaleur. Combien d'erreurs semblables, étroitement unies à des notions vraies, la science n'a-t-elle pas dévoilé successivement et ne dévoile-t-elle pas tous les jours !

Le mélange de la vérité et de l'erreur dans nos idées est donc un fait constant, universel, constaté par l'expérience de tous les temps et de tous les lieux ; et comme notre raison se compose de la totalité de nos idées, elle ne saurait être exempte de ce défaut. Mais je dis plus ; il résulte de la nature et de la destination même de la raison qu'elle soit toujours un mélange de vérités et d'erreurs.

En effet, comme l'homme lui-même et la société, la raison est progressive ; elle va constamment de l'obscurité à la lumière, de l'ignorance au savoir. Il est donc naturel que l'ombre et la clarté y soient toujours réunies simultanément.

Est-il besoin de démontrer le caractère progressif de la raison ? N'est-il pas reconnu que toutes nos idées, morales, religieuses, politiques, scientifiques ont subi des transformations considérables dans le cours des siècles et que ces transformations ont toujours abouti à les rendre plus vraies et plus parfaites ? Il est hors de doute que tout le savoir que nous possédons aujourd'hui est le produit du travail lent et collectif de l'humanité entière ; que les dernières acquisitions de la science, à toute époque donnée, n'ont été possibles que grâce aux acquisitions antérieures, et que l'édifice de nos connaissances ne s'est élevé ainsi qu'au prix des efforts successifs de toutes les générations qui nous ont précédés. Or, s'il en est ainsi de tout notre savoir, il ne saurait en être autrement de la raison qui n'est que ce savoir même ou l'ensemble de toutes nos connaissances.

Il résulte de là, qu'à l'origine les vérités que possédait l'homme devaient être en très petit nombre, et que son ignorance était profonde en toutes choses. Mais il n'était pas de sa nature d'accepter passivement cette ignorance et de s'en tenir aux vérités acquises. Activité intelligente placée vis-à-vis d'un monde inconnu, il devait chercher à comprendre ce monde dans son ensemble ; doué de facultés logiques, il devait tendre à coordonner les idées qu'il en avait ; obligé pour agir d'apprendre toujours, il ne pouvait se contenter des vérités qu'il possédait et devait s'efforcer constamment d'en acquérir de nouvelles. Sa raison se composa ainsi dès le commencement de quelques idées vraies, et d'un grand nombre d'idées fausses dont une partie étroitement unies aux premières inspiraient la même certitude que celles-ci, tandis que les autres paraissaient douteuses et devenaient ainsi l'objet d'études et de recherches qui produisaient de nouvelles vérités.

Or, ce qui a été dans le commencement, s'est continué dans la suite et persiste toujours. Seulement le nombre des vérités acquises s'est accru sans cesse ; mais l'erreur, en se portant sur d'autres objets, n'a pas disparu, et, par suite de la nécessité où est l'homme de systématiser ses idées, des conceptions fausses se sont toujours mêlées aux notions vraies et ont joui de la même autorité que ces dernières. Et il en devra être ainsi jusqu'à ce que la mission de l'humanité sur le globe soit accomplie. Autrement, il viendrait un moment où son activité intellectuelle ne trouverait plus sujet de s'exercer, où les progrès de la connaissance seraient arrêtés. Jamais donc, sur cette terre, la conception que l'homme pourra se faire de l'univers ne sera adéquate à la vérité complète et intégrale, car la possession de cette vérité équivaudrait à la science absolue, qui ne peut appartenir qu'à Dieu.

Et, en effet, l'histoire de toutes les sciences et l'observation de ce qui se passe sous nos yeux constatent un fait invariable : c'est qu'à mesure qu'une partie des anciennes erreurs se dissipent et que de nouvelles vérités éclairent l'intelligence, il apparaît aussi dans l'ensemble de nos connaissances des lacunes nouvelles, il surgit des problèmes nouveaux, qui motivent des recherches ultérieures et donnent lieu à de nouvelles erreurs. Ce fait se reproduira toujours. Ainsi, la raison avance toujours et croît sans cesse, sans pouvoir se dépouiller jamais de toute notion fausse, de toute conception erronée. En d'autres termes, la raison humaine s'élève progressivement vers la vérité absolue sans pouvoir y atteindre jamais, et comme elle tend toujours à systématiser l'ensemble des choses, la coordination qu'elle établit à chaque instant donné est toujours fausse en partie, par cela même qu'elle prétend être vraie en tout.

La nature progressive de la raison nous rend compte de diverses autres particularités inhérentes à cette faculté intellectuelle.

La raison présente des caractères différents dans chacune des grandes périodes morales et religieuses qui marquent la marche progressive de l'humanité. Je ne puis naturellement exposer ici les lois générales du progrès, ni retracer les transformations successives que la raison a subies. Je me bornerai donc à rappeler quelques faits généraux propres à faire comprendre la nature de ces modifications.

Lorsqu'on jette un coup d'œil d'ensemble sur l'histoire de l'humanité, on trouve un certain nombre de grandes périodes, dominées chacune par un système particulier d'idées morales et religieuses, artistiques, scientifiques et sociales. Ces idées restent les mêmes pendant toute la période dans ce qu'elles ont d'essentiel et ne se modifient qu'en tant qu'elles s'éclaircissent davantage, qu'elles se développent et manifestent au jour toutes les conséquences qu'elles renferment. Ainsi, la période dans laquelle nous vivons est sous l'empire des idées chrétiennes, qui, par leur côté dogmatique, sont représentées dans toutes les doctrines spiritualistes modernes, et qui, par leur côté moral, par le principe de la fraternité des hommes et des nations, ont présidé à tous les progrès politiques et sociaux accomplis depuis Jésus-Christ. Avant le christianisme, nous trouvons une période étendue, pendant laquelle règnent encore des idées qui, tout en étant au fond les mêmes partout où elles exercent leur empire, présentent dans l'application des différences marquées et donnent lieu, d'une part, à la civilisation gréco-romaine, de l'autre, à celle du monde oriental, de l'Égypte, de l'Asie sémitique et de l'Inde. Enfin, derrière ces civilisations, nous en apercevons une plus ancienne encore, fondée sur les idées propres aux peuples dits sauvages, idées qui ont motivé la dispersion de ces peuples sur toute la surface du globe et contribué aussi à la formation des grands empires primitifs, tels que celui de la Chine antique.

Or, les restes vivants et les monuments de ces civilisations sont assez nombreux pour nous faire voir combien les principes du raisonnement différaient d'une de ces périodes à l'autre, et combien il était impossible aux hommes de chacune d'elles d'arriver aux mêmes conclusions rationnelles, aux mêmes découvertes scientifiques que ceux des périodes suivantes.

Prenons pour exemples les idées religieuses et métaphysiques. Dans la première période, Dieu était conçu comme un esprit universel qui animait tous les êtres. Son unité était reconnue quelquefois, — sous la forme du Ciel chez les Chinois, du Grand Esprit chez les tribus américaines, — mais le plus souvent on le spécialisait et l'individualisait dans tous les êtres de la nature, dans les arbres, les montagnes, les fleuves, les rochers, tous doués de leur esprit particulier. Le monde physique était donc peuplé d'esprits; les forces de la nature étaient autant d'âmes intelligentes dont l'action s'harmonisait avec celle de l'homme. « Quand la vertu règne, dit le Chou-King, la pluie vient à propos; quand on gouverne bien, le temps serein paraît; une chaleur qui vient dans son temps désigne la prudence ; quand on rend des jugements équitables, le froid vient à propos ; la perfection est désignée par les vents qui soufflent selon la saison [1]. » Avec de tels principes, il fallait, pour agir sur la nature, recourir à des pratiques capables d'exercer une influence directe sur les esprits, à des incantations, des opérations magiques. La dernière conclusion de ce système était le fétichisme. Nous traitons d'absurdes les nègres ou les Tartares qui attendent une action surnaturelle d'un caillou ou d'un chiffon d'étoffe. Ces croyances sont absurdes, en effet, vis-à-vis de notre raison, mais dans l'ordre des idées générales propres à ces peuples, elles sont parfaitement logiques et rationnelles.

Dans la période suivante, nous trouvons des dieux personnels, à forme humaine idéalisée, constituant une hiérarchie plus ou moins régulière. A cette croyance se rattache immédiatement un système cosmologique qui voit dans les diverses parties de l'univers visible les demeures des dieux et les divise en régions supérieures et inférieures correspondantes à la hiérarchie divine. Sous l'empire de ces idées, la science humaine s'est développée, la philosophie a pris naissance et a compté parmi ses adeptes des hommes d'un grand génie. Or, cette philosophie a prétendu nier le système théologique reçu par la croyance univer-

---

[1] Livres sacrés de l'Orient, p. 93.

selle, et cependant elle a été obligée de subir elle-même les conséquences de cette croyance. Que nous prenions, en effet, les systèmes philosophiques de l'Inde ou ceux de la Grèce, nous trouvons qu'ils reposent les uns comme les autres sur des idées générales essentiellement différentes des principes qui dominent la philosophie moderne, idées générales qui sont d'ailleurs les mêmes dans l'Inde et la Grèce. Dans les deux pays, c'est une doctrine religieuse dualiste qui semble avoir inspiré les philosophes. Presque tous placent au sommet un Dieu un et spirituel, à l'extrémité inférieure une matière passive et entre les deux toute la hiérarchie des êtres inférieurs, dieux, hommes, êtres animés ou inanimés, qui sont des créations ou plutôt des émanations du Dieu suprême, mais se trouvent toujours entachés plus ou moins de matière. Cette donnée générale est exprimée d'une manière diverse dans les différents systèmes, mais elle se retrouve dans tous. La philosophie du Vedanta, tout en n'attribuant l'être réel qu'au Dieu suprême un et identique à lui-même, conserve néanmoins la matière comme une illusion trompeuse, la Maya, monde apparent, semblable à celui des Eléates. En même temps elle fait sortir tous les êtres particuliers, dieux, âmes humaines, éléments matériels, comme des fulgurations ou des formes substantielles de l'âme universelle. La philosophie du Sankhya, qui nie l'existence d'une divinité suprême, place la matière ou la nature une et éternelle au sommet; mais à côté de cette nature, elle pose la pluralité des âmes, dont le mélange avec la nature donne lieu à une série de créations successives descendant des réalités générales à toutes les existences individuelles. Dans la philosophie grecque les mêmes idées fondamentales se retrouvent partout; elles apparaissent dans la doctrine du limité et de l'illimité de Pythagore, dans le Dieu-Idée, la matière chaotique et les anges tombés de Platon, dans le suprême moteur, la matière-possibilité et la série des formes substantielles d'Aristote, dans le Dieu actif et la matière passive des Stoïciens et jusque dans le vide et le plein de Démocrite et d'Epicure.

Dans l'Inde, la croyance à la transmigration des âmes s'enracina dans la raison, au point d'en devenir un des principes fondamentaux. La religion enseignait le dogme de la transmigration et posait pour but aux hommes de se délivrer de ces métamorphoses successives en s'élevant par une vie vertueuse au rang des dieux. Or, les philosophes arrivèrent à nier Dieu et les œuvres prescrites par les anciennes lois morales, mais ils ne purent se défaire de l'idée de la transmigration des âmes. Les systèmes matérialistes ou athées, tels que le Sankhya, en sont, sous ce rapport, au même point que les systèmes panthéistes ou mystiques. Tous supposent toujours que le but essentiel de l'homme est de se délivrer de la transmigration ; seulement ils indiquent, pour arriver à ce but, des moyens différents de ceux de la doctrine religieuse. Le Bouddhisme même, qui est la négation directe de tout le système brahmanique, ne peut se détacher de cette donnée et s'y enfonce même davantage. Sa préoccupation fondamentale est encore la transmigration et la délivrance, et il ne voit d'autre moyen d'affranchir les hommes de la métempsycose que de leur ouvrir la perspective du néant.

Dans le monde gréco-romain, ce furent surtout les anciennes croyances cosmologiques qui exercèrent une influence persistante sur la raison. L'hypothèse émise par quelques penseurs isolés que la terre pouvait tourner sur son axe ou autour du soleil ne put acquérir la moindre autorité vis-à-vis de la doctrine universellement reçue, qui admettait des régions célestes superposées et plaçait la terre au centre. Cette hypothèse était contraire à la raison générale du temps. La croyance qui considérait les astres comme les corps d'intelligences supérieures, d'âmes divines produisant le mouvement successif des diverses voûtes célestes et qui attribuait à l'influence de ces astres, s'exerçant de proche en proche jusqu'à la surface de la terre, la formation des êtres inférieurs, la génération des minéraux, des plantes et des animaux, a donné lieu à une foule de principes métaphysiques ou physiques qui ont servi pendant des siècles de guides à la raison et qui cependant étaient radicalement faux. C'est ainsi qu'on supposait que le semblable n'agissait que sur le semblable, que pour que deux dissemblables pussent entrer en rapport, il fallait un médiateur, que le mouvement le plus naturel et le plus parfait était le mouvement circulaire, etc. Ces principes et une foule d'autres de même nature ont encore joué un rôle considérable dans le moyen-âge et formé un des grands obstacles au développement de la science moderne. C'est en vertu des mêmes croyances aussi que la science antique s'est attachée surtout à rechercher la substance des choses, en négligeant les rapports des phénomènes entre eux dont la science moderne se préoccupe exclusivement. Au point de vue théologique de l'antiquité, il s'agissait avant tout, en effet, de connaître les êtres en eux-mêmes et leur essence matérielle ou spirituelle, et lorsqu'on les avait définis par leurs propriétés logiques ou sensibles, on croyait avoir assez fait et on s'inquiétait peu de leurs rapports réciproques. La pesanteur ou la légèreté, par exemple, étaient considérées comme des qualités essentielles des corps, et du moment qu'on avait classé ces derniers d'après leur gravité, on ne cherchait en aucune manière à rattacher cette propriété à une loi universelle.

Pendant tout le moyen-âge, la science antique régna en souveraine et empêcha l'essor de la raison chrétienne. Mais quand enfin ces chaînes furent rompues, quand on eut cessé de tout expliquer avec Aristote, par la forme et la matière, et avec Platon, par des réalités générales, il se trouva que la plupart des idées courantes de l'antiquité s'étaient effacées des esprits et que la raison humaine était profondément modifiée. Déjà, le dogme chrétien avait suffi pour changer absolument la conception générale du monde, en chassant de la nature les dieux multiples qui l'animaient, en introduisant dans la métaphysique et la physique l'idée de la création et la vraie notion de l'infini. Le mot de l'Ecriture : *Mundum tradidit disputationi eorum*, déplaçait complètement d'ailleurs le point de vue des sciences physiques ; ces sciences étaient détachées de la théologie ; l'idée de la constance et de l'immutabilité des lois de la nature, que, dans l'antiquité, on ne pouvait admettre qu'à la condition de nier toutes les croyances religieuses et de proclamer le fatalisme universel, pouvait enfin s'accorder avec les principes de la raison. L'influence des idées nouvelles se fit sentir immédiatement dans l'astronomie et la théorie des lois mécaniques du mouvement, où s'opérèrent les grandes découvertes par lesquelles débuta la science moderne ; c'était dans cet ordre de connaissances, en effet, que les doctrines religieuses de l'antiquité avaient répandu le plus d'idées fausses et d'erreurs. Le principe de la puissance infinie de Dieu, de l'absence de toute matière ou force préexistante qui pût altérer la perfection de ses œuvres, de l'emploi des moyens les plus simples pour produire les effets les plus compliqués, de la proportion et de l'harmonie réalisées dans toute la création, de la subordination des divers ordres de phénomènes à des lois générales, telles furent, avec le principe de la constance des lois de la nature, les idées les plus générales qui guidèrent désormais la science humaine. Ce sont ces idées, si opposées la plupart à celles de l'antiquité, qui ont inspiré tous les grands inventeurs, Copernic, Galilée, Descartes, Newton, et présidé à tous les développements de la science moderne ; sans elles, ces développements eussent été impossibles.

En faisant même abstraction des idées morales de la société moderne, qui diffèrent si essentiellement de celles de l'antiquité, on peut donc dire que, sous l'empire du christianisme, la raison humaine a subi une transformation radicale sur les points les plus fondamentaux. On peut même se rendre compte des progrès qu'elle a faits en comparant les erreurs analogues que la philosophie a produites dans tous les temps. Le panthéisme, par exemple, est de toutes les époques. Il a été formulé notamment de grands systèmes panthéistes dans l'Inde et dans la Grèce ancienne. Eh bien, quoiqu'ils aboutissent aux mêmes conclusions finales que les systèmes de Spinosa, de Schelling, de Hegel, de Schopenhauer, ils ne peuvent se comparer à ces derniers. Ceux-ci arrivent au même but que les doctrines panthéistes de l'antiquité, mais en se fondant sur des conceptions et des méthodes toutes différentes, conceptions et méthodes empruntées aux données générales de la raison moderne.

Le caractère progressif de la raison est donc incontestable et il explique suffisamment comment ce qui passait pour une vérité assurée dans tel âge historique devient une erreur et une absurdité dans tel autre. Et il n'est pas même nécessaire de comparer entre eux deux âges historiques pour trouver ces oppositions : comme la marche progressive de l'humanité est incessante, l'ensemble des idées humaines éprouve des changements continuels et la raison peut présenter des différences notables chez des peuples voisins, dont la civilisation est la même au fond, et même chez les sectes religieuses, les écoles philosophiques, les partis politiques qui se forment au sein d'une même nation.

Ces différences proviennent quelquefois de l'opposition des intérêts, c'est-à-dire de ces principes d'utilité dont j'ai signalé précédemment le rôle dans la raison, mais elles dérivent le plus souvent de la place qu'occupe chaque nation, chaque secte, chaque parti dans la voie du progrès. Tandis que les uns restent en arrière des idées générales d'une époque, les autres les devancent. De là les oppositions les plus tranchées dans les convictions.

Considérées dans les peuples, ces différences constituent ce qu'on appelle l'esprit de chaque nation, esprit qui provient de la façon particulière dont chaque peuple a conçu et exécute sa tâche spéciale dans la civilisation commune et auquel participent plus ou moins tous les membres de ce peuple. En laissant même de côté l'amour-propre national, qui tourne quelquefois à l'état de véritable monomanie, comme en Allemagne depuis une trentaine d'années, voyez comme les mêmes questions religieuses, morales, politiques, économiques sont jugées différemment en France, en Angleterre, en Allemagne. Qui n'a signalé les tendances mystiques et panthéistes de la philosophie allemande, le caractère large, net et pratique de l'esprit français, l'étroitesse et le terre à terre des théories britanniques? Quelle différence entre la pensée catholique en Espagne, où elle conclut au despotisme de Philippe II et à l'inquisition, et en France où elle engendre le mouvement démocratique mêlé à la ligue et la littérature ecclésiastique du XVIIe siècle ; entre l'esprit de la réforme en Angleterre où il suscite un mouvement libéral prononcé et provoque une grande révolution politique, et en Allemagne, où il n'aboutit qu'à consacrer le pouvoir absolu de mille petits despotes ! L'histoire est remplie d'exemples de ce genre. Toute différence dans la manière de concevoir et d'appliquer un même principe général a donc pour conséquence de donner à la raison un caractère particulier et de lui imprimer un cachet national.

Les oppositions qui se créent ainsi dans la raison entre les peuples se produisent par des motifs analogues entre les sectes religieuses, les écoles philosophiques ou les partis politiques d'une même nation. Elles se manifestent notamment avec éclat dans les discussions qui s'élèvent entre des individus appartenant à des sectes différentes ou des partis opposés. Ces discussions sont souvent infructueuses, du moins, pour ceux qui s'y livrent, et rarement les adversaires parviennent à se convaincre. Et pour le comprendre, il suffit de généraliser un exemple que j'ai cité plus haut en cherchant à prouver que toutes nos idées font partie intégrante de la raison. Le plus souvent chacun a reçu, dès sa jeunesse, les opinions de sa secte ou de son parti ; il y a cru et en a fait le principe de tous ses jugements postérieurs. Toutes les idées, tous les faits qui ont passé sous ses yeux, il les a appréciés, interprétés au point de vue de son opinion. Ceux qui la confirmaient ou semblaient la confirmer sont devenus pour lui des preuves certaines qu'il a soigneusement conservées dans sa mémoire ; ceux qui la contredisaient, il les a niés ou bien oubliés. Arrivé à un certain âge, son esprit est si bien muni d'observations concordantes, d'appréciations nées du même principe et convergeant au même but, son opinion est si bien étayée par l'ensemble des connaissances qu'il a acquises, par les résultats du travail intellectuel de toute sa vie, qu'il faut des circonstances tout à fait exceptionnelles pour lui inspirer le doute et le faire changer de croyance. Mettez aux prises deux individus nourris ainsi dans des convictions opposées, un chrétien et un incrédule, un catholique et un protestant, un légitimiste et un républicain, ils discuteront sans pouvoir jamais s'entendre, quoiqu'ils soient parfaitement sincères tous deux, parce que leur raison ne sera pas la même. Les arguments les plus convaincants pour l'un glisseront sans aucun effet sur l'autre, et ils s'accuseront réciproquement de mauvaise foi, chacun d'eux oubliant que sa conviction se fonde sur un nombre considérable de jugements antérieurs et d'appréciations qui lui sont propres et dont son adversaire n'a pas la moindre idée.

Ces différences et ces oppositions sont la condition même du progrès ; elles constituent le ferment de notre activité intellectuelle et matérielle. Comme elles forment une loi invincible de la raison, on doit en conclure que celle-ci n'existe pas pour elle-même et qu'elle n'est qu'un agent du progrès. C'est ce dont nous aurons la démonstration en effet, si nous recherchons le but et la destination de la raison.

CHAPITRE V

But et destination de la raison.

S'enquérir de la vérité uniquement pour connaître la vérité, et de vérités en vérités s'élever jusqu'à la connaissance absolue, tel est le but que le plus souvent on assigne à la raison.

Mais un petit nombre d'hommes seulement ont poursuivi ce but et jamais aucun ne l'a atteint. Tous ceux qui ont cru saisir la vérité absolue, ont été trompés par une apparence illusoire. La vérité ne nous est départie dans ce monde qu'à une faible dose et elle ne nous est pas donnée uniquement pour que nous la possédions, mais avant tout pour que nous en fassions usage et accomplissions par son moyen l'œuvre progressive qui nous est dévolue.

L'erreur, qui en philosophie met la connaissance avant la pratique, est la même qui en religion place la foi avant les œuvres. La foi seule suffit pour le salut, les œuvres sont inutiles, — telle est l'hérésie religieuse. Le but suprême de l'homme est de savoir, la pratique est de l'ordre inférieur, — telle est l'hérésie philosophique. L'une et l'autre sont également funestes, parce qu'elles tendent toutes deux à remplacer l'activité profitable à la société et à nos semblables par la contemplation ou par de vaines spéculations métaphysiques. Dès que la raison est placée exclusivement au point de vue du savoir, elle ne tend qu'à s'élever à la science absolue et se pose elle-même comme son propre but.

La philosophie de l'antiquité a presque tout entière partagé cette erreur. Dans l'Inde, depuis le Védanta jusqu'au Bouddhisme, tous les systèmes philosophiques n'ont pour but que d'enseigner aux hommes le moyen de s'affranchir de la transmigration des âmes, non par les œuvres, mais par la science. Dans les systèmes à couleur religieuse, tels que le Védanta, c'est par la contemplation et la foi que l'on obtient la délivrance ; dans les doctrines purement philosophiques, c'est par la connaissance, par la science absolue. Les unes et les autres concluaient directement à l'ascétisme, à l'abstention de toute œuvre morale ou sociale, au renoncement au monde et à soi-même, et c'est sous leur influence que la société indoue a fini par s'immobiliser complètement.

En Grèce aussi, la science fut posée le plus souvent comme le but essentiel de la philosophie ; mais, heureusement, les Grecs avaient le sentiment trop pratique pour aller jusqu'aux dernières conséquences de ce principe. Ils ont fait, en général, comme Cicéron, qui, dans son *De officiis*, accorde le premier rang parmi les vertus à la science, mais qui néanmoins reconnaît plus tard que les devoirs relatifs à la communauté humaine sont les plus importants. Dans le moyen-âge et pendant le grand mouvement scientifique des derniers siècles, l'enseignement chrétien, qui tend avant tout à diriger les hommes vers l'accomplissement de la morale et les vertus pratiques, conserva assez de force pour écarter les idées philosophiques qui, sous ce rapport, pouvaient se rapprocher des tendances antiques. Mais le panthéisme moderne et les systèmes qui s'en sont inspirés ont repris complètement la thèse des anciens Indous. Tous ont proclamé hautement la prétention de doter l'homme de la science absolue; tous ont cru que cette science étant acquise, le but de l'homme était accompli.

L'un de ces systèmes, celui de Schopenhauer, a même conclu à l'ascétisme et à l'anéantissement de l'espèce humaine, exactement comme la sagesse indoue.

Évidemment, la destination de l'humanité n'est pas d'édifier des systèmes de philosophie et la raison n'a pas été donnée aux philosophes seulement. L'humanité est sur terre pour remplir une fonction dans l'ensemble des êtres, pour accomplir une œuvre particulière dans le plan général de la création, pour être un rouage dans le mécanisme universel. Le but dernier de l'humanité sur terre ne nous est pas connu et nous n'avons pas besoin de le connaître, pourvu que nous connaissions toujours le but prochain auquel nous devons vouer nos sacrifices et nos efforts. Or, le but prochain que nous apercevons est lui-même bien vaste et bien général, et il est loin encore d'être réalisé; il consiste, en effet, à constituer l'humanité elle-même, dans l'unité d'une foi morale et religieuse commune, sur les bases de la liberté, de l'égalité et de la fraternité, et avec un empire complet sur le globe et sur les forces naturelles qui y exercent leur action. Tel est du moins le dernier terme du progrès humain qu'il nous soit possible d'entrevoir, dans la supposition que l'humanité continue à appliquer à ses relations sociales la morale du christianisme et à considérer le globe terrestre comme le domaine livré à son activité.

En écartant la question de la récompense à laquelle l'individu qui a rempli son devoir ici-bas peut aspirer dans une autre vie, récompense que des individus peuvent poursuivre comme but principal, mais qui ne saurait en aucun cas constituer le but de l'humanité sur terre, nous ne voyons pas que la philosophie ait jamais formulé un idéal supérieur à celui qui résulte de ces conséquences dernières de la morale chrétienne. Mais il est facile de voir que ce but n'est pas définitif, qu'il ne rend pas compte entièrement de l'œuvre que l'homme doit accomplir sur terre, ni du plan total de la création, et que, par conséquent, il laisse subsister une inconnue que, dans son état actuel, la raison n'est pas capable de dégager.

Je ne prétends certes pas dire par là que nos connaissances persisteront toujours dans leur état présent et que la raison soit incapable à jamais de parvenir à des conceptions dépassant de beaucoup celles du moment actuel. Ce serait singulièrement rabaisser les facultés humaines et méconnaitre ce qui constitue essentiellement l'esprit de l'homme : la puissance de s'élever constamment à des conceptions plus vastes et plus générales et de progresser toujours sur une ligne indéfinie. Progresser ainsi, c'est se rapprocher constamment de la science absolue, mais ne l'atteindre jamais. Car, comme je l'ai déjà dit, celui qui parviendrait à l'atteindre ne serait plus homme, il aurait la science divine, il serait Dieu.

Les panthéistes modernes n'ont pas reculé devant cette conclusion. Ils n'ont pas hésité à s'attribuer la science divine, mais à la condition de nier l'intelligence infinie et de rabaisser Dieu à leur propre taille. D'ailleurs, à quoi se réduit-elle, cette science qu'on prétend absolue? A quelques abstractions incompréhensibles qu'on nous donne comme l'essence des choses. Quant aux véritables inconnues de la science, aux problèmes qu'il serait pour l'homme d'un intérêt actuel et pressant de résoudre, elle n'a éclairci aucun d'eux du moindre rayon de lumière, et les systèmes contradictoires, dont chacun se proclamait la science absolue, se sont succédé sans reculer en rien les bornes du savoir humain.

Certes, quand l'idéal que l'humanité entrevoit aujourd'hui sera réalisé, quand la société sera arrivée au terme de son progrès actuel, de nouveaux horizons s'ouvriront devant ses yeux. Mais, conformément à une loi générale que j'ai indiquée précédemment, de cette situation nouvelle naîtront de nouveaux problèmes et résulteront de nouvelles inconnues et, autant que nous pouvons connaître la véritable destination de la raison, il en sera ainsi toujours.

Comment pouvons-nous juger, en effet, de cette destination? N'est-ce pas par l'usage auquel la raison a servi constamment jusqu'ici? L'exercice de l'intelligence étant une des conditions de la vie humaine, il n'est pas admissible que le genre humain se soit trompé sur la destination de cette faculté, et l'usage qu'il en a fait toujours et partout nous en indique le but même. Or, sur ce point, à l'exception de quelques philosophes, le genre humain a prononcé d'une manière unanime : ce but, c'est de guider nos actions, de nous faire connaître l'œuvre que nous devons accomplir ici-bas, ainsi que toutes les conditions de cette œuvre, et de nous donner le moyen de choisir entre des actions opposées. En d'autres termes, la raison est l'instrument de notre activité et de notre liberté.

Ce fait paraît évident, lorsqu'on compare les facultés intellectuelles de l'homme avec celles de l'animal. L'animal est privé de raison ; il ne se dirige que d'après ses instincts, ses sensations présentes et le souvenir de sensations passées reproduites par sa mémoire cérébrale. Mais il n'a pas le pouvoir de coordonner ou de classer ses impressions particulières, ni de concevoir des rapports généraux. Aussi n'agit-il que suivant des impulsions irrésistibles et la seule apparence de choix se présente pour lui lorsque deux impressions opposées, par exemple, la faim et la peur, le tiraillent en sens contraire. Mais alors encore il n'y a pas de choix réel, c'est l'impression la plus forte qui l'emporte. L'animal est-il privé de la liberté du choix parce qu'il manque de raison, ou bien la raison lui a-t-elle été refusée parce qu'il n'était pas destiné à la liberté? Je pense que de ces deux possibilités, la dernière est la vraie. Mais n'importe! Il est évident, en tout cas, que ces deux facultés sont en rapport étroit l'une avec l'autre et que sans la raison la liberté ne saurait exister.

Or, si nous jetons les yeux sur l'ensemble du monde, nous voyons que tous les êtres non humains, animaux, plantes, minéraux, y remplissent une fonction, y concourent à une œuvre commune, mais que tous aussi accomplissent leur tâche d'une manière fatale et aveugle, par le seul effet de leurs impulsions instinctives et sans avoir aucune conscience de la place qu'ils occupent dans le mécanisme universel. L'homme seul accomplit son œuvre librement, et seul aussi il jouit de la raison. Ne peut-on pas conclure de là que la raison ne lui a été donnée que pour qu'il pût remplir sa fonction en connaissance de cause et faire de son libre arbitre l'usage le plus complet?

Sans raison, le libre arbitre serait comme non avenu; aucun choix ne serait possible et les impulsions aveugles de l'instinct feraient loi. Mais, d'autre part, sans libre arbitre, à quoi servirait la raison? L'homme aurait devant les yeux le spectacle du monde moral et physique et de ses propres actions; mais il n'assisterait à ce spectacle que pour y jouer un rôle tracé d'avance dans ses moindres détails et auquel il ne dépendrait pas de lui d'apporter le plus petit changement. Pourquoi aurait-il donc besoin de voir le spectacle et de connaître son rôle? Il lui suffirait, comme à l'animal, d'obéir à des impressions mécaniques. La raison et le libre arbitre se supposent donc réciproquement; l'un ne serait pas concevable sans l'autre.

Or, le libre arbitre est-il au service de la raison, ou la raison au service du libre arbitre? Dans le premier cas, la science serait en effet le but essentiel de l'homme et toutes les facultés physiques et intellectuelles qu'il possède ne seraient destinées qu'à lui procurer le savoir. Mais alors il faudrait admettre aussi que le genre humain tout entier, sauf quelques hommes, en dépensant, comme il l'a fait jusqu'ici, son activité en œuvres de politique, d'administration, de guerre, d'art et de littérature, de science pratique, de commerce, d'agriculture, d'industrie, s'est toujours grossièrement trompé, à moins qu'on ne veuille supposer que tout ce travail des siècles n'a eu pour objet que de donner à quelques beaux esprits le moyen de planer dans les hautes régions de la métaphysique. Une telle supposition ne saurait être faite sérieusement et il n'est pas admissible que l'humanité ait fait erreur en s'adonnant avant tout à l'activité pratique. Il faut donc reconnaître que la connaissance n'est que le moyen du libre arbitre et de l'action pratique, qu'elle est un instrument et non le but.

Disons donc que la raison n'a pas été donnée à l'homme pour la raison même, pas plus qu'il n'a de bras pour le plaisir d'avoir des bras. Il a reçu l'une comme les autres pour en faire usage, pour remplir par leur moyen sa mission dans l'ordre universel. Aussi nos connaissances sont-elles toujours proportionnées à l'œuvre pratique que l'humanité doit accomplir dans un moment donné et progressent-elles en même temps que cette œuvre même. Il ne faut pas oublier que l'activité sociale et pratique forme la condition indispensable des progrès de la science, et que celle-ci est toujours en rapport avec les idées morales qui dirigent cette activité. Les peuples qui sont restés à l'état de simples tribus n'ont jamais acquis que des connaissances tout à fait élémentaires. Chez les Indous comme chez les Arabes, la science s'est immobilisée en même temps que le progrès politique et social. La science moderne n'a pris son essor qu'après l'immense transformation qui s'était opérée pendant le moyen-âge dans les mœurs, les coutumes et les institutions des populations européennes et pour contribuer elle-même à une transformation plus considérable encore. Si la science, qui ne comprend qu'une partie des idées de la raison, est dans une relation si étroite avec les événements sociaux, à plus forte la raison, qui, pour le reste, ne se compose presque que d'idées pratiques.

Il paraît certain que nous savons ce qu'il nous faut savoir pour remplir notre fonction librement et en connaissance de cause, mais rien de plus. Nous connaissons Dieu comme créateur et législateur, nous savons qu'il est l'être infini et tout-puissant, devant lequel tout orgueil humain est tenu de se courber, le père absolument bon qui aime ses créatures et ne veut que leur bien, c'est-à-dire nous le connaissons dans ses relations avec nous-mêmes, mais tout ce qui a rapport à son essence infinie nous échappe. Si le dogme chrétien nous fait pénétrer plus avant dans cette essence en enseignant que Dieu est un en trois personnes, c'est encore en vue d'un intérêt pratique et social, c'est parce que le caractère divin du fondateur du christianisme et l'action de Dieu sur les âmes seraient incompréhensibles sans ce dogme. De même que nous ne connaissons Dieu que dans ses rapports avec nous, nous ne nous connaissons nous-mêmes, ainsi que nos semblables et le monde extérieur, qu'au point de vue de l'activité à laquelle nous sommes appelés. Nous savons que nous sommes libres, capables de bien et de mal et destinés à vivre en société avec les autres hommes. Nous savons que ce monde est notre domaine et nous arrivons peu à peu à saisir les phénomènes et les mouvements entre lesquels nous sommes forcés d'intervenir. Mais la nature intime des choses, les origines premières, les substances restent couvertes d'un voile épais et nous sommes aussi ignorants à cet égard qu'on l'était il y a deux mille ans. Notre connaissance, et par suite notre raison, a donc des limites certaines, qu'on peut même déterminer jusqu'à un certain point, comme nous le verrons après avoir traité des sources de nos idées. Mais, en tout cas, il est visible qu'elle n'est jamais parvenue à aucune notion vraie qui dépasse les nécessités de la pratique sociale et individuelle ; et admettre qu'elle n'existe que pour elle-même, que nous ne connaissons que pour connaître, c'est se mettre en contradiction avec l'usage constant et universel que le genre humain a fait de la raison.

Sans doute, la tentation de se livrer sans réserve aux spéculations de l'esprit, est puissante ; c'est une pensée séduisante que de sonder dans toutes leurs profondeurs les mystères de Dieu et de l'univers, mais c'est une pensée fallacieuse, c'est un mirage trompeur. On a dit, il est vrai, que le désir d'arriver à la connaissance absolue constituait un besoin instinctif de l'homme et que l'existence seule de ce besoin suffisait pour prouver qu'il pouvait recevoir satisfaction. Mais c'est encore là une erreur. Il existe chez l'homme, ou du moins chez les hommes dont l'intelligence est développée, une aspiration qui les porte à dépasser toujours la connaissance acquise, à ajouter des vérités nouvelles à celles qu'ils possèdent déjà. Cette aspiration est un des signes de la nature indéfiniment progressive de l'esprit humain et elle se satisfait par cela même que le nombre et la valeur de nos conceptions s'accroît toujours. Mais il n'en résulte nullement que nous devions arriver à la connaissance absolue ; au contraire, si nous y arrivions, cette aspiration serait arrêtée dans son essor. De ce que le problème de la connaissance absolue a été posé et de ce que des philosophes en ont poursuivi la solution, il ne suit d'aucune façon que tôt ou tard cette solution sera trouvée. Bien des gens aussi ont perdu leur temps à chercher la quadrature du cercle et le mouvement perpétuel, jusqu'à ce que ces problèmes aient enfin été rayés du cadre de la science. Espérons qu'un jour celui de la connaissance absolue aura le même sort.

DEUXIÈME PARTIE

DES SOURCES DE LA RAISON

Il ne peut entrer dans ma pensée de discuter tous les systèmes qui ont été émis sur l'origine des idées. Tout en offrant une foule de nuances variées, les hypothèses sur lesquelles ils se fondent sont en petit nombre, et ces hypothèses étaient déjà en présence à l'époque des premières recherches connues sur la philosophie. Sans me préoccuper d'aucune théorie en particulier, je me contenterai d'explorer les sources peu nombreuses d'où nos idées peuvent provenir et d'examiner si elles en proviennent en effet. Je serai conduit ainsi à discuter toutes les doctrines générales dont cette partie de la philosophie a été l'objet jusqu'ici.

Les sources dont on a prétendu, à tort ou à raison, tirer l'origine de toutes nos conceptions sont : 1° les conditions logiques de l'intelligence servant de base aux catégories de la raison; 2° les idées innées; 3° le sentiment, la sensation et le raisonnement; 4° les religions révélées. Un livre particulier sera consacré à l'examen de chacune de ces origines.

LIVRE I

DES IDÉES PREMIÈRES OU CATÉGORIES DE LA RAISON

CHAPITRE PREMIER

Des catégories en général.

Il est un certain nombre d'idées qui forment pour ainsi dire le squelette de la raison, la charpente permanente qui soutient les formes variées de l'édifice rationnel. Lorsqu'on examine ces idées, on trouve qu'aucune d'elles ne fournit de ces principes généraux capables de diriger la société dans sa voie progressive, de ces conceptions sur Dieu, l'homme et le monde, qui dominent la raison et en constituent la forme dans une période donnée. Ce ne sont que des abstractions, mais des abstractions qui se trouvent au fond de toutes nos idées concrètes, de toutes nos connaissances positives. Elles remplissent donc dans la raison un rôle de premier ordre.

L'existence d'idées de ce genre a été aperçue de bonne heure par la philosophie, et elles les conçut alors comme formant les principes ou les caractères distinctifs des êtres. Ainsi, quand dans l'Inde, le Sankhya prétendit expliquer l'ensemble de l'univers par la combinaison de vingt-cinq principes existants par eux-mêmes, savoir la nature, l'intelligence, la conscience, les cinq principes des éléments matériels (la terre, l'air, l'éther, le feu et l'eau), les onze organes de la sensation et de l'action et l'âme individuelle, il établissait en réalité le premier système des idées abstraites, en y comprenant toutes celles qui paraissaient alors servir de fondement à toutes choses.

Dans ce système, les idées et les êtres qu'elles représentent sont confondus et il en est de même dans les conceptions primitives de la philosophie grecque, par exemple dans les nombres de Pythagore, dans les idées substantielles de Platon. C'est Aristote qui le premier a déterminé quelques-unes de ces notions abstraites en essayant d'établir une classification générale des mots. « Les mots, dit-il, quand ils sont pris isolément, expriment chacun l'une des choses suivantes : ou substance, ou quantité, ou qualité, ou relation, ou lieu, ou temps, ou situation, ou état, ou action, ou enfin passion »[1]. Or, sauf le premier de ces termes, la substance, tous les autres ne figurent dans le discours que comme attributs de substances (κατηγορίαι, prédicats), et de là le nom de *catégories* qu'Aristote leur a donnés et qui est resté pour désigner toute détermination ou classification d'idées abstraites de ce genre. Les catégories sont, pour Aristote, les points de vue généraux sous lesquels on peut considérer les êtres ; mais il n'en tire nullement les principes de la classification des êtres eux-mêmes et ne les confond d'aucune manière avec les abstractions métaphysiques qu'il trouve dans les substances individuelles, telles que la matière ou puissance, la forme, le mouvement, les diverses espèces de causes.

Les stoïciens réduisirent ces catégories à quatre : la substance, la qualité essentielle, l'état ou le mode et la relation, en les subordonnant toutes à l'idée d'être ou de « quelque chose, » et en en excluant également leurs principes ontologiques, le principe actif et le principe passif.

Dans le moyen-âge, on s'en tint exclusivement sur cette question à Aristote, à moins que l'on veuille tenir compte de quelques essais d'innovation avortés, comme celui de Raymond Lulle. Lors de la renaissance, la doctrine des catégories fut battue en brèche comme tout le reste de la logique d'Aristote, mais aucune des théories qu'on pré-

[1] *Catégories*, ch. IV.

tendit y substituer ne fut généralement acceptée ; cette étude fut abandonnée et l'on n'en trouve qu'une faible réminiscence dans certaines distinctions établies par les grands philosophes du XVIIe et du XVIIIe siècle, telles que la division entre les choses qui ont quelque existence (substances, attributs, modes) et les vérités qui ne sont que dans notre pensée, proposée par Descartes, ou la division des objets de nos pensées en modes, substances et relations, de Leibnitz.

Ce fut Kant qui rappela l'attention sur les catégories. Dans son système, elles acquièrent une importance de premier ordre, puisqu'il les considère comme les formes mêmes de la raison, formes qui seules tombent sous notre connaissance, tandis que l'objet, l'être extérieur auquel nous les attribuons, ne peut être connu.

On sait que, pour Kant, il y a trois espèces de notions : les perceptions sensibles, les conceptions de l'entendement et les idées de la raison pure. Nous ne nous occuperons pas de ces dernières, qui ne diffèrent des conceptions de l'entendement que par leur objet. Les perceptions sensibles empruntent leur caractère à l'espace et au temps, auxquels Kant ne reconnaît aucune réalité objective et qu'il ne considère que comme les formes de la sensibilité, sans les ranger toutefois dans les catégories. Celles-ci résultent des formes de l'entendement et voici comment le philosophe de Kœnigsberg cherche à les déterminer :

Toutes les opérations de l'entendement ne consistent que dans des jugements et les jugements n'ont pour but que d'établir l'unité dans nos représentations. Cette unité est produite au moyen de *concepts,* qui sont les formes *a priori* de l'entendement, et il suffit, pour avoir le tableau de ces concepts, d'analyser les fonctions du jugement, en d'autres termes, de se rendre compte des différentes façons dont l'unité est établie dans nos représentations par le jugement.

En conséquence, Kant divise les jugements en quatre genres, subdivisés chacun en trois espèces. A chaque espèce répond une idée générale, un concept *a priori*. Dans le premier genre, les jugements sont considérés sous le rapport de la quantité : ils sont individuels, particuliers ou universels, et les concepts qui y répondent sont ceux de l'*unité*, de la *pluralité*, de la *totalité*. Le deuxième genre résulte de la qualité des jugements; ils sont, sous ce rapport, affirmatifs, négatifs et indéfinis, et donnent lieu aux concepts de la *réalité*, de la *négation* et de la *limitation*. Dans le troisième genre, celui de la relation, sont compris les jugements catégoriques, hypothétiques et disjonctifs, et les concepts de *substance* et d'*accident*, de *cause* et d'*effet* et d'*action réciproque;* enfin le quatrième genre est celui de la modalité; il se compose des jugements assertoires, problématiques et apodictiques, répondant aux conceptions de *possibilité* et d'*impossibilité*, d'*existence* et de *non existence*, de *nécessité* et de *contingence*.

Pour Kant, il existe donc douze conceptions primitives, dont quelques-unes doubles, qui constituent les formes de notre intelligence même. Mais ce philosophe n'a pu faire accepter à ses successeurs, ni le tableau même de ces conceptions, ni le caractère qu'il leur attribue. Le tableau a été l'objet de critiques nombreuses et fondées, et on voit, au premier coup d'œil, qu'il renferme des idées mal déterminées. Quant à la nature purement subjective de ces idées, elle ne peut être admise que par ceux qui ne croient pas à la réalité du monde objectif et ils sont peu nombreux. Cependant, malgré ces défauts, la détermination des catégories, tentée par Kant, a une importance réelle et dépasse de beaucoup le travail d'Aristote sur les prédicats.

Kant, en effet, n'a pas eu la pensée de classer les mots ou les êtres; il a vu que, dans la raison même, il y a certaines idées fontamentales, qui ne lui font jamais défaut, et qui apparaissent comme des éléments indispensables de toutes nos conceptions. Il a vu aussi que quelques-unes de ces idées exercent une influence déterminante sur les formes mêmes de la pensée et du langage, et c'est pour cela qu'il les a prises pour des formes naturelles de l'intelligence. Il s'est trompé sous ce dernier rapport. Mais il a reconnu une vérité certaine en constatant la présence constante et nécessaire de conceptions de ce genre.

J'appellerai ces conceptions *idées premières de la raison*. Le tableau que Kant en a dressé a été modifié depuis par des disciples de ce philosophe (en France, par exemple, par M. Renouvier); d'autres ont essayé de l'établir sur des bases tout à fait différentes. Je ne puis entrer ici dans l'examen de ces systèmes qui, à mon avis, n'ont pas résolu le problème. J'ai donc à examiner quelles sont les idées auxquelles on doit accorder le caractère d'idées premières, d'où elles proviennent, et quelle en est la valeur et la portée. La théorie de la raison dépend essentiellement de la réponse qu'on fera à ces questions.

CHAPITRE II

Caractères généraux des idées premières de la raison.

Ni les catégories d'Aristote, ni les concepts de Kant n'offrent l'ensemble complet et rigoureux des idées premières de la raison. Les unes et les autres contiennent quelques-unes de ces idées, mais n'en mentionnent pas d'autres qui paraissent devoir être rangées dans la même classe. Parmi les concepts, comme dans les catégories, on trouve un certain nombre de notions qui ne sauraient être considérées comme des idées premières, par exemple, la *situation* et l'*état*, d'Aristote, la *limitation*, l'*action réciproque*, la *possibilité*, la *nécessité*, de Kant. Quel sera donc le principe général qui nous servira à déterminer ces idées ?

A mon avis, il n'existe pas de principe général de ce genre et les idées premières doivent être déterminées une à une par l'analyse et l'observation.

On pourrait être tenté de croire que, comme les formes logiques de la pensée ou celles du langage en sont jusqu'à un certain point la manifestation, il suffirait d'étudier ces formes pour en déduire toutes les idées premières. Mais ce serait une erreur.

L'analyse des formes logiques de la pensée ne donnerait, à cet égard, que des résultats très-défectueux. Ces formes sont très-simples quand on ne considère que la valeur propre des opérations intellectuelles; mais elles offrent une grande variété quand on tient compte des circonstances dans lesquelles elles se produisent et des objets auxquels elles s'appliquent. Ainsi, nous venons de voir que pour le jugement, qui, au fond, est une opération très-simple et toujours identique à elle-même, Kant a trouvé douze formes différentes, et il est certain qu'en procédant de même, on pourrait en ajouter d'autres encore à sa liste. Pour les formes du raisonnement, il suffit de rappeler que l'ancienne logique comptait quatre figures du syllogisme, présentant chacune plusieurs modes. Quelques-unes de ces figures ont été retranchées par les modernes et remplacées par d'autres, et, d'ailleurs, le syllogisme est loin d'être la seule forme du raisonnement. Les formes logiques de la pensée sont trop nombreuses, elles ne sont pas assez déterminées elles-mêmes et prêtent trop à l'arbitraire pour servir à la détermination des idées premières. Rien ne nous garantit d'ailleurs que chaque idée première ait engendré une forme logique spéciale. Nous verrons, au contraire, qu'il n'en est nullement ainsi et que précisément les idées premières les plus universelles, les plus constamment présentes à l'esprit, celle de l'être, par exemple, n'ont donné lieu à aucune forme spéciale, par la simple raison que, se trouvant impliquées dans toutes, elles ne pouvaient en caractériser aucune en particulier.

Le langage nous offrira-t-il ce que nous avons vainement cherché dans la logique? Pas davantage.

Il est certain que, par ses formes, la langue exprime non-seulement les opérations de l'intelligence, mais aussi certaines relations qui répondent aux idées premières de la raison. Ainsi, nous verrons que les formes du pluriel et du singulier, du verbe actif et passif, des modes subjonctif et conditionnel du verbe, expriment des idées et des rapports que l'on doit classer indubitablement parmi ces notions fondamentales. Mais il est d'autres formes de la langue qui ne répondent à aucune notion de ce genre. Je me bornerai à rappeler la distinction des genres masculin, féminin et neutre, admise par certaines langues et rejetée en tout ou en partie par d'autres, et le duel usité dans quelques-unes; ces formes, évidemment, n'ont rien de commun avec les idées premières de la raison. D'ailleurs, les formes varient suivant les langues, et des idées premières de valeur égale y sont traitées quelquefois très-inégalement. Par exemple, l'espace et le temps, que nous comptons parmi ces idées, sont loin d'avoir la même importance dans la langue. Tandis que le temps joue un grand rôle dans les verbes de la plupart des idiomes, l'espace donne rarement lieu à des formes spéciales.

Ces motifs me paraissent suffisants pour ne pas considérer dans tous les cas les formes du langage comme l'expression d'idées premières de la raison. Il est facile de reconnaître, en outre, et nous aurons l'occasion de le constater bientôt, que plusieurs de ces idées sont trop universelles pour donner lieu à aucune forme du langage, de même qu'à cause de leur généralité, elles n'engendrent pas de formes logiques.

Si le principe général de la détermination de ces idées ne peut être trouvé ni dans la logique ni dans le langage, il est bien inutile de le chercher ailleurs. Il faut donc renoncer à tout essai de déduction *a priori* à cet égard, et procéder par les voies analytiques. Les seules règles générales qui pourront nous servir de guides sont celles qui dérivent des conditions mêmes du problème. Ces conditions sont très-simples :

Pour qu'une idée puisse être considérée comme une conception fondamentale de la raison, il faut que la raison l'ait possédée en tous temps et en tous lieux, qu'elle dérive naturellement de l'exercice de l'intelligence humaine et qu'il soit pour ainsi dire impossible de penser et de raisonner sans elle. D'autre part, toute idée qui réunit ces conditions doit être considérée comme une conception première de la raison.

En limitant ainsi le problème, nous en excluons : 1° Toutes les idées, toutes les vérités que la science et l'expérience universelle ont peu à peu mises en lumière. Quelque importance que ces idées puissent avoir pour la raison dans une période donnée, il est clair qu'elles ne l'avaient pas avant qu'elles fussent découvertes et que, par conséquent, elles ne peuvent être rangées parmi les conceptions premières. 2° Les idées qui ont pour objet les qualités physiques révélées par les sens internes ou externes, telles que les couleurs, les sons, les sensations agréables ou douloureuses dont notre organisme est le siége. Les idées de cette espèce, même celles qui ne répondent qu'à des sensations simples comme celle d'une couleur, d'un son uniforme, sont très-nombreuses, et chaque jour nous en acquérons de nouvelles. Or, quoique la raison ne puisse exister sans posséder un certain nombre de notions de cette espèce, aucune d'elles en particulier ne lui est indispensable. Aucune d'elles ne peut donc prétendre au titre de conception première. 3° Les idées morales proprement dites, c'est-à-dire celles qui concernent nos devoirs et nos droits. Il n'est certainement pas d'idées qui jouent un plus grand rôle dans la raison, mais ce rôle est d'une nature toute différente de celui des conceptions dont il est question ici. On ne saurait dire que ces idées naissent de l'exercice même de la raison et qu'il soit impossible de raisonner et de penser sans elles. Combien, en effet, n'est-il pas de raisonnements scientifiques où n'entre aucune idée relative à nos droits ou à nos devoirs! D'ailleurs, si l'humanité n'a jamais manqué de conceptions morales, ces conceptions ont, à plusieurs reprises, éprouvé de grandes modifications. Il est donc indispensable de les exclure des idées fondamentales de la raison.

Ces idées premières me paraissent pouvoir être ramenées à quatre sources principales. Elles résultent : 1° de la nature même des opérations intellectuelles; 2° de certaines perceptions objectives, nécessaires et constantes; 3° de rapports naturels de l'idée avec l'objet; 4° enfin, de rapports de l'idée avec l'action. Etudions-les successivement dans cet ordre.

CHAPITRE III

Les idées premières de la raison.

1. Percevoir, unir et séparer, voilà les actes auxquels peut se réduire toute opération intellectuelle.

Ces trois actes ne manquent dans aucun fait de conscience et ils se produisent dans tous d'une manière tellement simultanée qu'ils paraissent n'en former qu'un seul.

L'esprit perçoit quand il entre en contact avec un phénomène ou un rapport perceptible et que de ce contact résulte pour lui une notion, une idée. Nous ignorons complètement quelle est la nature intime de ce contact et comment il peut en résulter un fait de conscience. Nous ignorons également en vertu de quelle propriété un phénomène ou un rapport est perceptible, et nous ne pouvons connaître que par l'expérience ceux qui le sont en effet. Autant que nous pouvons le présumer, aucun phénomène du monde extérieur n'est perceptible directement et tous ont besoin d'être mis en contact avec l'esprit par l'intermédiaire du cerveau ; il est probable qu'il en est de même des phénomènes intérieurs, même spirituels, qu'il nous est donné de percevoir. Il n'y a que la perception des rapports qui existent entre nos idées mêmes dont nous puissions nous rendre compte jusqu'à un certain point, et j'aurai l'occasion, dans ce chapitre même, d'indiquer le fondement de la plupart de ces rapports. Quelle que soit d'ailleurs la nature de la perception, l'esprit est toujours actif dans cette opération, ainsi que je le prouverai plus tard, en parlant de la sensation.

La notion ou l'idée qui résulte de la perception paraît dépendre à la fois de la nature de l'objet perçu et de celle de l'esprit. Entre la couleur noire et la couleur blanche existe une différence réelle et chacune d'elles affecte l'esprit d'une façon spéciale qui répond aux deux idées du noir et du blanc. Mais ces idées reproduisent-elles la réalité des objets? Rien ne nous autorise à l'affirmer. Pour les perceptions de couleur, notamment, on n'aperçoit aucun rapport entre la sensation et le phénomène qui la produit. Nous savons que la lumière résulte des vibrations d'un éther invisible, que la diversité des couleurs provient de la différence de longueur des ondes lumineuses, mais la relation entre ces phénomènes constatés par la science et l'impression que produisent sur nous la lumière et la cou-

IDÉES PREMIÈRES. 69

leur, nous échappe complètement. Il en est de même du son et des autres perceptions sensibles. Nous pouvons donc dire que les différences perçues répondent à des différences dans l'objet, mais que l'idée de chaque qualité spéciale provient de la manière dont cette qualité affecte l'intelligence.

Toute perception suppose-t-elle nécessairement une distinction, comme on l'a prétendu quelquefois, en d'autres termes, sommes-nous obligés, pour percevoir un objet, d'en voir deux ou plusieurs à la fois et de les distinguer les uns des autres? Je ne le crois pas. En fait, il est vrai que nous ne sommes jamais en présence d'un objet perceptible unique, qu'au contraire, nous nous trouvons toujours en contact avec plusieurs à la fois, et que, par suite, il est toujours nécessaire de les distinguer l'un de l'autre. Mais de ce que la distinction est la compagne inséparable de la perception, s'ensuit-il qu'on doive les identifier? Non, sans doute. On dit que d'une sensation unique, nous ne pourrions tirer aucune connaissance; que si, par exemple, nous nous trouvions vis-à-vis d'un champ visuel d'une couleur parfaitement uniforme, nous ne verrions absolument rien, de même que quand nous nous trouvons dans l'obscurité complète. Cela n'est pas tout à fait exact. Nous ne verrions pas autre chose, à la vérité, que cette couleur uniforme dont serait revêtu le champ visuel, de même que dans l'obscurité nous ne voyons que du noir; mais nous verrions du moins cette couleur, qui laisserait son impression propre dans la mémoire, et si cette couleur disparaissait subitement et était remplacée par une autre, nous saurions très-bien faire la différence entre les deux, ce qui serait impossible, si la première n'avait pas été perçue lorsqu'elle était unique. De même, il nous serait impossible de comparer l'impression de noir que cause l'obscurité avec la couleur noire que présentent certains objets en pleine lumière, si nous ne percevions directement ce noir des ténèbres, même quand il nous enveloppe entièrement. Dans ce cas, c'est l'absence d'une impression lumineuse quelconque que nous percevons. A plus forte raison, nous devons percevoir une impression même unique.

On ne saurait donc dire que pour percevoir un objet il faut nécessairement le distinguer d'un autre. Il est certains faits, il est vrai, que nous ne percevons que par leurs rapports avec d'autres, certaines idées qui sont essentiellement relatives et que nous ne pourrions concevoir, si nous ne concevions en même temps le rapport dont elles forment l'un des termes. La qualité, par exemple, ne peut être conçue sans la substance, la cause sans l'effet. Mais toutes les notions ne sont pas dans ce cas, notamment celles qui proviennent des impressions sensibles. En soi, percevoir est donc autre chose que distinguer.

Mais la perception n'est que le commencement de l'opération intellectuelle. Seule, elle ne nous fournirait que des éléments d'idées. C'est par des unifications et des distinctions ou des séparations que se forme l'idée réelle.

On a généralement peine à se rendre compte de ce fait, parce qu'on exagère la portée de la perception. On croit percevoir des êtres, des hommes, des animaux, des plantes, des maisons. Mais, en réalité, on n'aperçoit que les qualités perceptibles des objets, par le sens de la vue, par exemple, des couleurs. Si la perception n'était accompagnée d'autres opérations intellectuelles, nous verrions les diverses couleurs que nous offre un champ lumineux ; nous aurions conscience de leur variété ; mais ce serait tout, nous ne verrions aucun objet distinct. Pour apercevoir dans ce champ visuel un être réel, un animal, par exemple, il faut que nous séparions les impressions lumineuses provenant de cet animal, de toutes celles qui les entourent et que nous les comprenions sous une même forme, que nous en fassions une unité. A cette condition seulement, nous distinguerons l'animal de tout ce qui l'environne et nous aurons, sinon l'idée complète de cet animal, du moins celle de sa forme visible.

Chacun sait que les idées que nous avons des êtres supposent pour la plupart des perceptions bien plus nombreuses que celles qui nous viennent par un seul sens, et contiennent même des éléments que la sensation ne saurait fournir d'aucune manière, tels que les notions de substance, d'activité, etc. Plus une idée comprend d'éléments de toute nature, plus il est visible qu'elle n'a pu être constituée que par une unification et une séparation pareilles à celles que je viens de décrire.

Dans cette opération, l'unification paraît être l'acte principal, puisqu'en saisissant certains éléments pour les unir, l'esprit les sépare par cela même de ceux qui les entourent. L'œuvre de séparation ne devient prédominante que dans certaines opérations scientifiques, dans l'analyse, quand il s'agit de déterminer les idées abstraites ou les éléments des êtres. En vertu des circonstances dans lesquelles l'homme est placé dans ce monde, c'est toujours par des idées complexes, relatives à des êtres très-composés, que commence sa connaissance. Ce n'est que plus tard qu'il décompose ces idées complexes en notions simples et abstraites. Mais là encore, l'unification joue son rôle, car toute notion, quelque simple qu'elle soit, suppose des rapports multiples qui doivent être réduits à l'unité.

Il n'arrive jamais, du reste, que toutes les impressions, provenant d'un objet, soient perçues à la fois et comprises au même titre dans l'idée de cet objet. Comme je l'ai indiqué déjà, le travail d'unification se fait par la perception de quelques traits principaux de l'objet, de quelques impressions sur lesquelles l'attention se porte plus particulièrement et autour desquelles l'acte intellectuel groupe les autres. Dans toute notion complexe se trouve donc un point essentiel, dominant, qui forme pour ainsi dire le noyau de la notion même, et qui résulte de l'impression sur laquelle l'attention s'est portée de préférence.

Les perceptions sur lesquelles portent l'unification et la séparation seraient comme non avenues sans ces opérations complémentaires, puisqu'elles n'aboutiraient à aucune connaissance réelle. Ce n'est que par leurs concours qu'elles deviennent des idées. Nous avons donc eu raison de dire que l'opération intellectuelle complète consistait à percevoir, unir et séparer simultanément.

Le résultat de ce triple acte intellectuel est représenté matériellement dans le cerveau et fixé dans l'esprit par un signe unique, ordinairement un mot. Ce signe, qui est l'image de l'unification accomplie, est créé d'ailleurs par un autre acte intellectuel tout semblable au premier. C'est grâce à lui que l'opération accomplie se conserve dans la mémoire et que nous pouvons en faire usage ultérieurement.

La perception n'a rien de nécessaire ; nous pouvons ne pas percevoir un objet perceptible exposé à notre vue ; de même les unifications et les séparations que nous opérons peuvent ne pas être conformes à ce qui a lieu dans l'objet. A quelles conditions ces opérations s'accomplissent-elles ? Quels sont les motifs qui y portent l'esprit ? Comment s'assure-t-il que les rapports qu'il établit sont conformes aux faits réels ? Ce sont là des questions sur lesquelles nous aurons l'occasion de revenir, mais dont nous n'avons pas à nous occuper ici, où il s'agit simplement de faire connaître la nature des opérations intellectuelles.

Il me reste à faire voir que tous les actes de l'intelligence, quelle qu'en soit l'étendue, rentrent dans les faits que je viens de décrire. La principale différence qui distingue les opérations plus compliquées de la simple perception est que la mémoire remplace le plus souvent la perception directe, et qu'au lieu d'impressions simples, nous unifions et séparons des idées déjà acquises et des combinaisons d'idées.

Le produit le plus simple de l'opération intellectuelle est

l'idée même. L'idée constitue ainsi la première forme logique. Ce que je viens de dire sur la manière dont elle prend naissance, prouve que toute idée peut, à juste titre, être appelée une *conception*, dans l'acception étymologique du mot. Dans la langue, l'idée est exprimée soit par un seul mot, soit par plusieurs mots unis entre eux par un lien grammatical. Telle idée qui a son mot dans une langue, ne peut être exprimée dans une autre que par une circonlocution.

La seconde forme logique est le jugement ou plutôt l'affirmation, à laquelle répond dans le langage la proposition. L'opération intellectuelle est la même dans l'affirmation que dans la production de l'idée exprimée par un seul mot. Elle consiste encore à unir ou à séparer des perceptions et des idées différentes. Seulement, il n'y a pas ici fusion complète de tous les éléments combinés, comme dans la simple conception. Ces éléments restent distincts de même que l'acte qui les unit ou les sépare, et ce qui est le signe caractéristique du jugement, cette opération intellectuelle s'affirme elle-même au moment où elle s'accomplit. Ces différences proviennent de ce qu'au lieu de s'exercer sur des impressions originaires ou la première perception des objets, l'acte qui constitue le jugement proprement dit opère sur des éléments intellectuels déjà formés, des conceptions toutes faites, des notions acquises. Cet acte peut et doit dans ces circonstances reproduire dans sa forme même les conditions de toute opération intellectuelle.

On connaît les parties essentielles de toute affirmation : le sujet, c'est-à-dire le point de départ fixe auquel est rattaché tout le reste ; le verbe qui exprime à la fois l'acte d'affirmation et la nature de l'union établie entre le sujet et les autres membres de la proposition ; enfin, l'attribut ou le régime, c'est-à-dire les éléments qui sont rattachés au sujet ou ceux sur lesquels porte son action. Quant aux formes différentes que présentent ces derniers éléments, nous verrons plus tard qu'elles dépendent de la nature du verbe, et que sous ce rapport il existe deux espèces de propositions, les unes substantives, les autres actives. Mais dans l'une et l'autre c'est toujours le verbe qui établit l'union entre le sujet et les autres éléments, et ce n'est pas sans raison qu'il a reçu le nom de *copule*. Ce qui exprime dans le verbe l'actualité de l'affirmation, c'est la forme personnelle. Les modes sans formes personnelles, comme le participe ou l'infinitif, peuvent bien exprimer l'union entre le sujet et l'attribut, mais non l'accomplissement présent de l'acte intellectuel même.

Cet acte est toujours une affirmation et établit toujours une union, même quand le jugement est négatif ; car, affirmer qu'une chose n'est pas, c'est toujours affirmer et dire qu'une chose n'a aucun rapport avec telle autre, c'est toujours établir entre les deux ce rapport négatif. L'analyse que je viens de faire s'applique donc à toute espèce de jugements.

La formation de l'idée et le jugement sont les seules opérations intellectuelles que j'avais à décrire ; car il n'en existe pas d'autre. Le raisonnement, sous toutes ses formes, en effet, n'est qu'une suite de jugements, entre lesquels nous percevons ou établissons des rapports. Il serait donc inutile de nous en occuper ici.

J'ai cherché à abréger, autant que possible, cette esquisse des opérations intellectuelles. Mais elle était indispensable pour rendre compte des idées premières qui en dérivent. Ces idées sont les suivantes :

1º L'idée de *l'être*. Il n'est pas besoin de prouver que l'idée de l'être est renfermée dans toute affirmation. Par cela même qu'on pense, on pense quelque chose, et quelque chose c'est l'être. On pourrait, à cet égard, généraliser le mot de Descartes et dire : il existe une pensée, donc il y a un être. Nous possédons donc l'idée de l'être par cela seul que nous sentons notre existence et que nous pensons.

L'idée de l'être est si universellement impliquée dans toute opération intellectuelle que, comme je l'ai déjà dit, elle n'a donné lieu à aucune forme logique ou grammaticale particulière. Dans les propositions, telles que : « Dieu est bon, » le verbe *est* ne marque pas l'être, mais l'union de l'attribut bon avec le sujet Dieu. Pour exprimer l'être, nous disons : Dieu est, telle chose est. Mais c'est là, comme lorsque le substantif se trouve suivi du verbe neutre, une sorte de proposition active, qui ne constitue pas par conséquent une forme grammaticale spéciale.

2º L'idée de *l'objet*. Par cela même que la pensée se base toujours sur la perception de choses ou d'idées, elle est toujours objective ; en d'autres termes, l'esprit suppose, dans toutes ses affirmations, un objet distinct de lui, placé jusqu'à un certain point hors de lui, et sur lequel portent ses perceptions ; en d'autres termes encore, le sentiment de l'objectivité extérieure est inhérent à toute perception, il est constant, naturel, nécessaire et ne peut manquer dans aucun acte intellectuel. Le fait est patent pour les sensations, notamment pour celles de la vue et de l'ouïe. Bien que l'impression produite par la lumière ait son premier siège sur la rétine, et que, de là, elle soit transportée au cerveau où seulement l'esprit peut entrer en rapport avec elle, nous voyons néanmoins les objets hors de nous à leur distance plus ou moins réelle. Nous les voyons si bien en dehors, à l'autre bout du rayon qui vient frapper la rétine, que l'image renversée, qui se forme sur cette membrane nerveuse, est redressée dans la vision et que les objets nous apparaissent dans leur position véritable. Le même phénomène a lieu pour l'ouïe. Bien que le son que nous percevons ne se forme définitivement que dans l'oreille et ne soit perçu que dans le cerveau, c'est au point de départ des ondes sonores que nous en plaçons l'origine. Les sensations du goût, de l'odorat, du toucher, les sensations internes, les besoins et les douleurs que nous ressentons ne sont pas habituellement rapportées à l'objet extérieur qui les cause, bien que cela ait lieu quelquefois, notamment pour le toucher. Ce sont, avant tout, en effet, des affections de notre organisme, et nous les sentons comme telles; mais, quoique la sensation même ait lieu dans le cerveau, nous la reportons toujours à la région du corps dont elle part, nous la plaçons toujours hors du centre intellectuel; elle se comporte toujours pour l'être pensant comme un objet distinct de son activité intellectuelle même.

Or, ce qui est vrai des sensations, l'est de toute pensée. Pour peu qu'on s'observe, on se convaincra que la pensée plane toujours devant l'esprit comme quelque chose de distinct de lui, bien qu'elle dépende de lui. On l'a comparée souvent avec raison à une vision interne plus ou moins claire, plus ou moins dessinée. Or, dans toute vision, il y a un être qui voit et un objet qui est vu. La pensée est un tableau dont l'esprit compose et décompose à chaque instant les traits, en les modifiant de toute façon. Ces traits sont les idées acquises, que la mémoire reproduit le plus souvent sous forme de mots et de phrases, quelquefois aussi, mais bien plus rarement, sous forme d'images sensibles. C'est de ces combinaisons créées et vues par l'esprit que jaillissent chez les individus doués d'une activité intellectuelle suffisante, les conceptions nouvelles, les idées originales. Ordinairement, ces dernières ne sont qu'entrevues d'abord et n'apparaissent clairement à l'esprit qu'après une longue élaboration intellectuelle.

Le caractère objectif de la pensée s'explique d'ailleurs par les conditions cérébrales imposées à toute manifestation intellectuelle. Si toute pensée suppose une action de l'esprit sur le cerveau, si, pour avoir conscience d'une idée quelconque, l'esprit doit entrer en contact avec la cellule nerveuse qui correspond à cette idée, l'objectivité de toute pensée s'en suit nécessairement. Pour former des idées actuelles, il faut, en effet, que l'esprit se mette en relation avec quelque chose qui soit hors de lui, avec un objet; la relation de sujet à objet constitue donc une des conditions essentielles de la pensée et il est naturel que celle-ci en porte l'empreinte caractéristique. La présence de cet élément matériel explique aussi comment l'idée, tout en participant des propriétés de l'esprit, n'est pas cependant une qualité, une forme inhérente à l'âme, et comment celle-ci peut toujours en user comme d'un objet réellement extérieur, prendre et laisser à volonté la plupart de ses conceptions et conserver à leur égard, dans l'état normal du moins, une indépendance à peu près complète.

Parmi les conceptions vis-à-vis desquelles l'esprit ne jouit pas de cette liberté, celle de l'objectivité est précisément l'une des plus notoires. Le sentiment de l'objectivité dérivant de l'exercice même de notre puissance intellectuelle, l'esprit n'est pas libre d'en faire abstraction. Cette conception est tellement nécessaire que les philosophes qui l'ont niée en théorie n'en ont jamais douté en pratique, et il est remarquable que Kant, qui a prétendu transporter au sujet toutes les propriétés de l'objet, a néanmoins reconnu l'existence de ce dernier en tant qu'objet et n'a pas cru devoir en faire une simple forme de l'intelligence.

Mais il est important ici de prévenir un malentendu. Faut-il conclure des faits que je viens de constater que l'intelligence commence par poser la distinction du moi et du non-moi, et que cette distinction continue à dominer toutes les conceptions de la raison? Je ne suis nullement de cet avis; je crois, au contraire, que, ramener toute la psychologie et toute l'ontologie à l'opposition du moi et du non-moi, comme on a tenté de le faire, serait tirer du sentiment de l'objectivité des conséquences qu'il ne comporte d'aucune façon.

Le sentiment de l'objectivité est une de ces perceptions qui, comme celle d'une couleur unique, fournissent par elles-mêmes une notion simple et ne contiennent pas nécessairement l'idée d'un rapport. L'idée de l'objectivité est impliquée dans toutes nos pensées, depuis l'origine, et n'a pas besoin pour être perçue de se trouver en opposition avec une autre perception quelconque. L'idée du moi, au contraire, est une connaissance acquise, un produit de la mémoire, qui ne fait nullement partie des idées premières de la raison. Déjà Condillac et Herbart avaient cherché à prouver, en partant de principes très-différents, que l'idée du moi résultait peu à peu de toutes les impressions, de toutes les représentations qui affectent successivement le même individu ; mais tous deux avaient considéré le sujet comme purement passif et c'est ce qui avait rendu leur théorie inadmissible ; car on ne voyait pas comment leur moi, privé de toute consistance en lui-même, pouvait se distinguer des impressions successives dont il était le sujet. C'est Buchez qui a mis en pleine lumière la nature de l'idée du moi, en prouvant qu'elle repose essentiellement sur l'activité propre à notre substance spirituelle, mais qu'elle ne se produit que par l'exercice même de cette activité et par la mémoire des actes accomplis, et qu'en réalité, loin de poser à l'origine la distinction du sujet et de l'objet, l'esprit commence à se voir lui-même comme objet et à mettre l'idée du moi sur la même ligne que toutes les perceptions objectives que lui fournit le monde extérieur.

En effet, le petit enfant ne fait pas de différence sous ce rapport entre lui et ceux qui l'entourent et parle de lui-même à la troisième personne. La sensation et la pensée étant elles-mêmes objectives, il faut un certain effort d'esprit et une certaine expérience pour que le sujet pensant parvienne à se distinguer des impressions qu'il éprouve et des idées qu'il combine. Or, la conscience du moi est à ce prix. Quand une fois le sujet pensant s'est affirmé lui-même, alors, sans doute, le sentiment du moi se pose souvent à côté de la perception de l'objet. Mais ce n'est pas le cas le plus général : le caractère objectif, impersonnel de la pensée reste toujours prédominant. Chaque fois que nous laissons de côté notre personne ou nos intérêts, que nous voyons se dérouler sous nos yeux le spectacle des idées objectives et que nous nous y abandonnons sans retour sur nous-mêmes, le sentiment du moi s'efface. Quand j'admire un paysage ou un tableau, ou que j'entends une magnifique œuvre musicale, ne suis-je pas tout entier à l'objet et l'idée du moi se mêle-t-elle à la conscience de l'impression que j'éprouve? Quelquefois cette idée disparaît tout à fait. A quel homme n'arrive-t-il pas de s'oublier entièrement dans un travail qui absorbe toute son attention, dans une recherche qu'il poursuit avec ardeur? C'est la réflexion, le retour de la pensée sur elle-même, la surveillance que le moi exerce sur ses actes, même intellectuels, qui font que l'homme arrivé à un certain âge se livre moins à l'objectivité de ses conceptions; mais l'enfant vit presque toujours hors de lui, dans le monde des sensations et des pensées fugitives; ses appétits même et ses penchants égoïstes ont plutôt l'apparence d'impulsions instinctives et ne supposent pas nécessairement la conscience bien acquise du moi.

L'idée de l'objet, de même que celle de l'être, est trop générale pour se manifester par une forme logique ou grammaticale particulière. L'idée du sujet, au contraire, a engendré sa forme grammaticale propre : les désinences personnelles du verbe. Le caractère objectif de la pensée apparaît clairement dans la narration, dans l'exposition scientifique; le moi se montre chaque fois qu'on parle à la première personne. Mais dans ces formes du langage encore le sujet et l'objet ne s'opposent pas logiquement l'un à l'autre; la forme subjective prend naturellement sa grande place dans le discours comme dans la grammaire, mais elle n'apparaît toujours cependant que comme une forme particulière dans l'ensemble des autres formes qui toutes expriment l'objectivité.

3° Les idées d'*identité* et de *différence*. Quand nous percevons simultanément ou à des intervalles très-rapprochés deux objets différents, — supposons un champ visuel à moitié blanc, à moitié noir, ou passant instantanément du blanc au noir, — nous percevons à la fois la nature propre de chaque impression et de plus nous avons la conscience qu'elles sont différentes. Cette perception de la différence est immédiate, directe comme celle des qualités mêmes des objets perçus. Elle ne provient donc pas d'une opération intellectuelle complexe, d'un jugement ou d'une comparaison. Sans doute, elle ne se produit pas d'une manière nécessaire et passive; comme toute autre perception, elle résulte d'un acte de l'esprit, elle suppose l'attention, et non-seulement l'esprit peut voir quelquefois des différences là où il n'en existe pas, mais il est loin de percevoir du premier coup les caractères qui différencient effectivement deux impressions. La seule chose qu'il perçoive d'abord, c'est qu'elles sont différentes, et si cette perception n'était pas directe et immédiate, on cherche vainement par quelle opération de l'intelligence l'idée de la différence pourrait être acquise. La conception et le jugement, en effet, supposent déjà la conscience de différences dans les impressions, puisque ces opérations n'ont pour but que d'établir des unifications ou des séparations entre ces impressions. Toutes les autres opérations intellectuelles, la comparaison y comprise, ne consistent qu'en jugements diversement liés entre eux; ils ne peuvent donc suggérer l'idée de la différence qui les précède nécessairement. Celle-ci ne peut donc être que le résultat direct de la perception.

La perception de la qualité propre de chaque objet donne lieu à la proposition identique : ceci est blanc, ceci est noir, A est A. La perception de la différence est la source de la négation. Elle donne lieu à la proposition négative, dont la forme particulière est : le noir n'est pas blanc ; A n'est pas B ; et qui a pour forme générale : A n'est pas non A.

4° Les idées d'*unité* et de *pluralité*, d'*indivisibilité* et de *divisibilité*. Toute opération intellectuelle consistant en une unification de perceptions différentes, la conscience qu'a l'esprit de ses propres opérations lui fournit aussi bien l'idée de l'unité, qui résulte de son acte, que celle de la pluralité, propre aux impressions. Comme nous le verrons plus tard, l'idée de l'unité se trouve dans la raison sous deux formes, celle de l'être indivisible et celle de l'union de diverses parties dans un seul tout. Ces deux formes, qui par elles-mêmes ont ensemble des rapports étroits, sont confondues jusqu'à un certain point dans l'idée de l'unité qui naît des premières perceptions de l'intelligence, et c'est la conception de l'union des parties en un tout qui y est prédominante. Quant aux idées de pluralité et de divisibilité, elles apparaissent dès l'origine dans la forme qu'elles conservent toujours.

Les idées d'unité et de pluralité sont représentées dans la langue par les formes du singulier et du pluriel que prennent diverses classes de mots.

5° L'idée générale de la *relation* ou du *rapport*. Cette idée n'est pas facile à saisir dans sa forme générale et abstraite ; mais elle accompagne toutes nos opérations intellectuelles, car, à moins qu'il ne s'agisse d'une perception absolument simple et homogène, tout acte d'unification ou de séparation établi par l'intelligence, toute perception d'une identité ou d'une différence implique une relation ; en effet, chacun de ces actes suppose toujours qu'une chose soit ramenée à une autre, qu'il y ait, comme disaient les scolastiques : *respectus unius rei ad alium*. L'idée de rapport ou de relation se retrouve de même dans toutes les idées premières qu'il nous reste à examiner. Elle ne manque donc dans aucun jugement ni raisonnement, et c'est à cause de cette universalité même que, comme l'être et l'objet, elle n'a donné lieu à aucune forme logique ou grammaticale particulière.

II. Les idées premières que nous venons d'examiner sont pour ainsi dire impliquées dans les opérations de l'intelligence et les accompagnent toujours. Je rangerai dans une seconde classe des idées très-générales aussi, d'une application presque aussi constante et que l'esprit tire de même en grande partie de la conscience qu'il a de ses opérations intellectuelles, mais qui cependant ont trait à des rapports plus particuliers et ne paraissent pas toujours toutes dans l'exercice de la pensée. Comme nous le verrons, elles résultent d'une perception proprement dite, de la perception directe d'existences et de rapports généraux, dont la nature extérieure ou notre pensée même nous suggère immédiatement la notion.

Les idées de cette classe sont celles dont la métaphysique s'est le plus occupée. Toutefois, nous n'avons pas à les considérer ici dans la forme dernière que cette science leur a donnée, mais dans la conception première que s'en fait l'esprit humain. Nous avons déjà vu, à l'occasion de l'idée de l'unité, que cette idée, telle qu'elle figure dans la raison commune, offre une certaine confusion qu'une analyse exacte fait disparaître. Les autres idées premières de la raison sont susceptibles aussi d'une élaboration pareille et nous aurons l'occasion plus tard d'examiner les conceptions qu'on en a tirées. Ici, nous les considérons dans la forme naturelle, mais imparfaite qu'elles présentent dans la raison universelle.

Je range dans cette seconde classe :

1° Les idées d'*espace* et de *temps* ou du moins d'*étendue* et de *durée*. Ce sont deux idées objectives qui forment la base indispensable de toute notre connaissance du monde physique et intellectuel. La perception de l'étendue accompagne directement toute perception de la vue et peut résulter également d'impressions tactiles. Celle du temps est fournie par la succession nécessaire qui se manifeste dans nos pensées et nos actes.

2° L'idée du rapport de *contradiction*. De la perception des différences qu'offrent les objets, nous tirons immédiatement une notion générale qui peut s'exprimer ainsi : Une perception quelconque, A, diffère de toutes celles qui ne sont pas elle. Si donc nous comprenons sous un même terme que nous appellerons non A, toutes les perceptions qui ne sont pas A, nous obtenons deux idées opposées, A et non A, dont la seconde forme la négation de la première sous tous les rapports possibles. C'est cette opposition qui constitue la contradiction proprement dite.

Il ne faut donc pas confondre deux idées contradictoires avec deux idées simplement différentes. Une idée différente de A, par exemple B, n'est pas A; mais à côté d'elle il peut en exister beaucoup d'autres qui ne sont pas A, comme C, D, etc.; elle fait partie du non A, mais elle ne l'est pas en entier. On ne saurait donc l'appeler non A dans l'acception rigoureuse de ce terme : non A est, en effet, un terme général qui renferme tout ce qui n'est pas A et forme la négation complète et absolue de A, tandis que les idées simplement différentes de A, telles que B, C, D, ne sont pas A à la vérité, mais n'en constituent pas non plus la négation directe. Ainsi, les idées du *possible* et de l'*impossible* sont deux idées contradictoires, parce que la seconde est la négation directe et complète de la première et qu'elle exclut tout ce qui peut entrer dans l'idée du possible; tandis que les perceptions de l'odeur et de la couleur sont simplement différentes, parce que tout en n'étant pas l'odeur, la couleur ne saurait être appelée la non-odeur et qu'il subsiste en dehors d'elle bien des perceptions qui n'ont aucun rapport avec l'odeur.

Comme non A comprend toutes les perceptions possibles

à l'exception de A, nous sommes autorisés à dire que toute perception rentre dans A ou dans non A et qu'il ne peut exister d'idée intermédiaire qui ne fasse partie ni de l'une ni de l'autre. Il en est tout autrement de perceptions simplement différentes. En dehors de A et de B, de l'odeur et de la couleur, il peut y avoir une infinité de perceptions de toute espèce.

Toutes nos perceptions étant objectives, et l'être, ainsi que l'objet, n'étant connu que par les perceptions que nous en avons, ce qui peut se dire des perceptions peut se dire également de l'objet, et si toute perception rentre dans A ou dans non A, il s'en suit que tout objet aussi est A ou non A, et qu'il ne peut exister d'objet intermédiaire entre l'un et l'autre. Quand l'affirmation porte sur l'être ou l'existence même, il en résulte qu'entre les propositions : « A est, » et « A n'est pas, » il n'y a pas de milieu, « être » et « ne pas être » formant alors les idées contradictoires contenues dans les deux propositions. Toutes ces propriétés sont particulières aux idées contradictoires et n'appartiennent en aucune façon aux idées simplement différentes.

Enfin deux perceptions contradictoires ne peuvent être réunies dans une même idée complexe, ni figurer comme attributs d'un même sujet. Il n'est pas possible de dire qu'une chose est à la fois A et non A, car ces deux attributs se détruiraient réciproquement. Les idées contradictoires s'excluent donc l'une l'autre, tandis que des idées simplement différentes peuvent parfaitement être réunies dans un même sujet.

Mais en dehors des idées simplement différentes et des idées *contradictoires*, il existe une autre sorte d'opposition, celle des idées contraires. L'ancienne logique établissait, à cet égard, diverses distinctions : elle admettait des oppositions contraires, disparates, sub-contraires, subalternes, etc.; mais il n'existait pas de théorie bien arrêtée à ce sujet. On considérait généralement avec Aristote comme contraires les idées comprises sous un même genre qui s'éloignaient le plus l'une de l'autre, par exemple, dans le genre couleur, le blanc et le noir. Deux propositions étaient regardées comme contraires, quand l'une disait plus qu'il ne fallait pour nier simplement l'autre; par exemple les propositions : Tous les hommes sont vertueux; aucun homme n'est vertueux.

La vérité est qu'il y a des idées positives qui se nient l'une l'autre, sans cependant que la première soit simplement la négation de la seconde ou *vice versa*. Telles sont, par exemple, les idées de mouvement et de repos, de fini et d'infini. Il est hors de doute que nous pouvons acquérir par des perceptions directes et séparées la notion du mouvement et celle du repos; à chacune de ces perceptions répond un élément positif qui en lui-même n'est nullement une négation. Mais quand nous rapprochons ces deux perceptions l'une de l'autre, nous voyons que chacune renferme, outre l'élément positif qui la constitue, la négation de la perception opposée. Ici l'opposition ne provient donc pas d'une négation générale, comme dans le rapport de contradiction, mais elle est perçue directement. Le terme non A ne s'obtient pas seulement en séparant d'A tout ce qui en diffère; mais il suppose lui-même un élément B qui lui est propre. Pour le surplus, cette espèce d'opposition a tous les caractères de la contradiction proprement dite, en tant qu'elle n'admet pas de milieu et que deux idées opposées ainsi s'excluent réciproquement.

L'opposition, qu'on a particulièrement qualifiée de contraire, a de l'analogie avec celle que je viens de signaler, en tant que les idées contraires contiennent toutes des éléments positifs et ne résultent pas seulement de négations; mais elle en diffère par un point important, c'est que ces idées admettent toujours des conceptions intermédiaires. Cette opposition se manifeste surtout dans les différences qui distinguent entre elles les espèces d'un même genre, quand ce genre ne comprend que des perceptions positives de même nature : ainsi, dans le genre couleur, les espèces blanc, rouge, bleu, etc. ; dans d'autres genres les différences: grand, moyen, petit, — tous, quelques-uns, aucun. Il est clair que lorsqu'on affirme une espèce d'un de ces genres, on exclut par cela même les autres ; quand on dit d'un objet qu'il est bleu, il s'en suit nécessairement qu'il n'est d'aucune autre couleur. Par la même raison, deux idées ainsi opposées ne sauraient être attribuées en même temps au même sujet, comme les idées simplement différentes. Une surface rouge ne saurait être en même temps blanche. Mais elles admettent des intermédiaires, en tant qu'une surface qui n'est pas rouge n'est pas nécessairement blanche, mais peut être d'une autre couleur quelconque. Cette opposition tient donc à la fois de la contradiction proprement dite et de la simple différence. Elle n'est pas inhérente, d'ailleurs, à tous les genres plus ou moins arbitraires que nous pouvons former. Si, par exemple, nous posons le genre : qualités physiques de l'homme, et que nous y comprenions comme espèces, la couleur, la taille, l'angle facial, etc., il est évident que nous devrons attribuer à l'homme toutes les espèces à la fois et que ce sera seulement en élevant ces espèces mêmes au rang de genres que nous y trouverons des oppositions contraires. L'opposition contraire résulte donc de la nature des choses. Comme la simple différence, comme la contradiction positive, nous ne faisons que la percevoir.

Je n'examinerai pas les autres questions que peut soulever la théorie des idées contradictoires, contraires et différentes. Ce que j'ai dit suffit pour faire voir que la notion de ces trois rapports repose d'une part sur la perception directe des différences qui existent dans l'objet, et, de l'autre, sur des opérations logiques qui sont les conséquences naturelles de cette perception. Telles quelles sont, ces idées jouent dans l'intelligence un rôle capital.

Sur le rapport de contradiction, en effet, reposent trois principes fondamentaux en logique. On les formule ordinairement ainsi : 1° Deux propositions contradictoires, comme « A est B, » et « A n'est pas B, » ne peuvent être vraies et fausses en même temps ; l'une est nécessairement vraie, l'autre nécessairement fausse. 2° Entre deux propositions contradictoires, il n'y a pas de milieu. 3° On ne peut affirmer en même temps d'un même sujet deux attributs contradictoires ou contraires, par exemple, on ne peut dire d'un être qu'il est en même temps et sous le même rapport en mouvement et en repos. Les deux premiers principes, qui ont surtout en vue la contradiction proprement dite, équivalent à cette vérité bien simple : qu'on ne peut affirmer en même temps qu'une chose est et qu'elle n'est pas, qu'en disant oui, on ne dit pas non. Le troisième principe a trait principalement aux oppositions positives et il exprime l'incompatibilité des objets opposés de cette façon, mais il s'applique aussi aux attributs simplement contradictoires, tels que ceux de juste et d'injuste, de responsable et d'irresponsable, etc.

L'école panthéiste moderne a prétendu nier la validité de ces principes. Mais s'ils n'étaient pas vrais, il faudrait admettre aussi que toutes les différences que nous percevons sont purement illusoires, car, comme on vient de le voir, c'est uniquement sur la perception de ces différences que repose le principe de la contradiction. Or, supprimer ces perceptions, ce serait enlever tout objet à la pensée, ce serait supprimer la pensée même.

3° La relation du *support* au *phénomène*. Je généralise, sous ces expressions, les divers rapports dont l'un des termes est désigné ordinairement par les mots d'être, de substratum, de substance, l'autre, par ceux de propriété, de qualité, de mode, d'accident. L'esprit suppose nécessairement, pour les phénomènes qu'il perçoit, un quelque chose qui soit le support de ces phénomènes. Les anciens avaient, pour ce support, les mots d'ὑποκείμενον et de *substratum*, d'autant meilleurs qu'ils étaient plus indéterminés. Aujourd'hui, on le désigne assez généralement par le mot de *substance*. Mais l'idée de la substance, dans la forme que la métaphysique lui a donnée et sur laquelle nous aurons à revenir plus tard, n'est pas précisément celle dont il s'agit ici, quoiqu'elle lui doive son origine. L'idée première, que la raison se forme à cet égard, est celle d'un simple substratum, d'un quelque chose qui se trouve sous chaque phénomène perceptible, substratum susceptible de modifications et dont la perception nous fait connaître les *qualités*.

On a prouvé parfaitement que l'idée de ce rapport ne pouvait provenir de la sensation, puisque celle-ci ne présente que des phénomènes perceptibles et n'indique par rien qu'il y ait sous ces phénomènes un support caché. Mais la perception qu'a l'esprit de ses propres opérations intellectuelles, suffit pour lui donner l'idée de ce rapport. Nous ne pouvons penser, en effet, sans avoir le sentiment d'un sujet permanent qui pense et qui forme le support constant des idées variées dont la succession forme la pensée. C'est cette notion de l'être pensant qui se convertit plus tard en l'idée du moi. Il est probable aussi que, lorsque nous agissons sur le cerveau pour saisir des impressions ou combiner des idées, nous sentons la résistance de l'organe et que ce sentiment se traduit par l'idée d'un substratum constant caché sous les phénomènes variables. En tout cas, la perception d'un sujet permanent de la pensée suffit pour expliquer comment nous saisissons ce rapport et pourquoi il apparaît parmi les idées premières de la raison.

Ce rapport étant perçu avant que le sujet pensant soit devenu le moi, il a un caractère tout objectif et l'esprit est naturellement porté à le voir partout dans l'objet. Comme, d'ailleurs, il existe également dans l'objet, nous pouvons, une fois que nous en avons l'idée, le percevoir dans les êtres qui nous entourent. Mais il n'est pas toujours facile de le reconnaître, et l'esprit tend volontiers à le supposer où il n'est pas. Les enfants et les peuples primitifs surtout placent une substance derrière la moindre apparence et la mythologie a dû en grande partie son origine à cette tendance de l'esprit humain.

La grande importance du rapport dont nous nous occupons, a été généralement reconnue et même exagérée. Ce rapport donne lieu, en effet, à l'une des deux formes de l'affirmation, à la proposition substantive ou dialectique, celle dont les deux termes sont liés par le verbe être. Dans la plupart des propositions de ce genre, par exemple dans la proposition : « Dieu est bon, » le verbe, tout en exprimant par sa forme personnelle l'acte d'affirmation même, exprime, en outre, que la qualité de bonté est attribuée à l'être Dieu. Dans d'autres cas, il n'exprime pas cette inhérence proprement dite, mais toujours une certaine manière d'être du sujet, par exemple la situation de celui-ci par rapport au temps et au lieu.

La relation du support au phénomène n'a pas été sans influence sur la formation de deux classes de mots, celle des substantifs et celle des adjectifs, mais on aurait tort de croire qu'elle ait été le principe essentiel de cette distinction. Déjà Buchez a fait remarquer [1] que les substantifs n'expriment pas toujours des substances, ni les adjectifs des qualités, et, qu'au contraire, beaucoup de substantifs ne représentent que des modes ou des manières d'être, tandis que tous les adjectifs peuvent prendre la forme substantive. Je pense que le principe de cette distinction réside dans la forme même de l'opération logique. Le caractère de ces mots ne dépend pas de leur sens, mais de la place qu'ils occupent dans la proposition. Le sujet, c'est-à-dire le

---

[1] *Essai d'un traité de philosophie*, tome Ier.

terme fixe qui sert de point de départ à l'affirmation, est un substantif, ou bien un verbe ou un adjectif qui prennent la forme du substantif. Il en est de même du régime direct dans la proposition active et, en général, de tous les mots sur lesquels porte une action ou qui constituent les termes fixes d'un rapport. L'adjectif est le mot qui sert d'attribut dans la proposition substantive et qui modifie le substantif dans toute espèce de proposition. L'adjectif *beau* devient substantif quand on parle *du* beau. Le substantif *empereur* devient adjectif quand on dit : Néron était empereur.

4° L'idée du rapport d'*activité* à *passivité* ou de *cause* à *effet*. La notion de cette relation ne nous est pas plus fournie par les sens que la précédente, parce que les sens ne nous font connaître que la succession des phénomènes et non l'action que ces phénomènes exercent les uns sur les autres. Il a sa source dans la perception de notre activité même, qui se manifeste dans toute opération de notre intelligence, dans tout exercice de notre volonté. L'esprit sent qu'il agit, qu'il est cause, qu'il produit des effets, et de même que pour la relation de support à phénomène, il transporte à l'objet ce qu'il perçoit en lui-même. Je n'ai pas besoin d'insister sur l'importance de cette idée. Toute notre science ne consiste, en réalité, qu'à pénétrer le rapport réel des causes aux effets et à trouver les moyens d'y intervenir par notre propre activité.

Ce rapport donne lieu à la seconde forme de la proposition, à la proposition active, composée : 1° d'un sujet actif; 2° d'un verbe qui exprime soit l'activité même (verbe neutre ou réfléchi), soit le rapport d'activité à passivité (verbe actif); et 3° dans ce dernier cas, d'un régime direct passif. Certaines langues possèdent la proposition inverse où le sujet est passif (verbe passif). Buchez a prouvé avec évidence que la prétention des grammairiens de réduire la proposition active à la proposition substantive, en décomposant le verbe et substituant par exemple « est aimant » à « aime, » est complètement inadmissible, car *aimant*, dans ce cas, ne s'accorde pas avec le sujet, comme le ferait un adjectif. La proposition active n'affirme pas une qualité, mais une action du sujet. Il y a entre elle et la proposition substantive la même différence qu'entre le rapport de support à phénomène et celui d'activité à passivité.

5º L'idée des rapports de *dépendance* qui existent entre les êtres. Ces rapports ne doivent pas être confondus avec la relation de cause à effet, mais il est vrai qu'il n'est pas toujours facile de les en distinguer. Cependant, dans beaucoup de cas, la confusion n'est pas possible. Ainsi, la nature de nos perceptions dépend des objets avec lesquels nous nous trouvons en rapport, un édifice dépend du sol sur lequel il est construit, bien que l'objet ne soit pas la cause de l'acte de perception, ni le sol celle de l'édifice qu'il porte. La dépendance des êtres entre eux provient de leur multiplicité même et de la loi harmonique qui subordonne l'action de l'un à celle de l'autre. L'individu qui commence à penser, se trouve à l'égard du monde extérieur et de ses propres organes dans une dépendance qui se manifeste à lui par tant d'obstacles et de souffrances, qu'il est inutile de rechercher longuement la source de cette idée. L'idée de la condition n'est qu'une autre forme de celle du rapport de dépendance.

Ce rapport joue un rôle considérable dans la logique et le langage. Il donne lieu en logique aux propositions disjonctives et conditionnelles, au dilemme. Dans la langue, il engendre les formes conditionnelles et subjonctives du verbe et toute la classe des conjonctions.

III. Nous avons étudié les idées premières qu'impliquent les opérations de l'intelligence et celles qui naissent de la perception de certains rapports généraux, dont l'exercice de la pensée, aussi bien que l'objet, présentent infailliblement la notion à l'esprit. Il en est d'autres non moins essentielles qui naissent du rapport des notions perçues avec les êtres qu'elles représentent, du rapport de l'idée avec l'objet.

Ce sont les idées du *général*, du *particulier* et de l'*individuel*, ou mieux, la forme générale, particulière ou individuelle que peuvent revêtir toutes nos idées.

La formation des idées générales a été l'objet d'hypothèses beaucoup trop compliquées, à mon avis, et dans lesquelles on a fait jouer un trop grand rôle à l'abstraction et à la comparaison. Elle s'opère d'une manière bien plus simple. C'est ici le lieu de revenir sur un point que j'ai déjà indiqué précédemment.

J'ai prouvé qu'en général nos idées n'étaient jamais adéquates aux objets. Or, cette imperfection de l'idée a sa source dans la perception même. Le monde intérieur et extérieur n'offre que des êtres individuels et des faits particuliers, et ce ne sont que des êtres et des faits de ce genre que nous percevons d'abord. Mais quel que soit l'être ou le fait que nous percevions, l'idée que nous nous en formons ne lui est jamais parfaitement conforme. Nous n'en saisissons toujours que quelques traits sur lesquels notre attention se porte de préférence, et nous laissons en dehors d'autres traits qui nous semblent moins importants ou que, par une raison quelconque, nous ne voyons pas. Chacun peut constater ce fait par son expérience journalière. En ne prenant même que les qualités perçues par le sens de la vue, combien les objets dont nous nous servons constamment, n'offrent-ils pas de petites particularités de forme et de couleur auxquelles nous ne faisons nulle attention, sans que cela nous empêche de connaître ces objets autant que cela nous est nécessaire. Il faut être peintre et avoir un portrait à faire, pour analyser rigoureusement les traits d'un visage, et pourtant la perception imparfaite que nous avons de la figure de nos amis, suffit pour nous les faire reconnaître toujours. La connaissance scientifique d'un objet consiste, jusqu'à un certain point, à s'en faire une idée adéquate, et j'ai déjà indiqué combien ce but est difficile à atteindre. Il est donc hors de doute que nous ne percevons chaque objet que par certains traits principaux.

Mais quand un objet n'est pas unique en son espèce, ces mêmes traits principaux appartiennent à tous les objets de la même espèce. L'idée que nous avons d'un individu peut donc s'appliquer en même temps à une foule d'autres individus qui offrent les mêmes traits généraux. Cette idée devient un type auquel nous rapportons tous les individus qui ressemblent au premier. Il suffit donc, pour qu'une idée individuelle devienne générale, qu'il existe une pluralité d'individus offrant les mêmes traits distinctifs et que nous sachions que cette idée ne s'applique pas à un être unique. Dans le cas où l'objet est conçu comme unique, l'idée reste individuelle. Mais quand nous savons qu'elle est applicable à plusieurs, l'idée prend aussitôt la forme générale et l'intelligence en fait le point de départ de l'idée particulière et de l'idée individuelle.

En effet, l'idée générale, une fois née de la perception d'un premier individu, s'applique tout entière à un second et à une série d'autres. Mais quand il s'agit de distinguer entre ces individus, il faut recourir à des traits nouveaux qui ne soient pas communs à tous. Alors l'attention se porte sur les différences qu'ils offrent entre eux et par lesquelles elle peut parvenir à les distinguer. Ainsi elle arrivera d'abord à des traits qui ne sont communs qu'à une partie d'entre eux et enfin à d'autres qui n'appartiennent qu'à un seul.

L'expérience constate que les choses se passent bien ainsi. Que le premier animal connu par un enfant soit un chien et s'appelle Azor, non-seulement tous les chiens, mais tous les animaux à quatre pattes seront pour lui Azor. Ce ne sera que plus tard qu'il fera attention aux traits qui distinguent les chiens des autres quadrupèdes et qu'enfin il reconnaitra Azor parmi les autres individus de la race canine. Les peuples primitifs n'avaient qu'un seul mot pour désigner les arbres de toute nature et ce nom est devenu plus tard celui d'essences particulières, du chêne chez les uns, du hêtre chez les autres. De même, la plupart des noms particuliers donnés aux fleuves et rivières dérivent de radicaux qui, dans les divers pays, signifiaient simplement eau. Même l'homme instruit est porté à confondre sous une même idée générale les faits particuliers qu'il ne connaît qu'imparfaitement, et les fausses généralisations qui ont été la source de tant d'erreurs scientifiques, ne sont que des applications exagérées de ce procédé naturel de l'esprit humain.

L'idée générale a pour fondement celle de l'identité appliquée à une pluralité d'êtres ; l'identité devient ainsi le semblable ou le même. Sans idée générale, ni le langage, ni la science ne seraient possibles. Chez l'animal, où les impressions se dessinent certainement en traits moins précis que chez l'homme, l'impression d'un objet peut se reproduire à la vue d'un objet semblable et donner lieu ainsi à quelque chose qui ressemble à une idée générale. Le chien, par exemple, qui connaît spécialement certains hommes, distingue certainement les hommes en général des animaux ou des objets inanimés qui frappent ses sens. Mais cette distinction ne s'opère qu'au moment même de l'impression sensible et rien ne nous autorise à croire que le chien ou tout autre animal conserve des idées générales des objets qu'il a vus. C'est le propre de l'homme de détacher l'idée de l'impression matérielle qui en est le fondement, de saisir dans une même unité spirituelle tous les objets semblables, de revêtir ainsi l'objet des formes intellectuelles qui seules permettent à la pensée d'en combiner et analyser les éléments divers. C'est d'idées générales que se compose avant tout la raison, à laquelle nous devons toute notre supériorité sur l'animal ; ce sont des idées de cette espèce qu'expriment tous les mots de la langue, à l'exception des noms propres, et si l'homme a seul le pouvoir d'exprimer des pensées par le langage, c'est parce qu'il est seul capable de former des conceptions générales.

Les idées générales ne sont donc pas dues à l'abstraction, comme on le dit ordinairement. Ce n'est pas en dépouillant l'idée d'un individu de quelques-unes de ses qualités, que nous formons, avec le résidu, une idée générale. L'idée générale, au contraire, est formulée tout d'abord, à l'occasion d'un individu, il est vrai, et l'idée particulière ne s'acquiert que par l'addition de caractères nouveaux à l'idée générale. Et cela est vrai même des idées abstraites proprement dites, de celles qui résultent de l'analyse d'un objet, de la perception spéciale des parties et éléments dont cet objet se compose et surtout de ses propriétés et qualités. Les idées qu'on obtient ainsi sont dites abstraites, parce que leurs objets n'ont pas d'existence indépendante, mais résident dans un sujet dont il a fallu les abstraire pour en avoir la perception distincte. Mais ces idées aussi ne deviennent générales que lorsqu'elles s'appliquent à une multiplicité d'objets identiques ou semblables. L'idée de cause, par exemple, est essentiellement abstraite, parce qu'il n'existe aucun être qui réponde uniquement à cette idée et que la cause se présente toujours comme un rapport ou une qualité. Cependant, si cette qualité n'appartenait pas à plusieurs êtres, l'idée de cause ne deviendrait nullement générale, mais resterait individuelle, quoique abstraite. C'est ce qui se voit clairement dans l'idée de la *cause première* ou de la *cause absolue*, qui est tout à fait individuelle, bien qu'elle résulte d'une abstraction. La généralisation se fait donc par le même procédé pour les idées abstraites que pour les autres.

On a peine à comprendre que des vérités aussi simples puissent êtres méconnues autant qu'elles le sont. Ainsi,

M. Taine, dans son ouvrage récent sur l'*Intelligence*, décrit parfaitement et avec beaucoup d'esprit la manière dont les enfants forment des idées générales. Mais au lieu d'en conclure que l'idée générale naît directement de la perception de l'objet individuel, il se lance dans une théorie obscure sur une tendance que nous aurions à former des abstractions et à les revêtir de signes. Les doctrines sensualistes, qui nous reviennent aujourd'hui d'Angleterre dans la forme que leur ont donnée les disciples de Berkeley, tendent à substituer les noms généraux aux idées générales. Comme cette école confond les idées avec les images, elle admet que là où l'image est impossible, il n'y a pas d'idée, mais seulement un nom; or, beaucoup d'idées générales, surtout d'idées abstraites, offrent ce caractère, et cela arrive même pour des idées particulières, par exemple celle du myriagone. Or, dans tous ces cas, il n'y aurait pas d'idées générales, mais seulement des noms généraux. La fausseté de ce raisonnement est palpable. On reconnaît que le nom est un signe, signe différent dans chaque idiome; ce signe ne peut être que celui d'une notion que nous avons, car les faits extérieurs n'existent pour nous que par l'idée que nous nous en formons. Si donc toute notion supposait une image, du moment où l'image deviendrait impossible, le signe ne représenterait aucune chose signifiée, le nom répondrait à zéro. La solution de cette difficulté est bien simple. Quand une idée ne comporte pas d'image, elle est conçue par sa définition. Pourvu que chacun des termes de la définition présente lui-même une idée claire, cette même clarté se retrouvera dans la conception de l'ensemble des termes. Le myriagone, par exemple, est un polygone régulier de dix mille côtés. Dans cette définition, les termes polygone, régulier, côté ne présentent pas d'obscurité, je pense. Reste le nombre dix mille qu'on ne peut pas se figurer, dit-on. Mais dix mille c'est dix fois mille, mille c'est dix fois cent, cent c'est dix fois dix. Or dix, cent, mille sont des idées très-nettes, obtenues par des abstractions que nous faisons tous les jours en comptant des objets, notamment de la monnaie. Le nom de myriagone répond donc parfaitement à une idée et non pas au vide et il en est de même de tous les noms généraux qui offrent un sens.

Il existe aussi une différence bien visible entre les idées générales proprement dites et celles qu'on a appelées quelquefois universelles, par exemple, entre l'idée « l'homme » et l'idée « tous les hommes. » Quoique l'une et l'autre s'appliquent à tous les individus de l'espèce, la première ne tient aucun compte des individus et porte uniquement sur les caractères spécifiques, tandis que la seconde a surtout en vue l'ensemble des individus et chaque individu en particulier, en laissant les caractères spécifiques de côté. Si les idées de la première espèce servent surtout dans les classifications, celles de la seconde forment les éléments essentiels des principes généraux.

Quant aux principes eux-mêmes, ce n'est pas par une simple généralisation, ni par les opérations qui donnent lieu aux idées premières qu'on y arrive. Ils sont le produit de procédés beaucoup plus compliqués, dont nous aurons à nous occuper quand nous étudierons les autres sources de la raison.

La division des idées et des propositions en générales, particulières et individuelles, joue un rôle fondamental en logique. Toutes les classifications reposent sur le rapport du général au particulier, en tant que ce dernier forme une subdivision qui ne comprend pas un individu unique, mais une pluralité d'êtres. En constatant des différences successives, on détermine au sein d'une idée générale plusieurs espèces particulières, qui sont subdivisées à leur tour de la même manière. C'est par ce procédé que s'établissent les classifications et les nomenclatures, qui forment le début indispensable de toute science.

Mais c'est dans le raisonnement que le rapport du général au particulier (qui à ce point de vue se confond avec l'individuel) a la plus grande importance. En dehors des preuves fondées sur le principe de la contradiction, toutes les démonstrations rigoureuses se basent sur ce rapport ou sur l'identité qui en est le fondement. Cette dernière forme le principe de la plupart des démonstrations mathématiques, qui ne consistent ordinairement qu'à faire voir qu'une quantité est égale, c'est-à-dire identique, à une autre quantité connue ou supposée. La preuve par le rapport du général au particulier, dont le syllogisme est la forme la plus parfaite, consiste à faire voir que ce qui est reconnu vrai d'une idée générale l'est aussi de toute idée particulière qui y est renfermée. Elle repose, au fond, sur l'identité comme la preuve mathématique. Quand je dis que tous les hommes sont mortels, je dis par cela même que Pierre est mortel, puisqu'il est un homme. Mais on comprend facilement que sous cette forme du rapport du général au particulier, le principe d'identité se prête à des usages infiniment plus nombreux que sous celle de la simple égalité, qui ne peut guère s'appliquer qu'à des quantités. Aussi le syllogisme constitue-t-il la forme la plus générale de la démonstration rigoureuse. J'aurai d'ailleurs à revenir sur ce point.

IV. Il est enfin un certain nombre d'idées premières de la raison qui naissent de la nature même de notre activité spirituelle et qui ont une importance trop considérable dans la vie pratique pour que je puisse les omettre, bien que jusqu'ici on ne les ait jamais fait figurer dans les catégories de la raison, c'est :

1° L'idée de l'*activité spontanée*, qui résulte de la perception de ce qui se passe en nous-mêmes quand nous agissons. De tout temps les hommes ont distingué entre l'action émanée de l'être même qui la produit et le mouvement communiqué du dehors qui entraîne un être sans que celui-ci y soit pour rien lui-même. De tout temps aussi, l'homme s'est pris lui-même pour type de l'action spontanée et a reconnu le véritable caractère de la spontanéité dans le pouvoir de se déterminer à une action par lui-même, *sponte sua*, de faire une chose ou de ne pas la faire à son gré, c'est-à-dire d'une manière parfaitement libre et sans que l'action fût considérée comme l'effet d'une contrainte physique, provenant d'une impulsion organique, ou d'une nécessité morale, fondée sur un motif déterminant [1].

La preuve que les hommes ont toujours eu conscience de la spontanéité de leurs actions, c'est qu'ils se sont toujours cru responsables de ce qu'ils ont fait, c'est surtout qu'ils n'ont jamais douté de la responsabilité de leurs semblables, même quand les doctrines religieuses ou morales qu'ils admettaient, excluaient cette responsabilité. Dans les pays mêmes où règne le dogme de la fatalité, où l'on attribue à un destin inexorable tout ce qui survient, l'homme ne manque jamais d'imputer à son prochain tout ce que celui-ci fait en bien et surtout en mal ; il reconnaît donc à l'homme en général le pouvoir d'agir ou de ne pas agir dans une circonstance donnée, et quoiqu'il sache que toute action est dirigée par un motif, il n'admet jamais

---

[1] Dans le langage ordinaire, et même dans la science médicale, on emploie souvent le terme *spontané* pour exprimer des effets plus ou moins subits et dont on ne connaît pas la cause, bien que l'on sache très-bien qu'ils sont dus à des forces physiques ou organiques constantes, et qu'ils ne se sont nullement produits de leur propre gré. Ainsi l'on dit qu'une porte s'est ouverte spontanément, on parle de sueurs spontanées, d'évacuations spontanées. Cette manière de parler entraîne des confusions fâcheuses, et quelquefois étranges. Ainsi l'école d'Auguste Comte est allée jusqu'à voir de la spontanéité dans le mouvement de la pierre qui tombe. Il est clair qu'on ne saurait considérer comme spontané, c'est à dire comme se produisant de lui-même, un mouvement qui est l'effet d'un enchaînement de causes antérieures, ou qui est dû à des forces constantes dont l'action s'exerce sans interruption et nécessairement, d'une façon toujours identique à elle-même. Les actions ainsi produites sont précisément le contraire des actions spontanées.

qu'un motif quelconque ou une impulsion organique ait pu exercer, tant que l'intelligence restait entière, une influence assez puissante pour que l'action ait cessé d'être libre et spontanée.

La spontanéité a été niée, il est vrai, par quelques philosophes, comme beaucoup d'autres perceptions premières, comme l'objet, comme le principe de contradiction, comme le rapport de cause à effet même. Cette idée a donné lieu, en outre, à de fausses applications. Là aussi on a porté dans l'objet ce qui était propre à la nature humaine. Pendant longtemps on a attribué une âme et une volonté spontanée aux montagnes, aux fleuves, aux arbres, aux rochers; aujourd'hui encore, beaucoup de personnes accordent une certaine spontanéité aux animaux, quoiqu'il soit bien probable qu'ils ne sont mûs que par des impulsions organiques. On a même appelé spontanées certaines actions physiologiques de l'organisme, comme si l'organisme était autre chose qu'une mécanique et que l'action des ressorts d'une mécanique, quelque parfaits qu'on les suppose, pût jamais être qualifiée de spontanée. Mais malgré ces négations et ces erreurs, l'idée de la spontanéité n'est pas moins présente dans l'esprit de tout homme, et chacun sait fort bien distinguer entre l'effet produit par une force naturelle, par exemple le coup qu'il reçoit d'une pierre qui tombe, et l'effet résultant d'une cause libre et spontanée, par exemple le coup que lui porte volontairement son semblable. Nul n'en veut à la pierre, mais l'action humaine est toujours imputée à celui qui l'a faite.

2º Les idées de *but* et de *motif*. Je réunis ces deux idées, parce qu'elles se confondent jusqu'à un certain point. Elles répondent à la grande catégorie du « pourquoi? » qui ne manque dans aucune intelligence humaine. L'idée de but est impliquée dans celle du rapport de cause à effet, lorsqu'on suppose la cause libre et intelligente. Le but, c'est l'effet que la cause intelligente se propose de produire;

c'est le terme où tend l'action, et Aristote en avait bien distingué les éléments en l'appelant *cause finale*. Il est clair qu'un être intelligent peut seul se proposer un but, et qu'en disant d'un être inanimé, d'un instrument, d'un organe qu'il a un but, on entend dire simplement qu'il a été disposé pour servir à un but voulu par un être intelligent. Ces notions sont si évidentes qu'il eût été puéril de les rappeler, si la doctrine du *but immanent*, sur laquelle nous aurons à revenir plus tard, n'avait pas obscurci en ce sujet les principes les plus élémentaires de la raison.

Tout acte est motivé par son but. C'est à ce point de vue que les idées de but et de motif se confondent. Mais, à d'autres égards, elles sont distinctes. L'esprit reçoit, par des voies diverses, des connaissances qui lui permettent de choisir tel but ou tel autre. L'homme apprend par exemple que des devoirs lui sont imposés par Dieu et il se propose pour but de les accomplir. L'enseignement qu'il a reçu a été le motif de sa détermination et, dans ce cas, le motif a précédé le but. Il en est de même quand des besoins physiques sollicitent l'individu et qu'il se propose de les satisfaire. Dans d'autres circonstances, le motif concourt avec le but, quand, par exemple, on peut arriver au même but par des actions diverses et qu'il s'agit de choisir entre celles-ci. C'est alors la connaissance des résultats de chaque action qui fait que l'on choisit l'une plutôt que l'autre. Quand le motif ne se confond pas avec le but, il consiste donc toujours dans la connaissance de certains faits qui nous éclairent, soit sur le but que nous devons nous proposer, soit sur les moyens propres à l'atteindre.

Il n'est pas besoin de prouver que tout homme capable de penser et d'agir se propose des buts et a des motifs qui le guident. C'est le propre des aliénés et des idiots d'agir sans motif et sans but. Ces idées sont donc de tous les lieux et de tous les temps et ne peuvent jamais faire défaut à la raison.

CHAPITRE V

Nature et portée des idées premières comme sources de la raison.

En récapitulant les conceptions fondamentales que j'ai analysées dans le chapitre précédent, on trouve, comme idées premières de la raison, la perception de l'être, de l'objet, de l'identité et de la différence, de l'unité et de la pluralité, du rapport, de l'espace et du temps, de la contradiction, de la relation du support au phénomène, de celle de cause à effet, de la dépendance des êtres entre eux, du général, du particulier et de l'individuel, de l'activité spontanée, du but et du motif. Comme je l'ai déjà dit, il n'existe aucun principe certain qui permette de ranger *a priori* parmi les conceptions premières telle idée plutôt que telle autre. Ce n'est que par un travail d'analyse semblable à celui auquel nous venons de nous livrer qu'on peut déterminer les idées qui offrent ce caractère, et il pourrait s'en trouver que nous ayons omises dans notre énumération. Mais, en aucun cas, on ne devra considérer comme idées premières les idées de fini et d'infini, d'absolu, de force et de matière, et d'autres conceptions métaphysiques du même genre, dont trop souvent les philosophes ont prétendu faire les bases de la raison. Ces idées, loin d'être primitives, sont le fruit de l'élaboration scientifique, ainsi que je le prouverai plus tard.

Il était nécessaire d'abord de déterminer les idées premières en elles-mêmes ; il est possible maintenant d'en indiquer la nature et la portée comme sources de la raison.

Une première observation qui se présente à cet égard, c'est qu'elles sont toutes objectives, c'est-à-dire que ce sont toutes des perceptions d'objets vus par l'esprit. Dans ces objets figure, il est vrai, au premier rang, l'intelligence elle-même avec ses opérations. Mais l'action même de l'esprit prend pour celui-ci un caractère objectif lorsqu'il en a conscience et il la perçoit alors comme un objet extérieur. Les idées d'être, d'objet, d'identité et de différence, de pluralité, de rapport, d'espace et de temps, de contradiction, de dépendance, dérivent autant de la perception de l'objet extérieur, que de celle de nos opérations intellectuelles. Les autres conceptions premières sont dues à la perception de ce qui se passe dans l'intelligence même, des propriétés inhérentes à notre activité spirituelle. C'est en nous-mêmes que nous voyons l'unité, le support, la cause, la spontanéité, le motif et le but. Mais ces propriétés, nous ne les voyons que quand elles se manifestent, nous n'en acquérons l'idée qu'en vertu de cette manifestation même, nous les percevons donc objectivement.

Par la même raison, les conceptions premières ne sont nécessaires qu'autant que l'exercice de l'intelligence est nécessaire lui-même. Ce serait une question oiseuse de rechercher si l'homme, tel que nous le connaissons, pourrait ne jamais faire usage de ses facultés intellectuelles et s'abstenir de tout contact avec le monde extérieur. Il est certain que ce fait n'a jamais été observé et nous sommes autorisés à admettre que tout individu sain de corps et d'esprit se met nécessairement en rapport avec ce qui l'entoure. L'exercice de l'intelligence étant donc nécessaire, les idées qui dérivent des opérations intellectuelles et des perceptions qui en sont la conséquence, le sont également. Mais c'est là la seule nécessité qu'on puisse leur reconnaître et rien n'autorise à y voir des idées innées déposées dans l'esprit et se développant *a priori* en vertu d'une force qui leur serait propre.

D'ailleurs, les idées premières ne figurent pas dans la

raison sous la forme abstraite qu'elles présentent après que l'analyse les a dégagées des perceptions auxquelles elles étaient liées. Nous touchons ici à une des particularités essentielles des conceptions premières : c'est qu'elles commencent toujours par être concrètes et qu'elles restent toujours telles pour l'immense majorité des hommes. Peu de personnes ont l'idée abstraite et générale de l'objet, — cette abstraction n'a même été introduite dans la philosophie que par Kant, — mais toutes connaissent des objets déterminés, des êtres extérieurs à elles, et cela suffit pour qu'elles aient l'idée de l'objet. Les idées abstraites de différence et de contradiction sont difficiles à saisir, mais chacun comprend les différences et les contradictions concrètes, chacun sait que du noir n'est pas du blanc et que oui et non s'excluent réciproquement. Il en est de même de toutes les idées premières de la raison ; elles ne sont pas perçues dans leur abstraction, mais comme parties intégrantes de notions complexes quelconques dans lesquelles elles restent confondues. Les rapports mêmes dont la perception est due à des propriétés de notre activité spirituelle, tels que ceux de support à phénomène, de cause à effet, sont conçus immédiatement sous la forme de faits extérieurs et l'esprit ne voit pas que c'est en lui-même qu'il les aperçoit. Et cela s'explique parfaitement par l'objectivité qui est dominante dans toutes nos opérations intellectuelles et par l'apparition tardive de l'idée du moi, toujours postérieure aux idées premières de la raison. Quand l'enfant parvient à distinguer un objet extérieur, il joint aux impressions sensibles qui lui viennent de cet objet, l'idée de support ou de substance qui lui vient de lui-même et qu'il n'avait pu percevoir jusque-là, par cela seul qu'il était incapable de rien comprendre et de rien distinguer. Pour la plupart des hommes, les idées de substance et de qualité, c'est-à-dire les formes les plus intelligibles du rapport de support à phénomène, ne sont jamais saisies dans leur abstraction. Il en est de même pour l'idée de cause. Chacun sait que dans la nature les êtres agissent les uns sur les autres, et que tout ce qui arrive a une cause; mais l'idée abstraite de cause reste vague pour tout le monde et on trouve même, à cet égard, beaucoup d'obscurité et d'incertitude chez les savants.

Si telle est la nature des idées premières de la raison, on doit se demander quelle en est la valeur et la portée. Quelles sont les connaissances que la raison tire de ces idées, que lui apprennent-elles?

Elles lui apprennent précisément ce qu'elles expriment, ni plus ni moins. L'idée de l'objet lui apprend qu'il y a des objets extérieurs ; l'idée de la différence que tous les objets ne sont pas les mêmes, l'idée du rapport de cause à effet qu'il y a des causes et des effets. C'est beaucoup moins que les principes de la science universelle, qui suivant certains penseurs y seraient contenus ; c'est beaucoup plus que les formes sans consistance ou les simples suppositions auxquelles d'autres prétendent les réduire.

Il est certain d'abord que ces idées ne nous apprennent rien sur la nature intime des êtres. Sans se placer au point de vue de l'idéalisme qui, niant l'objet, nie en même temps la réalité de toutes les perceptions fournies par le monde extérieur, on peut se demander si, à l'égard de ces notions premières, il ne se passe pas quelque chose de semblable à ce qui a lieu dans la sensation, où la perception ne ressemble en rien au phénomène qui la produit. Je rappelle que la sensation de la lumière et de la couleur n'a aucun rapport avec les ondulations de l'éther auxquelles elle répond, que de même la sensation du son diffère essentiellement des vibrations qui frappent notre oreille. Evidemment, dans l'ordre des perceptions sensibles, l'idée n'est pas la représentation exacte du fait extérieur, mais un rapport entre ce fait et notre organe. N'en serait-il pas de même des perceptions primitives dont nous

nous occupons? Etant admis, par exemple, qu'il existe dans l'objet quelque chose qui répond aux rapports du support à phénomène, de cause à effet, comment nous assurer que ce quelque chose est réellement conforme à l'idée que nous en avons? Si nous pouvions pénétrer au fond de ces rapports, que nous affirmons d'une façon si constante, comme nous pénétrons dans la nature réelle de la lumière et du son, nous trouverions peut-être une réalité bien différente de celle que nous imaginons. Mais à l'égard des impressions sensibles, nous avons des procédés rationnels qui nous permettent d'en découvrir, si je puis m'exprimer ainsi, le dessous. A l'égard des procédés rationnels, au contraire, il n'existe aucune méthode qui puisse conduire à des résultats analogues, car il faudrait que cette méthode fût extérieure et supérieure à ces procédés mêmes. Il n'a pas manqué de philosophes, il est vrai, qui ont prétendu posséder cette intuition élevée, qui se sont crus capables de dévoiler l'essence intime de toutes choses. Mais, en réalité, il n'y a dans l'intelligence rien de supérieur à la raison, et ces philosophes n'ont jamais enrichi l'humanité d'une seule connaissance positive.

Nous ne pouvons donc rien affirmer sur la nature intime de ces rapports, ce qui ne saurait nous empêcher de nous servir des notions que nous en avons, comme nous nous servons des impressions sensibles sans nous inquiéter de la cause d'où elles proviennent. Le soleil a longtemps éclairé la terre pour l'utilité des hommes avant qu'on eût découvert que sa lumière nous était transmise par les ondulations de l'éther, et si la connaissance de ce fait a sa valeur propre, que je suis loin de méconnaître, elle ne change rien néanmoins à la nature des services que nous rend le sens de la vue. De même l'humanité a toujours cru en pratique aux relations de support à phénomène, de cause à effet, et ne s'est guères émue des doutes que la philosophie pouvait soulever sur la réalité de ces idées. Il est certain qu'elle ne s'en est pas mal trouvée. Mais on ne saurait conclure de là que ces rapports soient tels, en effet, qu'ils sont perçus ; il en résulte seulement que l'homme ne connaît que des vérités relatives et qu'il existe une concordance parfaite entre ses facultés et le milieu au sein duquel il est destiné à vivre et agir. Cette harmonie préétablie, qui n'est pas celle de Leibnitz, a été reconnue de tous temps et elle apparaît dans ces perceptions primitives de l'intelligence comme dans toutes les relations de l'homme avec l'univers.

Si ces idées sont impuissantes pour nous faire pénétrer dans l'essence des choses, suffisent-elles du moins pour nous révéler les lois du monde physique et moral au milieu duquel nous vivons? Pas davantage. Ce sont, par elles-mêmes, de pures abstractions qui n'auraient aucune valeur sans les faits concrets auxquels elles servent de support. Il nous importe peu de savoir d'une manière générale qu'il y a des causes et des effets ; ce qui nous intéresse, c'est de savoir l'effet particulier que produit telle cause, la cause particulière qui produit tel effet. La connaissance d'un rapport général et abstrait ne suffit pas pour nous apprendre quoi que ce soit sur les relations particulières et concrètes comprises dans l'idée de ce rapport. De ce que nous savons qu'il y a des différences entre les êtres, nous ne pouvons conclure que tel être diffère de tel autre par telles propriétés. La connaissance des rapports généraux laisse donc la porte ouverte à toutes sortes d'erreurs sur les relations particulières. Aussi combien de phénomènes on a pris pour des êtres substantiels : la nuit, l'aurore, le vent, le feu, le froid, le sec ! Que d'effets on a attribués à des causes fausses et imaginaires, telles que les influences sidérales, les pratiques superstitieuses, les actions occultes de toute espèce, sans parler des erreurs innombrables qui se commettent tous les jours à cet égard dans la science comme dans la vie pratique. Évidemment, le progrès des connaissances humaines n'eût pas été si lent et si difficile, si les idées premières de la raison, qui n'ont jamais manqué à l'homme, eussent suffi pour lui faire connaître les rapports réels des êtres entre eux.

On ne saurait dire non plus que l'esprit humain déduit nécessairement et *a priori* de ces idées certaines vérités générales de l'ordre métaphysique, telles que l'existence de Dieu, la spiritualité de l'âme, etc. Du rapport de cause à effet, dit-on, par exemple, l'homme conclut logiquement à l'existence d'une cause première. Mais en aucune façon. De ce qu'il existe des causes et des effets, il ne suit nullement qu'il y ait une cause première. L'homme peut le supposer, il est vrai; mais il peut supposer aussi qu'il n'existe que des causes particulières, égales ou inégales, ou bien que les causes forment un cercle et que chaque effet devient cause à son tour. Historiquement, ce n'est pas à l'existence d'une cause première qu'a conclu la majorité des hommes. Dans l'antiquité, quelques grands génies à peine se sont élevés à cette idée, et elle n'a pénétré dans les masses que par l'enseignement du christianisme.

C'est, qu'en effet, une idée ne peut être déduite logiquement et nécessairement d'une autre que quand elle est déjà contenue dans celle-ci, comme l'idée particulière est contenue dans l'idée générale. Comme je l'ai déjà dit, la nécessité logique repose sur le rapport d'identité : ce qui est vrai, en général, des êtres d'une certaine espèce, est vrai en particulier de chaque être de cette espèce. On peut donc conclure du général au particulier, en affirmant de chaque individu ce qu'on sait vrai de tous, mais rien de plus, et, par exemple, il est absolument impossible de déduire de l'idée du genre les différences qui distinguent les espèces ou de celle de l'espèce les caractères particuliers aux individus. Personne ne suppose qu'il suffise d'avoir l'idée du genre *bœuf* pour connaître les espèces particulières renfermées dans ce genre, ou de posséder la définition abstraite de l'insecte pour en déduire la notion des innombrables espèces d'insectes qui existent.

Or, c'est pourtant ce qu'on prétend faire quand on dit que du principe « il y a des causes » découle nécessairement la conséquence : « il y a une cause première et des causes secondes. » La fausseté de ce raisonnement est évidente. Il en est de même de toutes les autres déductions par lesquelles on prétend tirer des vérités concrètes des idées premières de la raison. Je le répète, ces idées font connaître la vérité abstraite qu'elles expriment et rien de plus.

Il est également faux que ces idées premières donnent lieu à des jugements synthétiques *a priori*, ce qui supposerait que l'homme connaît certaines vérités indépendamment de toute perception. La distinction établie par Kant, entre les jugements analytiques et les jugements synthétiques, est célèbre. Les premiers ont pour type la définition ; ce sont les jugements où l'attribut ne fait que reproduire le sujet, en d'autres termes, où l'attribut est déjà contenu dans le sujet. Dans les jugements synthétiques, au contraire, on affirme du sujet quelque chose qui n'y est pas contenu, on établit un rapport entre le sujet et un objet différent. Ainsi, la proposition : « le cercle est une courbe dont tous les points sont également distants d'un point appelé centre, » exprime un jugement analytique, tandis que la proposition : « pour les anciens, le cercle était la courbe la plus parfaite, » répond à un jugement synthétique.

Or, les jugements analytiques sont nécessairement vrais *a priori ;* cela est évident, car ils ne font qu'affirmer la même idée sous deux formes différentes, ils n'expriment qu'une identité. Mais existe-t-il des jugements synthétiques qui aient ce caractère? Le lien que nous établissons entre deux idées différentes forme-t-il jamais une de ces nécessités logiques dont nous ne pouvons concevoir la négation? Kant le croyait et il considérait notamment comme des jugements synthétiques nécessaires *a priori* les propositions : « Sous tous les phénomènes variables, il y a une substance permanente, » « Tout ce qui se produit provient d'une cause ; » et, en général, toutes les propositions qu'il faisait dériver de ce qu'il appelait les fonctions du jugement.

Mais Kant n'avait pas poussé son analyse assez loin. Ses successeurs, et notamment Herbart, reconnurent bientôt qu'il avait considéré comme synthétiques des jugements qui, au fond, étaient analytiques. En réalité, il n'existe pas de jugements synthétiques qui soient nécessairement vrais *a priori*. Tous ceux qu'on a considérés comme tels sont analytiques. Il en est ainsi notamment des rapports de support à phénomène, de cause à effet. Sans doute, l'un des termes du rapport étant donné, l'autre s'en suit nécessairement, mais il n'y a pas là de jugement synthétique. C'est, qu'effectivement, nos perceptions primitives nous donnent des notions de deux espèces : elles se rapportent soit à des objets simples, conçus en eux-mêmes, sans relation avec d'autres, tels que l'être, l'espace, le temps, soit à des rapports, comme la différence, la contradiction, la dépendance. Or, les notions du support et du phénomène, de la cause et de l'effet rentrent précisément dans cette dernière classe. Nous ne pouvons avoir l'idée du support sans avoir celle du phénomène, l'idée de la cause sans celle de l'effet, parce que nous ne percevons pas ces idées isolément, mais dans leur rapport, et que c'est ce rapport même qui fait l'objet principal de notre perception. Les propositions qui expriment ce rapport sont donc analytiques ; elles expriment une seule idée composée de plusieurs éléments et n'établissent pas de lien entre choses différentes. Aussi, quand nous voulons définir le support, nous ne pouvons le faire que par le phénomène ; quand nous voulons faire comprendre la cause, nous disons que c'est ce qui produit un effet, et quand il s'agit de définir l'effet, nous ne pouvons que recourir à l'idée de cause.

Il serait facile de faire voir que tous les prétendus jugements synthétiques *a priori*, que Kant et d'autres philosophes ont essayé d'ériger en premiers principes de la raison, ne reposent que sur la perception de rapports de cette espèce et rentrent, par conséquent, dans la classe des jugements analytiques. Je ne connais que deux jugements primitifs qu'on pourrait considérer avec une apparence de raison comme synthétiques *a priori* : celui qui attribue l'existence réelle à nous-mêmes, à nos perceptions et à l'objet que nous percevons ; et la proposition : « tout ce qui commence a une cause. » Mais le premier de ces jugements est lui-même une perception. Nous commençons par percevoir l'objet, la différence, etc., comme étant, et si plus tard nous arrivons à séparer ces notions de celle de l'être, si nous reconnaissons même qu'une partie de ce que nous considérions comme étant n'existait pas en réalité, cela prouve uniquement que nous avions établi entre des perceptions diverses un lien purement facultatif et que si les jugements de cette espèce doivent rentrer dans la classe des jugements synthétiques, c'est dans celle des jugements synthétiques ordinaires qui n'ont aucun caractère de nécessité. Quant à la proposition : « Tout ce qui commence a une cause, » c'est un jugement analytique, comme je le prouverai en traitant des idées innées.

Je crois avoir suffisamment réfuté les exagérations qui tendent à accorder aux idées premières une valeur excessive. Mais on ne commet pas une moindre erreur en méconnaissant l'importance de premier ordre que ces idées ont pour la raison.

Trois écoles surtout ont cherché à déprécier la valeur des idées premières. Les disciples de Berkeley et ceux de Kant qui en font des attributs de l'esprit humain, l'école positiviste qui a refusé à la plupart d'entre elles toute portée scientifique, et l'école panthéiste qui les a présentées comme de simples apparences phénoménales ne répondant à aucune réalité positive. J'aurai à apprécier plus tard quelques-unes de ces doctrines et à indiquer la position qu'elles occupent vis-à-vis de la raison. Pour le moment, je me bornerai à faire voir par des preuves directes que, sans les idées premières que j'ai énumérées, notre science et notre raison même n'existeraient pas.

La première question est celle de l'objet lui-même. Il s'agit de savoir si ce monde physique que nous révèlent les sens, si nos semblables qui, eux aussi, ne sont d'abord que des objets sensibles, si les êtres immatériels et les relations morales que suppose la présence des hommes existent réellement, ou si nous n'avons à faire qu'à des fantômes, à des images vaines qui se succèdent dans notre esprit. La réalité du monde physique et humain est évidemment la première condition de la science, et celui qui en douterait sérieusement ne devrait voir dans les recherches scientifiques que des spéculations oiseuses, dans les lois universelles dévoilées par le génie de l'homme que des châteaux imaginaires construits dans l'espace vide. Que le système de Berkeley ait frappé l'attention comme un paradoxe ingénieux, que la critique de la raison pure de Kant ait exercé une influence des plus fécondes sur la philosophie moderne, cela était dans l'ordre des choses. Mais on croit rêver quand on voit des philosophes contemporains déclarer que nous ne pouvons avoir aucune certitude de la réalité de l'univers, ou réduire cette réalité à celle d'une abstraction incompréhensible : une *possibilité* de sensations, ou nier l'espace, le temps, la causalité, la dépendance des êtres entre eux, ou bien encore essayer de démontrer par des arguments subtils que ces idées sont contradictoires en soi, et ne peuvent servir de fondement à aucune science objective. Et cependant ces philosophes publient de gros volumes sur les lois générales du monde, sur l'histoire de l'humanité, sur la morale, ou écrivent des traités d'économie politique et de politique. On se demande si leurs doutes sur l'existence effective de l'objet sont bien sincères et s'ils se sont jamais rendu compte de ce qu'ils font quand ils se livrent à un travail scientifique.

En quoi consiste la science? Son œuvre ne tend-elle pas à reconnaître les phénomènes et les êtres, tant objectifs que subjectifs, c'est-à-dire à saisir leurs qualités propres et leurs différences? — à les classer, c'est-à-dire à subordonner le particulier et l'individuel au général? — à distinguer ce qui est fondamental et permanent de ce qui est accidentel et variable, c'est-à-dire le support du phénomène? — à constater la simultanéité et la succession des faits, c'est-à-dire leur situation relative dans le temps et l'espace? — à découvrir la loi de génération des phénomènes, c'est-à-dire l'action que les êtres exercent les uns sur les autres, c'est-à-dire leurs rapports de cause à effet et de dépendance? — enfin à rechercher les moyens de faire servir ces relations à notre usage, c'est-à-dire de faire intervenir notre propre spontanéité et nos buts dans les rapports des êtres entre eux? Tout le terrain de notre science est là. Lui soustraire ces idées premières sur lesquelles elle se fonde, c'est donc lui enlever le sol sous les pieds.

Sans doute, il importerait peu de savoir qu'il y a des causes et des effets, des différences, etc., si nous n'avions pas de moyens de reconnaître les causes, les effets, les différences qui existent réellement. Mais du moment que ces moyens ne nous manquent pas, l'idée générale qui nous porte à les employer est d'une utilité de premier ordre. Sans l'idée générale, nous ne nous occuperions pas d'en rechercher les applications particulières. Qui s'aviserait d'examiner comment se produit un phénomène, s'il n'avait pas l'idée du rapport de cause à effet? Ces observations sont si élémentaires qu'on est presque honteux d'avoir à les présenter.

Il est certain que les idées premières de la raison ne

nous apprennent que fort peu de chose par elles-mêmes et que si nous n'en possédions pas d'autres, nous serions absolument incapables de remplir une fonction intellectuelle dans cet univers. Mais tout en ne nous fournissant elles-mêmes aucune connaissance positive, elles forment les cases indispensables où sont déposées toutes nos notions concrètes ; elles constituent les noyaux permanents autour desquels se groupe toute la matière de nos acquisitions intellectuelles ; elles sont la chaîne toujours identique du tissu varié de nos idées. En supposant que la sensation existât sans elles, les impressions sensibles se présenteraient comme des images mobiles et fugitives, plus vagues et plus confuses encore que dans le rêve, dans lequel nous conservons les idées premières de la raison. L'idée même d'une coordination des faits ou d'une loi générale serait impossible.

Si, d'ailleurs, ces idées ne contiennent pas les vérités absolues que quelques philosophes prétendent y trouver, si peut-être elles se comportent vis-à-vis des faits réels comme les sensations vis-à-vis des phénomènes physiques, ce n'est pas un motif pour leur refuser toute valeur positive et pour prétendre qu'elles ne répondent à rien de réel. Si, en apparence, il n'y a nul rapport entre les impressions lumineuses et les ondulations de l'éther, en réalité les différences que présentent ces impressions, notamment les couleurs, répondent à des différences positives dans les ondulations, différences que la science a pu constater. Si nous avions des procédés pour reconnaître la nature intime des faits exprimés par les idées premières, il en serait certainement de même : nous trouverions que les différences dans les idées répondent à des différences dans les faits. Voyez, en effet, à quelles conclusions on arriverait s'il en était autrement.

Non-seulement toute notre science qui suppose qu'il y a des différences entre les êtres, des supports et des phénomènes, des causes et des effets, serait vaine et illusoire, car ces différences, ces relations, ces actions n'auraient aucune existence réelle ; mais le langage même, qui, par la forme de ses propositions et la qualité de ses mots, affirme constamment la vérité de ces idées, et avec le langage toute la logique humaine, se trouverait frappé du même caractère d'absurdité. Toute proposition serait fausse par elle-même, et pour être dans le vrai, nous ne devrions prononcer que des mots sans suite, comme les idiots et les déments. Enfin, toute notre vie pratique ne serait elle-même qu'un rêve sans réalité. Comment pourrait-il être question de nos actions, de nos mérites, de notre responsabilité, s'il n'existait pas d'être permanent dans le monde, si le mot agir ne signifiait rien de réel, s'il était faux que nous puissions produire un effet quelconque en bien ou en mal!

Il est donc hors de doute que les idées premières de la raison répondent à des faits très-réels. De ce que nous ne pouvons pénétrer dans la nature intime de ces faits, nous devons conclure que ces idées forment une limite de la raison. Elles constituent, en effet, un cercle bien fermé, dont nous ne pouvons sortir, bien que nous reconnaissions qu'il y a quelque chose au-delà. Vouloir en sortir en niant la vérité des idées dont il est formé, c'est renoncer à la raison même et à la possibilité d'aucune connaissance positive. Croire, d'autre part, qu'il renferme toutes les relations existantes et qu'il n'y a rien au-delà, c'est méconnaître le caractère incomplet de ces notions, c'est convertir en absolues des limites qui, évidemment, ne sont que relatives, c'est renfermer l'infini des choses dans les bornes étroites de l'horizon humain. Il faut donc accepter les idées premières telles qu'elles sont, sans vouloir en étendre ni diminuer la portée, et y voir, non la raison tout entière, mais des éléments essentiels et indispensables de la raison.

LIVRE II

DE LA DOCTRINE DES IDÉES INNÉES.

Parmi les doctrines relatives à l'origine des idées, il n'en est pas de plus célèbre que celle des idées innées. Elle suppose que l'homme apporte en naissant certaines idées qui le mettent en communication avec la nature éternelle et que c'est dans ces idées qu'il puise les principes premiers de tous ses jugements de l'ordre métaphysique, esthétique et moral. Cette doctrine a longtemps dominé la philosophie et aujourd'hui encore beaucoup de penseurs la considèrent comme inséparable du spiritualisme.

A mes yeux, cette doctrine est une erreur, et l'erreur qui forme le plus grand obstacle au progrès de la philosophie. C'est elle qui retient le spiritualisme dans les liens de la science antique et le frappe de la stérilité manifeste dont il est atteint depuis la fin du XVIIe siècle. Pour démontrer la vérité de cette opinion, je serai obligé d'entrer dans des développements qu'on trouvera peut-être trop étendus. Mais l'importance même du système des idées innées, l'autorité dont il jouit encore, et celle des hommes de génie qui l'ont professé, exigent une discussion approfondie.

J'exposerai d'abord les raisons générales qui militent contre ce système. J'examinerai ensuite les applications qu'on en a faites aux idées métaphysiques, morales et esthétiques.

CRITIQUE GÉNÉRALE DU SYSTÈME DES IDÉES INNÉES

CHAPITRE PREMIER

Origine de ce système.

La doctrine des idées innées est la dernière conclusion philosophique des religions les plus spiritualistes de l'antiquité. Elle a été déduite directement du dogme de la chute, tel qu'il avait cours dans l'Orient payen, c'est-à-dire de la croyance que les hommes étaient des anges tombés qui expiaient ici-bas une faute commise dans une vie antérieure.

L'origine historique de ce dogme est inconnue. Nous savons seulement qu'il était particulièrement propre à l'Inde et à l'Egypte. Malheureusement, les études sur les doctrines religieuses de ces pays ne sont pas encore assez avancées pour que nous puissions nous rendre compte des conceptions qui l'ont engendré, ni de la manière exacte dont il a été formulé d'abord. Dans l'Inde, il se présente sous la forme de la doctrine de la transmigration des âmes, doctrine profondément empreinte dans la conscience du peuple indou, mais dont il est impossible de trouver la source, car elle ne dérive pas du Véda, et les suppositions par lesquelles des savants allemands [1] ont essayé d'en expliquer la naissance, sont évidemment insuffisantes. Une doctrine de même nature régnait en Egypte comme le prouvent les notions transmises par les Grecs et les frag-

---

[1] Notamment MM. Lassen et Duncker. Voir mon petit volume *l'Inde et la Chine* (dans la Bibliothèque utile).

ments du rituel funéraire et d'autres textes égyptiens qui ont été traduits récemment. Mais nos connaissances sur l'Egypte sont plus imparfaites encore que nos notions sur l'Inde, et avec les documents hiéroglyphiques traduits jusqu'ici, il est impossible de voir clair dans les opinions égyptiennes sur la métempsycose. Enfin, diverses croyances sur la chute des anges et la migration des âmes avaient cours dans l'Asie occidentale pendant les siècles qui précédèrent la venue de Jésus-Christ. C'est de ce fond traditionnel que Platon tira sa grande doctrine des idées innées.

Il paraît certain, en effet, que c'est lui qui, le premier, a nettement formulé cette hypothèse. Quant aux principes dont il l'a déduite, il les a indubitablement empruntés à ces croyances traditionnelles. Plusieurs points de son système psychologique prouvent qu'il a eu connaissance de la philosophie indoue ; il a sans doute étudié les doctrines de l'Egypte pendant le séjour qu'il a fait dans ce pays. Les idées qui avaient cours dans l'Asie occidentale ne pouvaient lui être inconnues. Il a, d'ailleurs, invoqué lui-même la tradition, et c'est très-gratuitement que des auteurs modernes prétendent que la forme mystique sous laquelle il a présenté plusieurs de ses idées, n'avait pour but que de revêtir d'une couleur poétique des principes abstraits.

Pour Platon, les idées sont les essences universelles des choses, les types éternels de tous les phénomènes sensibles. Ce sont des existences substantielles, quoiqu'exemptes de matière, qui seules possèdent l'être réel, la vérité pure, la persistance immuable soustraite aux variations du monde des sens. Le monde des idées forme une sorte de système logique. Chaque idée exprime dans son unité absolue un genre ou une espèce et contient en elle toute la variété des différences, des mouvements et des relations dont cette espèce est susceptible. Les idées sont placées plus haut que le réel visible, au-dessus des cercles mobiles du monde sensible. Elles sont en face du Dieu suprême qui façonne d'après elles les choses capables d'agir sur nos sens. Mais comme ces dernières sont mêlées de matière, comme elles renferment l'élément contradictoire aux idées qui fait obstacle à la volonté du Dieu organisateur, elles sont mobiles, variables, contradictoires en elles-mêmes et dépourvues de l'être réel ; elles sont comprises dans le flux continuel des naissances et des destructions. Dans le *Phèdre*, où les pérégrinations de l'âme sont racontées sous une forme qui offre certaines analogies avec celles du rituel funéraire égyptien, Platon nous apprend que les âmes humaines ne sont placées dans les corps humains qu'après avoir contemplé les essences divines ; mais toutes ne peuvent se rappeler facilement ce qu'elles ont vu, soit qu'elles n'aient fait qu'entrevoir les essences, soit qu'elles aient eu le malheur de tomber sur la terre et, qu'entraînées vers l'injustice par de funestes liaisons, elles aient oublié les choses sacrées qu'elles avaient contemplées. Un petit nombre d'âmes seulement en conservent un souvenir distinct.

Tels sont les traits généraux de la doctrine de Platon sur les idées, doctrine que, d'ailleurs, il n'a exposée nulle part d'une façon complète et dont les éléments sont épars dans un grand nombre de ses dialogues. Telle qu'elle nous est parvenue, c'est une conception grandiose, digne du plus grand génie de l'antiquité. Elle est le degré suprême où le spiritualisme pouvait s'élever sous un système religieux qui admettait la pluralité des dieux et l'impuissance du Dieu suprême vis-à-vis d'un élément matériel coéternel, et qui considérait l'homme comme un ange tombé. C'est l'expression la plus idéale de ces croyances.

Mais elle y est liée indissolublement et tombe avec la base religieuse sur laquelle elle est établie. Otez ces divinités intelligibles qui trônent à côté du Dieu suprême, supprimez la matière éternelle, enlevez aux âmes les visions antérieures à cette vie, et tous les fondements du système des idées innées s'écroulent. Prendre aujourd'hui cette pure expression du polythéisme pour base de la philosophie, c'est retenir la raison moderne dans des entraves qu'elle a depuis longtemps brisées, c'est renouveler la grande faute du moyen-âge, qui lui aussi a fondé toute sa philosophie sur une conception née des croyances polythéistes, sur la théorie aristotélicienne de la forme et de la matière.

Chez les néo-platoniciens, les idées archétypes figurèrent parmi les premières émanations de l'unité absolue et prirent un caractère beaucoup plus panthéiste que dans Platon. Saint-Augustin fit passer une partie de la doctrine de ce dernier dans la philosophie chrétienne; mais grâce au faux Denys l'aréopagite et à Jean Scot Erigène, les principes néo-platoniciens y jouèrent un bien plus grand rôle. C'est le système néo-platonicien plus ou moins adapté aux dogmes du christianisme qui a inspiré tous les mystiques du moyen-âge et fait prévaloir le réalisme au XIe et au XIIe siècle. A ce point de vue, la grande autorité qu'acquit au XIIIe siècle la philosophie aristotélicienne fut certainement un contre-poids utile. Néanmoins, il subsista même chez les docteurs les plus aristotéliciens, une forte teinte de platonisme, et sur des points essentiels, notamment sur la notion de Dieu et de l'être, les conceptions restèrent toutes platoniciennes.

Mais le système de Platon était destiné à une renaissance plus glorieuse. Descartes prétendit faire table rase de l'entendement et le reconstruire au moyen des idées innées. Ainsi naquit la grande philosophie du XVIIe siècle, illustrée par des génies tels que Bossuet, Fénélon, Malebranche, Leibnitz.

C'était la doctrine de Platon adaptée aux principes de la théologie chrétienne, tels qu'ils avaient été formulés au moyen-âge et consacrés par les grandes luttes religieuses du XVIe siècle. La matière éternelle et le Dieu impuissant du philosophe grec avaient disparu ; les idées archétypes cessaient d'être des réalités substantielles. Mais c'étaient les idées éternelles qui constituaient la raison divine même et dont la raison humaine était un reflet affaibli. Au lieu de la chute des âmes sur la terre, c'est le péché d'Adam qui sert à expliquer l'obscurcissement de notre intelligence, nos défaillances et nos erreurs.

Ce système ne contenait rien de nouveau ni de progressif; c'était un simple compromis entre la philosophie antique et la théologie chrétienne. Mais il ne manquait pas d'un certain caractère de grandeur. Il était l'expression de l'esprit politique et social de l'époque. Après des luttes prolongées, la société s'arrêtait dans un moment de repos sous le pouvoir absolu. Elle transigeait avec les éléments anciens, en attendant qu'elle reprît sa marche progressive. La philosophie du XVIIe siècle est une transaction du même genre. Sa grandeur rappelle celle de Louis XIV et des magnifiques palais du grand roi.

C'est la doctrine même des idées qui en formait la partie la plus faible. Au point de vue théologique, elle offrait de vastes ressources à l'éloquence sacrée et l'on connaît les pages admirables qu'elle a inspirées à Bossuet et à Fénélon. Mais la théorie des idées resta confuse et incertaine. Descartes cherche à démontrer l'innéité de l'idée de Dieu et de quelques autres idées particulières ; mais, nulle part, il n'expose les données générales de son système, nulle part il n'en discute les détails. Après lui, Malebranche et Leibnitz s'occupèrent de la théorie des idées ; mais le premier la fondait sur la vision en Dieu, le second sur le développement représentatif des monades, et ces bases n'ont été acceptées que par très-peu de partisans des idées innées. En somme, les grands penseurs du XVIIe siècle laissèrent ce système à l'état d'une affirmation qui avait besoin d'être élucidée et démontrée dans toutes ses parties.

Au XVIIIe siècle, le sensualisme porta un rude coup à la doctrine des idées innées et la philosophie de Kant et de ses successeurs allemands la reproduisit sous une forme trop étrange pour la relever du discrédit où elle était tombée. Mais, ni le sensualisme, ni la philosophie allemande n'étaient la vérité ; ces systèmes devaient succomber à leur tour et une réaction naturelle a ramené dans le cours de ce siècle un grand nombre de penseurs vers la philosophie de Descartes et de Leibnitz.

C'est d'abord l'école éclectique qui a suivi cette voie. Cette école ne mérite plus aujourd'hui le titre qu'elle s'est donné, car sa prétention à concilier tous les systèmes s'efface de plus en plus. Dès l'origine, elle avait adopté l'hypothèse des idées innées, et depuis elle s'est toujours rapprochée des doctrines platoniciennes. Déjà Jouffroy admettait les ressouvenirs d'une vie antérieure. Le chef de l'école, Victor Cousin, paraît avoir complètement accepté à la fin de sa vie les données religieuses de la philosophie du XVIIe siècle, tandis que ses principaux disciples, MM. de Rémusat, Jules Simon, Adolphe Garnier, Paul Janet, Saisset et autres, ont allié les doctrines cartésiennes au déisme du XVIIIe.

D'autre part, plusieurs écrivains catholiques éminents, avant tout l'évêque M. Maret et le P. Gratry ont essayé de restaurer complètement la philosophie des Bossuet et des Fénélon. Enfin, un penseur très-original, Bordas-Desmoulins, a prétendu rétablir le cartésianisme pur, en le complétant par certains développements sur lesquels nous aurons l'occasion de revenir.

Tous ces écrivains ont rendu de grands services en combattant avec force et succès le matérialisme et le panthéisme. Mais je ne pense pas qu'en revenant à la doctrine platonicienne des idées innées, ils aient posé les bases de la philosophie de l'avenir. C'est ce qui ressortira clairement, je l'espère, des considérations critiques que je vais exposer.

CHAPITRE II

Des vérités nécessaires et universelles.

Avant d'aborder la discussion du système des idées innées, je ferai deux observations.

Dans ses brillantes leçons de 1828 et 1829, Victor Cousin opposa surtout aux sensualistes les idées de cause, de substance et d'autres de même nature, et prouva péremptoirement que ces idées ne pouvaient provenir de la sensation. C'était sur ces notions aussi que s'appuyaient principalement les défenseurs plus anciens de l'innéité des idées. Aujourd'hui, cet argument est à peu près abandonné. Leibnitz, déjà, avait entrevu qu'il suffisait de la conscience de notre propre être, de notre propre activité, de notre propre substance, pour nous donner les notions d'être, de cause, de substance. Maine de Biran a particulièrement attiré l'attention sur ce fait et indiqué la voie par laquelle cette difficulté pouvait être résolue. Tout le livre précédent a été consacré à l'origine de ces idées ; je puis donc me dispenser ici de prouver qu'elles ne sont pas innées. J'aurai, d'ailleurs, l'occasion de revenir sur la plupart d'entre elles, quand j'examinerai les idées métaphysiques auxquelles on a attribué l'innéité.

La seconde observation, c'est qu'on a renfermé la question dans des limites trop étroites, lorsqu'on a supposé qu'il n'y avait d'autre choix que d'adopter les théories sensualistes de Locke et de Condillac, ou bien le système des idées innées, ou encore d'amalgamer les deux. En dehors de ces deux ou trois systèmes, il y a place pour bien d'autres, comme le prouve l'explication étrangère à l'un et à l'autre qu'on a pu donner de ces notions mêmes de cause, de substance, etc., dont je viens de parler. Cette observation doit s'appliquer à la discussion à laquelle je vais me livrer. En combattant les idées innées, je n'entends me prononcer pour aucun des systèmes qu'on leur a opposés, à moins que je ne le déclare formellement.

Je commence par examiner les principales raisons qu'on a données en faveur de la doctrine des idées innées.

La première et la plus forte de ces raisons, c'est qu'il y a des vérités nécessaires, universelles, éternelles, des idées parfaites et infinies qui ne peuvent venir des sens et que, par conséquent, l'homme connaît par une vision intérieure.

A ceux qui demandent des exemples de vérités ayant ces caractères, on cite presque toujours des propositions arithmétiques et géométriques. Pour Leibnitz, ces propositions sont même les seules nécessaires.

Voici l'argument fondé habituellement sur la *nécessité* de ces vérités : Je sais de science certaine que dans un cercle tous les rayons sont égaux et le sont nécessairement, sans que mes sens m'aient jamais présenté un cercle parfait et sans que j'aie besoin de vérifier matériellement ce théorème, ce qui, d'ailleurs, serait absolument impossible. Cette connaissance est donc fondée sur une idée innée.

Disons sur une identité et tout le mystère disparaîtra. Quand j'ai défini le cercle : une courbe dont tous les points sont situés à même distance du centre, et le rayon une ligne droite qui va du centre à la circonférence, n'ai-je pas dit déjà que tous les rayons sont égaux? Toutes les démonstrations mathématiques sont fondées sur des identités analogues.

Les vérités mathématiques ne sont que des propositions analytiques, et c'est ce caractère seul qui en constitue la nécessité. Toute affirmation qui ne fait que définir un objet ou en détailler les propriétés, est nécessaire au même titre, comme je l'ai fait voir déjà. Quand je dis : les montagnes sont toujours séparées par des vallées, les corps pesants tendent à tomber vers la terre, un franc vaut dix décimes, j'énonce des vérités aussi certaines et aussi nécessaires que les théorèmes d'algèbre ou de géométrie et qui n'ont pas davantage besoin d'être vérifiées expérimentalement. Or, si ces propositions sont innées, il n'en est aucune qui ne le soit.

On dira peut-être que les affirmations que je viens de prendre pour exemple, ne peuvent être considérées comme innées, puisque leur objet est évidemment extérieur. Mais l'objet des mathématiques est extérieur également : l'espace, le nombre, le mouvement ne nous sont connus que par des perceptions objectives; la preuve que ces notions sont innées elles-mêmes reste encore à faire. Il est vrai que ces perceptions sont des plus simples et des plus primitives, et que par cette raison nous voyons plus clairement et plus immédiatement les relations d'identité et de nécessité entre les notions qui en dérivent. Il est vrai aussi que beaucoup de conceptions mathématiques, les figures de géométrie notamment, sont de pures créations de notre esprit, des délimitations que nous traçons dans l'espace, suivant des lois posées par nous-mêmes. Le point, la ligne droite, la surface, le cercle, le carré parfait, le cube, la sphère, etc., ne sont, en réalité, que des conceptions de notre intelligence et par cela même elles sont beaucoup plus précises et plus rigoureuses que celles qui se rapportent à des objets réellement existants. Par suite aussi, les raisonnements qui y sont relatifs ont bien plus le caractère de démonstrations nécessaires. Mais ces conceptions mêmes de notre esprit ne sauraient exister sans la perception préliminaire de l'objet auquel elles s'appliquent, c'est-à-dire de l'espace, et tout théorème géométrique suppose la connaissance de l'espace, comme la proposition : les montagnes sont toujours séparées par des vallées, suppose la connaissance des montagnes.

Le caractère éternel et immuable des idées nécessaires a été invoqué surtout par Malebranche en faveur de leur innéité. Il en a conclu que non-seulement ces idées ne pouvaient être créées par l'homme, mais qu'elles ne constituaient pas même un mode particulier de sa substance et qu'elles n'existaient réellement qu'en Dieu. Suivant ce philosophe, l'idée du cercle subsiste éternelle, nécessaire, immuable et convient à tous les cercles possibles ou réels, que nous y pensions ou n'y pensions pas. Si nous lui donnions l'être nous-mêmes, il dépendrait d'un clin d'œil pour l'anéantir. Comment, d'ailleurs, l'homme qui est un être essentiellement fini, imparfait, passager, produirait-il des idées immuables et éternelles ? De telles idées ne peuvent se trouver que dans une nature immuable. Nous ne les voyons qu'en Dieu, dans la raison universelle qui éclaire par elles toutes les intelligences !

Pour les personnes qui ne font pas leur lecture habituelle des écrits philosophiques du XVII° siècle, cette argumentation paraît étrange. On ne peut la comprendre, en effet, que si l'on admet avec Malebranche que l'homme est incapable de former aucune idée par lui-même et que les sensations mêmes sont vues en Dieu, ou avec Leibnitz que toutes nos idées sont innées et se produisent nécessairement dans notre esprit suivant un ordre préétabli. Mais du moment qu'on reconnaît que l'homme a la faculté de créer lui-même des idées, — et qui pourrait le contester, — cette position privilégiée qu'on accorde aux idées analytiques et notamment aux vérités mathématiques, paraît peu justifiée.

Quoi ! l'homme peut évaluer le poids de la terre et des planètes, il compte les milliards d'étoiles contenues dans une nébuleuse invisible à l'œil nu, il fait l'analyse chimique du soleil, il reconstruit l'histoire des révolutions du globe pendant les siècles sans nombre qui ont précédé l'apparition de l'homme sur la terre, il a inventé le télescope, la machine à vapeur et le télégraphe électrique, et il serait incapable de projeter de lui-même un cercle dans l'espace, il aurait besoin de voir en Dieu que les trois angles d'un triangle équivalent à deux droits! Une telle prétention n'est pas soutenable!

On croirait, d'après l'idée que Malebranche se fait des vérités mathématiques, que ces vérités sont acquises par une vision immédiate et qu'elles ne sont pas trouvées par les procédés communs aux autres sciences. Or, il est certain que, dans les mathématiques, les découvertes se font exactement comme dans toutes les investigations humaines; ce n'est que progressivement et à travers de nombreux détours et mille erreurs qu'on parvient à la vérité. Combien de problèmes de géométrie et de mécanique qui attendent encore une solution, combien de théorèmes dont on n'a possédé longtemps que des démonstrations embarrassées, douteuses, que l'invention d'une nouvelle méthode a subitement rendues élégantes et faciles! Ces raisonnements vicieux, ces principes faux, ces procédés insuffisants qui n'ont fait défaut à aucune science humaine, pas plus aux mathématiques qu'aux autres, étaient-ils également vus en Dieu? Il est clair que s'il nous était donné de contempler la raison divine, tous ces détours seraient inutiles; nous arriverions toujours au but par le chemin le plus facile et le plus direct.

Dans toutes les sciences on trouve, en étudiant l'objet, des rapports constants, absolus, qu'on peut jusqu'à un certain point qualifier d'éternels, d'immuables. Il est certain que les propriétés des nombres, des figures géométriques subsisteront aussi longtemps que ces figures elles-mêmes, ou tant qu'une intelligence en aura l'idée. Mais on peut dire la même chose de tout ce qui existe. Les propriétés qui constituent l'or, la chaux, le chêne, l'éléphant, l'homme, subsisteront tant qu'il existera des êtres pareils ou une intelligence capable de les concevoir. A moins d'accorder aux idées une existence substantielle, ce n'est qu'à ce point de vue qu'il peut être question de leur éternité ou de leur immutabilité. Quand on parle de l'éternité et de l'immutabilité du cercle, on suppose toujours qu'une intelligence conçoive une telle délimitation de l'espace. A cette condition, sans doute, le cercle est immuable, car si la conception était modifiée en quelque point, ce ne serait plus celle du cercle, mais d'une autre figure ; il est éternel, si c'est Dieu ou une intelligence éternelle qui le conçoit. Mais les idées de toutes choses sont immuables et éternelles à ce titre, même celles du contingent et du variable. D'ailleurs, on peut considérer comme éternels tout fait accompli, toute idée une fois conçue, car il n'est au pouvoir de personne d'empêcher ce qui a eu lieu d'avoir eu lieu.

La perfection de certaines idées, — toujours des conceptions géométriques, — fournit un autre argument à la doctrine des idées innées. Cet argument a surtout frappé Platon. Le cercle dont nous avons la notion étant un cercle parfait, tandis que la nature ou l'art humain ne nous offrent toujours que des cercles imparfaits, on en conclut que l'idée du cercle doit être innée ou vue en Dieu. Mais il est évident que l'imperfection des cercles extérieurs provient uniquement de ce qu'ils ne répondent pas complètement à la courbe que nous avons définie *a priori* et à laquelle nous avons donné le nom de cercle. Les géomètres ont, à diverses époques, conçu, en vue d'usages particuliers, des courbes de diverses espèces, telles que la cissoïde, la quadratrice et d'autres qui aujourd'hui ne sont plus que des curiosités mathématiques. Est-ce à dire qu'ils en avaient l'idée innée, parce que ces courbes ne se retrouvent pas dans la nature ?

En général, la perfection d'une chose consiste en ce qu'elle réponde complètement au type idéal qu'on en a conçu ou au but auquel elle est destinée. Quand il s'agit d'atteindre un but, l'homme vise toujours à la perfection, mais il est rare qu'il y arrive. L'horloger qui fabrique une montre, le mécanicien qui imagine une machine, se proposent l'un et l'autre de créer un instrument qui remplisse parfaitement son but, et cependant il n'existe pas de montre qui marque l'heure exactement, pas de machine qui ne laisse à désirer. En toutes choses donc, l'idée, sans être innée pour cela, est supérieure à l'objet réalisé et par conséquent plus parfaite. Quant aux types, il est certain que nous en imaginons nous-mêmes dans toutes les branches du savoir humain et que nous jugeons d'après eux la perfection des objets, quoique la perfection du type lui-même puisse être très-douteuse. Il suffit, par exemple, de se rappeler combien le type de l'homme moralement parfait varie suivant la civilisation et l'état social. Pense-t-on que le disciple de Confucius, le brahmane ascétique, le guerrier huron, le chrétien mystique, le déiste à la façon de J.-J. Rousseau se fassent le même idéal de la perfection humaine? Et parmi tous ces types différents, quelle est la conception innée?

Enfin quelques auteurs voient une preuve de l'innéité de certaines idées dans le caractère infini qu'ils leur attribuent. « Vous ne sauriez former des idées générales, dit Malebranche [1], que parce que vous trouvez dans l'idée de l'infini assez de réalité pour donner de la généralité à vos idées... vous pourriez penser à tel cercle, mais jamais au cercle. Vous pourriez apercevoir telle égalité des rayons, mais jamais une égalité générale entre des rayons indéterminés. La raison est que toute idée finie et déterminée ne peut jamais rien représenter d'infini et d'indéterminé. » Bordas-Desmoulins émet une théorie analogue et croit également que l'infini se trouve dans les idées, parce qu'il voit la même idée générale s'appliquer à une infinité d'idées particulières. Or, il y a ici une double erreur.

---

[1] *Entretiens sur la métaphysique*, Entr. II. § 9.

En premier lieu, j'ai déjà prouvé que l'idée générale ne se forme pas d'un assemblage confus d'idées particulières et qu'une seule perception particulière suffit pour donner une idée générale. Pourvu que je connaisse un seul cercle, j'aurai l'idée générale du cercle, car tous les cercles possibles ne diffèrent entre eux que par la longueur du rayon. Pour acquérir cette idée, il suffit que je comprenne la définition du cercle et je la comprendrai facilement au moyen d'une seule figure tracée sur le papier, quelqu'imparfaite qu'elle puisse être. La longueur du rayon n'étant pas comprise dans la définition, je n'en tiens aucun compte, et par suite mon idée s'applique à tous les cercles possibles d'un rayon quelconque. C'est donc bien l'idée générale du cercle que j'ai acquise et certainement l'idée de l'infini ne s'y trouve mêlée en aucune façon.

L'infini n'apparaît que lorsqu'il s'agit de l'énumération de tous les cercles possibles. Mais là vient la seconde erreur. Depuis que l'idée d'infini est entrée dans la science, on a distingué très-justement, — et cette distinction est l'œuvre de l'école cartésienne elle-même, — entre l'infini proprement dit, qu'on définit ordinairement « ce qui est au-dessus de toute grandeur assignable » et qui ne peut être attribué qu'à Dieu, et l'*indéfini*, qui consiste dans la propriété de dépasser constamment et sans fin une limite posée et qui est le propre d'êtres finis tels que l'homme. Ainsi, quelque nombre qu'on propose à l'esprit humain, il peut en concevoir un plus élevé, quelque série d'actes qu'il ait accomplis, on le juge capable d'en accomplir de nouveaux indéfiniment. Cette puissance de l'homme étant générale, il peut l'appliquer aussi à ses idées et s'il possède la définition du cercle, il peut l'appliquer à toute la série indéfinie des cercles possibles. Mais, comme on le voit, il s'agit ici d'une propriété de l'esprit humain et non d'une propriété des idées, et déclarer celles-ci d'infinies, parce que l'homme a la faculté d'appliquer la même idée à un nombre indéfini d'objets particuliers, c'est commettre la plus étrange des confusions.

On voit à quoi se réduisent la nécessité, l'éternité, l'immutabilité, la perfection, l'infinité des prétendues idées innées. Evidemment, les arguments fondés sur ces propriétés ne sont pas valables et pourtant ce sont à peu près les seuls qu'invoquent aujourd'hui les partisans de cette doctrine. Mais il ne suffit pas de montrer que le système des idées innées manque de preuves réelles, il faut démontrer de plus qu'il ne saurait être vrai. C'est ce que je tâcherai de faire dans les chapitres suivants.

CHAPITRE III

Ni les idées simples ni les idées complexes ne sont innées.

Quand on admet que certaines conceptions sont innées, on est obligé logiquement d'attribuer cette propriété à toutes les idées générales sans exception. Nous venons de voir, en effet, que les arguments qu'on invoque en faveur des théorèmes géométriques, sont applicables à toutes nos conceptions. Il n'y a donc pas de raison pour refuser aux idées de toute espèce ce qu'on accorde aux notions mathématiques.

Aussi les partisans les plus éminents de cette doctrine ont-ils abouti à cette conclusion. Platon admettait des archétypes pour toutes les idées générales, même pour les notions abstraites et celles qui se rapportent à des objets de fabrication humaine, telles que celles du néant, du honteux, du sale, du lit, de la table, des cheveux. Malebranche nous fait tout voir en Dieu, même les phénomènes du monde sensible. Enfin, pour Leibnitz, la série entière de nos perceptions de toute nature provient d'une force intérieure et nous ne recevons absolument aucune idée du dehors.

Les philosophes contemporains sont moins explicites à cet égard. En général, ils n'établissent pas de limite entre les idées innées et celles qui ne le sont pas et s'abstiennent de donner une énumération ou une classification des premières. Victor Cousin considère comme innées les idées d'espace, de temps, d'infini, de substance, de cause, les notions du bien, du juste, du beau et d'autres encore, mais il suppose qu'elles ne se produisent qu'à l'occasion des phénomènes sensibles et ne les définit que très-imparfaitement. Adolphe Garnier, qui est plus précis, regarde comme des idées innées, qu'il appelle conceptions *a priori*, les conceptions mathématiques, la conception de la vertu et celle de la beauté sensible qui comprend, suivant lui, des conceptions idéales de la couleur, de la forme, de la mélodie, du rhythme, de l'harmonie et de l'articulation [1]. Fr. Huet n'admet qu'un petit nombre d'idées innées de la combinaison desquelles naissent toutes les autres idées. Mais il ne dit pas quelles sont ces idées innées [2].

Vis-à-vis de ces hésitations et de ces divergences, le plus simple est de prouver directement qu'il n'existe d'idée innée d'aucune espèce. Laissant de côté pour le moment les idées morales, les idées esthétiques et l'idée métaphysique de l'infini, j'essaierai de faire cette preuve pour toutes les autres.

Les idées, de quelque nature qu'elles soient, peuvent se diviser en deux classes : les idées simples et les idées complexes. Il s'agit de faire voir que ni les unes ni les autres ne sont innées.

Les idées simples répondent aux perceptions élémen-

---

[1] *Traité des facultés de l'âme*, t. II.
[2] *La Science de l'Esprit*, t. I, p. 100.

taires que l'esprit unifie entre elles pour en faire une conception. Comme je l'ai dit [1], ces perceptions ne sont pas saisies d'abord isolément, mais l'esprit commence toujours par en combiner plusieurs et il ne possède à l'origine que des idées complexes. Mais plus tard il arrive, par l'analyse et l'abstraction, à décomposer ces idées complexes en leurs éléments et il forme ainsi des idées simples.

D'où proviennent ces éléments simples ? De deux sources seulement : 1° des perceptions primitives qui résultent des conditions logiques de notre intelligence, et 2° des impressions des sens externes et internes. C'est à ces éléments que se réduisent toutes les idées qui ne sont pas comprises dans les exceptions indiquées plus haut, et je ne pense pas qu'il soit facile d'en trouver d'autres.

Or, nous avons longuement étudié, dans le livre précédent, les perceptions primitives, et prouvé que les idées d'être, de substance, de cause, etc., qui en proviennent, ne sont nullement innées. Toute nouvelle démonstration, relative à cette première espèce d'éléments, serait donc superflue.

Mais qui croira facilement que les éléments qui résultent des impressions sensibles soient innés? La preuve péremptoire du contraire a souvent été donnée : un aveugle de naissance devrait avoir, dans ce cas, l'idée des couleurs, le sourd de naissance l'idée des sons. Nous devrions tous avoir l'idée de toutes les douleurs auxquelles l'homme est sujet. Malheureusement, il est hors de doute que nous sommes tous exposés à acquérir chaque jour des connaissances nouvelles de ce genre.

Adolphe Garnier a été entraîné, il est vrai, à admettre une certaine idée innée de la couleur par une objection que Hume s'était faite à lui-même. « Supposez, dit Hume, qu'un homme ait perçu toutes les nuances du bleu, excepté une seule ; placez devant lui toutes les nuances excepté celle-là ;

---

[1] Voir p. 104.

il est évident que cet homme apercevra une lacune à l'endroit où cette nuance manquera. » Garnier conclut de là que nous avons l'idée innée de toutes les nuances du bleu.

Mais est-il réellement nécessaire de recourir à cette hypothèse pour expliquer comment nous comblons une lacune dans une série de couleurs? Les nuances ne proviennent-elles pas en grande partie du degré d'intensité et du mélange des couleurs? L'homme ne produit-il pas des gradations à son gré et ne peut-il établir une moyenne proportionnelle entre deux nuances aussi bien qu'entre deux nombres? Or, bien certainement, on ne dira pas que toutes les moyennes proportionnelles entre les nombres sont innées, car, dans ce cas, les tables de logarithmes eussent été superflues. D'ailleurs, dans l'hallucination, dans le rêve, l'homme perçoit dans le cerveau des impressions qui ne viennent pas du dehors et qu'on ne saurait appeler innées. Pourquoi ne verrait-il pas aussi dans le cerveau des nuances de couleur qui ne proviendraient pas d'une sensation proprement dite?

En dehors des idées simples, qui peuvent être ramenées à des perceptions élémentaires, en existe-t-il d'autres? Peut-on considérer comme telles les abstractions dont l'école éclectique fait tant de cas, les idées générales du vrai, du juste, du bien, du beau, etc.? Les disciples de Victor Cousin paraissent admettre, en effet, que ce sont là des idées simples, répondant à des qualités ou des propriétés des objets; ils supposent que ces idées préexistent dans l'esprit, comme celles des couleurs, suivant Adolphe Garnier, et ils semblent croire que quand nous affirmons, par exemple, qu'une proposition est vraie, qu'une statue est belle, nous ne faisons que constater l'existence de ces propriétés générales dans les objets particuliers.

Mais pour faire accepter cette supposition, il faudrait prouver d'abord que ces idées générales existent, en effet, antérieurement à la perception des objets particuliers auxquels elles s'appliquent. Il faudrait que l'on pût démontrer que nous avions l'idée du beau avant d'avoir vu la statue que nous trouvons belle, que nous avions l'idée de la vérité, avant d'avoir constaté une vérité particulière, par exemple, que 2 et 2 font 4. Car, si cette preuve n'était pas faite, on serait toujours autorisé à croire que l'idée générale a été suggérée par la perception particulière; qu'en voyant la statue, nous avons éprouvé une certaine impression, et que nous avons généralisé cette impression sous le terme de beau; qu'en constatant que 2 et 2 font 4 et non 5, nous avons distingué une vérité particulière d'une erreur particulière et acquis ainsi l'élément essentiel de l'idée générale de la vérité. En un mot, toutes ces idées générales pourraient n'être que des idées abstraites, acquises à l'occasion de perceptions particulières, de même que l'idée générale du rouge ou du bleu, que nous ne possédons certainement que parce que nous avons vu des objets rouges ou bleus. Or, est-il possible de prouver que les idées du vrai, du bien, du beau existaient dans l'esprit avant la perception des objets auxquels elles répondent?

Expérimentalement, j'ignore comment on pourrait s'y prendre, puisqu'on ne trouvera guères d'individu possédant ces idées générales qui n'ait eu une foule de perceptions particulières répondant à chacune d'elles. Mais, même au point de vue théorique, cette preuve me paraît impossible, et il me semble facile de démontrer, au contraire, que la préexistence de ces idées ne saurait être admise.

En effet, si ces idées n'étaient pas de simples abstractions, si elles avaient par elles-mêmes une valeur positive, il faudrait, non-seulement qu'elles fussent parfaitement claires et déterminées, mais qu'elles eussent le caractère de principes, qu'on pût en déduire *a priori* les conceptions d'ordre ultérieur qui y seraient contenues, que les faits particuliers auxquels elles s'appliquent en parussent de simples conséquences. Or, au contraire, elles sont parfaitement obscures et indécises ; jamais on n'a pu les formuler d'une manière compréhensible ; chacun les conçoit à sa manière, et elles ne prennent corps qu'à l'occasion d'exemples particuliers. D'ailleurs, leur caractère d'idées abstraites se manifeste avec évidence.

En général, les idées abstraites ne donnent *a priori* la notion d'aucun des objets auxquels elles sont applicables ; ainsi les idées abstraites de cause ou de substance ne font connaître aucune des causes ou des substances qui existent en réalité. Leur seule utilité consiste à se prêter à la formation de catégories générales dans lesquelles on peut ranger les êtres, suivant qu'ils réunissent les attributs propres à telle ou telle idée abstraite : c'est ainsi qu'on range tel être dans la classe des causes, tel autre dans celle des substances. Encore faut-il que les idées générales soient assez claires et assez bien déterminées elles-mêmes pour que leur application à des êtres particuliers ne présente rien d'incertain, et j'ai déjà indiqué les erreurs auxquelles les idées de cause et de substance ont donné lieu sous ce rapport. Enfin, il est nécessaire, pour chaque cas particulier, d'examiner s'il rentre bien dans l'idée générale, et celle-ci n'est d'aucun secours pour cet examen spécial ; c'est seulement d'après les perceptions relatives au cas particulier qu'on peut décider si celui-ci doit être compris ou non dans l'idée générale.

Or, les idées du vrai, du juste, du beau, etc., se comportent, à cet égard, exactement comme les idées de cause, de substance et toutes les idées abstraites. Elles ne nous instruisent en rien des vérités, des devoirs de justice, des types de beauté qui peuvent exister. Comme, en outre, elles sont obscures et mal définies, elles ne fournissent à la classification qu'une base très-incertaine et enfin elles laissent subsister tous les doutes sur les cas particuliers qui rentrent dans leur domaine. Aussi, n'ont-elles pas empêché l'humanité de se faire les opinions les plus variées et les plus contradictoires sur le vrai, le bien et le beau.

Si même ces idées étaient simples et innées, elles ne rempliraient donc d'autre office que des idées abstraites. Mais leurs caractères mêmes prouvent qu'elles ne possèdent ni l'une ni l'autre de ces qualités; ce sont de pures généralités, déduites de conceptions particulières.

Je crois avoir prouvé que les éléments simples des idées ne sont pas innés. Il semble résulter tout naturellement de là que les idées complexes, qui ne sont que des combinaisons de ces idées simples, ne sauraient l'être davantage. Ou bien en serait-il autrement? L'idée prendrait-elle un caractère inné par l'unification même qu'opère l'esprit?

S'il en était ainsi, les idées complexes devraient être les mêmes chez tous les hommes. L'unification des éléments simples devrait se faire de la même manière partout, et ces éléments étant partout identiques, les conceptions des hommes sur un même sujet devraient se ressembler en tous temps et en tous lieux; car je ne pense pas qu'on admette dans le système des idées innées, que ces idées diffèrent suivant les individus.

En outre, les idées complexes qui répondent à des objets réels, extérieurs, et la plupart sont dans ce cas, devraient être parfaitement conformes à ces objets; les éléments simples devraient être unis comme ils le sont dans l'objet même; car, toute idée innée doit être vraie, et ici la vérité ne peut consister évidemment que dans la conformité parfaite avec l'objet.

Je n'insisterai pas sur ce dernier point. J'ai déjà fait voir que nos idées ne sont jamais tout à fait conformes aux objets. D'ailleurs, en quoi consisteraient donc les progrès de la science, s'ils n'avaient pour résultat de nous donner constamment des idées de plus en plus vraies du monde moral et matériel?

Mais je m'arrêterai davantage sur l'objection qui résulte de la grande diversité des idées humaines, car je vois là un argument puissant contre le système des idées innées en général, argument auquel on n'a pas prêté assez d'attention jusqu'ici.

Qui n'a été surpris en lisant les récits des historiens et des voyageurs, de l'immense variété que présentent les usages, et par conséquent les idées des peuples, même relativement aux choses de simple utilité, où par conséquent les mêmes buts auraient dû conduire à des résultats identiques? Qu'on considère, par exemple, les objets fabriqués par l'homme, les habitations, les meubles, les vêtements, où se manifeste le plus clairement l'activité créatrice de l'esprit humain. Dans le nombre énorme de tribus primitives qui sont encore répandues sur le globe, à peine si les cabanes, les armes, les ornements, les ustensiles de ménage se ressemblent chez les peuples les plus rapprochés. Ceux mêmes qui vont tout nus trouvent moyen de se diversifier par le tatouage. Un musée ethnographique complet supposerait une collection immense composée d'objets qui tous seraient différents. Cette diversité se produit même dans notre Europe où les idées générales sont si uniformes. Qu'on considère, par exemple, les coiffures des femmes. Je n'entends pas parler des chapeaux des dames que la mode allonge ou rétrécit tour à tour d'une façon ridicule, mais des coiffures des paysannes et de la variété prodigieuse qu'elles présentent de la Hollande et de la Normandie à l'Alsace et à la Forêt-Noire, des Pyrénées à la Sicile, de la Baltique aux Balkans. Est-il rien qui prouve mieux qu'avec les mêmes éléments et le même but, chaque intelligence opère sa combinaison particulière, que les conceptions présentent presque autant de variétés qu'il y a d'individus?

Aussi, c'est à grand tort que des archéologues et des historiens ont prétendu que des ressemblances frappantes entre les coutumes, les objets d'art, les produits industriels de deux peuples éloignés l'un de l'autre, ne prouvaient pas que l'un des deux eût imité l'autre, que la colonne dorique, par exemple, a pu être inventée simultanément en Egypte et en Grèce, parce que les facultés humaines étant les mêmes partout, elles doivent donner partout les mêmes résultats. L'expérience universelle démontre, au contraire, qu'elles donnent partout des résultats différents, et que tout en étant les mêmes au fond, elles laissent un libre jeu à une puissance créatrice originale qui se manifeste par des produits infiniment variés. Même la simple colonne peut être conçue sous des formes très-diverses, et chaque peuple qui s'est développé à part a eu sa colonne à lui. Lors donc que l'on trouve chez deux peuples des formes parfaitement semblables, on doit juger que l'un les a transmises à l'autre. L'originalité est le fait général. La rencontre fortuite dans une même conception forme une exception qui doit être prouvée dans chaque cas particulier.

Mais c'est dans le langage surtout que se manifeste la grande variété des idées complexes.

Guillaume de Humboldt prétend que les langues se forment et se transforment sans cesse, qu'aucun mot n'a rigoureusement le même sens pour tous ceux qui le prononcent et que nul n'est certain de comprendre une phrase qu'il entend de la même façon que celui qui l'exprime. Il y a sans doute beaucoup d'exagération dans la supposition du savant allemand et il est certain que dans toutes les matières où les mots ont une acception bien déterminée, les gens qui parlent une même langue se comprennent entre eux. Cependant, l'assertion de Guillaume de Humboldt n'est pas dénuée de tout fondement, car, combien n'y a-t-il pas d'idées qui offrent des nuances que les langues ne reproduisent pas. Pour les uns, par exemple, le mot *moral* exprime ce qui est conforme aux mœurs, pour les autres, ce qui répond à certaines règles de conduite. Des mots très-usités, tels que ceux de *volonté*, de *liberté*, d'*amour*, de *bonté*, de *sagesse* présentent des sens très-différents, suivant les personnes qui les emploient. Les mots *aristo-*

cratie et *démocratie* n'ont nullement la même signification dans la bouche d'un conservateur ou d'un partisan du progrès. En général, tous les termes abstraits, tous les mots qui représentent des qualités, des rapports, expriment des idées plus ou moins variables. Savons-nous même si, lorsque nous parlons du rouge ou du bleu, notre interlocuteur voit la même nuance que nous?

Mais ce qui n'est qu'exceptionnel entre gens parlant la même langue, devient le fait général lorsqu'il s'agit de langues différentes. A ne considérer que les langues européennes qui ont acquis leur forme actuelle sous l'influence de la même civilisation, des mêmes idées générales, il est certain que chacune de ces langues offre un nombre considérable de mots qui n'ont pas de synonymes exacts dans les autres. Il suffit, pour s'en apercevoir, d'entreprendre une traduction quelconque, pourvu que le sujet soit en dehors des phrases vulgaires à l'usage des touristes. Les idées qui, en apparence, devraient présenter le plus d'analogie, celles qui ont trait aux facultés humaines, à nos sentiments et à nos passions, offrent les plus grandes divergences et sont rendues souvent par des termes qu'il est impossible de retrouver dans une autre langue. Il serait superflu de citer des exemples; toute personne qui parle couramment deux langues en trouvera facilement un grand nombre. C'est pour ce motif que les langues s'empruntent réciproquement tant de mots. Les mots tirés des langues anciennes n'ont plus généralement le même sens que dans l'antiquité, parce que, le mot étant resté à peu près le même, l'idée a changé. Ainsi, les mots latins *agere*, *virtus*, *humanitas*, *dominium*, *imperium*, *crimen* et tant d'autres n'avaient pas la même signification que les mots français, presque tout pareils, qui en ont été formés. De même, les locutions propres à une langue sont intraduisibles, parce qu'elles expriment toujours une nuance d'idées, un rapport perçu d'un certain point de vue qu'elles sont seules capables d'exprimer. Sans doute, on parvient ordinairement à rendre le sens général des mots et des locutions intraduisibles par des périphrases ou des tournures correspondantes, mais c'est presque toujours aux dépens de la netteté, de l'énergie et de l'élégance de l'expression, toutes qualités qui dépendent le plus souvent de la nuance de l'idée. Voilà pourquoi les traductions d'œuvres poétiques ne donnent toujours qu'une idée très-affaiblie de l'original, même abstraction faite des différences qui proviennent de la versification.

De ces considérations, nous pouvons conclure que les idées complexes ne sont pas plus innées que les idées simples, car elles diffèrent suivant les époques, les peuples et les individus et portent le cachet non équivoque des actes humains qui les ont créées.

Il nous sera facile aussi, maintenant, de réduire à sa juste valeur un autre argument dont se servent quelquefois les partisans des idées innées. Si vous n'aviez pas naturellement, dit-on, telle idée dans l'esprit (par exemple, les idées de substance, de cause, d'obligation morale), il vous serait impossible de l'acquérir. On peut répondre d'abord, que dans l'ignorance où nous sommes encore à l'égard des facultés et des pouvoirs de notre intelligence, c'est une hypothèse toute gratuite et sans vérification possible que de supposer une telle incapacité de l'esprit. Je dirai, en second lieu, que l'expérience universelle prouve la fausseté de cette hypothèse, puisque tout homme acquiert presque chaque jour des idées nouvelles, soit qu'il les reçoive de l'enseignement, soit qu'il les crée lui-même. Toutes les idées que possède l'homme, ont-elles été trouvées par l'homme? Ceci est une autre question que j'aurai à examiner plus tard. Mais, en tout cas, les idées qu'un homme n'a pas trouvées lui-même peuvent lui être transmises par la parole, car toute idée se décompose en éléments simples qui sont perçus directement par tous, et ce n'est que la combinaison de ces éléments qui fait l'objet de la transmission. Sans doute, la création d'idées nouvelles n'est pas une chose facile et tout le monde n'est pas de force à inventer la géométrie analytique ou le calcul différentiel. Mais la plupart sont capables d'apprendre ces méthodes, et avec assez de peine, pour prouver qu'elles ne sont pas innées.

En général, tous les arguments fondés sur la nature de l'esprit, qu'on invoque en faveur des idées innées, manquent de solidité, parce que la nature de l'esprit est elle-même la grande inconnue qu'il faudrait dévoiler d'abord. Aussi, quand Bordas-Desmoulins soutient « que l'âme ne pourrait se représenter en elle-même ce qui est hors d'elle, si elle ne portait en soi quelque chose d'analogue à ce qui subsiste hors d'elle [1]; » quand Fr. Huet demande « où serait le lien, la base des diverses connaissances, si l'idée n'était que l'acte de l'esprit, et comment, si ces connaissances ne tenaient pas au fond de l'esprit, elles seraient conservées dans la mémoire [2], » on peut répondre que nous ignorons complètement les conditions auxquelles une chose est intelligible et celles d'où dépend la conservation d'une idée dans la mémoire. Il est possible que l'intelligibilité de l'objet, de même que la mémoire, supposent une analogie entre l'esprit pensant et l'objet conçu ; il est possible aussi que cette condition ne soit pas indispensable. Mais ce qu'il y a de certain, c'est que nous ne savons rien de positif à ce sujet et qu'on ne saurait tirer aucun argument valable de pareilles suppositions.

[1] *Cartésianisme*, t. I, p. 111.
[2] *Science de l'Esprit*, t. I, p. 101.

CHAPITRE IV

Corruption des idées innées.

Locke déjà a fait remarquer que le système des idées innées renfermait une contradiction palpable, puisqu'on était obligé d'admettre que ces idées pouvaient se corrompre.

S'est-on bien rendu compte, en effet, des conséquences de la supposition que l'homme apporte en naissant certaines idées qui font partie pour ainsi dire de la substance même de son âme? A-t-on mesuré toute la portée de cette hypothèse?

Il est clair que si les idées formaient des parties intégrantes de l'âme humaine, elles devraient s'y retrouver toujours, sans intermittence, elles devraient être partout et constamment les mêmes, elles ne pourraient s'altérer ni s'effacer. Il serait impossible à l'esprit de jamais les oublier, de les méconnaître ou d'en faire abstraction. Aucun être ne peut cesser de manifester les propriétés qui le constituent et c'est une loi irrésistible de la logique qu'au physique comme au moral nul ne peut contrevenir à sa nature. Comment donc des idées inhérentes à notre esprit par le fait de son existence même pourraient-elles non-seulement s'en échapper sans peine, mais encore y être remplacées par des idées absolument contradictoires?

Qu'on veuille bien faire attention que les effets de nos facultés naturelles s'imposent à nous avec un caractère de nécessité impérieuse. L'homme, quelque libre qu'il soit, peut-il, à moins de renoncer à la vie, s'empêcher de vouloir, de penser, de sentir, de désirer, et ces opérations de l'âme ne se rencontrent-elles pas chez tout individu à quelque âge, en quelque lieu, à quelque époque historique qu'on le prenne? Déjà les idées d'espace, de temps, de cause, de substance, etc., qui ne sont pas innées, mais qui sont des perceptions nécessaires, ne manquent à aucun homme, pas même à l'aliéné. Des philosophes ont pu nier la réalité de ces rapports, mais l'idée n'en a jamais fait défaut à personne, du moins dans les limites que nous avons indiquées au livre I. Voilà donc de simples perceptions qui possèdent un caractère de permanence, d'indélébilité, d'universalité qu'on ne saurait méconnaître; et les idées innées pourraient s'effacer complètement ou s'altérer au point de devenir le contraire d'elles-mêmes! Cela n'est pas admissible.

Ou bien soutiendra-t-on que l'idée de Dieu, les grandes conceptions métaphysiques, les notions mathématiques, la connaissance des vérités morales ont toujours été les mêmes partout où il y a eu des hommes? Je ne le pense pas.

Comment donc expliquera-t-on dans ce système la défaillance de l'intelligence, l'obscurcissement des idées dont l'histoire donne tant de preuves?

Les spiritualistes modernes de l'école déiste ne paraissent pas avoir senti la gravité de cette difficulté. Du moins ils ne s'en occupent guères. Ils paraissent assimiler l'obscurcissement des idées innées aux oublis que commet la mémoire, sans songer que si la mémoire ne conserve que des idées adventices, elle peut les perdre comme elle les a acquises, tandis qu'il ne saurait en être de même d'idées innées qui seraient nécessairement inhérentes à notre substance spirituelle. Beaucoup attribuent ces altérations au défaut de culture intellectuelle, aux vices et aux passions. Mais la culture intellectuelle, c'est précisément le don des idées; elle serait tout à fait inutile, si les idées étaient innées. Quant aux passions et aux vices, on conçoit qu'ils entraînent l'homme à des actes contraires aux idées morales, mais non qu'ils effacent ou altèrent ces idées. En général, les raisons que l'école déiste donne à cet égard, sont superficielles et sans portée réelle.

Il n'y a, en effet, qu'une seule supposition qui puisse rendre compte de la différence énorme qui sépare l'homme théorique, doué en naissant de lumières divines, de l'homme réel obligé de conquérir la vérité au prix de tant d'efforts. Cette supposition est celle du péché originel. Aussi c'est la raison qu'ont invoquée tous les philosophes chrétiens qui ont admis cette doctrine.

Mais, pour le faire, ils ont été obligés de développer la tradition mosaïque du péché originel dans le sens platonicien.

La doctrine chrétienne et la doctrine payenne de la chute offrent, en effet, une différence radicale. D'après la première, c'est pour une faute commise sur terre par le premier homme que l'humanité a été condamnée à la peine, à la douleur et à la mort. Suivant la seconde, chacun expie sur terre une faute commise dans une vie antérieure, et pour Platon particulièrement, l'homme est un ange tombé qui a gardé un souvenir affaibli des idées qu'il a contemplées entières dans sa vie céleste.

Dans le système de Platon, on comprend parfaitement l'obscurcissement des idées. Il n'en est plus de même si l'on accepte la tradition mosaïque. Suivant cette tradition, l'homme est destiné à vivre sur la terre, à administrer le globe, à s'y multiplier et à dominer les êtres qui l'habitent. La chute a-t-elle changé cette fonction? Nullement, elle n'a fait que la rendre plus difficile et plus pénible. Il y a loin de là aux anges tombés de Platon, et l'on ne voit pas comment, si l'homme avait eu des idées innées, le péché originel aurait pu les effacer de son âme. Car un tel résultat supposerait plus qu'un affaiblissement de la puissance de l'homme, il supposerait une transformation complète de sa nature, la destruction d'une partie des propriétés substantielles de son esprit. Il est vrai que la plupart des théologiens ont admis une déchéance aussi radicale et ont fait de l'homme primitif un être bien supérieur à celui que nous connaissons. Mais, évidemment, ils ont beaucoup dépassé en cela le texte positif de l'Ecriture.

La question du péché originel est si grave, qu'on me permettra de m'arrêter un moment sur ce problème. Si l'on peut en trouver une solution plus rationnelle et plus conforme à la nature humaine que cette déchéance radicale qu'admettent les théologiens, on devra la préférer sans doute, car le terrain de l'inexplicable doit toujours être limité autant que possible. Or, je crois que cette solution existe, et bien qu'elle laisse subsister quelque obscurité au point de vue de la tradition et de la théorie morale, je pense qu'elle concorde mieux que l'hypothèse des théologiens avec les faits constatés par la science.

C'est une chose jusqu'à un certain point évidente, que le bon ou le mauvais usage que l'individu fait de sa liberté morale à un moment donné de sa vie, non-seulement peut exercer une influence dominante sur le reste de son existence, mais que même ses descendants peuvent souffrir des conséquences de ses actions. Chacun sait, par exemple, que celui qui a négligé dans sa jeunesse de cultiver son intelligence, ne récupérera jamais complètement le temps perdu, et que l'individu dont l'organisme a été détérioré par des habitudes vicieuses souffrira toute sa vie des suites de ses fautes passées. Les effets contraires d'une vie morale et régulière sont également connus. Or, il est clair que celui qui se trouvera lui-même à un degré inférieur de l'échelle morale, ne donnera à ses enfants qu'un enseignement corrompu et engendrera ainsi une race privée d'un des biens les plus précieux, la bonne éducation. Mais de plus la transmission héréditaire des perfectionnements de l'organisme, aussi bien que de ses vices et de ses maladies, est parfaitement constatée aujourd'hui et constitue une vérité scientifique hors de doute. Le mal que fait le père retombe donc en partie sur les enfants qui, de même, profitent jusqu'à un certain point du bien qu'il a accompli : cela résulte de la nature des choses.

Les sociétés ne diffèrent pas en cela des individus. Comme ceux-ci, elles peuvent faire bon ou mauvais usage de leur libre arbitre, et les fautes commises par une génération retombent sur les générations suivantes. Si, par exemple, au commencement de ce siècle, la France ne s'était pas jetée à corps perdu dans les bras d'un général victorieux, si elle s'était réservé quelques-unes des libertés qu'elle avait conquises au prix de tant de sang, si elle avait maintenu son droit de contrôle et son veto, évidemment la situation de l'Europe serait toute différente aujourd'hui de ce qu'elle est. Les guerres insensées, qui nous ont aliéné tous les peuples, fussent devenues impossibles, la liberté, peut-être voilée un moment, eût repris bien vite son éclat et rayonné sur toutes les nations ; tout retour vers l'ancien régime était fermé à jamais. L'Europe serait aujourd'hui dans une situation à laquelle elle n'arrivera peut-être pas dans cinquante ans.

Espérons que cette faute n'aura produit qu'un retard. Mais combien de peuples qui se sont perdus corps et biens, qui ont péri tout entiers par suite d'un régime politique et social défectueux et de mauvaises mœurs individuelles ! Et ces races si nombreuses et si diverses qui se trouvent au plus bas degré de la civilisation, ne sont-elles pas des dégénérescences évidentes d'un type supérieur, dégénérescences produites primitivement par l'oubli des croyances morales et religieuses qui devait avoir pour conséquence nécessaire, d'abord un abaissement intellectuel et physique, puis la misère et enfin l'abrutissement et l'incapacité de résister aux influences du climat. Il est probable que bien des races livrées à cette décadence ont péri complètement. Celles qui ont pu s'arrêter à une certaine limite ont continué de vivre ; mais elles offrent un des effets qu'on a attribués au péché originel : l'impossibilité de se régénérer elles-mêmes. Pour qu'elles s'élèvent à une civilisation supérieure, il faut que l'enseignement et l'exemple leur viennent du dehors. Autrement la voie du progrès leur restera fermée, comme elle l'est depuis des siècles.

Ces considérations s'appliquent parfaitement au péché originel. Il est rationnel de supposer que l'humanité était appelée, dès l'origine, à atteindre le but qui forme l'idéal de la société moderne : l'occupation et la culture pacifique du globe et la formation d'une société universelle basée sur la liberté, l'égalité et la fraternité. C'était une vaste carrière de progrès ouverte aux descendants du premier couple humain, une œuvre dont l'accomplissement, se fût-il même opéré d'une façon parfaitement régulière, eût exigé en tout cas une série de siècles. Mais l'humanité fut infidèle à cette œuvre ; elle oublia sa loi religieuse et morale et le progrès subit un immense retard. Aux débuts de l'histoire, le mal était déjà fait. Comme je l'ai fait voir ailleurs [1], nous trouvons, dès lors, dans toutes les relations humaines, les preuves d'une profonde altération : « dans la religion, la pluralité des dieux, l'adoration des forces de la nature, les sacrifices humains, les superstitions les plus odieuses et les plus immorales ; dans la famille, l'infériorité de la femme, la polygamie, la subordination servile de l'enfant ; dans la société, l'inégalité des classes, l'esclavage ; dans les relations des peuples entre eux, les haines de races, la guerre, l'asservissement ou l'extermination des vaincus. »

Une faute sociale qui pouvait produire de pareils résultats, a dû entraîner aussi une grave détérioration morale et physique de l'espèce humaine. Malheureusement, nous ne sommes suffisamment instruits ni de la nature de la faute, ni de ses conséquences intellectuelles et physiologiques, l'histoire de ce grand fait ne nous ayant été transmise que sous une forme symbolique et voilée. Mais la science n'est

---

[1] *L'Asie occidentale et l'Egypte* (Bibliothèque utile), p. 15.

pas au bout des recherches historiques, et peut-être ces voiles aussi seront-ils levés un jour [1].

En tout cas, la chute n'a pas dégradé l'homme au point de changer sa nature spirituelle et de le rendre incapable de progrès. L'humanité n'a cessé de progresser même avant le christianisme, et quand Jésus-Christ lui a remis devant les yeux son idéal jusque-là voilé, elle s'est trouvée capable de le comprendre comme au premier jour. Voilà plus de dix-huit cents ans qu'elle se retrouve dans le vrai chemin, et bien que toutes les conséquences morales, intellectuelles et sociales de ses fautes antérieures ne soient pas effacées, un grand nombre d'entre elles ont disparu néanmoins et fait place aux fruits de l'enseignement nouveau. Et cependant, les idées innées n'ont pas reparu dans nos âmes avec plus d'éclat et d'évidence qu'au temps de Platon, et non-seulement l'immense majorité des hommes n'en connaît pas l'existence, mais quelques-unes des idées auxquelles on suppose cette propriété, celle de Dieu par exemple, sont l'objet de contradictions ardentes et passionnées.

En réalité, l'hypothèse théologique qui admet qu'avant la chute l'homme était une espèce d'ange, peut avoir une certaine valeur au point de vue de l'explication du péché originel, mais ce n'est toujours qu'une hypothèse. Or, cette supposition est sous l'empire du christianisme le seul

---

[1] Il est dans la doctrine du péché originel, deux points particulièrement obscurs, et sur lesquels il me semble impossible que l'Eglise ait dit son dernier mot. Le premier concerne la mort, que l'on considère comme une conséquence de la chute. Cette opinion paraît contraire à toutes les lois physiologiques constatées jusqu'ici ; elle repose, d'ailleurs, sur des textes dont l'interprétation sera toujours bien douteuse. Le second est relatif à la *culpa* que chacun apporte en naissant par suite du péché originel. La question est de savoir s'il faut considérer cette *culpa* comme une tache, une macule, ce qui n'offrirait aucune difficulté à cause de la solidarité héréditaire en vertu de laquelle les fils participent, jusqu'à un certain point, aux vices de leurs pères ; ou comme une faute proprement dite, ce qui impliquerait contradiction, car l'âme ne peut avoir commis de faute avant d'avoir agi et d'avoir connu la loi morale.

argument que la théorie des idées innées, hypothétique elle-même, puisse opposer à l'une des principales difficultés qui empêchent de l'admettre. Évidemment, le système des idées innées n'est plus de notre temps. Il n'est rationnel que dans l'hypothèse platonicienne des anges déchus.

CHAPITRE V

Les idées innées sont incompatibles avec le progrès.

L'idée qui a dominé la science antique et aussi la science moderne jusqu'au commencement de ce siècle, c'est que le monde avait été terminé et achevé au moment même de sa naissance ou de sa création et que tous les êtres possibles avaient existé dès le commencement. Le mouvement des êtres ne présentait donc, dans cette hypothèse, qu'un cercle infini de naissances et de destructions, reproduisant incessamment les mêmes phénomènes, sans qu'il apparût jamais rien de nouveau dans ce vaste univers. Ce qui survenait dans un moment donné, était arrivé dans le passé et devait se renouveler dans l'avenir. C'était cette pensée qui avait inspiré aux anciens les principes premiers de toutes leurs sciences, qui leur avait fait supposer en physique que le mouvement circulaire était un mouvement parfait, en physiologie, que le corps vivant naissait de la décomposition du corps mort, en science sociale, que les mêmes événements se reproduisaient constamment dans l'histoire et que la société tournait dans le cercle éternel des mêmes formes de gouvernement.

L'hypothèse de Platon sur les idées était en parfaite conformité avec cette doctrine générale. Dieu avait créé le monde d'après des idées éternelles, indépendantes de lui, offrant le type parfait de toutes choses. Il avait rendu le monde aussi semblable à ces idées qu'il lui avait été possible. L'ordre universel était donc aussi éternel, aussi immuable que les idées divines qui lui avaient servi de modèle. Dieu n'aurait pu le changer qu'en l'altérant, en le rendant moins parfait.

Mais depuis Platon, un principe nouveau s'est introduit dans la science, le principe du progrès. Le progrès constitue une loi générale, on peut dire la plus générale des lois qui régissent l'univers. Quelques écrivains ont tenté de la concilier avec les idées innées. Cette conciliation est-elle possible?

La doctrine du progrès enseigne qu'à l'origine le monde que nous habitons n'était nullement ce que nous le voyons aujourd'hui; que ce globe n'était composé d'abord que de matières minérales mises en mouvement par les forces physiques; que la nature animale et végétale ne s'y est montrée d'abord que dans ses types les plus imparfaits, que les degrés par lesquels elle s'est élevée vers l'homme, n'ont été franchis que successivement, et qu'ainsi l'histoire de la terre présente une série de créations et de périodes géologiques bien distinctes. Elle nous apprend aussi que l'homme qui a couronné l'édifice du monde physique a été soumis lui-même à la loi d'un développement progressif; que partant du minimum des idées indispensables à son existence, il s'est élevé successivement à des conceptions plus hautes et plus générales, a perfectionné sans cesse ses mœurs, ses lois et ses institutions, a étendu de plus en plus son domaine sur la nature matérielle, et que, loin de rester enfermé dans un cercle sans issue de phénomènes sociaux invariables, il réalise constamment des améliorations jusque-là inconnues et tend à des buts dont l'antiquité n'avait pas même l'idée.

Dieu n'a donc pas créé le monde en une fois suivant un

type fixe et immuable ; il l'a produit par des créations successives et progressives. Ce n'est pas par un acte unique que s'est manifestée la puissance divine, c'est par une série d'actes en progression croissante. Chaque création a donné naissance à des êtres plus parfaits que la création précédente, et si l'homme est aujourd'hui le dernier des êtres créés, le dernier terme de la série progressive, rien n'oblige à croire que la puissance divine se soit épuisée dans la production de notre espèce. Le progrès est certainement une loi universelle et l'on est autorisé à admettre que lorsque l'homme aura achevé sa fonction sur terre, il s'ouvrira pour le monde des destinées nouvelles dont nous ne pouvons avoir aucune connaissance aujourd'hui.

Cette grande loi du progrès, que déjà Moïse a entrevue, les partisans modernes des idées innées sont obligés de la méconnaître aussi bien que Platon.

Par cela même, en effet, qu'on voit dans la raison humaine un reflet de la raison divine, on est amené à rapetisser singulièrement l'intelligence et la puissance de Dieu. On proclame, il est vrai, que les vérités dont l'homme n'a que la connaissance obscure, incomplète, Dieu les voit dans tout leur éclat, et qu'il possède d'une manière infinie et absolue les idées qui n'existent que sous une forme bornée et finie dans notre raison. On prétend échapper ainsi au reproche d'anthropomorphisme. Mais le fait-on effectivement ? Dieu n'est-il qu'un esprit humain élevé à des proportions infinies ? N'existe-t-il pas entre le créateur et la créature une différence immense, incommensurable ? Si l'on se bornait à dire que Dieu possède à un degré infini tous les pouvoirs, toutes les facultés de l'homme, on ne tomberait pas dans la faute que je signale, car un être peut posséder toute la puissance d'un autre sans lui ressembler en rien. Mais dire que la raison divine c'est la raison humaine élevée à l'infini, c'est assimiler Dieu à l'homme et mettre un monde invariable à la place du progrès universel.

La conséquence toute naturelle de la conception qu'on se fait de Dieu dans ce système est que Dieu a dû se conformer aux lois de la raison en créant le monde. Leibnitz en concluait que celui-ci devait être le meilleur des mondes possibles. Mais sans aller si loin, les partisans des idées innées sont obligés d'admettre que ce monde est une manifestation de cette même raison divine dont la raison humaine est un reflet, qu'il était parfait et complet dès l'origine et que la raison humaine suffit pour pénétrer le plan entier de l'univers.

Qui ne voit d'abord que par des affirmations pareilles on renferme l'univers et la création dans un cercle étroit, incompatible avec l'idée que nous devons nous faire de la puissance divine? Notre raison ne nous permet de voir qu'un ordre de phénomènes et de faits. Mais à côté de ces faits, il peut en subsister une infinité d'autres dont nous n'avons pas la moindre notion. Or, il est contraire à l'idée que nous nous faisons de la puissance divine de croire que Dieu, pouvant créer une infinité de mondes, n'a créé que celui que nous connaissons, tout immense et admirable qu'il est. Et cette observation ne s'applique pas seulement à des mondes physiques qui pourraient être tout différents des myriades de soleils que notre connaissance atteint jusqu'à un certain point, mais à des mondes métaphysiques complètement étrangers à notre raison, auxquels, par exemple, les catégories de la cause et de l'effet ne seraient pas applicables. Nous ne pouvons avoir la moindre idée de ce que seraient des mondes pareils, mais pour qu'ils existent, il faut que la raison divine les ait conçus. Comment aurait-elle pu les concevoir, si elle n'était que la raison humaine élevée à l'infini?

Je sais bien que la plupart des écrivains que je combats, font les réserves les plus expresses en faveur de la puissance divine et des créations dont nous n'avons pas connaissance. Mais la logique les entraîne malgré eux.

Non-seulement les bases métaphysiques du monde que nous connaissons deviennent pour eux les principes essentiels de tous les mondes possibles, — quelques-uns ont même fait de l'espace un attribut de Dieu, — mais l'on étend même les prétendues lois de la raison divine aux lois du monde physique qu'on considère comme une émanation des premières. De là ces tentatives de dévoiler le système absolu de l'univers, ou d'expliquer la chaleur, la lumière, l'électricité par des propriétés de Dieu. Ce sont les partisans des idées innées qui ont d'abord eu de telles prétentions, Descartes, en réduisant tout à la substance pensante et à la substance étendue, Leibnitz, par sa monadologie, Kant, lorsqu'il voulut expliquer *a priori* la nature par l'action d'une force attractive et d'une force répulsive. Mais il est vrai qu'ils ont été bien dépassés depuis dans cette voie par les philosophes de l'école panthéiste, tels que Schelling, Hegel, Lamennais. Cependant nous trouvons encore des intentions semblables chez des partisans modernes des idées innées : M. de Rémusat, par exemple, et même des catholiques, comme Baader, Pabst, l'abbé Bautain ont poursuivi la même chimère.

Toutes ces explications n'ont eu qu'une durée éphémère, parce qu'elles étaient toujours fondées sur des théories générales qui avaient cours dans la science à l'époque où elles étaient proposées, et que ces théories ont changé peu après. Au temps de Kant, il n'était question que de forces attractives et répulsives. Malheureusement, les forces répulsives ont été éliminées quand on a reconnu que les effets qu'on leur attribuait étaient dus à la chaleur, et tout le système fondé sur ces forces a croulé par sa base. Au temps de Schelling, c'était du magnétisme et de la polarité que se préoccupait surtout la science. Immédiatement la polarité devint la loi suprême du monde. Aujourd'hui, le magnétisme n'est plus qu'un cas particulier de l'électricité dynamique et personne ne songe plus à voir dans la polarité un fait universel. Il n'est pas possible, en effet, à l'homme de saisir le plan absolu de l'univers, et si on avait tenu compte de la loi du progrès, on ne l'aurait pas même tenté.

Il résulte de cette loi que non-seulement le monde n'était pas achevé à l'origine, mais qu'il ne l'est pas aujourd'hui et qu'il ne le sera que le jour où le progrès sera définitivement arrêté ; mais il est complètement hors des limites de notre science de savoir quand ce jour arrivera et même s'il arrivera jamais. Notre raison est capable jusqu'ici de reconnaître une partie des progrès accomplis dans le monde ouvert à nos sens et d'entrevoir ceux qu'accomplira l'humanité jusqu'à la réalisation de l'idéal chrétien. La raison divine embrasse, outre les mondes innombrables dont nous n'avons aucune idée, tous les progrès passés et futurs du monde que nous connaissons. Entre les idées de Dieu et les idées de l'homme, il y a donc toute la différence qui existe entre un tout sans bornes et une partie minime, entre un nombre déterminé quelconque et le nombre infini des mathématiciens. Cette différence, le fait même des créations successives et progressives nous permet de la constater, car chaque création a été la manifestation d'une idée divine nouvelle, et s'il nous est donné aujourd'hui de reconnaître le lien qui existe entre les diverses créations, si nous pouvons voir que la création des mammifères a été un progrès sur celle des reptiles, que la création de l'homme a été un progrès sur celle des mammifères, nous ne possédons aucune idée qui aurait pu nous apprendre *a priori* que les mammifères devaient succéder aux reptiles et qu'eux-mêmes seraient remplacés, dans la domination du globe, par l'homme. De même, nous n'avons aucune idée non-seulement de la création qui nous succédera dans ce monde, mais même de ce que deviendra l'humanité quand elle aura rempli la terre et réalisé le but qu'elle poursuit aujourd'hui.

La loi du progrès oppose donc un démenti de fait à l'hypothèse que la raison divine n'est que la raison humaine élevée à l'infini, et frappe ainsi le système des idées innées dans une de ses conséquences les plus importantes.

Mais elle est directement incompatible avec ce système en vertu d'un fait d'un autre ordre : c'est que la raison humaine est essentiellement progressive, que ses idées changent de siècle en siècle, que les vérités fondamentales d'une époque deviennent des erreurs dans la période suivante. J'ai longuement démontré ce fait dans la première partie de cet ouvrage. Or, je demande comment ce changement progressif des idées les plus importantes, cette acquisition constante de conceptions nouvelles sur des problèmes essentiels, peut s'accorder avec l'existence d'idées innées?

Je sais qu'on a essayé de concilier l'innéité des idées avec leur développement progressif. J'examinerai cette question dans le prochain chapitre. Mais cette tentative même prouve que l'ancien système, celui du XVIIe siècle et même celui de l'école éclectique, ne paraissait plus compatible avec la doctrine du progrès.

Le caractère progressif de la raison est fondé d'ailleurs sur une faculté humaine que le système des idées innées est forcé de méconnaître. Lorsqu'on croit que l'homme apporte des idées en naissant, on doit admettre nécessairement que le nombre de ces idées est limité, car si on le supposait infini, on attribuerait à l'esprit la faculté actuelle, naturelle de comprendre l'infini ; on l'assimilerait à Dieu. Mais si l'intelligence n'est pas infinie, elle est indéfinie, c'est-à-dire, elle a le pouvoir d'acquérir constamment des idées nouvelles et de se rapprocher indéfiniment de l'intelligence infinie, sans l'atteindre jamais. Or, c'est cette puissance indéfinie de l'esprit que le système des idées innées nie par cela même qu'il affirme que nous apportons en naissant toutes les idées fondamentales de notre raison. S'il en était ainsi, en effet, toutes les notions acquises ne pourraient provenir que de la combinaison des conceptions innées entre elles ou avec les sensations. Les éléments de ces combinaisons étant en nombre fini, les combinaisons elles-mêmes le seraient également.

Dans le système des idées innées, la nature de l'esprit paraît donc essentiellement bornée, finie ; notre intelligence est capable d'acquérir une somme peut-être prodigieuse d'idées, mais cette somme est fixe, elle ne peut être dépassée. Si, au contraire, l'esprit possède une puissance réellement indéfinie, et c'est ce que suppose sa nature progressive, le nombre des idées ou combinaisons d'idées qu'il pourra acquérir doit être également indéfini ; la science humaine devra, en réalité, se rapprocher toujours de la science divine. Dans ce cas, l'esprit humain sera capable non-seulement de concevoir toutes les idées nouvelles qui pourront présider aux progrès futurs de l'humanité, mais encore de s'affranchir dans la vie future des entraves imposées actuellement à son intelligence, de pénétrer dans la nature du temps et de l'espace, de saisir le fond vrai des rapports de substance à qualité, de cause à effet, enfin de contempler l'œuvre de Dieu dans sa variété infinie, tandis qu'il ne peut en apercevoir aujourd'hui que le côté unique auquel l'enchaîne sa fonction terrestre. Mais un tel essor n'est possible qu'à la condition que l'esprit ne soit pas renfermé à tout jamais, en vertu de sa nature même, dans un cercle fatal d'idées limitées en nombre. D'ailleurs, cet essor existe ; dans son activité infatigable, l'esprit tend sans cesse à franchir les bornes que sa science actuelle lui impose et par ses aspirations constantes vers le mieux, il témoigne lui-même de sa nature progressive.

CHAPITRE VI

Si les idées peuvent être comparées à des germes.

Pour concilier le système des idées innées avec la loi du progrès, on a prétendu que ces idées ne se trouvaient dans l'esprit qu'à l'état de germes et qu'elles n'arrivaient à leur plénitude et à leur clarté parfaite que par un développement qui constituait par lui-même le progrès intellectuel. Cette doctrine, il est vrai, n'appartient pas en propre aux auteurs du système des idées innées; elle a été formulée d'abord par les panthéistes allemands. Mais des spiritualistes s'en sont emparés dans les derniers temps, et quoiqu'elle n'ait été exposée nettement dans aucun livre que je connaisse, elle semble s'annoncer comme une transformation de la philosophie du XVIIe siècle qui serait en voie de s'opérer.

On prétend même rattacher cette transformation à la monadologie de Leibnitz et la ramener à la succession nécessaire des perceptions admise par ce philosophe. Mais c'est à tort. Leibnitz supposait effectivement que les perceptions s'engendraient l'une l'autre suivant un ordre nécessaire. Mais cet ordre nécessaire n'était pas un ordre logique. Les idées ne naissaient pas l'une de l'autre comme les conséquences d'un principe. Elles se produisaient suivant une succession préétablie arbitrairement par Dieu et arrangée de telle façon que les perceptions de chaque individu répondissent aux faits même accidentels en présence desquels il pouvait se trouver. Pour Leibnitz, chaque être avait sa loi particulière, un ordre personnel de ses perceptions, et c'est par un enchaînement de perceptions de cette espèce, que, par exemple, il expliquait dans sa réponse à Bayle, comment un chien passait subitement du plaisir à la douleur, lorsqu'étant bien affamé et mangeant du pain, on lui donnait un coup de bâton, sans cependant que l'impression produite par ce coup de bâton se propageât d'aucune manière jusqu'à son âme.

Cet ordre individuel des perceptions, qui était indispensable à Leibnitz pour son système de l'harmonie préétablie, est précisément le contraire de l'ordre logique qui est toujours universel. Il n'a donc rien de commun avec l'évolution naturelle de l'idée, qui fait sortir d'une conception tout ce qui y est renfermé et rien de plus. Or, c'est cette évolution qu'on a en vue lorsqu'on compare les idées à des germes. Voyons donc si cette comparaison peut sauver l'hypothèse des idées innées et, en général, si elle est bonne à expliquer quoi que ce soit.

Ce qui étonne d'abord, dans l'analogie qu'on prétend établir, c'est qu'en empruntant à l'histoire naturelle l'exemple du germe pour rendre compte des phénomènes de la pensée, on se serve d'une chose moins connue pour expliquer une chose plus connue. La théorie du développement du germe végétal ou animal formera longtemps une des parties les plus difficiles et les plus obscures des sciences physiologiques. Nous savons que telle graine deviendra un épi de froment, que tel œuf deviendra une poule ; nous suivons les transformations de ce germe ; nous constatons l'ordre de succession qu'elles présentent ; nous voyons la plante ou l'animal prendre sa forme définitive. Mais sur les lois de cette évolution, sur les causes qui la produisent, sur les forces dont elle est l'expression, nous sommes dans l'ignorance la plus complète. Nous en savons incomparablement plus sur le développement des idées.

Il est divers cas où l'on semble dire avec raison : telle idée était en germe dans telle doctrine, telle découverte se trouvait en germe dans telle autre. Voyons ce qui peut justifier ces expressions et comment ces germes d'idées se développent.

Il est un certain nombre d'idées qu'on appelle à juste titre des principes, parce qu'une fois que l'intelligence les a acceptées, elles dominent et dirigent l'esprit et forment les principes de ses actes sociaux et de ses recherches scientifiques. Les principes les plus généraux sont ceux qui constituent la raison même dans les diverses périodes du progrès humain. J'en ai fait connaître les éléments dans la première partie. Il est des principes moins généraux qui dirigent les investigations des sciences spéciales. Les uns et les autres produisent de nombreuses conséquences, et c'est là un premier motif pour les comparer à des germes qui donnent naissance à des fruits.

Mais cette comparaison n'est pas possible dans tous les cas. Le procédé logique par lequel nous tirons d'un principe les conséquences qu'il renferme, s'appelle la déduction. Quand la déduction est immédiate et évidente, quand je dis, par exemple : « On ne doit pas faire de mal à son prochain ; il est donc défendu de le tuer », il ne viendra à la pensée de personne de comparer ce raisonnement au développement d'un germe ; mais quand, ayant le principe dans l'esprit, on arrive à la conséquence sans voir du premier coup le lien qui la rattache à ce principe, quand le rapport de génération entre le point de départ et la conclusion est voilé, l'analogie du germe se présente facilement, car la relation qui unit la conséquence au principe semble aussi obscure que celle qui lie la graine à l'épi.

Cependant, il n'y a encore là qu'une déduction, mais une déduction inconsciente. Il est facile de voir comment elle se produit.

Il est rare qu'on aperçoive toutes les conséquences d'un principe nouveau au moment où il apparaît. Le plus souvent, on ne le croit d'abord applicable qu'à un nombre restreint de relations, à celles qui frappent le plus directement la vue. A mesure qu'il est appliqué à ces relations, il s'en présente d'autres qu'on apprend peu à peu à faire rentrer également sous son empire, et ainsi de suite jusqu'à ce qu'il se soit trouvé en présence des relations de tout ordre et qu'il ait reçu toutes les applications possibles. Alors le germe est complètement développé et il a produit tout ce qu'il contenait.

Quelques exemples éclairciront la nature de ce procédé intellectuel, sur lequel j'aurai à revenir d'ailleurs quand je parlerai des méthodes scientifiques.

Prenons d'abord le grand principe de la civilisation moderne, l'idée de la fraternité humaine. Lorsque cette idée fut énoncée par Jésus-Christ, les premiers fidèles n'y virent d'abord qu'une loi d'amour et de sacrifice mutuel, loi qu'ils pratiquèrent avec effusion en mettant leurs biens en commun. Mais bientôt saint Paul appliqua le principe aux relations des Juifs avec les Gentils, et les barrières que les religions anciennes avaient établies entre les nations furent brisées. Quand la première ardeur du sentiment nouveau fut calmée, l'égalité des grands et des petits devant Dieu ou au sein de l'Eglise, les secours et aumônes distribués abondamment aux pauvres, parurent pendant plusieurs siècles, consacrés d'ailleurs à la propagation de la foi et au martyre, une application suffisante de l'idée de la fraternité. Mais lorsque la religion chrétienne, victorieuse du paganisme, se fut enracinée plus profondément dans les mœurs, on comprit que des frères ne pouvaient être les esclaves de leurs frères : par une déduction moitié raisonnée, moitié inconsciente, l'esclavage personnel disparut. Mais restait le servage ; il s'effaça dans la plus grande partie de l'Europe sous l'influence des mêmes idées. En même temps le principe de la fraternité modifiait peu à peu les relations des nations entre elles. Des missions étaient fondées chez les peuples non chrétiens pour étendre la communauté religieuse et morale ; le droit des gens se transformait ; les guerres devenaient moins cruelles. Enfin, quand les inégalités les plus profondes eurent été aplanies, on sentit que l'existence de castes privilégiées était incompatible avec le principe de la fraternité, et la révolution française fit une nouvelle application de ce principe, plus directe et plus manifeste que toutes les précédentes. Mais la révolution française serait elle-même parvenue à achever son œuvre, que la fécondité du principe ne serait pas épuisée. Déjà un nouveau et grave problème a surgi sous son inspiration : le problème des relations du capital avec le travail et de la condition des classes laborieuses.

L'idée de l'emploi de la vapeur comme force motrice nous offre un second exemple pris dans un ordre tout différent et bien moins général. Dans l'origine, on ne songea à se servir de la vapeur que pour élever de l'eau. Plus tard, on l'appliqua aux machines des fabriques, puis à la navigation et enfin à la locomotion sur terre. Pour arriver à ces résultats, il a fallu trouver successivement une série de machines nouvelles qui permissent l'application de la vapeur à ces divers usages, et ces machines, comme les applications elles-mêmes, peuvent être considérées comme autant de conséquences de l'idée première de l'emploi de la vapeur comme force motrice.

Je rappellerai enfin les conséquences quelquefois tout à fait inattendues que produisent certaines dispositions légales. Il arrive souvent que le législateur énonce certains principes, dont il ne voit l'application qu'à un cas donné, mais dont la pratique et la jurisprudence tirent successivement une foule de déductions que peut-être le législateur n'aurait pas admises s'il les avait prévues. C'est ainsi que du principe que l'action civile ne se confond pas avec l'action publique, on a tiré la conséquence que le juge civil pouvait rendre un accusé civilement responsable d'un crime dont il avait été acquitté par le jury. Ces espèces de principes jouent un très-grand rôle dans la science du droit, parce que souvent plusieurs d'entre eux se trouvent en collision dans un cas donné et qu'il est nécessaire de les accorder. C'est le talent que les jurisconsultes romains ont déployé dans la solution de problèmes de ce genre qui a valu aux plus éminents d'entre eux leur grande renommée.

On voit, par ces exemples, qu'une idée qui se développe existe toujours tout entière dès l'origine, mais que c'est toujours une idée générale qui renferme un grand nombre de cas particuliers dont on n'a pas connaissance au point de départ et dont l'apparition ne se fait que successivement. Or, cette condition est propre à toutes les idées générales, ce qui n'empêche pas celles-ci d'être parfaitement complètes et déterminées. Nous possédons parfaitement, par exemple, l'idée générale du métal, quoique nous ne connaissions pas tous les métaux qui peuvent exister et qu'on en trouve chaque jour des espèces nouvelles. Les cas particuliers que renferme un principe se présentent à fur et mesure des applications qu'on en fait et ce sont ces applications successives qui constituent le développement du principe. La comparaison de ce développement avec celui d'un germe végétal ou animal manque donc de justesse, car le germe qui se développe change complètement d'état, tandis que l'idée reste toujours semblable à elle-même. Le gland ne ressemble en aucune façon au chêne, ni l'œuf à la poule, tandis que l'idée de la fraternité reste la même qu'elle commande l'affranchissement des esclaves ou la disparution des priviléges, ou l'amélioration du sort des travailleurs; de même, la vapeur est employée comme force motrice, qu'elle fasse tourner un volant ou entraîne une locomotive.

A un autre point de vue encore, on compare quelquefois la production des idées au développement des germes.

J'ai dit précédemment que jamais nos idées n'étaient absolument adéquates aux objets qu'elles représentent, et cela est vrai, surtout des idées générales. Il arrive souvent dans la marche de la science, qu'une loi, un rapport, un fait, est saisi d'abord d'une manière confuse, inexacte, insuffisante et qu'ensuite un nouvel effort intellectuel l'éclaircit, le rectifie, le complète. C'est quelquefois cette nouvelle élaboration qui donne à l'idée sa vraie valeur et lui confère une fécondité qu'elle n'avait pas d'abord. On dit alors que cette idée était en germe dans la première.

Ici la comparaison du germe est plus fautive encore que dans le cas précédent. La seconde idée n'est pas la première développée, c'est-à-dire dont on a fait sortir ce qu'elle contenait, mais c'est la première avec quelque chose de plus qu'on y a ajouté et qu'elle ne contenait pas. C'est une idée nouvelle qui renferme bien quelques-uns des éléments de la première, mais en même temps des éléments différents qui lui donnent une toute autre valeur. La science offre de nombreux exemples de ce fait :

Ainsi, Descartes avait posé le principe du mouvement rectiligne et établi les lois du choc des corps. Mais il s'était trompé sur ce dernier point et le grand principe qu'il avait posé serait resté stérile si les lois du choc n'avaient pas été déterminées exactement par Wallis, Huyghens et Wren [1]. Sans cette détermination, tout le travail de Newton sur le système du monde et toute la théorie moderne de la mécanique étaient impossibles.

Fermat, Sluse, Wallis, Barrow avaient énoncé tous les principes du calcul différentiel, quand Newton et Leibnitz proposèrent leurs méthodes d'application de ce calcul [2]. Ce qui fit préférer celle de Leibnitz, fut la notation imaginée par ce savant. Mais au dire des hommes compétents, le mérite de cette notation était tel, que sans elle, ce nouveau calcul n'eût jamais fait faire aux mathématiques les immenses progrès dont elles lui sont redevables.

Quand on eut constaté l'existence de valvules dans les veines et la circulation pulmonaire, la découverte de la cir-

---

[1] Voir Montucla, *Histoire des Mathématiques*, Part. IV, liv. 7.
[2] Même ouvrage, Part. IV, liv. 6.

culation générale du sang était toute préparée. Césalpin l'entrevoyait. Harvey trouva l'argument décisif en évaluant la quantité de sang qui passe dans le cœur dans un intervalle donné et en prouvant ainsi que tout le sang renfermé dans le corps traverse le cœur en très-peu de temps [1].

De Pouilly et Beaufort avaient démontré l'incertitude de l'histoire des premiers siècles de Rome, quand Niebuhr conçut la grande hypothèse qui a renouvelé la face de l'histoire romaine.

Le même rapport logique se représente chaque fois qu'un brevet d'invention devient l'occasion d'un brevet de perfectionnement. Le perfectionnement constitue l'idée nouvelle qui s'ajoute à la première et lui donne sa plus grande valeur.

En dehors des deux rapports que je viens de signaler, rapports dont le premier est fondé sur une déduction inconsciente, le second sur la détermination plus complète d'une idée, je n'en vois pas d'autre qui puisse justifier la comparaison du développement des idées avec celui des germes. Dans les deux cas, la comparaison est boiteuse et le système des idées innées n'en saurait tirer profit. Si l'on ne peut prouver que les principes sont innés, et je crois avoir démontré dans les chapitres précédents que c'est impossible, il ne sert à rien de comparer les conséquences qu'engendrent ces principes à des fruits qui naissent d'un germe, et s'il est nécessaire que l'esprit s'y prenne à plusieurs fois pour déterminer complètement une idée, cela prouve précisément que cette idée n'est pas innée.

Ajoutons que si même l'hypothèse, dont la fausseté vient d'être démontrée, était véritable, si les idées se comportaient et se développaient effectivement comme des germes, la loi du progrès n'en resterait pas moins inconciliable avec le système des idées innées. Le progrès suppose, en effet,

---

[1] Kurt Sprengel, *Histoire de la Médecine*, trad. franc., t. IV, p. 91.

que l'homme acquiert de temps en temps des idées nouvelles qui ne sont pas contenues dans les anciennes, que les unes et les autres aient la propriété de germes ou non. Le germe ne contient que des éléments fixes, déterminés ; il renferme virtuellement toute la plante à laquelle il donne naissance, mais rien de plus ; cette plante ne peut que reproduire le germe lui-même. Le développement d'un germe n'est donc qu'une évolution qui dure pendant un certain temps et présente des phases diverses, mais qui se répète ensuite identiquement et reproduit le cercle des mêmes phénomènes pendant toute la suite des siècles. Il en serait de même de l'homme ou du moins de l'humanité, si l'esprit recevait en naissant le germe de toutes les idées qu'il peut concevoir. Il arriverait un moment où tous les germes d'idées se trouveraient complètement développés et alors il ne resterait à l'humanité qu'à recommencer son œuvre. Le mouvement de l'histoire serait circulaire comme le croyaient les anciens, au lieu d'être progressif comme le savent les modernes.

Je crois avoir indiqué les raisons générales qui doivent faire rejeter le système des idées innées. Il me reste à corroborer ces raisons par l'examen des principales idées particulières auxquelles on a attribué l'innéité.

DES PRINCIPALES IDÉES MÉTAPHYSIQUES

CHAPITRE VII

De l'idée de l'Etre et du système réaliste.

La plupart des idées dont nous allons nous occuper sont basées sur les perceptions primitives dont j'ai traité dans le livre qui précède. Ces perceptions n'étant pas innées, il s'ensuit que les idées auxquelles elles servent de fondement ne le sont pas davantage. Mais les conceptions, que la philosophie a échafaudées sur ces notions premières, sont si différentes de celles-ci, et l'innéité de ces conceptions a été soutenue avec tant de persistance, que je ne saurais me dispenser de les soumettre à un examen sérieux. Elles ont d'ailleurs joué de tout temps un trop grand rôle dans la raison, pour qu'il ne soit pas inutile d'en déterminer la portée légitime et la juste valeur.

Je commence par l'idée de l'être.

Cette idée est la plus simple de toutes et en même temps la plus indéfinissable. Chacun a conscience de l'être, mais nul ne saurait dire en quoi il consiste. Il en est de même de son opposé le non être. Chacun sent aussi que le pouvoir d'affirmer et de nier, qui constituent des facultés essentielles de notre esprit, ont pour correspondants dans l'objet l'être et le non être. Mais l'affirmation et la négation sont également indéfinissables. Il n'y aurait donc pas à s'arrêter sur ces notions, si la philosophie ne les avait faussées et altérées, en se proposant la tâche impossible de les approfondir.

Elle a créé d'abord la notion de l'être pur et du néant

absolu. Mais ce sont là des abstractions dont il n'est question que dans les livres des philosophes et qu'ignore la raison commune, la raison de tout le monde. L'être pur est ce qui reste après qu'on a enlevé à l'objet toutes les qualités positives qui le déterminent; le néant absolu est le résultat de la destruction supposée de tout ce qui existe. La raison peut concevoir le néant comme possibilité. Mais l'être pur, comme existence positive, est tout à fait inconcevable. Aucune idée réelle ne répond à cette expression.

Il ne faut pas confondre, en effet, le terme de « être pur, » avec les expressions abstraites « l'être, un être, les êtres, » qui ont cours dans le langage commun; à ces expressions répondent parfaitement des idées : le terme « l'être » exprime généralement l'existence; un être, les êtres sont des idées générales abstraites qui comprennent toutes les choses existantes ou possibles. Mais, en dehors de ces abstractions, l'idée de l'être ne figure jamais dans la raison comme notion séparée et indépendante; elle apparaît toujours comme élément d'une autre idée. Nous affirmons l'être d'une substance, d'une qualité, d'un rapport, d'un objet quelconque, nous parlons de choses qui sont ou qui possèdent l'être, mais nous ne concevons pas d'être réel qui ne soit pas un objet connu par des propriétés positives. L'être pur est donc une chimère, et si même il existait, nous serions incapables de le connaître.

Je ne m'arrêterai pas à diverses subtilités auxquelles la notion de l'être a donné lieu au moyen-âge et dans les temps modernes, pour passer immédiatement à ce que je considère comme la grande erreur philosophique qui a été commise en cette matière.

L'idée de l'être, telle que la fournit la perception universelle, n'est pas susceptible de plus ou de moins. Une chose est ou n'est pas, il n'y a pas de milieu. On ne conçoit pas de degrés de l'être, et la langue d'aucun peuple n'a exprimé de degrés pareils. Toujours le mot *être*, verbe ou substantif, a un sens absolu qui ne reçoit ni augmentation ni diminution. Et cependant on a admis en philosophie des différences dans la nature de l'être ; on a prétendu que l'être était attribué avec plus ou moins d'intensité aux diverses substances, on a parlé de la plénitude de l'être. Et ce ne sont pas seulement des panthéistes qui ont émis cette hypothèse, très-favorable, il est vrai, à leur système, ce sont des spiritualistes, des philosophes chrétiens qui ont fait de cette notion, contraire au sens commun, la base de leur système métaphysique.

Cette conception n'a pu provenir que d'une doctrine panthéiste. Nous ne risquerons pas de nous tromper en en cherchant l'origine dans l'Inde, dans cette doctrine mystique du Védanta, qui réduit tout le monde visible à une apparence trompeuse, une illusion mensongère, et concentre toute la réalité dans l'être pur, absolument identique à lui-même, éternellement immobile. C'est de là qu'a dû dériver cette idée de la matière variable et mobile, qui participe de l'être et du néant, sans être absolument ni l'un ni l'autre, et à laquelle est opposée celle de l'unité identique, qui possède la plénitude de l'être et projette hors de son sein le décevant mirage du monde phénoménal.

Comment cette doctrine fut-elle transplantée en Grèce ? Nous l'ignorons. Mais déjà les premiers Ioniens, et notamment Anaximandre, en montrent des traces et elle apparaît complète dans l'école d'Élée. Obscure dans Xénophane, elle n'est plus méconnaissable dans Parménide et Mélissus de Samos. Comme pour les Brahmanes de l'Inde, la sagesse consiste pour ces philosophes à concevoir l'être pur et absolu et à mépriser les connaissances illusoires qui proviennent des sens.

Platon combina ce système avec sa doctrine des idées archétypes. L'influence que l'école d'Élée exerça sur son esprit apparaît clairement dans sa conception de la matière, dans sa distinction de la science et de l'opinion, dans les degrés de l'être qu'il attribue aux substances. Alors se présentent, pour la première fois, ces formes de langage qui depuis ont joué un si grand rôle dans la philosophie spiritualiste. On dit que les objets sensibles sont mêlés d'être et de non être, que Dieu seul est le véritable Étant, qu'il possède seul l'être complet. Cependant, Platon ne développa pas spécialement cette conception. Ce furent les Néoplatoniciens qui en firent la base de leur système.

Pour eux, l'unité absolue qui renferme la plénitude de l'être s'épanche par voie d'émanation et fait sortir de son sein toute l'échelle des créatures. Celles-ci participent d'autant moins à l'être qu'elles sont plus éloignées de la source première et les dernières d'entre elles finissent par se confondre avec le non être dont toutes sont affectées. L'hypothèse de différences quantitatives de l'être fut poussée au summum dans ce système par la supposition tout à fait inconcevable d'une entité supérieure à l'être même complet, d'un plus-qu'être *(superesse)* qui forme le caractère propre de l'unité suprême, supposition que Platon déjà avait autorisée en disant que le bien était élevé au-dessus de l'essence.

La doctrine des degrés de l'être, transmise au moyen-âge par le faux Denys l'aréopagite, y engendra le réalisme et prévalut même chez quelques docteurs complètement péripatéticiens [1]. Saint Thomas, notamment, admettait que l'être n'appartenait pas de la même façon aux substances et aux accidents, à Dieu et aux créatures. Duns Scot qui, ainsi que l'a prouvé M. Fréd. Morin [2], n'était pas

---

[1] La question était posée en ces termes au moyen-âge : « Utrum ens dicitur univoce (dans le même sens) de Deo et creaturis, de substantia et accidente, vel solum analogice. » Molière l'a traduite ainsi : « Vous voulez peut-être savoir si la substance et l'accident sont termes synonymes ou équivoques à l'égard de l'être ? » *Mariage forcé*, scène VI.

[2] *Dictionnaire de philosophie scolastique*, art. Scot.

si réaliste qu'on l'a supposé, enseignait le contraire. L'autorité de saint Thomas et de quelques théologiens mystiques fit recevoir la doctrine des degrés de l'être par les principaux penseurs de l'école cartésienne qui l'ont transmise à leurs successeurs modernes.

C'est ainsi que s'est formée et qu'a été acceptée comme idée innée cette conception étrangère à la raison universelle et dont on chercherait vainement à se faire une notion claire et précise. S'appuie-t-elle au moins sur quelque argument rationnel? Il n'en est qu'un seul, à ma connaissance, qu'on ait invoqué en sa faveur. Il est tiré de la diversité des qualités et propriétés des êtres, du plus ou moins grand degré de force, de vie, d'intelligence que ceux-ci peuvent posséder. Dieu, dit-on, est éternel, infini; absolument parfait; peut-on comparer son être à celui de la créature? Il est facile de faire raison de ce sophisme.

Sans doute, il existe de nombreuses différences entre les êtres, et Dieu est infiniment supérieur à l'homme, de même que l'homme est supérieur à l'animal, l'animal à la plante, la plante au minéral. Mais il ne s'agit pas de savoir s'ils diffèrent sous le rapport de leurs qualités ou propriétés, mais sous le rapport de l'être. Or, sous ce rapport, il n'y a pas de différence entre les êtres qui existent; ils ont tous cela de commun qu'ils sont.

Qu'on ne dise pas que parce que les propriétés, les facultés sont des êtres, la possession d'un plus grand nombre de ces facultés implique celle d'une plus grande quantité d'être. Pour faire tomber cette objection, il suffit de substituer au mot « être » celui « d'existence, » qui a absolument le même sens lorsqu'il ne s'agit pas d'êtres imaginaires. Or, personne ne dira que, parce qu'un être est supérieur à un autre, il existe plus que celui-ci. Petits ou grands, faibles ou puissants, les êtres existent ou n'existent pas; sous ce rapport, il n'y a pas de différence entre eux, tous jouissent de l'être au même titre. Dans la supposition contraire, il faudrait dire qu'un kilogramme de plomb possède l'existence à un plus haut degré qu'un gramme du même métal, que 1,000 est plus nombre que 100.

Je pense que la supposition de degrés dans l'être est une des idées qui ont nui le plus au progrès de la philosophie. Quoiqu'elle ne soit pas absolument propre au panthéisme, elle y conduit tout droit, et c'est une école panthéiste, celle des néoplatoniciens qui l'a le plus complètement développée. Si Dieu seul possède l'être réel, si la substance des créatures n'est qu'une privation, une limitation de l'être, il est naturel d'en conclure que tout l'être positif que contiennent ces dernières, n'est qu'une émanation affaiblie de la substance divine, et, qu'en conséquence, tout ce qui existe réellement fait partie de Dieu. Le philosophe moderne qui a établi tout son système sur cette fausse notion de l'être, est Lamennais. Il n'a pas manqué d'aboutir au panthéisme.

Mais lors même qu'on n'irait pas jusqu'à cette conséquence extrême, on serait exposé à un autre danger : c'est de trop rabaisser la valeur des créatures, celle de l'homme en particulier. Dans l'hypothèse des degrés de l'être, la créature se réduit à rien ; elle n'est qu'une ombre, une négation, une nature essentiellement imparfaite et vicieuse, puisqu'elle n'est constituée que par la limitation ou la privation de l'être et du bien. On enlève ainsi à l'homme la réalité de son existence propre, de sa puissance d'action, de sa liberté ; on le pousse au quiétisme et au mysticisme. Les rapports étroits qui lient le mysticisme au panthéisme ont leur source dans cette conception de l'être. C'est grâce à elle que le mysticisme a pu se produire dans la théologie chrétienne avec l'autorité d'une doctrine rationnelle et absorber dans des rêveries panthéistes une foule d'esprits éminents.

C'est à cette fausse conception aussi que se rattache le

réalisme, dont la lutte avec le nominalisme a marqué la première période de la philosophie du moyen-âge.

La réalité des idées générales n'est concevable que lorsqu'on considère les êtres inférieurs comme des émanations ou des déterminations limitatives d'une substance unique qui contient en elle l'être tout entier. Cette substance unique forme elle-même la réalité la plus générale de toutes; les limitations et déterminations qu'elle pose en elle-même donnent naissance successivement à des genres de plus en plus particuliers et enfin aux espèces. Une des plus grandes difficultés de ce système est de rendre compte de l'individualité, car l'unité propre, qui constitue chaque individu, et la pluralité positive des individus, sont en contradiction trop évidente avec l'unité prétendue des genres et des espèces pour que l'absurdité de cette hypothèse ne saute pas aux yeux. Ou bien la réalité générale se trouve tout entière dans un individu déterminé, et alors comment les autres individus y participent-ils? Ou bien elle est répartie entre les individus, et alors que devient l'unité de la réalité générale? La seule manière dont on puisse logiquement résoudre ce problème, est de considérer l'individu comme une combinaison momentanée de plusieurs réalités générales.

Ce sont les néoplatoniciens qui sont les vrais auteurs du réalisme. Mais le système d'Aristote, aussi bien que celui de Platon, y prêtait le flanc. Car Aristote, tout en admettant que les individus seuls existaient réellement, supposait, néanmoins, qu'ils provenaient de la jonction d'une essence ou d'une forme avec de la matière, puissance passive; or, cette matière et ces formes étaient bien des sortes de réalités générales. Aussi, les disciples d'Aristote, au moyen-âge, n'ont-ils jamais pu sortir des difficultés que leur présentait le principe de l'individuation.

Victor Cousin semble supposer [1] que le réalisme est

[1] Introduction aux ouvrages inédits d'Abélard, p. CVII.

vrai à l'égard des idées générales qui expriment des substances, qu'il y a quelque chose de réel, par exemple, dans l'idée de l'humanité, tandis qu'il est faux pour ce qui concerne les simples qualités, ce qu'on appelait au moyen-âge les accidents, par exemple, la couleur. Mais admettre l'existence réelle d'une humanité indépendante et différente des individus qui la composent et des rapports qui peuvent exister entre eux, c'est tomber dans le réalisme le plus complet, c'est adopter le côté le plus panthéiste du système. Au contraire, la réalité générale des qualités ou des accidents me paraît bien moins erronée. La science moderne aussi attribue une certaine universalité aux accidents. Que sont donc la lumière, la pesanteur, l'électricité, sinon des forces générales qui exercent leur action sur les êtres matériels répandus dans tout l'espace et leur confèrent une partie de leurs qualités? Certainement, ces forces ne sont pas des réalités générales, telles que les concevaient les néoplatoniciens. Elles conservent leur unité tout en agissant dans l'espace entier et ne se particularisent que par leurs rapports avec les substances matérielles. Mais, évidemment, si quelque chose pouvait justifier expérimentalement la réalité des idées générales, ce serait les qualités plutôt que les substances.

Je crois qu'aujourd'hui tous les spiritualistes sont à peu près d'accord pour ne reconnaître d'autre universalité que celle des idées, soit des idées divines, d'après lesquelles Dieu a formé l'univers, soit des idées humaines par lesquelles nous concevons l'ensemble des êtres. Le principe de la réalité des universaux n'est plus admis que par les panthéistes. Les systèmes de Schelling et de Hegel l'ont largement appliqué, et il a donné naissance, en Allemagne, à une nouvelle entité philosophique, connue sous le terme de *Geist*, que le mot « Esprit » ne rend qu'imparfaitement; véritable fantôme dont on voit flotter dans maint livre les formes indéterminées et dont on trouve un type dans la réalité substantielle que l'école historique allemande a attribuée à l'esprit des races, des nations, de l'humanité.

CHAPITRE VIII

De l'espace, du temps, du continu, de l'unité, de la quantité, de l'infini.

L'homme se trouve continuellement en présence de deux mystères plus obscurs que tous ceux de la religion et dont pourtant il est forcé d'accepter la réalité. Ces mystères sont l'espace et le temps. La simple perception les fait connaître à tous ; mais la philosophie n'en sait pas plus à leur égard que le vulgaire bon sens. Les difficultés qu'offrent ces phénomènes, sitôt qu'on veut en scruter la nature, sont telles qu'on a pu soutenir, avec le même degré de vraisemblance, que ce sont des existences nécessaires, absolues, pour ainsi dire indépendantes de Dieu, ou qu'ils n'expriment que des formes de notre sensibilité, des sortes d'idées innées, qui ne répondent à aucune existence réelle et dont on peut même rendre raison.

Les motifs qu'on fait valoir contre l'existence réelle de l'espace et du temps, ne manquent pas de force. M. Jules Simon les a reproduits dans un de ses ouvrages [1]. Ils se fondent avant tout sur l'impossibilité de considérer comme des êtres positifs cette chose fugitive comme le temps, cet objet vide comme l'espace, auxquels on ne saurait attribuer le caractère ni de substance, ni de qualité. Ainsi que le fait observer M. Jules Simon, nous sommes incapables d'en avoir une idée vraie ; on ne peut dire qu'un espace

---

[1] *La religion naturelle*, 1ʳᵉ édit., p. 57 et suiv.

est grand ou petit par lui-même, il ne l'est que par comparaison. De fait, si la taille de l'homme était augmentée ou diminuée d'un million de fois, et qu'il en fût de même de tout ce qui frappe nos sens, les grandeurs que nous connaissons resteraient pour nous exactement les mêmes ; nous ne nous apercevrions d'aucune différence. Les mêmes observations sont applicables au temps.

D'autre part, un fait péremptoire semble prouver l'existence réelle du temps et de l'espace : c'est que nous ne pouvons en concevoir la non-existence. Si nous faisons abstraction de tous les objets sensibles, il reste le vide, dont il nous est impossible de concevoir l'absence, et ce vide c'est l'espace. De même, nous ne pouvons concevoir qu'il n'y ait pas de temps. Si, conformément à l'opinion de Kant, l'espace est une simple forme de notre sensibilité, il faut nier l'étendue des objets extérieurs, et, par suite, toute la réalité du monde sensible. Alors tous les phénomènes extérieurs ne deviennent que des modifications du sujet pensant. Kant n'avait pas osé tirer cette conclusion de son hypothèse, mais Fichte l'a aperçue immédiatement.

Il n'est pas davantage possible de considérer l'espace et le temps comme de simples rapports. Car si l'espace, par exemple, était un simple rapport entre les corps étendus, l'idée de l'espace serait inséparablement liée à celle de ces corps, et si on faisait abstraction de ces derniers, la notion de l'espace devrait disparaître du même coup. Mais c'est précisément cette abstraction qui donne l'idée du vide, c'est-à-dire de l'espace pur. Par des raisons analogues, le temps ne saurait être considéré comme un simple rapport de succession entre les phénomènes. C'est en supposant des rapports de ce genre que, non-seulement des panthéistes, mais des spiritualistes, tels que Herbart et Lotze, ont essayé de rendre raison *a priori* des notions d'espace et de temps. Mais ces prétendues « déductions » supposent toujours la connaissance antérieure de l'objet à déduire et les raisonnements mêmes sur lesquelles elles se fondent seraient inintelligibles si l'on n'avait déjà les idées dont elles veulent expliquer l'origine. Elles ne peuvent donc ébranler en rien la conviction qu'à ces idées répondent des objets réels.

Évidemment, il faut croire à la perception et accepter l'espace et le temps comme des existences réelles. Mais conclurons-nous de l'impossibilité où nous sommes d'en concevoir l'absence que ce sont des êtres nécessaires, indépendants même de la volonté de Dieu, des conditions indispensables de la création, hors desquelles aucun monde ne saurait exister? Ce serait aller bien au-delà de ce que permet la saine logique, ce serait affirmer qu'une chose est impossible par cela seul que nous ne la concevons pas, tandis que nous n'avons le droit de déclarer impossible que ce qui est contradictoire dans les termes. Or, quoique nous ne puissions nous faire aucune idée de ce que serait un monde qui ne fût pas soumis aux conditions de l'espace et du temps, il n'y a rien de contradictoire à supposer qu'il puisse exister un monde pareil. L'idée que nous nous faisons de Dieu, nous oblige à croire qu'il n'est pas assujetti à ces conditions, car alors il ne serait pas le Dieu absolu et tout-puissant que reconnaît la raison moderne ; des motifs que j'exposerai bientôt me portent même à croire que les substances spirituelles en général sont exemptes par leur nature de ces entraves et ne s'y trouvent assujetties que par leurs rapports avec la matière. Mais, quoi qu'il en soit de cette supposition, la perception de l'espace et du temps manifeste par elle-même la vanité des systèmes qui prétendent enfermer Dieu et l'univers dans les limites étroites de notre raison. Des êtres réels qui ne sont ni substances, ni qualités, ni rapports, des mesures de toute grandeur dont nous ignorons la grandeur réelle, des existences dont l'absence est inconcevable et qui pourtant ne sont ni nécessaires ni absolues, voilà les notions étranges que nous impose cette perception de chaque instant! Je le répète, la religion et la philosophie ne connaissent rien d'aussi mystérieux.

De la perception de l'espace et du temps dérive l'idée du continu, sous forme d'étendue et de durée, ainsi que celles du lieu et de la succession. Le caractère essentiel du continu, que déjà Aristote a mis en lumière, est de ne pouvoir être décomposé en parties non continues, c'est-à-dire en parties indivisibles. Chaque espèce de continu ne peut être mesurée que par des parties prises dans cette espèce même, l'étendue par des longueurs continues d'espace, le temps par des unités de durée, le mouvement par des unités d'espace parcourues dans des unités de temps. Au moyen de ce principe, Aristote a parfaitement réfuté les sophismes de Zénon.

Une partie quelconque du continu peut être subdivisée en parties plus petites jusqu'à l'infini, mais on ne saurait conclure de là qu'elle contient l'infini comme l'ont prétendu divers partisans des idées innées et notamment Bordas-Desmoulins. Si nous pouvons prendre la moitié d'un mètre, puis la moitié de cette moitié, et ainsi de suite, sans épuiser le mètre, cela prouve uniquement que l'homme a le pouvoir de subdiviser indéfiniment cette longueur, comme toute quantité quelconque, mais non que le mètre se compose de toutes ces subdivisions. Toute subdivision de ce genre vient au continu du dehors; en lui-même, il est homogène, sans parties, sans séparations comme son nom l'indique [1].

L'unité est étrangère au continu et toutes les tentatives qu'on a faites pour le ramener à la juxtaposition de monades indivisibles ont échoué. On a conçu aussi l'idée de l'unité sous bien des formes diverses, tout en la suppo-

---

[1] C'est donc à tort que M. Renouvier a déclaré l'idée d'espace contradictoire en soi, parce que le continu de même que le temps serait composé d'une infinité de parties.

sant innée, et, en effet, le mot unité exprime plusieurs idées différentes, qu'il est nécessaire de déterminer exactement.

L'unité par excellence, celle qui forme le fond de toutes les autres, c'est l'unité indivisible. L'idée de l'unité indivisible ou de l'indivisibilité existe bien positivement dans notre raison, personne ne saurait le contester; et comme le monde matériel qui nous entoure n'offre absolument rien d'indivisible, elle ne peut provenir que de la perception d'une propriété essentielle de notre esprit. Par sa présence même, elle forme donc une preuve péremptoire de l'existence d'êtres immatériels.

Les choses rationnellement indivisibles sont celles que l'on ne peut concevoir divisées, qu'on ne peut sans absurdité supposer partagées en fractions quelconques. Cette propriété appartient aux choses de l'esprit et à nulles autres. Elle appartient d'abord aux idées elles-mêmes, comme je l'ai déjà indiqué : on peut concevoir la moitié d'un cercle, mais non la moitié de l'idée d'un cercle.

Elle appartient, en second lieu, à nos actions. Pour les opérations intellectuelles, cela ne saurait faire doute, puisque ces opérations consistent avant tout en formations d'idées, en unifications et distinctions, qui supposent nécessairement l'unité de l'action. Comme nous ne savons pas ce qui se passe dans le cerveau lorsque nous nous déterminons à une action motrice, — par exemple, quand ayant l'idée de lever le bras, nous le levons en effet, — nous ne pouvons affirmer aussi absolument l'unité de l'action motrice. Cependant, nous avons le sentiment de cette action et ce sentiment est toujours celui d'un phénomène un et indivisible. Une moitié ou un quart d'action nous paraîtrait aussi absurde qu'une moitié ou un quart d'idée. On peut donc croire que l'action motrice a le même caractère d'unité que l'opération intellectuelle dont il n'est d'ailleurs pas toujours facile de la distinguer.

Remarquons qu'à moins qu'il ne s'agisse d'actes successifs, la durée ou l'étendue que peuvent avoir les opérations intellectuelles aussi bien que les actions motrices, ne préjudicient en aucune façon à l'unité qui en forme le caractère. L'acte par lequel nous formons une idée ou coordonnons une série de perceptions, peut prendre un temps plus ou moins long, il n'en est pas moins un. Cette particularité paraît étrange, sans doute, mais il faut l'accepter telle qu'elle est, sans prétendre l'expliquer.

Telle est l'unité indivisible. Mais il est aussi des objets matériels parfaitement divisibles auxquels on attribue l'unité. En quoi consiste cette unité d'une nouvelle espèce?

Elle résulte d'un fait intellectuel, d'une idée, soit que cette idée n'existe que dans notre esprit, soit qu'elle se trouve réalisée dans l'objet. C'est ce que montrera l'examen des diverses sortes d'unités de cette catégorie.

Ce sont d'abord les unités de temps et d'espace, la minute, l'heure, la toise, le mètre. Ces unités, évidemment, n'existent pas dans l'objet même; elles y sont transportées par notre esprit. Le temps et l'espace coulent et s'étendent d'une façon continue; c'est nous qui y prenons des parties, des longueurs déterminées servant à les mesurer. L'unité n'existe là que dans la conception.

Il en est de même des formes régulières ou irrégulières, des figures planes ou des solides que nous traçons dans l'espace. Chacune de ces formes est une, sans doute, mais cette unité ne réside que dans la conception que nous en avons.

Un solide matériel, tel qu'une pierre, un morceau de bois, se compose de parties continues qui peuvent être parfaitement semblables entre elles et liées indissolublement l'une à l'autre; mais la ressemblance ou l'égalité, pas plus que la liaison, ne sauraient être confondues avec l'unité, et de ce que certaines parties d'une même substance sont réunies dans un lieu déterminé, on ne peut conclure qu'elles sont unes. Ce qui constitue l'unité du solide matériel, ce qui nous permet de dire *une* pierre, *un* morceau de bois, c'est la forme qui le limite à l'égard de l'espace. Mais cette forme, quoique réalisée objectivement, n'est une qu'à nos yeux, par l'idée que nous en avons. En elle-même, elle se compose de parties continues et ne présente pas plus d'unité que l'espace lui-même.

Les substances inorganiques considérées, non plus au point de vue de la place qu'elles occupent dans l'espace, mais dans leur nature même, constituent des unités en tant que nous réunissons sous une conception unique les diverses propriétés de chacune d'elles. Ainsi, le fer est la substance qui a telle couleur, telle densité, telle dureté, telles qualités chimiques, électriques, magnétiques. Toutes ces propriétés sont unifiées dans l'idée du fer. Le sont-elles aussi dans l'objet même, ou y sont-elles simplement réunies, juxta-posées, sans unité réelle? C'est un problème que la science résoudra sans doute plus tard, mais à l'égard duquel on est dans l'incertitude jusqu'ici. Si cependant, comme tout porte à le croire, les corps simples minéraux formaient des unités réelles, si chacun d'eux était constitué par une seule force dont toutes ses autres propriétés ne seraient que la manifestation, ces substances seraient analogues sous ce rapport aux êtres organiques, chez lesquels l'unité est bien objective, comme nous allons le voir.

L'unité cesse en général d'être purement subjective, quand plusieurs parties ont été réunies ou disposées à l'effet de concourir ensemble à un but commun. Ainsi, un outil, une machine, un vêtement, une maison ont leur unité dans le but auquel ils doivent servir. Or, ce but ne peut être posé que par un être intelligent. C'est une conception de notre esprit qui a été réalisée au dehors et l'objet porte le cachet de l'activité spirituelle qui l'a créé.

L'unité objective complète se présente dans l'être organisé. Cette unité réside peut-être dans une force de nature immatérielle et indivisible semblable à l'esprit humain et qui anime l'être organique. En tout cas, elle se manifeste par l'action de parties ou d'organes divers qui concourent à l'accomplissement d'un but commun, concours qui forme le caractère propre de tout organisme. Or, ce but commun, dont l'accomplissement constitue la vie de l'être organique et qui pour nous est le signe le plus certain de son unité, ce n'est qu'une intelligence qui a pu le poser, et ce n'est qu'une intelligence aussi qui a pu former et coordonner les organes nécessaires pour atteindre ce but. Comme l'unité de la machine, l'unité de l'être organique est donc la réalisation matérielle d'une idée ; seulement ce n'est plus une idée humaine qui se manifeste dans l'objet, c'est une idée de Dieu.

Je crois avoir indiqué les unités positives qui méritent réellement ce nom. Elles sont de deux espèces : les unités indivisibles, c'est-à-dire les forces immatérielles et spirituelles et ce qui en provient, c'est-à-dire les idées et les actes ; et les unités divisibles, c'est-à-dire les objets continus et matériels dans lesquels l'unité est représentée ou réalisée par une conception ou un but. On se sert encore du mot unité pour exprimer d'autres rapports, lorsqu'on dit, par exemple, l'unité de couleur, l'unité de législation, l'unité de nature. Mais, dans ces cas et d'autres semblables, le mot unité n'est pas employé dans son acception propre. Il est pris comme synonyme de conformité, d'identité, de ressemblance, d'union.

L'idée de la quantité ne présente pas les mêmes difficultés que celles de l'unité. Elle se résout dans les deux idées corrélatives de l'unité et de la pluralité, qui toutes deux sont dues à la perception des unités divisibles et indivisibles dont il vient d'être question. Nous ne percevons, il est vrai, que des unités concrètes, mais l'idée du nombre abstrait s'obtient par une généralisation si facile, qu'elle n'a manqué à aucun peuple connu. L'invention des systèmes de numération a dû exiger des efforts intellectuels plus considérables; aussi ne les trouve-t-on que chez les nations arrivées à un certain degré de civilisation.

L'idée de la quantité s'applique très-facilement au continu, par cela même que celui-ci est indéfiniment divisible. Mais ce n'est pas une raison pour confondre, comme paraît le faire Bordas-Desmoulins, l'idée de la quantité avec celle du continu ou de l'étendue. D'abord, l'idée de la quantité n'implique nullement celle du continu ; la série même des nombres entiers et fractionnaires est discontinue et de 1 à 2 ou de 2 à 3, il n'y a pas plus de continuité que de $1/2$ à 1 ou de 1 $1/2$ à 2. Mais de plus l'idée de la quantité est même applicable à des êtres absolument indivisibles, comme l'esprit humain ou les forces. Elle exprime alors leur degré d'activité, de puissance, d'intensité. L'intelligence même est susceptible de plus et de moins. En disant que Dieu est infini, nous lui attribuons une propriété quantitative, sans prendre pour cela ce mot dans le sens d'étendue.

En effet, cette idée de l'infini, qui joue un si grand rôle dans la métaphysique, c'est à la catégorie de la quantité qu'elle appartient.

La notion de l'infini est d'une importance capitale, mais bien qu'on la dise innée, il n'en est guères qui ait donné lieu à des interprétations plus variées, et c'est du mot « infini » qu'on pourrait dire avec Humboldt, qu'il n'est pas deux hommes qui l'entendent de la même façon. Il est peu de notions aussi dont l'esprit de système ait autant abusé, et l'école cartésienne est tombée, à cet égard, dans de singulières exagérations.

Ainsi, sous l'impression de la preuve de l'existence de Dieu, donnée par Descartes, on a prétendu que l'idée de l'infini était présente à tous les esprits, que nous l'avions avant celle du fini, que cette dernière n'était que la négation de la notion de l'infini. Et la seule preuve alléguée en faveur de ces affirmations, était une définition, la définition du fini, qu'on formulait ainsi : ce qui exclut toute réalité ultérieure. La réalité totale, c'est-à-dire l'infini, était donc connue avant la réalité partielle, dont la notion ne provenait que de l'exclusion du reste. Cet argument a été présenté sous toutes les formes et chacun a pu lire les pages éloquentes, mais peu convaincantes, que Bossuet et Fénelon ont écrites sur ce sujet.

Que le fini comme tel ne soit connu que par l'infini, soit. Le fini et l'infini sont des termes corrélatifs qui ne peuvent être compris que l'un par l'autre. Mais le mot « fini » est un terme de la langue philosophique que la plupart des hommes ignorent aussi bien que le terme d'infini, ce qui ne les empêche pas de connaître une masse de choses finies dont ils ont acquis l'idée en dehors de tout rapport avec l'infini. Pour acquérir l'idée de ces choses, il les ont distinguées, il est vrai, de celles qui les entouraient, mais sans porter leur attention sur ces dernières et sans songer, notamment, qu'elles faisaient partie de toute la réalité ultérieure. Chacun peut observer ce fait sur lui-même. Pense-t-on à la réalité ultérieure, quand on apprend un événement récent, ou quand on s'initie à de nouvelles notions scientifiques? Chez le petit enfant on ne trouve rien qui ressemble à l'idée de l'infini, et quand il commence à demander : « Qu'y a-t-il au-delà de la contrée où nous sommes, et encore au-delà, » il est en voie d'acquérir l'idée de l'indéfini, qui est bien différente de celle de l'infini.

L'idée de l'infini serait-elle au fond de ces aspirations vagues que nous éprouvons quelquefois en contemplant le vaste horizon de la mer, ou en plongeant nos regards dans les profondeurs du ciel étoilé? Mais ces aspirations ne se rencontrent pas chez les hommes incultes ou chez les individus exclusivement préoccupés des intérêts matériels. Pour les ressentir, il faut avoir reçu une certaine éducation, ne pas être étranger aux impressions poétiques, rêver quelquefois aux problèmes de l'inconnu. Pour peu qu'on ait l'esprit enclin au mysticisme, on trouvera dans maint phénomène le motif d'aspirations de même nature et, quelquefois même, elles naîtront sous l'influence de causes physiologiques. A quoi répondent-elles en réalité? Au sentiment de notre impuissance et de notre petitesse vis-à-vis de l'immensité de la nature, au désir irréalisable de franchir les bornes qui nous sont imposées, au malaise qu'engendre toute situation vague et indéterminée. Jamais l'idée de l'infini ne résulte d'aspirations pareilles, mais il arrive quelquefois qu'on l'y mêle quand on la possède déjà. C'est le mysticisme qui ordinairement porte dans l'idée parfaitement claire et rationnelle de l'infini, le trouble de ces sentiments obscurs et nuageux, et ce n'est pas là un des moindres reproches que la philosophie ait à lui faire.

L'idée de l'infini est une de celles dont on suit le mieux l'histoire. Chez Pythagore, l'infini se confond avec l'illimité. Mais sa doctrine sur ce point, fort obscure pour nous, ne paraît pas avoir exercé une grande influence sur le développement postérieur de l'idée de l'infini. Ce furent les Ioniens, et notamment Anaximandre, qui donnèrent sous ce rapport l'impulsion à la science. Pour eux, comme pour la plupart des philosophes grecs, l'infini (ἄπειρον) était un principe physique. C'était une matière variable et changeante, comme celle de la philosophie orientale, dont les Éléates seuls affirmèrent la nature illusoire et négative, mais que les Ioniens considérèrent comme une essence réelle qu'ils cherchèrent pour ainsi dire à solidifier afin d'en faire la base de l'univers, sans pouvoir néanmoins la dépouiller du caractère indécis et nuageux qui en forme le cachet. Cette conception paraît avoir engendré de nombreuses controverses dans lesquelles l'idée de l'infini fut élucidée. Platon déjà paraît y avoir vu l'expression d'une quantité, puisqu'il admettait l'infini du petit et l'infini du grand. Ce fut enfin Aristote qui, par une discussion approfondie, fixa les idées de l'antiquité sur cette question.

Sans entrer dans le détail des conceptions d'Aristote sur ce sujet, je dirai que pour lui l'infini est avant tout une propriété du nombre, de la grandeur et du temps. Quelques-uns de ses contemporains attribuaient aussi cette propriété à l'espace. Ils voyaient, en outre, l'infini dans la multitude des parties et des éléments du monde, dans la génération successive des êtres et dans la pensée. Pour Aristote, le nombre est infini, parce qu'on peut toujours y ajouter des unités nouvelles, sans jamais atteindre de nombre final. Cette même raison était appliquée par lui et les philosophes de son temps aux autres objets qu'on considérait comme infinis. D'après cette théorie, la nature de l'infini consistait donc à être toujours en puissance et jamais en acte.

On voit qu'Aristote a appelé « infini » l'indéfini de la philosophie moderne. L'idée de l'indéfini résulte, en effet, d'une faculté positive, dont nous pouvons constater la présence dans l'esprit humain. Elle représente ce pouvoir d'acquérir constamment des idées nouvelles et d'accomplir toujours des actes nouveaux qui est le propre de notre force spirituelle et qui, en faisant d'elle une nature essentiellement progressive, lui permet de s'élever incessamment vers l'infini sans y atteindre jamais. Est-il d'autres êtres doués d'une puissance pareille? Nous l'ignorons absolument. Mais l'homme la possède sans aucun doute; c'est grâce à elle qu'il peut ajouter constamment au nombre des nombres nouveaux, des temps au temps, des espaces à l'espace, et comme elle n'est évidemment pas la puissance infinie, il faut bien que ce soit une faculté particulière, dont les séries « indéfinies » sont l'image et le produit.

Quelle est donc l'idée de l'infini? La science antique était impuissante à la concevoir; pour l'acquérir, l'homme devait posséder la véritable notion de Dieu. Le nombre peut en donner une image, comme pour l'indéfini. A la série des nombres finis, on peut opposer le nombre suprême, au-dessus duquel il ne peut en exister d'autres, qu'on ne saurait atteindre quelque accroissement qu'on donne à la série des nombres finis et qui surpasse ces derniers, quelque immenses qu'ils soient, dans une proportion telle qu'ils sont tous à son égard comme zéro. Ce nombre suprême est l'image de l'infini.

Ce nombre, nous ne pouvons le concevoir, pas plus que nous ne pouvons concevoir la perfection de Dieu. Mais nous l'affirmons de la manière la plus positive; il a droit de cité dans la science, non-seulement dans la philosophie, mais dans les mathématiques où il possède un signe spécial, ∞. La géométrie fait un usage constant des propriétés qui le caractérisent. L'infini reste le même qu'on y ajoute ou qu'on en retranche un nombre fini quelconque; tout nombre fini est réduit à zéro, sitôt qu'il est divisé par l'infini, et zéro multiplié par l'infini produit tous les nombres finis. Toutes ces conséquences dérivent de l'idée même du nombre infini. Le P. Gratry a solidement établi les preuves qui en résultent pour la théodicée [1]. L'infini produisant avec zéro tous les nombres finis, n'est-ce pas le symbole mathématique de la création [2]?

---

[1] *Connaissance de Dieu*, t. I.

[2] Les formules algébriques qui donnent ces résultats ne sont pas aussi obscures qu'on peut se l'imaginer quand on n'a pas étudié les mathématiques. Le point de départ est toujours la supposition d'un nombre tellement grand qu'il ne soit pas possible d'y rien ajouter. Prenons maintenant une série de fractions (on se rappelle que toute fraction exprime la division du numérateur par le dénominateur), $1/10$, $1/100$, $1/1000$ etc.; il est évident que la fraction devient d'autant plus petite que le dénominateur devient plus grand, et lorsque ce dernier est le nombre infini, la fraction se trouve aussi petite que possible, c'est-à-dire égale à zéro. Donc 1 divisé par l'infini est égal à zéro. D'un autre côté, si nous divisons 1 par $1/10$ le quotient sera égal à 10, si nous le divisons par $1/100$ le quotient sera égal à 100; le quotient augmentera ainsi à mesure que la fraction diviseur diminuera, et lorsque cette

188 INFINI.

Le nombre infini est une abstraction, et évidemment pour l'idée de l'infini, pas plus que pour toute autre, l'humanité n'a débuté par des abstractions. Aussi cette idée a-t-elle commencé par être concrète : c'est la conception chrétienne de la puissance et de la perfection infinie de Dieu qui l'a introduite dans l'esprit humain. L'antiquité n'avait su s'élever que jusqu'à l'indéfini. Il fallut l'idée chrétienne de Dieu pour faire passer en acte la simple puissance d'Aristote.

C'est dans les pères de l'Eglise, dans les descriptions qu'ils font des perfections divines, que la nouvelle idée apparaît d'abord. Mais longtemps encore elle reste obscure. Tertullien définit Dieu : le *summum magnum* [1]. Saint Irénée l'appelle l'être immense que le fils seul peut mesurer [2]. C'est celui qui ne peut être augmenté ni diminué, dit saint Cyrille, mais qui reste toujours le même [3]. Les écrits des Pères, et notamment de saint Augustin, offrent beaucoup d'expressions analogues. Saint Augustin dit, notamment, que le souverain bien n'est pas susceptible d'augmentation ni de diminution, que ce qui s'y ajoute ne cause aucun accroissement [4]. Mais la véritable formule de l'infini n'a été donnée à ma connaissance que par saint Anselme. Il l'a trouvée en cherchant le célèbre argument qui selon lui prouvait d'une manière absolue l'existence de Dieu. Pour

---

fraction sera $\frac{1}{\infty}$, c'est-à-dire zéro, le quotient sera l'infini et on aura la formule $\frac{1}{0} = \infty$. Une simple transposition des termes de cette équation donne : $1 = 0 \times \infty$. Or, au nombre 1 on peut substituer un nombre quelconque a, le résultat sera toujours le même. Comme on le voit, ces formules supposent avant tout l'idée de l'infini et n'auraient aucun sens en dehors d'elle, et il est tout à fait absurde de prétendre, comme on l'a fait pour combattre le P. Gratry, que l'idée de l'infini a été déduite de la fraction $\frac{a}{0}$.

[1] Lib. 1, adversus Marcionem.
[2] Advers. hæres, II et IV.
[3] Catech. 4, de decem dogmatibus.
[4] De trinitate, passim.

arriver à sa démonstration, saint Anselme posa en principe qu'il devait exister un être tel qu'on ne pût pas en concevoir de plus grand : *aliquid esse quo majus nequeat cogitari*. Cet énoncé ne diffère que par la forme de la définition la plus simple et la plus exacte de l'infini : la grandeur supérieure à toute quantité assignable.

Ce fut Kepler qui introduisit l'idée de l'infini dans les mathématiques où d'ailleurs on le considère généralement comme la limite de toute série de nombres et de toute progression [1]. Comme on peut exprimer par des séries de nombres toutes les subdivisions dont est susceptible une étendue finie et en général une unité quelconque, comme, par exemple, la série $1/2 + 1/4 + 1/8 + 1/16$, etc., donne pour somme 1 quand on la prolonge à l'infini, Bordas-Desmoulins en a conclu que tout être divisible contient l'infini. Il a de même attribué la qualité d'infini aux idées générales, parce qu'elles s'appliquent à un nombre indéfini d'êtres particuliers. J'ai déjà fait voir la fausseté de cette dernière supposition. La première aurait, évidemment, pour résultat d'effacer la distinction même entre le fini et l'infini.

L'infini réel, l'infini positif ne peut se trouver effectivement que dans l'objet unique et suprême de cette haute

---

[1] La manière dont le terme d'infini est employé quelquefois en mathématique accuse un défaut de rigueur que les mathématiciens auraient peine à tolérer chez les philosophes. Ainsi on prouve, par une même formule, que l'asymptote rencontre l'hyperbole à l'infini, que deux lignes parallèles se rejoignent à l'infini et que c'est à l'infini aussi qu'a lieu la seconde rencontre de la parabole avec un diamètre parallèle à l'axe. Or, l'asymptote doit effectivement rencontrer l'hyperbole à l'infini, puisqu'elle s'en rapproche toujours, mais des parallèles doivent rester constamment à la même distance sans jamais se rencontrer, et dans la parabole la distance entre le diamètre et la courbe ne cesse de s'accroître. Ces démonstrations ne sont donc rigoureuses que si l'on admet une conséquence qui me paraît très-rationnelle, mais que les mathématiciens auraient peine à reconnaître, savoir qu'à l'infini, c'est-à-dire en Dieu, tous les lieux de l'espace sont comme s'ils étaient le même lieu, en d'autres termes, que pour Dieu l'espace est comme s'il n'existait pas.

conception, dans ce qui n'est sujet à aucune division ni multiplication, dans Dieu. Mais dans Dieu même, l'infini est toujours compris dans la catégorie de la quantité. Il exprime la grandeur de Dieu. Pour ce motif, le prédicat « infini » ne peut s'appliquer à ce qui n'est pas susceptible de plus et de moins, par exemple, à l'être ou à la substance. Il ne peut se dire que de propriétés ou de manières d'être qui comportent des degrés, telles que la sagesse, la bonté, la puissance. L'infini, que nous affirmons de ces attributs de Dieu, ne nous apprend rien sur leur nature même, mais il indique la distance infranchissable qui les sépare de toutes les grandeurs finies. Rigoureusement parlant, la proposition : « Dieu est l'être infini, » est donc inexacte. Elle n'a de sens que si l'on entend dire que Dieu possède au degré infini certains attributs susceptibles de plus ou de moins. Les partisans des idées innées et les panthéistes ont concouru, en vertu de leur hypothèse des degrés de l'être, à établir la confusion sous ce rapport, et c'est une des raisons pour lesquelles l'idée de l'infini n'a cessé de présenter tant d'incertitude et d'obscurité.

CHAPITRE IX

De la substance, de l'essence, de la qualité, de l'accident.

Si la philosophie avait dû s'en tenir pour les idées de substance et de qualité aux simples rapports qu'offre la perception immédiate, en se bornant à déterminer ces rapports aussi exactement que possible, elle n'aurait guères dépassé sans doute les conclusions auxquelles nous sommes arrivés dans le livre précédent, mais elle aurait évité aussi de graves erreurs.

Elle aurait constaté que sous les apparences phénoménales par lesquelles nous connaissons les êtres, il y a toujours un sujet, un substratum, un être ayant une existence propre dont ces apparences sont la manifestation. La distinction générale de la substance et de la qualité aurait ainsi été justifiée. Elle aurait constaté, en outre, que parmi les qualités au moyen desquelles nous connaissons un être, il en est qui lui appartiennent nécessairement, en ce sens que, si nous supposions qu'il en fût privé, cet être ne serait plus le même, il deviendrait un être différent ou cesserait d'exister, et que, d'autre part, il est d'autres qualités qu'il peut avoir ou ne pas avoir, acquérir ou perdre sans changer d'état. Elle aurait parfaitement rendu compte ainsi de la différence entre les propriétés essentielles de la substance et les phénomènes que celle-ci ne présente que par accident. Enfin, elle aurait reconnu que les propriétés essentielles des substances, celles qui en constituent la seule essence accessible à notre connaissance, se composent, aussi bien que l'accident, d'apparences phénoménales, de qualités extérieures et perceptibles, et que l'essence d'un être ne peut consister pour nous que dans l'idée que nous en avons, dans l'ensemble des attributs par lesquels nous le concevons et hors desquels nous ne pourrions le concevoir. Elle se serait dispensée ainsi de rechercher l'essence absolue des choses et de vouloir pénétrer dans un fond inaccessible à la perception.

Les notions que je viens de rappeler peuvent être considérées comme définitivement établies, et il est certain qu'elles sont indispensables au développement scientifique. Il est nécessaire d'admettre des êtres ayant une existence propre, c'est-à-dire des substances, car autrement la science manquerait de base, l'univers devenant le nuage mobile et sans consistance qu'ont rêvé les panthéistes anciens et modernes. Il est indispensable de distinguer ce qui est un être de ce qui n'est que la modification d'un être ou un rapport. Des erreurs commises, à cet égard, ont été funestes au progrès des connaissances humaines ; ainsi, il était difficile à la chimie d'arriver à des résultats positifs, quand on croyait que le feu était une substance ; la théorie de l'électricité ne pouvait naître aussi longtemps qu'on supposait que l'attraction électrique n'était qu'une propriété de l'ambre. Enfin, il n'est pas moins important de distinguer les propriétés constantes des modifications accidentelles des êtres, car toute notion réelle d'un être est basée sur la connaissance de ses propriétés essentielles.

L'idée de la substance maintient son rang dans la science par le grand fait des classifications naturelles. La condition première de toute classification naturelle, c'est la détermination des caractères constants, c'est-à-dire des propriétés essentielles de chaque espèce d'êtres et des différences qui séparent chaque espèce des autres. La formation des classes, des familles, des genres n'est possible qu'après cela. La métaphysique procède, à cet égard, comme toutes les sciences, quand elle établit la classification générale des substances et recherche les différences premières qui les séparent.

Mais dans toutes ces recherches, il ne faut jamais oublier que l'essence des êtres n'est que l'idée que nous en avons ; que cette idée n'est jamais adéquate à la réalité et qu'elle ne se fonde que sur les qualités que les substances manifestent extérieurement, sur les phénomènes perceptibles auxquelles elles donnent lieu. En vertu des progrès de la science, des propriétés qui n'étaient pas perceptibles d'abord peuvent se manifester peu à peu, et nous arrivons ainsi à rectifier et à compléter incessamment notre conception de tel ou tel être ; mais quand il s'agit de substances réelles, et non pas seulement de relations ou d'idées créées par nous-mêmes, il reste toujours un fond impénétrable, le substratum même de toutes ces propriétés perceptibles, qui, en vertu de la nature même des rapports de notre pensée avec l'objet, ne pourra jamais être dévoilé.

Malheureusement, ces limites, posées à notre intelligence, ont souvent été méconnues. Dans l'antiquité, comme dans les temps modernes, des philosophes ont prétendu que le but suprême de l'homme était la connaissance, que cette connaissance pouvait être absolue et que par conséquent il était possible de pénétrer dans la substance intime du monde et de Dieu. De là, un nombre considérable de théories sur la substance, dont j'indiquerai quelques-unes, ne serait-ce que pour prouver que cette idée qu'on prétend innée se présente dans la philosophie sous les formes les plus diverses.

Aucune de ces théories n'a eu la fortune de celle d'Aristote, la célèbre doctrine de la forme et de la matière. Suivant Aristote, le premier fondement de la substance est la matière, élément tout à fait indéterminé, simple possibilité ou puissance d'être, et qui est susceptible de recevoir également les contraires, le chaud ou le froid, le sec ou l'humide, le lourd ou le léger. Ces qualités, ou toutes autres, constituent la forme et viennent s'ajouter à la matière, et c'est ce composé de forme et de matière qui est la substance proprement dite, l'acte, l'entéléchie. A une substance, déjà composée de matière et de forme, peut s'ajouter une forme nouvelle, par exemple, à l'airain, la forme qui en fait une statue. A cette hypothèse se rattachait directement la théorie du mouvement qui, pour Aristote, n'était que le passage de la puissance à l'acte. J'ai déjà fait connaître l'origine de ces conceptions sur la matière. Les idées d'Aristote ont complètement dominé le moyen-âge, et, comme l'a parfaitement démontré M. Frédéric Morin [1], ce n'est qu'à la condition de rompre avec elles que la science moderne a pu prendre son essor.

On ne saurait reprocher à Descartes d'avoir voulu pénétrer dans la nature intime des choses, quand il a réduit les

---

[1] Voir Fréd. Morin, Dict. de philosophie et de théologie scolastique au moyen-âge.

substances à deux espèces caractérisées par des propriétés parfaitement perceptibles : l'étendue et la pensée. Cette division, sans être parfaite, était un vrai trait de génie, puisqu'elle différenciait les substances par des qualités essentiellement contradictoires et qu'elle posait ainsi le terrain des luttes modernes entre le matérialisme et le spiritualisme. Au contraire, ce reproche tombe directement sur Spinosa, qui essaya de démontrer, avec une rigueur logique digne d'une meilleure cause, qu'il existait une seule substance qui réunissait les attributs contradictoires distingués par Descartes.

La doctrine des degrés de l'être aussi a été appliquée à l'idée de substance. Beaucoup de cartésiens, fortement imbus des idées platoniciennes, tendaient à considérer la substance de Dieu comme étant plus substance que celle des êtres créés. M. l'abbé Lenoir est allé plus loin et a distingué entre la substance absolue, qui soutient sans être soutenue elle-même, et la substance relative, incomplètement substance, qui soutient et est soutenue tout ensemble [1]. Evidemment, ce n'est là qu'une pure hypothèse qui n'a aucun fondement dans nos perceptions primitives et que la raison, même exercée, a peine à concevoir.

Herbart, qui s'est donné la satisfaction de découvrir des contradictions dans les conceptions métaphysiques pour acquérir le mérite de les résoudre, prétend que l'idée de la substance est contradictoire en elle-même, puisque nous affirmons d'une part que la substance est une et que de l'autre nous lui attribuons des qualités diverses. Herbart résout le problème par une hypothèse sur la nature des substances qui, suivant lui, sont des composés, des complexions d'êtres différents, dont chacun est un, indivisible, et qui ressemblent beaucoup aux monades de Leibnitz. Mais, en réalité, le problème n'existe pas, car l'idée de la

---

[1] *Dictionnaire des harmonies de la raison et de la foi*, article *Ontologie*.

substance n'emporte nullement l'idée de l'unité, et si nous admettons des substances unes, nous en admettons aussi de divisibles.

En outre, il n'y a rien de contradictoire à croire que des substances même unes se manifestent au dehors par des propriétés différentes, que l'esprit, par exemple, soit en même temps doué d'intelligence et de force motrice. Le lien qui unit ces propriétés dans la même substance nous échappe sans doute, mais par la raison toute simple que la nature intime de cette substance nous est inconnue. Herbart part du principe que quand nous avons affirmé l'existence de la qualité, nous avons affirmé celle de l'être tout entier. Or, ce principe est faux, car il nie le rapport même de qualité à substance. Ce que nous affirmons des qualités n'a trait qu'aux qualités et laisse subsister en entier la question du substratum même.

Il me reste à parler d'une dernière hypothèse sur la nature des substances, hypothèse qui a été formulée en France par Bordas-Desmoulins et qui en Allemagne forme la base des doctrines de MM. Fichte jeune et Ulrici. Elle consiste dans la supposition que toute substance est à la fois étendue et active, et tend, par conséquent, à effacer la grande distinction établie par Descartes entre les substances matérielles et spirituelles. On est obligé d'admettre, dans cette hypothèse, que la matière est active, que l'âme humaine et Dieu sont étendus, et ni les philosophes allemands que j'ai nommés, ni Bordas-Desmoulins, ni les penseurs distingués qui ont adopté ses idées [1], n'ont reculé devant ces conséquences. Comme ce système présente un certain danger pour les doctrines spiritualistes, on me permettra de m'y arrêter un instant.

MM. Fichte et Ulrici paraissent l'avoir adopté sous l'influence des théories atomistiques qui prévalent en ce mo-

---

[1] Fr. Huet et le Dr Pidoux.

ment dans la chimie. Bordas-Desmoulins invoque principalement en sa faveur des raisons métaphysiques. Ramenant tout aux idées de perfection qui, suivant lui, comprennent la vie, l'activité, la force, et aux idées de grandeur dont l'étendue est le type, il cherche à faire voir que la vie ou la force ne saurait exister sans l'étendue, ni l'étendue sans la force. Les motifs qu'il allègue sont très-peu convaincants, car ils supposent tous que nous connaissons les conditions auxquelles l'activité et l'étendue peuvent exister, tandis que nous les ignorons absolument. La discussion de ces arguments nous entraînerait trop loin. Le seul qui soit plausible, c'est que parmi tous les êtres que nous pouvons observer, il n'est pas de matière étendue qui ne présente des qualités actives, pas de force qui n'apparaisse sous une enveloppe matérielle.

Sans doute, nous ne rencontrons nulle part, sur cette terre du moins, de force pure ni d'étendue pure. Les minéraux, les plantes, les animaux, et l'homme lui-même, nous offrent toujours la force et l'étendue réunies. Mais c'est à cause de cela qu'on a toujours considéré ces êtres comme des composés, des êtres formés de deux substances opposées, savoir d'une certaine quantité de matière qui en constitue l'élément étendu et passif et d'une ou plusieurs forces dont résulte leur unité et leur activité. Cette dualité peut être constatée jusqu'à un certain point par l'expérience ; mais il est une raison plus forte qui nous oblige à l'admettre, et c'est cette raison qu'il aurait fallu renverser d'abord, pour établir un système si contraire au sentiment général.

Cette raison dérive d'un fait logique, du premier et du plus fondamental des principes de la logique humaine, du principe de la contradiction. Par sa nature, l'étendue est essentiellement passive et divisible ; par sa nature aussi, la force est essentiellement indivisible et active. Dire que toute étendue est active et que toute force est étendue, revient donc à dire que toute indivisibilité est divisible, que toute passivité est active ; ce qui implique contradiction dans les termes.

Dans l'impossibilité où nous sommes de pénétrer dans la nature intime des substances, le seul résultat certain auquel nous puissions arriver dans des recherches de cette espèce, c'est de distinguer les substances entre elles, d'après leurs attributs contradictoires. C'est donc une tentative malheureuse que de vouloir résoudre un problème, insoluble en lui-même, en plaçant la contradiction au sein de l'unité qu'on prétend dévoiler.

Je n'insisterai pas sur ce qu'il y a d'étrange à attribuer l'étendue à Dieu et à l'âme humaine. Bordas, il est vrai, ne parle que d'une étendue intelligible, terme qui n'a guère de sens s'il n'est pris dans l'acception que lui donnait Malebranche, pour lequel l'étendue intelligible répondait à ce que nous appelons aujourd'hui l'espace pur ou le vide. Or, dans ce cas, comme nous pouvons concevoir des parties de l'espace pur, nous pourrions donc concevoir des parties de Dieu ! Et de même, si l'âme humaine est étendue, il faut admettre qu'elle peut se corrompre et périr par la division des parties ! Est-il rien de plus contraire aux notions les plus fondamentales du spiritualisme moderne ?

Mais il y a plus : le système que je combats conduit droit au matérialisme.

La doctrine qui enseigne que l'univers n'est composé que de substances matérielles douées de propriétés diverses, n'est pas nouvelle. Le baron de Holbach a essayé, dans le dernier siècle, de prouver que le monde physique et moral n'était que le résultat des combinaisons multiples de ces substances entre elles, combinaisons produites par l'action réciproque de leurs propriétés naturelles, et de nos jours, MM. Vogt et Moleschott ont repris cette hypothèse en Allemagne, en la modifiant très-peu et en l'adaptant seulement à la science contemporaine.

Cette doctrine se trouve à l'aise dans les phénomènes de la physique et de la chimie minérale qui ne semblent dépendre, en effet, que des diverses propriétés des substances matérielles. Mais elle est fort embarrassée quand il s'agit d'expliquer les phénomènes organiques par les propriétés des corps simples minéraux, et cet embarras augmente encore quand il faut rapporter aux mêmes causes la pensée, le sentiment, la volonté, enfin tous les phénomènes de la vie intellectuelle et morale.

Or, sur ce point, le système de Bordas-Desmoulins offre à cette doctrine un secours auquel elle n'avait guères droit de s'attendre. Toute matière est essentiellement active, a dit Bordas. Il n'existe pas dans l'organisme de force vitale, distincte de la matière organisée, disent ses disciples. Les propriétés vitales sont inhérentes à la matière des corps organisés, et chez l'être vivant toutes les molécules sont impressionnables et sensibles à divers degrés. La sensibilité et l'instinct se développent chez l'animal à mesure que ses organes se perfectionnent. *Sentir*, pour un corps vivant, c'est *concevoir* l'impression d'un autre corps, *percevoir* les objets et leurs qualités. La sensibilité ne manque à aucune partie du corps organique, mais elle appartient plus spécialement au cerveau, qui réagit sur les actions sensitives produites par les nerfs et les conçoit en vertu d'une sorte d'*attention sensible*. En outre, le cerveau *imagine*, il forme ou reproduit l'image des objets extérieurs ; il a la mémoire sensible ; enfin, toute molécule organique a son unité et la sent, et pour l'ensemble de l'organisme, ce sentiment constitue en quelque sorte le moi animal [1].

Ainsi, le cerveau a conscience, il sent, il conçoit, il imagine, il se souvient, il a le sentiment du moi. Or, le cerveau est un composé d'oxygène, d'hydrogène, d'azote, de carbone et de plusieurs autres corps simples minéraux. Il

---

[1] Fr. Huet, *Science de l'Esprit*, t. I, p. 34 et suiv. jusqu'à 43.

suffit donc que ces corps soient à un certain état de combinaison pour jouir de plusieurs facultés intellectuelles fort importantes. Fr. Huet admet, il est vrai [1], que la matière est susceptible de trois états différents, l'état minéral, l'état végétal et l'état animal; que, dans chacun de ces états, l'action des substances simples dont elle se compose est très-différente, et qu'on ne peut expliquer les propriétés vitales que par la supposition de centres primitifs de matière vivante qui remontent à la création. Mais tout en lui accordant cette création primitive, il n'est pas moins positif que les trois états dont il parle n'offrent que des combinaisons différentes des mêmes substances simples.

Il est certain, en effet, que le corps animal se renouvelle tout entier dans des périodes assez courtes, et qu'il n'y entre par l'alimentation ou la respiration que des corps minéraux ou des corps qui ont été puisés comme le sien dans la matière minérale; il est certain aussi qu'à la mort de l'animal, l'analyse chimique retrouve poids pour poids dans le corps organique les éléments minéraux dont il était composé. Si donc l'organisme ne contient que la matière que fournit l'analyse, s'il ne renferme pas une force vitale, indépendante d'elle et capable de transformer cette matière et de lui faire subir les combinaisons organiques, il faut bien que ces combinaisons soient déjà déposées en puissance dans les substances simples minérales, et la différence des trois états, signalée par Fr. Huet, ne peut provenir que de la différence des combinaisons entre ces substances. Que ces transformations ne puissent s'accomplir qu'au sein du végétal ou de l'animal, soit; le fait général n'en reste pas moins le même.

Or, si l'oxygène, l'hydrogène et d'autres corps combinés d'une certaine façon peuvent sentir, concevoir, se souvenir, etc., pourquoi ces mêmes corps minéraux ou d'autres

---

[1] Ouvrage cité, p. 49.

ne pourraient-ils pas penser? Je sais que Bordas-Desmoulins suppose un abîme entre la pensée et la sensation, que les idées sont pour lui d'une toute autre nature que les perceptions sensibles, et qu'il pousse à l'excès sous ce rapport les conséquences de la doctrine de Platon. Mais ces exagérations trouveront difficilement de l'écho. Il existe une certaine différence sans doute entre les sensations et les idées générales abstraites, les conceptions relatives aux objets non sensibles; mais aucun abîme ne les sépare. Quand on a accordé à la matière la conscience, la conception, le souvenir, le sentiment du moi, on n'est pas en droit de lui refuser le reste. Un corps simple de plus, parmi les substances qui forment le cerveau, pourrait donner à cet organe le complément de puissance intellectuelle qui distingue l'homme de l'animal. M. Moleschott pense même avoir trouvé cette substance qui, suivant lui, est le phosphore. « Le mineur qui extrait le phosphate de chaux des mines de la Wetterau ou de l'Estramadure, dit-il, trouve plus que de l'or : il extrait du blé, il extrait des hommes. Nous bouleversons les entrailles de la terre pour augmenter la puissance des sens observateurs, des fortes pensées... Le mineur, qui gagne son pain à la sueur de son front et au péril de sa vie, ne se doute pas que la matière de la plus forte tête peut passer entre ses mains. Son travail obscur met peut-être des siècles en mouvement [1]. »

En partant de pareilles données, on se trouve donc entraîné, malgré soi, dans les voies du matérialisme. Arriverait-on nécessairement aux mêmes conclusions que les purs matérialistes, à la négation de Dieu, du libre arbitre, de l'immortalité de l'âme? Les écrivains que j'ai cités n'ont pas abouti à ces conséquences extrêmes; je crois cependant qu'elles sont contenues dans leur doctrine. Ce n'est pas sans raison que les matérialistes cherchent à établir

---

[1] *Kreislauf des Lebens,* édit. de 1855, p. 67.

avant tout qu'il n'existe dans l'univers que de la matière étendue douée de forces actives. Si les forces sont liées indissolublement à des portions déterminées de matière, elles agiront inévitablement chaque fois que ces portions de matière seront présentes, et alors que devient le libre arbitre? Si la combinaison d'un ensemble de molécules forme un être doué de facultés intellectuelles, telle que celles que nous rapportons ordinairement à l'âme, que devient cette âme quand la combinaison est dissoute? Et un Dieu matériel serait-il réellement libre et tout-puissant? Serait-il l'être infini que conçoit l'humanité chrétienne?

CHAPITRE X

De la cause et de l'effet, de la finalité et de la raison suffisante.

L'idée du rapport de cause à effet est bien universelle et il n'est personne qui ne la possède, et pourtant elle a si peu le caractère précis qui devrait lui appartenir si elle était innée, que non-seulement elle a été l'objet de mainte erreur philosophique, mais que même l'opinion vulgaire ne la conçoit le plus souvent que d'une manière confuse et inexacte.

Pour constater le manque de clarté que cette idée a présenté chez les plus grands philosophes, il suffit de rappeler les quatre espèces de causes qu'admettait Aristote, et dont une seule méritait réellement le nom de cause, savoir la cause efficiente. D'autre part, dans le langage vulgaire, on attribue généralement le nom de cause à de simples transmissions de mouvement, comme lorsque l'on dit que l'eau qui tombe sur la roue d'un moulin est la cause du mouvement de cette roue, tandis que l'eau ne fait que transmettre le mouvement qu'elle a reçu elle-même et que la cause réelle de celui-ci est la pesanteur. De même, quand il s'agit d'actes intellectuels, on confond souvent la cause d'une action avec son motif, quoique la cause véritable soit l'effort de l'être agissant. Vis-à-vis de ces conceptions erronées, il est utile de préciser autant que possible la nature du rapport de cause à effet.

Si l'on remonte à la perception première qui nous donne l'idée de cause, on voit que l'esprit se sent actif; en agissant, il a conscience que son action se produit au dehors de lui-même, qu'elle est reçue par quelque chose de différent de lui, et que par suite de l'action ce quelque chose éprouve un changement. Ce changement, qui est l'effet, apparaît à l'esprit sous des formes variables; il n'est pas toujours de même nature, comme paraît l'être l'action; mais pour constater ce que les divers effets ont de commun, il ne suffit plus de la simple perception, il faut des investigations scientifiques.

Or, le résultat des recherches qui ont été faites jusqu'ici à ce sujet, c'est que l'effet est toujours un *mouvement* communiqué par un être actif à un être passif, ou pour parler plus rigoureusement, produit par l'être actif dans l'être passif.

Le rapport de cause à effet se présente sous cette forme non-seulement dans la nature physique, où le mouvement apparaît comme translation dans l'espace et vitesse, mais aussi dans l'action humaine quand la volonté imprime une impulsion aux parties du corps soumises à son influence, et même dans les opérations de la pensée qui supposent toujours une action de l'esprit sur le cerveau.

Ce rapport se confond donc, autant qu'on a pu le constater jusqu'ici, avec celui d'activité à passivité. Existe-t-il d'autres rapports de cause à effet? Rien n'empêche de le croire, et il est même des faits qui paraissent le prouver.

Il n'est guères admissible, il est vrai, qu'une activité, telle que l'esprit humain, agisse sur elle-même, comme plusieurs philosophes l'ont supposé ; au contraire, l'action d'un être sur lui-même offre quelque chose d'inconcevable et les affirmations qu'on a faites à cet égard n'ont été que de simples hypothèses dépourvues de toute vérification. Mais un fait qui paraît incontestable, c'est que les actes accomplis par l'âme, actes qui ont toujours le cerveau pour instrument, laissent en elle certaines modifications, telles qu'une notion, un souvenir, une conviction, qui sont les produits de ces actes. Ce sont là des rapports de cause à effet dont nous ignorons la nature, mais qui, évidemment, ne rentrent pas dans la relation générale d'activité à passivité. La même observation peut s'appliquer à l'idée de la création, qui n'est plus celle d'un rapport d'activité à passivité, mais d'une production de toutes pièces. L'antiquité n'avait pu s'élever à cette idée, mais aujourd'hui il faut nécessairement l'admettre, car sans la puissance créatrice, Dieu ne serait plus l'être parfait et absolu.

Maintenant, qu'est-ce que l'activité ou la passivité en elle-même ? En quoi consiste l'action qui produit un effet ? Comment cet effet passe-t-il au dehors de l'être actif ? En quoi consiste même cette vitesse qui transporte les corps dans l'espace ? Nous sommes dans une ignorance complète sur ces problèmes et les déterminations plus précises qu'ont reçues les notions d'activité et de passivité dans les idées de force et de matière, dont nous aurons à nous occuper sous peu, ne soulèvent aucun des voiles qui couvrent la nature intime du rapport de cause à effet. Mais cette ignorance nous autorise-t-elle à nier ce rapport ? Parce que nous ne pouvons nous rendre compte de l'efficacité des causes, dirons-nous avec Herbart ou avec M. Lotze [1] que l'idée de cause est contradictoire dans les termes ou que le

---

[1] Mikrokosmus, liv. III et IX.

fait de la causalité est impossible? Non certes, car les mêmes problèmes insolubles se présentent à l'égard de l'essence de toutes choses. Tout homme qui a lancé une balle a conscience que c'est lui qui a produit le mouvement imprimé à cette balle et possède parfaitement l'idée du rapport de cause à effet. Aucune explication ne saurait rien ajouter à cette idée et aucune subtilité métaphysique ne saurait en ébranler la certitude.

Aussi ne m'arrêterai-je pas longuement sur les systèmes assez nombreux qui aujourd'hui encore nient l'existence de toute cause efficiente. C'est Leibnitz le premier, parmi les spiritualistes, qui a altéré la notion du rapport de cause à effet, en attribuant sans droit le nom d'action aux évolutions supposées que chacune de ses monades accomplissait en elle-même. Herbart et M. Lotze ont tiré la conclusion de ces prémisses en niant toute action proprement dite. D'autre part, la réalité des causes efficientes a été contestée en Angleterre par Hamilton et par toute l'école de Hume et de Berkeley, dont M. Stuart Mill est aujourd'hui le principal représentant. Je ne parle pas des panthéistes de tous les temps. Les écrivains qui nient le rapport de causalité, ne voient dans l'univers que des faits successifs, des antécédents et des conséquents, que rien ne lie entre eux, si ce n'est le fait de la succession même aperçue par l'esprit. Mais s'il en était ainsi en effet, s'il n'y avait réellement dans le monde que des faits isolés succédant l'un à l'autre, on ne voit pas où les hommes auraient pris l'idée de cause efficiente, car tout homme, fût-il aussi simple et aussi ignorant que possible, sait très-bien distinguer entre les simples successions et les phénomènes qui impliquent une action de l'antécédent sur le conséquent, et fera toujours la différence entre deux propositions comme celles-ci : « Le vent a abattu plusieurs cheminées, » et « après la pluie est survenu un grand vent. » S'il n'existe pas de cause efficiente, les faits exprimés par ces deux propositions sont parfaitement analogues, la chute des cheminées n'est pas plus un effet du vent, que le vent n'est un effet (dans l'hypothèse) de la pluie qui l'a précédé. Pourquoi donc les hommes ont-ils de tout temps établi une différence essentielle entre ces deux espèces de faits? On dit que c'est la constance de certaines successions qui a engendré l'idée de cause. Mais on ne saurait comprendre comment une telle inférence était possible si l'idée de cause n'était déjà dans l'esprit auparavant, ou si elle n'était pas due à l'observation d'un fait réel ; car il est inconcevable que d'un fait connu le raisonnement conclue à la supposition d'un fait inconnu d'un ordre tout à fait différent et qui dans l'hypothèse n'aurait aucune existence effective. La seule conclusion que l'esprit devait tirer de la constance de certaines successions, c'était la distinction en successions constantes et en successions irrégulières. Il y a dans la nature bien des successions constantes que personne ne considère comme des relations de cause à effet. Sans parler de celle du jour et de la nuit, qu'on a souvent objectée à ce système, on pourrait citer celles que présentent beaucoup de phénomènes astronomiques, physiques et chimiques, ou bien la croissance et le développement des plantes et des animaux. En général, dans les sciences on commence par constater l'ordre de succession des phénomènes, mais sans en conclure que les phénomènes sont causes l'un de l'autre. La cause on la trouve ordinairement ailleurs, dans une loi ou une force (la gravitation, par exemple), qui explique à la fois les phénomènes eux-mêmes et leur ordre de succession.

L'idée de cause efficiente est exprimée dans tous les verbes actifs et ces verbes ne manquent dans aucune langue connue. Il est regrettable que les philosophes qui nient l'existence des causes et qui cependant dans leurs ouvrages sont sans cesse obligés de parler de causes et d'effets, aient pris le parti de « s'accommoder aux expressions reçues, » comme disait Leibnitz, et ne se soient pas avisés plutôt de ne pas s'accommoder à ces expressions et de n'employer que des termes conformes à leur système. L'absurdité de ce système leur eût sauté aux yeux immédiatement, car ils se seraient trouvés en contradiction perpétuelle avec le bon sens universel. Ils se seraient aperçus notamment que leur hypothèse ruinait à fond toute morale. Au lieu de dire, par exemple : « Jean a tué Pierre d'un coup de poignard, » ils devraient, pour rester dans la logique de leur système, s'exprimer à peu près ainsi : « Un poignard était dans la main de Jean; cette main s'est trouvée proche de la poitrine de Pierre; le poignard est entré dans la poitrine; Pierre est mort. » De cette façon les antécédents ne seraient plus liés aux conséquents par le rapport de cause à effet; Pierre serait mort sans que la présence du poignard dans sa poitrine y fût pour rien, et, quant à Jean, personne ne se permettrait de lui imputer à crime un fait dont il ne serait que le malheureux antécédent.

Kant a considéré tous les jugements basés sur le rapport de cause à effet comme des jugements synthétiques. J'ai déjà prouvé qu'ils sont parfaitement analytiques et qu'ils se fondent sur la conception une du rapport même de cause à effet. Non-seulement la proposition : « tout effet a une cause » est analytique, mais un certain nombre d'axiomes dérivés de cette proposition ont le même caractère, par exemple, les principes : « la cause est antérieure à l'effet, » « tout ce qu'il y a de perfection dans l'effet se trouve dans la cause. » La vérité de cette dernière proposition ne pourrait être contestée que si l'on oubliait que rarement une cause agit seule et qu'il suffit quelquefois de l'action très-faible d'une cause particulière pour que d'autres causes très-considérables soient mises dans la possibilité d'agir et de produire des effets immenses. C'est le cas de l'allumette qui cause l'incendie d'une ville. Mais hors de ces cas où l'action de la cause particulière est la condition et non la cause réelle de l'effet produit, le principe que la cause est au moins égale, sinon supérieure à l'effet, est d'une certitude mathématique, car il n'est que l'application métaphysique de cette vérité vulgaire : « Nul ne peut donner plus qu'il n'a, » proposition identique. Aussi n'est-il nié par personne en théorie, bien qu'il soit bien souvent méconnu en pratique, soit par les panthéistes qui font produire au néant toute la plénitude de l'être, soit par les matérialistes qui font naître les mammifères des reptiles et l'homme du singe, soit par les historiens qui voient dans les doctrines d'inégalité du monde antique les germes des idées de fraternité universelle du monde moderne ou dans le polythéisme le principe du dogme de l'unité de Dieu.

Le seul de ces axiômes, qui à mon avis ait l'apparence d'un jugement synthétique *a priori*, est la proposition : « tout ce qui commence a une cause. » Comme l'idée de commencement n'a pas de rapport direct avec celle de cause, on semble, en effet, se trouver ici en présence d'un principe qui échappe à la condition indispensable de tous les jugements nécessaires, à l'identité des deux termes du jugement. Mais avec un peu de réflexion, on arrive bientôt à voir que cette proposition aussi rentre dans la loi commune. Elle n'est, en effet, qu'une application particulière du principe plus général *ex nihilo nihil*, rien ne vient de rien, qui équivaut au jugement parfaitement identique : rien est rien. Supposé qu'il n'existe rien, il n'y a aucune raison d'admettre qu'il se produise quoi que ce soit ; l'affirmation du néant ne peut conclure qu'au néant même. Supposons encore qu'il existe certaines choses, que nous les connaissions, mais que nous soyons privés de l'idée du rapport de cause à effet ; il nous serait impossible dans ces conditions de concevoir qu'il s'ajoutât une chose nouvelle à celles dont nous connaîtrions l'existence ou qu'il s'y produisît un changement quelconque. L'affirmation de ces choses ne conclurait encore qu'à elle-même. Ce n'est donc que grâce à l'idée du rapport de cause à effet que nous pouvons affirmer des commencements, des mouvements, des changements et la proposition en question se transforme en la suivante : « Nous ne concevons pas de commencement hors du rapport de cause à effet. » Or, sous cette forme nouvelle, ce n'est plus une proposition identique, il est vrai, mais elle cesse en même temps d'être un jugement nécessaire *a priori*. C'est simplement un jugement basé sur l'expérience, sur la perception de l'impossibilité où nous sommes de concevoir un changement quelconque qui ne dépende pas du rapport de cause à effet.

D'ailleurs ce principe n'est applicable qu'aux changements qui surviennent dans le monde physique et à la production d'êtres nouveaux. Or quand l'esprit humain se détermine à agir, il y a certainement là un commencement; mais y a-t-il un rapport de cause à effet? On ne saurait le dire, car nous ignorons absolument ce qui se passe dans la substance active quand elle procède à l'action, mais il semble qu'il y ait plutôt là un rapport de substance à propriété ou à faculté qu'une relation de cause à effet. En tout cas, ce fait prouve que le principe en question n'est pas si absolu qu'on se l'imagine.

Parmi les erreurs qui se rattachent au rapport de cause à effet, il en est une qui, si elle prévalait, aurait des conséquences funestes pour la raison. C'est celle qui suppose que toute cause agit nécessairement dans un but, qu'elle tend toujours, et par elle-même, vers une fin rationnelle. Cette erreur a été enseignée d'abord par Aristote et elle joue un grand rôle aujourd'hui, sous le nom de *but immanent*, dans la philosophie panthéiste de l'Allemagne.

J'ai déjà dit que la notion du but suppose l'existence de causes libres et intelligentes. Quand une cause pareille se propose de produire un effet, on dit qu'elle tend vers un but, et ce but c'est l'effet même qu'elle se propose de produire. Les jugements nécessaires : « Aucun être intelligent et libre n'agit sans but, l'existence d'un but dénote toujours la présence d'un être intelligent, » ne sont que les expressions analytiques de cette conception. Le but devant nécessairement exister à l'état d'idée avant d'être réalisé, il s'en suit que les êtres incapables d'avoir des idées ne peuvent se proposer de but et lorsqu'on constate que des êtres de ce genre et les actions qu'ils produisent sans conscience tendent vers une fin, on doit en conclure qu'ils sont l'œuvre d'une cause libre et intelligente qui leur a assigné le but qu'ils remplissent dans l'univers.

Comme il est certain que surtout dans le monde organique beaucoup d'actions s'accomplissent tout à fait aveuglément dans des buts bien déterminés, et comme, en vertu de systèmes préconçus, on avait intérêt à méconnaître la cause intelligente qui a coordonné toutes ces actions vers une fin unique, on fut amené à imaginer des expédients divers pour rendre compte de l'existence de ces causes finales.

L'école matérialiste prit le parti le plus simple : elle nia la finalité même. Lucrèce déjà l'a dit : nous n'avons pas des pieds pour marcher, mais nous marchons parce que nous avons des pieds. La prévision admirable dont l'anatomie et la physiologie rendent témoignage, la concordance exacte des organes entre eux et avec le genre de vie assigné à l'animal, l'appropriation parfaite des organes aux fonctions qu'ils accomplissent, toutes ces preuves évidentes de l'intervention d'une intelligence infiniment supérieure à celle de l'homme passent inaperçues aux yeux d'un assez grand nombre de savants et il leur suffit que le but ou la finalité de certains phénomènes soit resté inconnu jusqu'ici, pour qu'ils déclarent qu'il n'existe aucune finalité dans le monde. Il serait superflu de vouloir convaincre les personnes qui partagent ces opinions, car elles les soutiennent quand même, avec l'énergie du parti pris et contre les démonstrations les plus péremptoires.

La théorie du but immanent tient mieux compte des

faits existants. Elle se borne à nier l'organisateur suprême ; mais elle reconnaît la finalité des êtres et prétend l'expliquer par la nature de ces êtres mêmes.

C'est chez Aristote que cette idée apparaît pour la première fois et elle s'explique dans sa doctrine par les contradictions insolubles devant lesquelles il se trouvait. Il ne pouvait pas s'empêcher, en effet, de constater l'existence de causes finales et, d'autre part, il croyait à l'éternité du monde et n'attribuait à Dieu que la fonction de premier moteur ; ce n'était donc pas ce Dieu qui avait créé ou organisé la multitude des êtres dont se composait l'univers, et la finalité qu'offraient ceux-ci avait besoin d'être expliquée. Aristote fut amené ainsi à confondre jusqu'à un certain point la cause efficiente, l'activité propre à chaque être, avec la cause finale, c'est-à-dire avec le but de cet être, et il les comprenait toutes deux dans la forme ou l'essence de celui-ci. Chaque être avait donc en lui-même sa fin, qui en constituait l'achèvement ou la perfection. Mais Aristote ne se demanda pas comment un être dépourvu de conscience et de liberté pouvait tendre à une fin ; comment, par exemple, des parties d'un organisme pouvaient se joindre l'une à l'autre pour remplir ensemble un but commun ; car, s'il s'était fait ces questions, l'absurdité de son système ne pouvait manquer de lui apparaître.

Dans la philosophie moderne, une sorte de but immanent reparaît chez Kant, avec les caractères d'une idée innée, d'une forme de la raison. Les organismes sont pour lui des expressions de l'idée de but, et c'est à ce titre que l'humanité forme à ses yeux dans l'espace et le temps un grand organisme réalisant un but suprême de perfection. Mais c'est surtout sous l'influence des successeurs panthéistes de Kant, et notamment de Schelling, que l'idée du but immanent a fait irruption dans la philosophie.

Les motifs sur lesquels se fonde l'école panthéiste sont tout différents de ceux d'Aristote. Elle suppose que l'intelligence et la raison constituent, de même que toutes les qualités et facultés possibles, des propriétés générales de l'être universel dont tous les êtres particuliers ne sont que des expressions ou des formes diverses. Un élément rationnel se trouve même dans les êtres qui n'ont pas conscience d'eux-mêmes, et c'est de cette manière que s'explique la finalité de l'ensemble de la nature et des parties dont elle se compose.

Les panthéistes s'embarrassent peu des contradictions et des impossibilités que présentent leurs systèmes. Celles qu'offre la théorie du but immanent sont flagrantes. Elle attribue des actions intelligentes et rationnelles à des êtres qui n'ont conscience ni d'eux-mêmes, ni d'aucune des choses qui les entourent; elle suppose que des êtres dépourvus de toute idée peuvent se proposer un but, quand tout but commence nécessairement par être une idée. Cette absurdité est certainement une des plus fortes que les docteurs panthéistes aient fait accepter à leurs disciples. C'est « l'idée, » nous dit-on, qui agit au sein de chaque être ; c'est de l'idée qu'il tient l'harmonie de ses organes, sa tendance vers un but. Mais qu'est-ce que cette idée dont cet être n'a pas conscience, ni aucun autre en dehors de lui? Évidemment, un simple mot destiné à cacher l'absence d'une pensée, comme le terme de but immanent lui-même, qui n'exprime en réalité qu'une contradiction logique.

Le principe de la *raison suffisante* proposé par Leibnitz, « en vertu duquel nous considérons qu'aucun fait ne saurait se trouver vrai ou existant sans qu'il y ait une raison suffisante pour qu'il en soit ainsi et non autrement, » a été pris aussi par quelques écrivains pour une vérité innée. Or, il n'y a que deux manières de rendre suffisamment raison d'un fait : ou par la cause qui l'a produit, ou par le but en vue duquel il a été produit. Le principe de la raison suffisante est donc l'expression combinée de deux idées, celle du rapport de cause à effet et celle de la finalité, dont ni l'une ni l'autre ne sont innées. Il est d'ailleurs d'une application douteuse, car il est bien des faits dont nous ne connaissons ni la cause ni le but et dont nous sommes obligés néanmoins de reconnaître l'existence.

CHAPITRE XI

La force et la matière.

Les idées de force et de matière, telles qu'elles sont reçues dans la science moderne, ne sauraient être considérées comme innées et cependant parmi toutes les conceptions que la métaphysique a enfantées, il n'y en a pas de plus importantes, au point de vue des problèmes positifs dont l'esprit humain cherche la solution.

Jetons d'abord un coup d'œil sur l'histoire de ces idées.

Le terme de force, dans l'acception où il est employé ici, était inconnu dans l'antiquité. Mais l'idée de la puissance active est aussi ancienne que l'humanité. Jamais la vie sociale et individuelle n'eût été possible si les hommes n'avaient eu conscience de leur activité propre et n'eussent supposé la même activité chez leurs semblables.

Ils ne constatèrent pas seulement la puissance active chez les autres hommes, mais ils s'imaginèrent qu'elle existait chez tous les êtres qu'ils pouvaient discerner, et ils ne se bornèrent pas à la croire active, ils la supposèrent intelligente. Le propre de l'antiquité est d'attribuer une force active à tous les êtres de la nature et de considérer toujours cette force comme douée d'intelligence et de volonté, aussi bien que celle de l'homme. C'est en vertu de cette idée que le ciel et la terre ont été peuplés de dieux et de génies et que des âmes ont été attribuées aux végétaux et même aux minéraux.

Chez les Grecs, la distinction des êtres en animés et inanimés marque les débuts de la philosophie. Elle paraît avoir été faite par Thalès. Ce philosophe considérait l'âme comme un principe qui se meut lui-même, αὐτοκίνητον, et il continuait à accorder une âme à certains minéraux tels que l'aimant et l'ambre. On reconnut positivement à cette époque qu'une partie des êtres auxquels on avait attribué jusque-là la volonté et l'intelligence, ne possédaient pas ces facultés et qu'ils recevaient leur mouvement du dehors. Cependant, il subsista une grande confusion sur les causes du mouvement, et ni les théories psychologiques de Pythagore et de Platon, ni le flux universel d'Héraclite, ni l'amour et la haine d'Empédocle, ni les homoioméries d'Anaxagore ne parvinrent à la dissiper. Aristote examina enfin la question à fond et sa théorie nous donne la mesure des conceptions de l'antiquité sur ce sujet.

J'ai déjà fait connaître la doctrine d'Aristote sur la forme et la matière et indiqué l'origine et la nature de l'idée de la matière chez les Grecs [1]. On se tromperait absolument si on donnait à ce terme la signification qu'on y attache aujourd'hui dans les sciences physiques. Chez les Grecs, la matière était la première substance de toutes choses, le substratum primitif, dont avaient été faits tous les êtres, substratum vide par lui-même et semblable au néant, mais qui servait de support à tout ce qui existait, aux esprits comme aux objets perçus par les sens. Pour Aristote, la matière est également cette substance vide, capable de recevoir toutes les déterminations contraires, et c'est la forme seulement qui, en s'y ajoutant, en fait une substance réelle. Mais ce qui est particulier à sa doctrine, c'est que la substance devenue complète par l'adjonction de la forme,

[1] Voyez p. 169 et 185.

peut prendre de nouveau le caractère de simple matière vis-à-vis d'une forme plus parfaite ou du moins ultérieure, comme l'airain vis-à-vis de la forme de statue ; la matière qui dans son état primitif était appelée simple puissance, c'est-à-dire simple possibilité, devient alors puissance d'un ordre supérieur, puissance de faire ou de pâtir, puissance active ou passive, et elle participe ainsi aux propriétés de la forme [1].

La forme était aux yeux d'Aristote la force active proprement dite de chaque être, le principe de ses mouvements, son *entéléchie*, son *énergie*. Tous les êtres naturels portaient en eux-mêmes, suivant lui, un principe de mouvement. Ainsi le mouvement naturel des corps légers était de se porter en haut, celui des corps pesants était de tendre vers le bas : quelquefois ce mouvement consistait en un simple changement dans les qualités, ou en un accroissement ou une diminution. Les produits de l'art ou de l'industrie humaine étaient seuls dénués de tout mouvement propre. Tant que l'être naturel ne produisait pas l'action qui lui était propre, que le feu n'échauffait pas, que l'âme ne pensait pas, le mouvement n'était qu'en puissance ; c'était dans ce cas qu'il y avait puissance active. Mais Aristote admettait que, pour que la puissance passât en acte, pour qu'il y eût mouvement proprement dit, il fallait une excitation. C'était dès lors une opinion admise dans la philosophie grecque que tout dans la nature n'est qu'une série de mouvements transmis d'un être à l'autre et que tout moteur a commencé par être mû lui-même. Aristote accepta cette idée générale, mais avec cette modification essentielle qu'il existe un premier moteur immobile, Dieu, qui est le point de départ de toute la série des mouvements des autres êtres. Ce premier moteur, exempt de toute puissance, acte pur, imprime le mouvement le plus parfait, le

---

[1] Aristote, *Métaph.*, liv. IX, § 1.

mouvement circulaire, au premier mobile, le ciel. Du ciel, le mouvement se communique par une suite d'échelons à tous les êtres de la nature, qui reçoivent tous ainsi, sinon le principe, du moins l'impulsion de leur mouvement d'une cause extérieure.

Il ne faut pas croire, du reste, que pour Aristote il se soit agi là d'une transmission de mouvement telle que l'entend la science moderne, quand le mouvement du corps choquant passe au corps choqué. L'incitation qui détermine le mouvement du premier mobile, le ciel, c'est l'attraction vers le souverain bien; le premier moteur ne donne donc pas une impulsion mécanique, il exerce une attraction. De même, l'incitation qui fait agir l'âme raisonnable, est le désir du bien, c'est-à-dire une cause finale, un but. En réalité, le moteur ne transmet pas le mouvement, il ne fait qu'exciter l'action propre du mobile.

On voit combien Aristote était éloigné des idées modernes. Je crois, néanmoins, qu'on irait trop loin, si on lui refusait toute notion de la puissance active, de la force telle que nous l'entendons aujourd'hui. La force se confondait, il est vrai, pour lui avec l'essence ou la forme, mais cette forme était déjà jusqu'à un certain point une force, puisqu'elle produisait le mouvement, et que, comme germe, par exemple, elle engendrait un être semblable à celui dont elle provenait. En outre, Aristote admet que les êtres qui ont reçu leur forme complète, notamment les êtres animés et l'homme, sont capables d'actes ultérieurs, d'opérations qui prennent leur rang dans le mouvement universel. Cette forme complète n'est que l'entéléchie première; or, il y a de plus l'entéléchie seconde, l'énergie, l'acte ultérieur par lequel l'entéléchie première accomplit ses opérations, qui sont, pour l'âme végétative et animale, les fonctions propres à l'organisme, pour l'âme raisonnable, l'œuvre scientifique. Aristote considère donc l'entéléchie première comme douée d'une certaine force. En général, outre l'incitation du dehors, il admet toujours une puissance active dans l'être qui donne le mouvement et une puissance passive dans celui qui le reçoit. Ces deux puissances ont bien quelque rapport avec la force et la matière modernes, et l'on ne saurait dire qu'Aristote fut absolument étranger à ces notions.

L'idée de la force apparaît encore chez d'autres écrivains de l'antiquité. C'étaient également des forces actives que ces esprits vitaux, ce πνεῦμα, qu'on voit apparaître peu après Aristote dans les ouvrages de médecine, ainsi que cette chaleur qui, suivant les stoïciens, émanait du feu universel. Ce principe de l'action (τὸ ποιοῦν) donnait la vie à toute matière et dans le germe il formait le λόγος σπερματίκος qui contenait virtuellement le développement de tout l'être. Dans Philon le juif, les idées platoniciennes deviennent les forces incorporelles au moyen desquelles Dieu a créé le monde. Plotin, tout en empruntant le langage d'Aristote, lui donne une signification bien plus précise. L'activité propre des causes secondes est pleinement reconnue. La matière n'est plus confondue avec la puissance; celle-ci est une sorte de forme intermédiaire. Bien que chaque puissance ne soit qu'une émanation de la puissance suprême, elle a le pouvoir de produire elle-même des puissances inférieures. Ainsi la force qui part de Dieu parcourt la création tout entière et se communique par une série descendante de degrés à tous les êtres [1]. On sait comment les Alexandrins exploitèrent plus tard ces forces démoniaques et ces vertus magiques. A la même époque, il n'était question en physiologie et en médecine que de puissances et de vertus occultes et l'alchimie naissait de ces mêmes idées.

Le moyen-âge revint à la doctrine aristotélicienne, mais non sans y introduire quelques éléments néo-platoniciens.

---

[1] Voyez Jules Simon, *Histoire de l'Ecole d'Alexandrie*, liv. II, ch. 6.

Toutefois l'esprit chrétien ne pouvait persévérer dans les principes de la science antique. Lorsque la scolastique eut complètement épuisé les enseignements d'Aristote, il fallut bien chercher des voies plus conformes au sentiment progressif qui agitait l'Europe. La renaissance crut d'abord les avoir trouvées dans l'antiquité mieux connue; abandonnant Aristote, elle se jeta avec passion dans les doctrines platoniciennes et surtout néo-platoniciennes. Alors les forces occultes, les vertus mystérieuses reprirent leur empire. L'astrologie et l'alchimie redevinrent les premières des sciences; la confusion de la décadence romaine s'ajoutait à celle que la scolastique avait produite.

Mais au sein de ce chaos la lumière se fit peu à peu. Aristotéliciens et Platoniciens se rapprochèrent parce que les mots anciens, dont ils se servaient les uns et les autres, changeaient d'acception et que des deux côtés on leur attribuait le même sens nouveau. La matière cessait d'être la possibilité des contraires, et devenait la substance positive des êtres sensibles, le substratum des *corps*. On ne se contentait plus de rapporter ses propriétés à une forme imaginaire, mais on cherchait à déterminer les caractères propres qui la constituaient. Cette élaboration à laquelle prirent part surtout Marcile Ficin, Telesio, Fr. Patrice, Césalpin, Zarabella, Crémonius [1], conduisit au seuil des doctrines cartésiennes. Le dernier de ces écrivains divisait les êtres en deux classes : les intelligences dont le propre est la pensée, et les choses corporelles dont le propre est l'étendue!

Ce fut Descartes qui posa les bases des notions reçues dans la science moderne sur la force et la matière. Ses principes sur les lois du mouvement et le choc des corps les contenaient virtuellement. Descartes, il est vrai, n'a pas connu les lois réelles du choc des corps; il ne concevait pas

---

[1] V. *Ritter, Gesch. der Philosophie.* t. 8.

l'espace pur, il attribuait à la matière une dureté naturelle, il mettait la force motrice en Dieu seul et supposait que la quantité de mouvement restait toujours constante dans la nature. Mais le développement même des principes qu'il avait posés devait faire disparaître ces erreurs. Les lois du mouvement ne tardèrent pas à être rigoureusement déterminées par Wallis, Huyghens, Newton et autres, et les principes qui furent formulés alors sont les seuls qui puissent désormais servir de point de départ aux recherches de la philosophie comme des sciences physiques sur les idées de force et de matière.

Voici ces principes :

Tout corps non animé, qu'il soit en mouvement ou en repos, reste en l'état où il se trouve, à moins qu'une cause extérieure ne vienne changer cet état.

Le mouvement est la translation dans l'espace. Tout corps qui a reçu un mouvement dans une direction quelconque persiste à se mouvoir indéfiniment dans cette direction.

La vitesse est mesurée par le temps qu'un corps met à parcourir un espace donné. Elle est en raison de la force d'impulsion et de la masse du corps. Une même force d'impulsion imprime une vitesse plus grande à une masse moindre et une vitesse plus petite à une masse plus grande. La vitesse peut donc être considérée comme la quantité même du mouvement, quantité mesurée par la distance parcourue dans une unité de temps et par la masse.

Deux quantités égales de vitesse, ayant des directions opposées, s'annihilent lorsqu'elles viennent à se rencontrer.

Lorsqu'un corps en mouvement en rencontre un autre en repos, la vitesse du premier se répartit en partie sur le second comme s'ils formaient une même masse.

Il serait superflu de continuer cet énoncé des principes de la mécanique. De ceux que je viens de rappeler naissent des conséquences métaphysiques importantes.

L'idée de la matière devient celle de la *masse*. Quelles que soient les propriétés physiques, chimiques et physiologiques d'un corps, il ne joue à l'égard du mouvement qui lui vient du dehors que le rôle de masse, c'est-à-dire il reçoit passivement ce mouvement qui se répartit sur toutes les parties dont il se compose. Ce phénomène suppose donc que cette masse est inerte et qu'elle occupe l'espace. De cette dernière propriété en résultent deux autres : son étendue et son impénétrabilité. Mais une portion de matière n'est impénétrable qu'à d'autre matière, elle ne l'est pas au mouvement.

Le mouvement ou la vitesse est quelque chose de réel, un être aussi mystérieux, il est vrai, que l'espace ou le temps et qui ne rentre pas plus qu'eux dans les catégories de substance et de qualité, mais qui n'en a pas moins une existence positive, qui pénètre la masse dans ses parties les plus intimes, la transporte dans l'espace et passe dans tout corps avec lequel il se trouve en contact.

Enfin, la force est ce qui produit cette vitesse, ce mouvement en ligne droite, et on peut mesurer l'intensité de la force par la vitesse imprimée à la masse.

Cette dernière idée, celle de la force, reste indéterminée jusqu'à un certain point, tant qu'on s'en tient aux principes généraux de la mécanique, parce que l'impulsion imprimée à une masse en repos peut provenir tout simplement d'un autre corps en mouvement et que dans ce cas l'action de la force n'est rien de plus qu'une transmission de vitesse. Aussi la notion de la force avait-elle besoin d'être précisée davantage.

Cependant, au moment où furent formulés les principes premiers de la mécanique, on connaissait déjà deux espèces de forces au moins qui ne pouvaient être considérées comme de simples transmissions de vitesse, mais qui apparaissaient comme des causes originaires de mouvement. C'étaient, d'une part, les êtres animés et notamment l'homme, qui peut mettre ses muscles en mouvement chaque fois qu'il le veut et par ses muscles les corps extérieurs ; d'autre part, la pesanteur dans laquelle on pouvait reconnaître dès lors la source de la plupart des vitesses transmises.

Ce fut l'étude de la pesanteur qui, en effet, compléta l'idée moderne de la force. La gloire en appartient à Newton. Le système de la gravitation universelle a donné pour la première fois la formule d'une force générale agissant dans tout l'univers. Ce système admet une cause invisible et relativement immobile, la force d'attraction, qui agit sur des corps placés à distance et leur imprime une vitesse plus ou moins grande suivant cette distance. Quelque opinion qu'on ait sur l'attraction en elle-même et l'action à distance auxquelles je reviendrai bientôt, la gravitation universelle suppose nécessairement l'action d'un principe, immatériel au moins au point d'application, imprimant aux corps une vitesse accélérée, dont la théorie de Newton donne la loi. Du moment que ce système fut reçu dans la science, l'idée moderne de la force fut constituée.

A la même époque, d'autres recherches avaient en vue d'autres classes de forces. Je veux parler des travaux sur l'ovologie et le développement du fœtus qui avaient pris un grand essor depuis Harvey. Mais ces travaux, très-importants pour l'anatomie et la physiologie, n'aboutirent alors à aucune conclusion positive sur la question qui nous occupe. Les diverses hypothèses qui furent émises sur cette matière dans le XVIIe et le XVIIIe siècle, reposaient toutes sur la supposition de Harvey, que le germe contenait tous les éléments de l'être futur, qu'il renfermait, pour ainsi dire, à l'état microscopique, la plante ou l'animal tout entier et que celui-ci n'en sortait que par voie d'évolution, c'est-à-dire par un développement, dans le sens littéral du mot, et un accroissement des parties. Il fut réservé à la science du XIXe siècle de découvrir qu'une force particulière préside aux transformations de l'œuf ; elle le fit en constatant que celui-ci ne contient nullement les éléments de l'animal auquel il doit aboutir, mais seulement une force qui produit directement cet animal en le faisant passer par les degrés inférieurs de la série des êtres vivants.

C'est pourtant en raison de ce principe de l'évolution, emprunté par Leibnitz aux physiologistes, qu'on a attribué à ce philosophe le mérite d'avoir introduit l'idée de la force dans la science moderne. C'est à mon avis une erreur incompréhensible.

Leibnitz, à la vérité, se sert beaucoup du mot de « force », de même que de ceux de cause, de machine, d'organisation, de libre arbitre. Mais le tout est de savoir le sens qu'il y attache. J'ai déjà dit que Leibnitz niait en réalité le rapport de cause à effet, qu'il n'admettait pas qu'un être pût agir sur un autre. Or, en dehors d'une action de ce genre, il n'y a pas de force possible dans l'acception scientifique de ce mot.

Qu'est-ce donc que la force pour Leibnitz ? C'est l'action de la monade sur elle-même, l'action qui détermine les évolutions intérieures de chaque monade. Or, suivant Leibnitz, ces évolutions consistent en perceptions du monde extérieur. Mais chaque perception est une suite nécessaire des précédentes et engendre, nécessairement aussi, les suivantes. Ce que Leibnitz appelle action n'est donc qu'une suite de changements dans l'état des monades et ces changements étant préétablis depuis la création pour chaque monade, et devant avoir lieu infailliblement, rien n'autorisait à les attribuer à une force active déposée dans la monade même. Evidemment, la raison pour laquelle Leibnitz tenait à faire de ses monades des forces, c'est que sa théorie du libre arbitre devenait impossible sans cela. Comme dans son système le motif détermine nécessairement l'acte, il fallait du moins attribuer à la monade l'effort nécessaire pour réaliser cet acte. Leibnitz a créé ainsi une apparence de force pour sauver une apparence de liberté.

On a prétendu que Leibnitz avait rendu aux sciences naturelles et physiologiques un service immense en y introduisant la notion de la force et que ses idées avaient présidé à tout le développement de ces sciences. Mais c'est le contraire qui est vrai. Leibnitz a pris aux physiologistes leurs idées et ne leur en a fourni aucune. Déjà Malebranche avait émis, en s'en référant à Malphigi et à Swammerdam, la supposition qu'au moment de la création chaque plante et chaque animal contenait en lui les germes de tous les êtres auxquels il devait donner naissance [1]. Leibnitz formula sa doctrine sous l'influence des discussions qui avaient lieu entre les partisans du système de l'évolution de l'œuf professé par Graaf, Swammerdam, Malpighi, et l'école de Leuwenhoeck qui voyait le germe dans les animalcules spermatiques. Les travaux de tous ces anatomistes sont antérieurs à l'époque où Leibnitz formula son système des monades (1688) et il reconnaît lui-même le secours qu'il en a tiré [2]. Quant au principe que tous les développements et même tous les actes futurs d'un être sont déjà contenus dans le germe de cet être, principe sur lequel repose toute l'idée de la force pour Leibnitz, il avait déjà été nettement formulé par Sénèque [3].

D'ailleurs, comment le système de Leibnitz aurait-il pu exercer une influence sur les travaux relatifs à l'organisation animale ou végétale, quand ce système est la négation même de toute organisation ! L'être organisé est celui qui se compose de diverses parties concourant activement à l'accomplissement d'un même but ; ces parties sont des organes, c'est-à-dire des fonctions d'un ensemble, et leur action n'a de valeur qu'autant qu'elle a un résultat extérieur à eux, qu'elle contribue à faire vivre le tout. Or, pour Leibnitz, il n'existe pas d'action produisant un effet exté-

---

[1] *Entretiens sur la Métaph.*, liv. I, ch. VI, 1.
[2] *Système nouveau de la nature*, § 6. *Théodicée*, première partie, § 91.
[3] *Questions nat.*, livr. III, ch. 29.

rieur, il n'y a aucun lien réel entre le tout et les parties. Le corps de l'animal et de l'homme n'est qu'une juxta-position de monades dont chacune a sa vie particulière. « Chaque partie de la matière, dit-il, peut être considérée comme un jardin plein de plantes et comme un étang plein de poissons. Mais chaque rameau de la plante, chaque membre de l'animal, chaque goutte de ses humeurs est encore un tel jardin ou un tel étang [1]. » Ceci exclut l'idée de l'organisation. Si les principes de Leibnitz avaient prévalu dans la science, on n'aurait jamais étudié l'action que les organes exercent l'un sur l'autre ; on aurait fait de l'anatomie peut-être, mais de la physiologie jamais.

Du système de Leibnitz, modifié par l'école de Wolff et par Boscovich, sortit une nouvelle hypothèse sur les monades, admise par plusieurs spiritualistes modernes, entre autres par M. de Rémusat. Cette hypothèse consiste à nier l'existence de la matière et à considérer les corps comme composés de monades indivisibles, placées à des distances plus ou moins grandes les unes des autres, à la fois actives et passives, et dont les attractions et répulsions mutuelles donnent naissance aux propriétés moléculaires et chimiques des corps. J'aurai à revenir sur cette hypothèse.

Le dernier travail sur les forces est de Buchez. Toutes sont pour lui des principes actifs, produisant des effets et des mouvements extérieurs à elles-mêmes. Buchez les divise d'abord en deux grandes classes, les forces spirituelles et les forces fatales. Les premières ont pour type l'esprit humain ; elles sont unes et indivisibles et ont pour caractère essentiel d'agir librement, spontanément, de leur propre choix et d'être intelligentes. La propriété générale des forces fatales, au contraire, est de produire leur effet d'une manière constante et nécessaire, sans choix et sans interruption, en vertu de leur nature même. C'est sur la suppo-

---

[1] *Monadologie*, § 67.

sition de forces pareilles que repose le principe de la constance des lois de la nature. Par cela même que l'action de ces forces est nécessaire et que si elle était suspendue un seul moment les lois de l'ordre universel seraient détruites, ces forces doivent être dépourvues d'intelligence puisque rien n'exige qu'elles connaissent les effets qu'elles produisent.

Buchez subdivise les forces fatales en deux classes, les forces de l'ordre circulaire et les forces sérielles. Les premières comprennent les forces générales dont s'occupe la physique et jusqu'à un certain point la chimie : la pesanteur, la chaleur, l'électricité, etc. Buchez les a appelées circulaires, parce que les mouvements qu'elles produisent tournent en cercle et donnent lieu à des séries de phénomènes qui se renouvellent incessamment. Les mouvements planétaires en offrent le type. Dans la seconde classe, Buchez range les forces spécifiques et organiques, les forces moléculaires d'où résulte la nature de chaque espèce minérale, végétale ou animale, et les forces vitales de ces dernières, celles notamment qui apparaissent dans la génération et le développement de ces êtres. Il les appelle sérielles, parce qu'elles correspondent à la série générale des êtres et qu'elles produisent elles-mêmes une série croissante de phénomènes progressifs [1].

Je laisse de côté les conceptions panthéistes sur la force, parce qu'elles ne mettent que des entités logiques à la

---

[1] Plus récemment, de nouvelles idées ont été émises sur la force par Faraday (voir le livre de M. H. Tyndall : *Faraday a discoverer*, Lond. 1868, in-8°) et par M. Hirn (*Théorie mécanique de la chaleur*, 1868 in-8°) ; mais les aperçus de Faraday sont restés trop vagues, pour qu'il soit possible de les discuter, et pour la conception de M. Hirn, si elle est plus nette, elle manque aussi de la précision suffisante pour constituer un système complet et rationnel. M. Hirn rejette l'hypothèse des forces-monades et pense que chaque force occupe tout l'espace. Comme on le verra bientôt, je suis arrivé par d'autres voies aux mêmes conclusions, et me trouve parfaitement d'accord, sur ce point, avec ce savant. Mais quand il s'agit de la détermination de l'idée de force, la théorie de M. Hirn devient indécise

place de faits réels. Quant à la conception matérialiste qui ne voit dans les forces que des propriétés de la matière, j'en ai déjà parlé à l'occasion de la substance et j'aurai à y revenir.

Les longs détails historiques dans lesquels je viens d'entrer simplifieront beaucoup ce qui me reste à dire sur les conceptions qui, à mon sens, correspondent le mieux, dans l'état actuel de la science, à la nature réelle de la force et de la matière.

La première question qui se présente est de savoir s'il existe réellement des forces ou s'il faut en revenir à l'hypothèse de Descartes, suivant laquelle il n'y aurait que de la matière et du mouvement. Cette hypothèse avait été abandonnée dans le dernier siècle, mais les expériences faites depuis quelques années sur la transmutation des forces l'ont remise en honneur. Il est certain que la vitesse se transforme en chaleur, en électricité, en force chimique ; ces faits nouveaux ouvrent un vaste horizon à la science et déjà Buchez avait pensé qu'on parviendrait peut-être à expliquer par leur moyen toutes les lois de l'ordre circulaire et à rendre inutile, par conséquent, la supposition de forces de cet ordre. Mais il ne pensait pas que cette théo-

---

et obscure. Il suppose des atômes corporels de grandeur diverse et matériellement indivisibles, et considère les forces comme des éléments intermédiaires, en rapport avec les atômes. Suivant lui, certaines forces présentent une intensité constante, notamment la gravitation ; d'autres, telles que la chaleur et l'électricité, offrent des intensités variables et leur action apparaît dans le jeu de ces variations et dans le rétablissement de l'équilibre. Mais il laisse subsister une obscurité complète sur les forces qui maintiennent l'indivisibilité des atômes, sur les causes en vertu desquelles l'intensité est tantôt constante, tantôt variable, sur la manière dont les variations se produisent et dont l'équilibre se rétablit. Tout en reconnaissant la grande importance des recherches de M. Hirn, je crois donc que les résultats auxquels il est arrivé, ont besoin d'être précisés davantage pour acquérir toute leur valeur.

rie pût s'étendre aux forces sérielles, à celles notamment qui président à la formation des diverses espèces végétales et animales.

Qui pourrait croire, en effet, que le développement de la graine et de l'œuf ne soit que de la chaleur ou de l'électricité sous une forme nouvelle; qui pourrait croire que l'immense variété des espèces que présentent les règnes organiques ne provienne que de la vitesse devenue libre par la décomposition des substances qui servent d'aliment à ce germe ou à cet œuf? Il se manifeste sans doute dans le développement organique une vitesse; mais cette vitesse a certaines directions. Elle est dirigée de façon à produire une plante avec sa racine, sa tige, ses feuilles, ses fleurs et ses fruits, un animal avec tous ses membres et ses organes. Or, ce qui imprime cette direction est nécessairement une force et, évidemment, il y a là quelque chose d'autre qu'une vitesse empruntée.

L'hypothèse de l'équivalence des forces, quelque fondée qu'elle puisse être à l'égard d'une certaine classe de phénomènes, n'est donc pas applicable aux forces spécifiques et organiques. Mais il existe de fortes raisons pour douter qu'elle devienne jamais la loi générale même de la nature physique et inorganique. Pour l'élever à ce rang, il faudrait démontrer d'abord la fausseté d'un fait d'expérience reçu presque comme un axiôme par la mécanique, savoir que deux vitesses égales et opposées se détruisent réciproquement; car, pour que l'hypothèse soit applicable à tous les cas, on est obligé de supposer que les vitesses neutralisées par un obstacle rentrent en mouvement sitôt que cet obstacle a disparu. Or, jusqu'ici on a toujours admis dans la science que lorsqu'un corps était en repos ou en mouvement, il restait dans cet état jusqu'à ce qu'une cause extérieure l'en fît sortir et l'on n'a jamais pu comprendre qu'un corps en mouvement une fois réduit au repos pût reprendre plus tard son élan de lui-même. C'est précisément parce que des corps, après avoir été en repos se mettent en mouvement, qu'on a supposé des forces; que, par exemple, pour expliquer la chute des corps qui cessent d'être soutenus, on a admis la pesanteur, et que, par suite, on a distingué entre le repos proprement dit et l'équilibre. Or, il est difficile de croire que l'hypothèse de la convertibilité des forces parvienne à prévaloir contre ces simples données du bon sens.

Ce qui prouve de plus l'existence des forces, c'est le mouvement accéléré. Une pierre qui recommence à tomber après une première chute, ne reprendra pas d'abord la vitesse qu'elle avait auparavant; en second lieu, elle ne gardera pas sa vitesse initiale, mais son mouvement ira en croissant sans cesse d'après une loi bien connue. Les explications embarrassées qu'on pourra donner de ce fait dans l'hypothèse proposée ne vaudront jamais la simple supposition, corroborée par le calcul, de l'action continue d'une force dont les effets s'ajoutent toujours.

D'ailleurs, jusqu'ici les savants qui se sont le plus occupés de cette question n'ont pas nié l'existence des forces, ils en ont même reconnu la nécessité. M. J. Bertrand, dans un article du *Journal des Savants*, qui expose les principaux travaux sur cette matière [1], admet des *énergies potentielles* qui ne sont autre chose que ce qu'on nomme ordinairement des forces. En réalité, c'est la vitesse acquise, c'est le travail qui se transforme et non la force. C'est ce que M. H. Tyndall exprime très-bien dans sa vie de Faraday : « La loi de conservation des forces, dit-il, prend les faits d'attraction comme ils sont et affirme seulement la constance du *pouvoir de travail (working-power)*. Ce pouvoir peut exister sous la forme de MOUVEMENT *(motion)* ou il peut exister sous la forme de FORCE agissant à distance. Le premier est énergie dynamique, le second énergie po-

---

[1] Octobre 1869 et suiv.

tentielle; la constance de la somme des deux étant affirmée par la loi de conservation. La convertibilité des forces naturelles consiste seulement dans des transformations d'énergies dynamiques en énergies potentielles et d'énergies potentielles en énergies dynamiques, qui s'opèrent incessamment. La convertibilité des forces n'a de signification scientifique, jusqu'à présent, que dans ce sens [1]. »

L'existence des forces ne pouvant être contestée, nous nous trouvons en face d'une hypothèse directement opposée, celle de Boscovich, qui nie la matière et n'admet que des forces, savoir des monades qui n'occupent chacune qu'un point dans l'espace, mais qui exercent leur action dans un certain cercle d'attraction et de répulsion et prennent ainsi en se groupant l'apparence de corps.

Cette hypothèse est-elle plus fondée que la précédente? Je ferai remarquer d'abord qu'elle contient une impossibilité métaphysique. Elle réunit l'activité et la passivité dans la même substance indivisible. Chaque monade est active en tant qu'elle agit sur les autres, et passive en tant que les autres agissent sur elle. La même substance aurait donc des propriétés contradictoires ! Mais cette contradiction apparaît mieux encore quand on se place sur le terrain expérimental.

Que deviennent dans cette hypothèse l'étendue, l'inertie et l'impénétrabilité de la matière, et sans ces qualités que devient la masse si indispensable à la mécanique? Il faudrait donc admettre que ces monades, ces forces sont inertes vis-à-vis de toute impulsion extérieure, et qu'elles reçoivent le mouvement comme le recevrait toute molécule matérielle; il faudrait admettre que ce mouvement se transmet à travers le vide d'une monade à l'autre. Enfin, l'impénétrabilité des corps n'existerait qu'en cas d'absence d'une force supérieure à la force répulsive des monades.

---

[1] *Faraday a discoverer*, p. 137 et 138.

Au moyen d'une action suffisamment intense, deux corps différents pourraient être réduits à occuper le même lieu !

Nous ne connaissons pas assez la nature intime des substances et du rapport d'activité à passivité pour pouvoir affirmer avec certitude qu'en fait de telles relations soient absolument impossibles. Mais, en tout cas, elles sont contraires à toutes les idées que nous avons des choses, et si l'activité et la passivité, si contradictoires dans nos conceptions, ne le sont pas complètement dans la réalité, rien du moins ne nous autorise à supposer que la perception primitive qui nous donne ces notions ne répond pas aux faits.

L'hypothèse de Boscovich a été imaginée, évidemment, pour expliquer les propriétés moléculaires et chimiques des substances; mais quand on l'a proposée, on avait oublié les lois de la mécanique, autrement on n'aurait pas attribué l'inertie à des forces. Or, c'est depuis la découverte des lois du mouvement et du choc des corps que les sciences physiques ont accompli leurs grands progrès, et tous les résultats qu'elles ont obtenus sont fondés sur ces lois. Est-il permis de toucher à cette base de la science moderne?

Ajoutons que des raisons graves, dont il sera question bientôt, empêchent de se représenter les forces sous la forme de monades et rendent très-douteuses les actions attractives et répulsives sur lesquelles se fonde cette hypothèse.

Le plus simple est donc de s'en tenir aux lois incontestables du mouvement, lois qui supposent la masse et par conséquent une matière inerte, étendue et qui occupe l'espace. Cette matière, il est vrai, n'est ni visible ni tangible par elle-même et nous ne la connaissons que par les forces qui la meuvent. Mais, d'autre part, nous ne concevons l'action de ces forces qu'autant qu'elle s'exerce sur quelque chose et quelque chose d'inerte et d'étendu; la logique nous oblige donc à conclure à l'existence de la matière.

En vertu de ces mêmes lois du mouvement, nous admettrons en même temps que l'existence de la matière, celle de forces capables d'imprimer à la masse des vitesses nouvelles et non pas seulement transmises. Et, à cet effet, nous prendrons pour type, du moins des actions inorganiques, la force imaginée par Newton, non pas en tant qu'elle est supposée exercer une attraction, mais comme puissance qui imprime des vitesses accélérées à des masses extérieures à elle. Leibnitz a traité la gravitation newtonienne de force occulte. Mais personne moins que lui n'avait le droit de faire ce reproche à son grand contemporain. Dans le système de Leibnitz, chaque monade a sa loi particulière, ses perceptions propres; il n'existe pas de fait de causalité qui ait le caractère d'une loi générale; toute l'harmonie du monde ne résulte que d'une concordance factice établie par le Créateur. C'est dans ce système que tout est occulte et que rien ne se fait naturellement. Il n'en est pas de même dans celui de Newton.

Par une loi unique, ce philosophe rend compte d'une innombrable quantité de phénomènes. Et cette loi résulte de l'action d'une force unique, dont l'essence reste inconnue, il est vrai, mais qui se trouve parfaitement définie par ses effets, et c'est là tout ce que la science peut et doit demander. Cette force produit une action unique, toujours la même, un mouvement en ligne droite, en vertu duquel des corps placés à une distance appréciable se rapprochent l'un de l'autre avec une vitesse qui est en raison inverse du carré des distances. Rien de plus simple et de plus clair et rien de plus conforme aux lois plus générales du mouvement découvertes avant Newton et que Leibnitz était également obligé de méconnaître.

Mais tout en prenant la force imaginée par Newton, pour

type général, je pense qu'il est deux points essentiels sur lesquels la conception de ce philosophe doit être modifiée.

On sait que Newton place la force attractive dans la matière même ; pour lui, toute molécule matérielle est douée de la puissance d'attirer à elle toutes les autres molécules matérielles, en quelque lieu qu'elles soient situées. Son hypothèse se rapproche, sous ce rapport, de celle des matérialistes qui considèrent toutes les forces comme des propriétés de la matière. En est-il réellement ainsi, ou bien les forces ont-elles une existence propre, indépendante de la masse matérielle qu'elles mettent en mouvement?

Cette question a une grande importance scientifique ; elle n'a pas néanmoins, en tant qu'il ne s'agit que des forces fatales, toute la portée que les matérialistes lui attribuent. Résolus à ne voir que de la matière dans l'univers, ils croient avoir tout gagné en prouvant que la force ne se montre toujours dans la nature qu'unie à un élément matériel. Mais, en supposant même qu'il en soit ainsi, la force n'en reste pas moins quelque chose d'immatériel. Nous ne sommes autorisés à admettre la matière que comme masse, c'est-à-dire comme quelque chose d'inerte qui occupe l'espace. Du moment que nous la supposons douée d'une force, cette force est nécessairement quelque chose d'étranger qui se joint à sa substance, l'inertie formant le caractère essentiel de celle-ci. Du moment, en outre, où nous admettons que cette matière exerce des attractions et des répulsions hors d'elle, à une distance aussi petite qu'on voudra, nous reconnaissons qu'elle agit en un point où elle n'est pas, ce qui prouve encore que la force qui y est inhérente ne lui est pas identique. Enfin, si même on ne considérait cette force inhérente à la matière que comme une vitesse, soit libre, soit équilibrée, on peut demander si cette vitesse, dont la nature nous est si complètement inconnue, est quelque chose de matériel, si elle est inerte, si elle occupe un espace déterminé, ou s'il ne faut pas plutôt, à cause de ses qualités précisément opposées, y voir quelque chose de tout différent de la matière.

En vertu des raisons mêmes qui nous font admettre l'existence de la matière, il est impossible que les forces soient de véritables propriétés de celle-ci. Elles peuvent seulement y être jointes et la question posée devient la suivante : les forces existent-elles d'une manière indépendante ou sont-elles attachées à des masses déterminées de matière?

Cette question ne pourra être résolue d'une manière générale que par l'expérience. Mais à l'égard de certaines forces spéciales, je pense qu'on en sait assez pour pouvoir affirmer dès aujourd'hui que ces forces ont une existence propre et qu'elles ne sont pas liées à une matière déterminée.

En premier lieu, les forces spirituelles, ou pour mieux dire, l'esprit humain, qui est la seule de ces forces dont nous ayons une connaissance précise. L'activité de notre esprit ne peut s'exercer ici bas qu'à l'aide d'organes corporels, cela est incontestable, et, sous ce rapport, l'esprit est attaché invariablement à un corps déterminé. Mais la physiologie a constaté que les éléments matériels, dont se compose ce corps, changent incessamment et qu'ils se renouvellent en entier dans des périodes fixes assez courtes. On ne saurait donc dire que la force spirituelle est attachée à une certaine masse de matière toujours identique à elle-même.

Par la même raison, les forces organiques sont indépendantes de la matière sur laquelle elles agissent. On sait qu'à l'intérieur des corps organiques, non-seulement les corps simples minéraux présentent des combinaisons chimiques très-différentes de celles qu'offre la nature inorganique, mais que les composés qui en résultent forment des liquides et des tissus très-variés, qui eux-mêmes se disposent en organes et donnent naissance au germe qui reproduit l'être au sein duquel ils se sont formés. Il existe donc dans les corps organisés des forces d'une nature quelconque qui produisent ces effets. Or, ces forces agissent sur une matière qui se renouvelle sans cesse. Elles n'agissent, sans doute, que sur des substances déterminées, c'est-à-dire sur de la matière qui se trouve déjà sous l'empire d'autres forces. Mais ce n'est là qu'une condition de leur action ; il suffit du renouvellement constant de ces substances pour prouver que cette action est indépendante de toute masse de matière fixe.

Les matérialistes prétendent, il est vrai, qu'il n'existe pas de forces particulières dans l'organisme et que tous les effets qui s'y produisent étaient déjà contenus virtuellement dans les corps simples minéraux auxquels tout corps organique peut être réduit par l'analyse. Nous avons vu que M. Moleschott attribue ainsi au phosphore toutes les facultés intellectuelles du cerveau. Si les corps simples avaient de telles propriétés, ce seraient certainement là des forces occultes au premier degré. Mais les faits acquis n'autorisent à aucune conclusion pareille. Tout au plus est-on parvenu à produire par les moyens chimiques ordinaires quelques combinaisons organiques élémentaires qui dans l'organisme lui-même ne se présentent que comme les résultats d'une décomposition. Mais quant à des tissus ou des organes, du sang, des muscles ou des nerfs, on n'en a fait sortir jusqu'ici d'aucun creuset. En vertu du principe que tout effet particulier suppose une cause particulière, on est donc en droit d'admettre l'existence de forces organiques jusqu'à preuve du contraire.

Enfin, il est difficile de croire que les phénomènes généraux de chaleur, de lumière et d'électricité soient dus à des forces liées à des masses déterminées de matière. Ils consistent plutôt en mouvements et en vitesses dont toute matière est susceptible et qui naissent dans des circonstances dont les lois ne sont pas encore connues. Dans la question qui nous occupe, ces phénomènes ne peuvent donc être invoqués ni pour ni contre aucune des deux suppositions possibles, et il en est de même de ceux de la pesanteur qui forme l'objet propre de la question.

Les forces moléculaires qui constituent les corps simples minéraux sont donc les seules qui semblent jusqu'ici être liées à des masses déterminées de matière. Encore la loi des proportions multiples, dont il paraît résulter que ces corps ne diffèrent entre eux que par le nombre des atômes dont ils se composent, jette-t-elle quelque doute sur ce fait. Quant aux combinaisons chimiques inorganiques, on peut toujours se demander si elles sont dues directement aux propriétés des corps ou si elles s'opèrent sous l'empire de forces spéciales analogues aux forces organiques. A ma connaissance, il n'existe pas de faits positivement constatés qui décident cette question dans un sens ou dans l'autre.

Nous pouvons conclure de ce qui précède que certainement une partie des forces que nous connaissons ont une existence indépendante de la matière, et que, pour les autres, il est incertain si elles sont liées à des masses déterminées de matière ou si elles ne le sont pas. Par analogie, on pourrait donc affirmer également l'indépendance de ces dernières, mais je n'irai pas si loin et je me bornerai à dire que le plus grand nombre des forces ont une existence indépendante. Je considère ces forces comme des êtres *sui generis*, qui ne participent pas aux qualités de l'espace et du temps, dont la propriété essentielle est d'être actifs et qui par leur action font passer dans la matière quelque chose dont la nature intime nous échappe, mais que nous connaissons parfaitement par ses effets et que nous appelons la *vitesse*. De ces forces, les unes sont intelligentes et libres ; — tel est l'esprit humain ; — les autres sont aveugles et nécessaires, en d'autres termes, elles produisent une action toujours identique sans qu'on puisse supposer qu'elles en aient conscience ou qu'elles aient le pouvoir de l'exercer ou de la suspendre à leur choix.

Pouvons-nous nous faire une idée de leur mode d'action? Avant de répondre à cette question, je dois indiquer le second point qui me paraît critiquable dans l'hypothèse de Newton.

C'est le point, en effet, qui a été le plus critiqué; il porte sur l'attraction qu'exercerait chaque centre de force et l'action à distance que cette attraction suppose. La conception naturelle, celle qui se fonde sur le fait observable de la transmission du mouvement, — sur les effets, par exemple, que produit le choc des corps, — c'est que l'action des forces est impulsive, que le corps mis en mouvement s'éloigne du lieu où la force a agi et que la puissance impulsive s'exerce au contact même du corps à mettre en mouvement. Il est à peu près impossible, au contraire, de concevoir une force déposée dans une molécule matérielle ou dans une monade, qui étende son action à des distances infinies dans toutes les directions possibles, et qui, loin d'imprimer au corps une impulsion ayant pour effet de l'éloigner d'elle, le fait venir vers elle en ligne droite. Aussi Newton a-t-il hésité lui-même à admettre cette force d'attraction et s'est-il borné à dire que les corps se comportent comme s'ils s'attiraient.

Je crois, en effet, que la seule conception de la force, qui soit conforme aux lois du mouvement, est celle d'une puissance impulsive, et cette conception s'accorde parfaitement aussi avec la manière dont, pour ma part, je comprends l'existence de ces agents naturels.

Pour arriver à des résultats rationnels sur la nature des forces, il faut avant tout se débarrasser de l'habitude prise depuis Leibnitz, de se représenter les forces spirituelles ou autres sous forme de monades. Les forces étant considérées avec raison comme des substances indivisibles, on veut les dépouiller des propriétés de l'étendue et on est amené ainsi à se les figurer sous forme de simples points. Mais on n'obtient par là qu'une détermination négative et on ne sort pas des conditions de l'espace comme on paraît le supposer. En réalité, le point suppose toujours l'espace et s'y trouve nécessairement; il est la négation des trois dimensions, mais non de l'espace lui-même. La seule négation de l'espace qui conclue à une affirmation positive contraire, c'est l'ubiquité, la présence en tous lieux.

C'est déjà ce qu'avait fort bien vu Euler [1]. Voici comment il s'exprime à ce sujet : « Je puis toujours dire hardiment qu'un esprit n'est pas de dix pieds, ni de cent pieds, ni d'aucun autre nombre de pieds; mais de là il ne s'en suit pas que l'esprit soit un point... Ce sera donc aussi une question absurde de demander en quel lieu un esprit existe; car dès qu'on attache un esprit à un lieu, on lui suppose une étendue. Je ne saurais dire non plus en quel lieu se trouve une *heure*, quoiqu'une heure soit sans doute quelque chose; ainsi quelque chose peut être sans qu'elle soit attachée à un lieu..... Ainsi, mon âme n'existe pas dans un certain lieu, mais elle agit dans un certain lieu; et puisque Dieu a le pouvoir d'agir sur tous les corps, c'est à cet égard qu'on dit que Dieu est partout quoique son existence ne soit attachée à aucun lieu. »

Je crois avec Euler que les forces ne sont point des substances qui occupent des lieux déterminés dans l'espace et rayonnent à des distances plus ou moins grandes, mais que l'espace n'existe pas pour elles, que par conséquent elles y sont présentes partout, et agissent en tous les lieux où se trouve de la matière et où sont réunies les autres conditions de leur action.

Cette hypothèse, qu'Euler n'appliquait qu'aux forces spirituelles, je l'étends par analogie aux forces matérielles.

---

[1] Lettres à une princesse d'Allemagne. Ed. Saisset, 2ᵐᵉ partie, lettre 24.

Mais pour les premières, elle me paraît prouvée. Tous ceux qui croient en Dieu admettent son ubiquité. Pour l'âme humaine, nous ne pouvons pas démontrer, il est vrai, qu'elle est partout, mais il est certain du moins qu'elle se trouve toujours présente simultanément en plusieurs points du cerveau. Aucune sensation, aucune proposition ne pourrait être conçue sans cela. Dans toute sensation, en effet, il existe une impression étendue, multiple, dont nous percevons toutes les parties à la fois et dont nous faisons une idée une. Quand nous voyons un objet quelconque, c'est toujours une image étendue de cet objet qui se peint sur notre rétine et qui se propage au cerveau ; pour avoir l'idée de l'objet, il faut nécessairement que l'esprit saisisse à la fois tous les éléments de cette image, c'est-à-dire qu'il soit présent en même temps sur tous les points du cerveau qui en sont affectés. De même, quand nous pensons au moyen de la parole, ce qui arrive presque toujours, les mots dont nous nous servons sont représentés certainement par autant d'éléments cérébraux distincts et séparés. Or, pour former une proposition quelconque, l'esprit doit saisir un certain nombre de mots à la fois et par suite être présent simultanément sur tous les points du cerveau qui répondent à ces mots. Je me borne à ces deux exemples, mais je pourrais en citer une foule d'autres qui prouvent l'ubiquité de l'esprit dans le cerveau.

Dieu et l'âme étant des substances incontestablement unes et indivisibles, et néanmoins présentes en plusieurs lieux à la fois, l'ubiquité des forces est donc possible. Elle n'est pas plus difficile à concevoir d'ailleurs que la ponctualité des monades. Le point, après tout, est une pure abstraction, une simple limite dans le vide, et il est plus difficile de se figurer un être réel sous cette forme imaginaire qu'une substance présente partout. D'ailleurs, on reconnaît si bien que cette monade, réduite à son existence ponctuelle, est impuissante par elle-même, qu'on est obligé aussitôt de lui attribuer un rayonnement à distance.

On me comprendrait mal, du reste, si on croyait que je considère les forces et les substances spirituelles comme étendues. Je crois simplement qu'elles ne sont pas assujetties aux conditions de l'espace et que par suite elles ne présentent aucune des propriétés de celui-ci, ni le point, ni les dimensions. La difficulté vient de la nature mystérieuse de l'espace lui-même dont, comme je l'ai dit plus haut, nous ne pouvons nous figurer l'absence et qui pourtant ne saurait exister pour certains êtres. L'espace est le lieu de la matière. Les forces s'y trouvent présentes en tant qu'elles agissent sur la matière. L'âme humaine aussi ne peut agir qu'au moyen d'un corps et sur des corps, et il lui est impossible de s'abstraire des conditions de l'espace. Mais au-dessus de cet ordre matériel nous pouvons, non pas nous figurer, mais concevoir un ordre plus élevé qui soit exempt de ces conditions. C'est à cet ordre qu'appartiennent, à mon sens, Dieu, les esprits créés et les forces fatales.

En résumé, et sans nous occuper davantage de cet ordre supérieur que nous ne pouvons connaître, c'est l'espace et la matière qui forment les conditions nécessaires du jeu des forces dans le monde que nous percevons. Là où il n'y a pas de matière, les forces n'agissent pas et rien ne dénote leur présence. La matière d'autre part n'est perceptible qu'autant qu'elle est le récipient d'une ou de plusieurs forces. Certaines forces, comme la pesanteur, agissent sur la matière pure, sur la simple masse. D'autres, comme les forces chimiques et organiques, n'exercent leur action que dans certaines conditions ou sur de la matière déjà mise en mouvement ou maintenue en équilibre par des forces différentes. Mais du moment qu'elle est dans les conditions requises pour subir l'action d'une force, toute portion de matière subit cette action, en quelque lieu qu'elle se trouve. Ce qui ne suppose nullement que les forces soient étendues, mais ce qui exige qu'elles agissent partout.

Dans l'hypothèse que je propose, la plupart des difficultés que laisse subsister la conception de Newton disparaissent immédiatement. On n'a plus besoin d'admettre l'action à distance, puisque chaque force se trouve présente partout où elle peut produire un mouvement. Ce mouvement résulte toujours d'une impulsion réelle et on est débarrassé des mystères de l'attraction. Rien n'empêche de penser qu'une même force puisse engendrer un mouvement dans plusieurs directions et même dans toutes, puisqu'à l'égard de l'espace elles sont comme l'infini où tous les lieux et toutes les directions sont les mêmes. De ce point de vue il sera peut-être possible de réduire l'action de toutes les forces à la production de mouvements en ligne courbe, les mouvements en ligne courbe pouvant être considérés toujours comme les résultantes d'impulsions directes. Enfin, il y aura lieu de rechercher les conditions dans lesquelles agissent les forces, car jusqu'ici nous ne connaissons véritablement qu'une seule force qui agisse toujours et sur toute espèce de matière : la pesanteur. Toutes les autres n'exercent leur action que dans des circonstances particulières ou, comme les forces spécifiques, sur des masses déterminées de matière [1].

[1] Si les idées que je viens de présenter avaient quelque chance d'être accueillies, il y aurait lieu, avant de les appliquer à la science, de déterminer expérimentalement diverses conditions de l'action des forces, conditions dont la recherche appartient aux sciences physiques plutôt qu'à la philosophie. Il faudrait examiner par exemple s'il n'existe pas de forces qui agissent d'une manière intermittente régulière ; si la force n'agit qu'à la surface de la masse qui serait pénétrée seulement par la vitesse, ou si l'action directe de la force s'étend à toutes les parties continues d'une même masse matérielle ; si les forces conservent toujours la même intensité, ou si, après avoir agi sur un point matériel dans une direction donnée, elles éprouvent un affaiblissement, suivant certaines lois, dans les points ultérieurs de la même direction. Pour rendre ces questions plus claires, et en même temps pour en faire apercevoir toute la portée, je poserai un exemple.

Admettons qu'il existe une force qui agisse dans tous les sens. Sur une masse donnée de matière, que nous pouvons supposer sphérique, cette

CHAPITRE XII

L'idée de Dieu.

Il n'est guère d'idée qui ait été invoquée avec plus d'insistance en faveur du système des idées innées que la notion de la divinité. Il n'en est pas non plus dont l'innéité ait été conçue sous des formes plus diverses, depuis la vision directe des splendeurs célestes supposée par les mystiques, jusqu'au sentiment vague d'une puissance supérieure

force, suivant moi, exercera une action centripète, au lieu d'une action centrifuge, comme on l'admet communément. Une première question est donc de savoir si cette force qui se manifeste comme un ensemble de forces agissant suivant tous les rayons vers le centre de la sphère, agit seulement sur la surface de cette dernière, ou si elle en pénètre toutes les parties. Dans le premier cas, les molécules situées entre la surface et le centre seraient toutes poussées vers le centre et formeraient ainsi une masse solide et résistante; dans le second cas, chaque molécule deviendrait centre elle-même et les forces se neutraliseraient réciproquement.

La seconde question est de savoir si, une fois que la force a agi sur une masse de matière, elle ne perd pas de son intensité, en raison de la vitesse qu'elle a imprimée à cette matière, et dans la direction de cette vitesse. Supposons en effet deux masses de matière A et B, situées à une certaine distance l'une de l'autre, — pour plus de clarté, plaçons A au nord, B au midi, — et deux forces égales (éléments d'une force unique dirigée dans tous les sens) dont l'une a poussant les deux masses du nord vers le midi, et l'autre b poussant les deux masses du midi vers le nord. Si ces forces éprouvent un affaiblissement dans la direction où elles ont agi d'abord, la force a, qui possède toute son intensité auprès de la masse A, sera affaiblie près de la masse B; la force b, qui agit de toute son intensité sur la masse B, sera affaiblie en agissant sur la masse A. Les deux masses seront donc poussées l'une vers l'autre. Elles se rapprocheront et finiront par se toucher, si aucune autre force ne s'y oppose. On peut concevoir que l'affaiblissement ne se fasse sentir qu'à une certaine distance du point d'action, et que la force recouvre peu à peu son intensité. Si l'affaiblissement diminuait en raison du carré de la distance du point d'action, la tendance des deux masses à se rapprocher serait en raison inverse de ce carré.

que des penseurs moins exaltés ont constaté chez tous les peuples du globe.

Locke a déjà parfaitement traité cette question et les arguments qu'il a tirés du défaut de tout sentiment religieux et de toute croyance en Dieu chez beaucoup de personnes, ainsi que ceux qui sont fondés sur la variété des idées qu'on s'est faites de la divinité, n'ont été réfutés par personne. Je pourrai donc être bref sur ce sujet.

Avant de prétendre que nous avons l'idée innée de Dieu, il faudrait prouver d'abord que nous avons une idée tant soit peu adéquate de l'Être divin. Nous élevons à l'infini les quelques puissances et perfections qu'il est donné à l'homme de connaître et nous croyons avoir l'idée de Dieu! Evidemment, c'est une erreur; Dieu est infiniment au-dessus de tout ce que nous pouvons concevoir et imaginer. M. Jules Simon, qui appartient à l'école des idées innées, l'a parfaitement reconnu [1]. Nous ne savons absolument rien sur la nature réelle de Dieu; nous ne la connaissons que négativement et relativement, c'est-à-dire nous savons en partie ce qu'elle ne peut être, et nous lui attribuons des propriétés qu'elle doit avoir par rapport à nous. Or, une idée que nous n'avons pas et qu'il nous est impossible d'avoir, ne saurait être innée.

Serait-ce donc quelqu'une des nombreuses conceptions relatives que l'homme s'est faites de Dieu qui serait innée?

La philosophie du XVIIe siècle a, en effet, considéré comme telle l'idée la plus vraie et la plus grande que l'homme ait eue de la divinité : celle que nous en a donnée le christianisme. Mais ne l'a-t-elle pas elle-même obscurcie jusqu'à un certain point en vertu de cette supposition de l'innéité, et était-elle en droit de faire cette supposition? Je ne veux nullement contester la clarté que la philosophie du XVIIe siècle, guidée par la conception chrétienne, a

[1] De la religion naturelle.

jetée sur l'idée de Dieu, ni les services qu'elle a rendus, sous ce rapport, à la métaphysique. L'abbé Gratry a prouvé qu'étant donnée l'une des propriétés fondamentales que la doctrine chrétienne attribue à Dieu, les autres s'en déduisent nécessairement [1]. L'idée de la puissance et de la perfection infinies contiennent, en effet, tout ce que nous savons de positif sur Dieu. Cependant, à cette idée, la philosophie du XVIIe siècle en a mêlé deux autres qui n'en découlent pas logiquement et qui troublent la simplicité de l'idée chrétienne.

C'est d'abord la supposition que Dieu seul possède l'être réel, la plénitude de l'être. J'ai déjà signalé les erreurs sur lesquelles reposait cette supposition.

C'est ensuite le caractère de nécessité qu'on attribue à Dieu.

Si, en disant : Dieu est l'Être nécessaire, on prétendait affirmer seulement que nous sommes forcés nécessairement d'admettre son existence, rien ne serait plus juste. Dieu est le postulatum inéluctable de l'existence de l'univers et surtout de l'existence et de la mission de l'humanité sur la terre. Dieu est nécessaire, car sans lui le monde serait inexplicable. Mais ceci est une preuve *a posteriori* de l'existence de Dieu. Le monde existe, donc Dieu existe. Mais si le monde n'existait pas, Dieu existerait-il nécessairement?

Telle est, en effet, la question qu'on prétend résoudre affirmativement, quand on appelle Dieu l'Être nécessaire. Cette question revient à celle-ci : Dieu pourrait-il ne pas exister? Or, à cette question, il n'est pour l'homme, dans son état actuel, aucune réponse possible. Nous sommes dans une ignorance complète sur le pourquoi de l'existence de Dieu. Non-seulement, nous n'avons aucune solution innée de ce problème, mais nous n'en avons aucune

---

[1] *Connaissance de Dieu*, t. II.

solution quelconque. La distinction entre le contingent et le nécessaire, sur laquelle on se fonde pour trancher cette question, n'a elle-même de valeur que si l'existence du nécessaire est prouvée. Voilà donc un élément déclaré indispensable de la prétendue idée innée de Dieu, dont l'existence n'est nullement démontrée.

Mais, en général, la philosophie du XVIIe siècle était-elle autorisée à déclarer innée l'idée chrétienne de Dieu? Elle ne l'aurait pas fait, certainement, si elle eût consulté le moins du monde l'histoire. Ni les méditations des Brahmanes, ni les recherches approfondies des philosophes grecs n'ont abouti à la conception de l'infini. Le Dieu suprême des anciens est toujours mêlé à la matière ou impuissant vis-à-vis d'elle. Platon et Aristote eux-mêmes se sont arrêtés à la conception de la cause première. Et l'idée que les plus grands génies ne pouvaient atteindre, dira-t-on que les peuples la possédaient?

Si donc l'idée chrétienne de Dieu n'existe que chez ceux auxquels elle a été enseignée, serait-ce quelque autre conception de la divinité qui jouirait du privilége d'être innée? Personne, assurément, ne suppose que ce soit celle d'Indra ou de Jupiter, ou d'Osiris ou de Huitzlipotzli, ou d'un des dieux quelconques des nombreux panthéons du monde non chrétien. Il ne resterait donc qu'à voir l'idée innée de Dieu dans ce sentiment vague d'une puissance supérieure à l'homme qui se retrouve, en effet, chez tous les peuples et qui, dans l'hypothèse que je combats, aurait été le fondement de toutes les religions.

Chose prodigieuse! Nous aurions une idée latente de Dieu et cette idée pourrait conclure suivant les circonstances à un dieu tigre ou à un dieu crocodile! Au lieu d'attribuer les aberrations religieuses de l'homme à son ignorance et aux fausses idées qu'il se forge lui-même, on les fait reposer sur une notion que Dieu aurait mise dans son esprit, notion tellement imparfaite et incomplète qu'elle permettrait toutes les monstruosités possibles!

On explique parfaitement l'universalité de la croyance en Dieu par la tradition d'un enseignement primitif dont il s'est conservé quelques restes chez tous les peuples. Déjà la communauté de cette tradition a été prouvée pour toutes les populations de race arienne. Elle est constatée chez les autres par des idées et des coutumes qu'ils ont en commun entre eux et avec les Ariens, idées et coutumes qui certainement ne reposent pas sur des notions innées et qui ne sauraient être considérées davantage comme le produit naturel des facultés communes à tous les hommes [1]. Telles sont : la croyance universelle en la divinité des familles dominantes, la divination établie partout et pratiquée d'après un petit nombre de systèmes peu variés, les mêmes attributions et la même autorité accordées chez tous les peuples primitifs aux sorciers et aux devins, les analogies nombreuses dans les rites suivis à l'égard des morts. Je laisse de côté une foule d'usages et d'institutions politiques, civiles, judiciaires, militaires qui corroborent singulièrement l'hypothèse de l'origine commune de tous ces peuples.

Mais si on rejetait même cette hypothèse, on n'aurait pas besoin d'admettre une idée innée de Dieu ou de l'infini pour expliquer le sentiment vague d'une puissance supérieure à l'homme et l'aspiration vers des satisfactions impossibles. Il est une puissance qui longtemps encore sera supérieure à l'homme et devant laquelle les peuples primitifs surtout devaient s'incliner : c'est celle de la nature physique. L'homme nu et privé de toute science ne devait-il pas sentir profondément son impuissance vis-à-vis des ardeurs du soleil, ou de l'impétuosité des vents, ou de l'impénétrabilité des forêts, ou de la férocité des bêtes sauvages ? Fallait-il davantage pour lui inspirer la croyance

---

[1] J'ai réfuté déjà l'erreur suivant laquelle toutes les ressemblances qu'offrent les idées et les usages de peuples différents seraient dues à l'identité des facultés humaines. (Voir p. 138.)

en des forces naturelles supérieures? Et quant à ce qu'on appelle le sentiment de l'infini, ne résulte-t-il pas plutôt de la propriété naturelle de l'esprit humain de n'être jamais satisfait de ce qu'il possède, n'est-il pas cette aspiration vers un avenir toujours meilleur, mêlée à l'incertitude qui règne sur cet avenir et à la crainte que l'inconnu inspire en général? Les sentiments vagues et indéterminés qu'on invoque en faveur de l'innéité de l'idée de Dieu proviennent donc de la nature de l'homme et de ses rapports avec le monde extérieur, et s'ils ont donné et donnent encore naissance à des superstitions, ils n'ont aucun rapport avec la notion réelle de la divinité.

DES IDÉES MORALES

CHAPITRE XIII

Considérations générales.

Tant qu'il ne s'agit que de conceptions métaphysiques, la question des idées innées ne présente qu'un intérêt théorique et il peut paraître indifférent jusqu'à un certain point que l'esprit apporte en naissant les notions de substance, de cause, de force, d'unité, ou qu'il ne les acquière que par l'exercice de ses facultés intellectuelles. Il n'en est plus de même à l'égard des idées morales. Ici, nous nous trouvons en face de conséquences pratiques, qui touchent aux fondements mêmes de la vie sociale. Evidemment, on attribuera un rôle tout différent à la religion, à l'éducation, au système pénal, on jugera tout autrement les mobiles et les actions des hommes et, par suite, le développement des sociétés et de l'humanité elle-même, selon que l'on supposera que la connaissance du bien et du mal est déposée naturellement dans le cœur de tous les hommes, ou que les notions morales y sont introduites, soit par l'enseignement extérieur, soit par le travail intellectuel que chacun opère sur lui-même. Cette question intéresse donc autant la science sociale et la politique que la philosophie.

Il n'en est guère qui aient été plus débattues et que la discussion ait moins éclaircies. Les partisans de la doctrine des idées innées et des systèmes opposés, appuyés les uns et les autres sur des arguments qui paraissaient également péremptoires, ont de chaque côté démontré jusqu'à un certain point leurs affirmations, mais sans avoir pu réfuter les raisons de leurs adversaires. Les partisans des idées innées n'ont jamais répondu au mot de Pascal : « Trois degrés d'élévation du pôle renversent toute la jurisprudence. Le larcin, l'inceste, le meurtre des enfants et des pères, tout a eu sa place dans les actions vertueuses. » Mais à leur tour, ils sont invincibles quand ils prétendent que certaines règles de justice ont toujours été respectées par les hommes, que le dévouement a toujours été un bien et l'égoïsme un mal. Des deux côtés, on s'appuie sur des vérités incontestables, et il semble impossible de trouver une issue pour sortir de cette contradiction.

L'issue existe, cependant, et ce sont les partisans des idées innées qui ont tort. Mais ils peuvent invoquer en leur faveur des raisons si nombreuses et si puissantes que l'on comprend sans peine que tant d'esprits éminents aient partagé cette erreur. Il est un certain nombre de faits qui, mal interprétés, semblent, en effet, conclure directement à l'existence d'idées morales innées. Ce sont ces faits que nous allons examiner d'abord ; nous y trouverons l'origine visible des illusions qu'on s'est faites à cet égard.

Dans le cours de cet examen, je serai obligé quelquefois

de me servir d'expressions qui supposent des lois morales différentes, tandis que l'on pourra m'objecter que la loi morale est une et qu'il ne saurait en exister deux ou plusieurs dont les prescriptions seraient en contradiction. Je ne puis aplanir cette difficulté immédiatement, mais j'espère qu'elle sera pleinement résolue pour le lecteur qui voudra bien me suivre jusqu'au bout. Pour le moment, je me place au point de vue historique et je constate que les prescriptions morales que reconnaissent les peuples chrétiens modernes, ne sont nullement les mêmes en tous points que celles qu'admettait l'antiquité et qu'elles diffèrent beaucoup aussi de celles qui règnent encore dans l'Inde, dans la Chine, au Thibet, chez les Musulmans. En appelant loi morale, non-seulement l'ensemble des principes théoriques formulés par les philosophes, principes qui eux-mêmes offrent de grandes variétés suivant les écoles, mais la somme des prescriptions positives reconnues par des populations, on peut donc dire qu'il a existé et qu'il existe encore des lois morales très-différentes.

CHAPITRE XIV

Des principes moraux qui n'ont qu'une valeur logique.

Une première série de faits a suggéré la croyance à une morale innée. C'est l'existence d'un certain nombre de principes moraux abstraits, qui se rencontrent partout où l'on reconnaît une loi morale quelconque. Il existe aussi des principes concrets, des prescriptions positives qui se trouvent dans ce cas, mais j'y reviendrai plus tard et ne m'occuperai pour le moment que des principes abstraits. Or, il est facile de voir que ces derniers ne sont que des conséquences déduites de l'idée même de la loi morale, et qu'ils en découlent comme toute idée particulière de la conception générale qui la contient.

Voici quelques-uns de ces principes :
Faites le bien, abstenez-vous du mal.
Ce que la loi morale ne défend pas est permis.
Rendez à chacun ce qui lui appartient.
Accomplissez vos devoirs.
Ne lésez pas les droits d'autrui.
Pratiquez la justice.
Tout acte contraire à la morale est coupable.

Qui ne voit que ces prescriptions et beaucoup d'autres de même nature doivent se retrouver partout où il existe une loi morale quelconque, par cela même qu'elles dérivent de l'idée même de la loi morale, comme les propriétés du cercle découlent de l'idée même du cercle. Si nous définissons la loi morale : « une loi imposée à des êtres libres et qui règle leurs rapports entre eux, » nous verrons que tous les principes que je viens d'énoncer sont renfermés dans cette définition et qu'ils n'en constituent, à vrai dire, que des aspects particuliers. En effet, le bien, c'est ce qu'ordonne la morale, le mal, c'est ce qu'elle défend ; il est donc évident qu'il faut faire le bien et s'abstenir du mal. La loi morale, réglant les rapports des hommes entre eux, détermine ce qui appartient à chacun, quels sont les devoirs et les droits de chaque individu. Elle veut donc naturellement qu'on accomplisse ces devoirs, qu'on respecte ces droits. La justice c'est la conformité à la loi morale même ; il est donc nécessaire qu'elle soit pratiquée.

Tous les principes cités peuvent être déduits ainsi par voie d'identité de la définition de la morale. D'autres qui ne découlent pas immédiatement de cette définition, peuvent être ramenés aux conditions logiques auxquelles la loi morale est assujettie. Une de ces conditions, par exemple, est que la morale ne peut contenir des prescriptions contradictoires. Or, de là dérive directement ce principe fondamental de l'équité : qu'on ne peut demander à nul individu plus qu'il ne peut faire. Une autre condition, c'est que la loi morale s'adresse à des êtres jouissant du libre arbitre. Sur cette condition se fonde toute la vaste théorie de l'imputation et de la responsabilité.

On peut dire que la plus grande partie des principes compris dans ce qu'on appelait au dernier siècle la morale *naturelle*, et ce qu'on nomme de préférence aujourd'hui morale rationnelle, ne consiste qu'en déductions purement logiques de ce genre. Les trois quarts du *De officiis* de Cicéron roulent sur des généralités pareilles. Il en est de même de la plupart des arguments invoqués par Victor Cousin en faveur de l'innéité des idées morales. Dans la même catégorie rentrent les fameux axiomes des jurisconsultes romains : *Honeste vivere, neminem lædere, suum cuique tribuere.*

Les partisans des idées innées ont beaucoup insisté sur l'universalité de ces principes et pour bien des personnes elle constitue la preuve la plus convaincante de l'innéité des idées. Mais, évidemment, pour qu'un homme les possède, il n'est pas nécessaire qu'il les ait apportées en naissant, il suffit qu'il ait acquis la notion d'une loi morale; il pouvait les déduire toutes de cette notion. Or, il n'est pas de peuple qui n'ait reconnu une loi morale quelconque; ce fait n'est pas contesté et le système des idées innées ne s'en est guère prévalu, et ne pouvait s'en prévaloir en effet, puisqu'il est explicable dans tous les systèmes. Du moment donc qu'on a reconnu en tous temps et en tout lieu une certaine loi morale, on a pu tirer de cette notion les conséquences générales que j'ai indiquées et il n'y a rien d'étonnant à ce que ces conséquences se soient trouvées les mêmes partout.

Il faut remarquer, d'ailleurs, que ces principes sont de pures abstractions et qu'ils ne nous apprennent rien sur la teneur même de la loi morale. Il ne suffit pas de dire aux hommes : « Faites-le bien, » il faut leur faire connaître en quoi consiste le bien. Or, c'est précisément sur ce point essentiel que les diverses lois morales offrent des variations qui excluent toute possibilité d'idées innées. De tout temps, la morale a attribué aux hommes des devoirs et des droits. Mais combien ces devoirs et ces droits offrent de différences ! Qu'on compare, par exemple, le Code de Manou à l'Evangile, les obligations et les prérogatives du Brahmane, du Kchatrya, du Vayçia et du Çoudra aux devoirs et aux droits du chrétien ! Ou bien vivrait-on honnêtement aujourd'hui, ne léserait-on personne, en exposant ses enfants, en envoyant ses esclaves au cirque, comme les droits du père de famille et du maître le permettaient parfaitement au citoyen romain?

Ces abstractions logiques ne sauraient donc être confondues avec les prescriptions positives de la morale; ce sont des formules générales dont l'utilité pratique est incontestable, mais elles ne forment, pour ainsi dire, que la charpente destinée à supporter les prescriptions positives, qui peuvent être très-opposées suivant les temps et les lieux. Quand même on prouverait qu'elles sont innées, cela ne servirait à rien, tant qu'on n'aurait pas prouvé que les prescriptions positives le sont également.

Du reste, par cela même que ces formules sont les conséquences nécessaires d'une notion qui n'a jamais manqué à l'humanité, elles présentent le caractère constant de toutes les propositions identiques et forment à ce titre les bases éternelles, invariables de la morale. C'est là ce qui les a fait considérer comme innées, de même que les conceptions géométriques. Mais toutes les raisons que j'ai données contre l'innéité de ces dernières s'appliquent également à celles-ci. Les unes et les autres sont le produit du raisonnement.

Parmi les idées abstraites, impliquées par la définition

de la morale, il en est deux sur l'innéité desquelles on a particulièrement insisté. Ce sont les idées d'obligation et de droit. Ces deux idées sont assez importantes pour mériter un examen spécial.

I. On a prétendu que l'idée d'obligation était nécessairement innée parce qu'elle ne pouvait être suggérée par aucun fait extérieur et qu'elle était irréductible, c'est-à-dire qu'il était impossible de la résoudre en des éléments plus simples qui seraient perçus séparément. Mais ce sont là des suppositions contredites par les faits.

Il est facile de se rendre compte de la manière dont nous vient l'idée d'obligation. La contrainte déjà donne une notion qui y conduit. Quand, par la seule raison qu'ils sont les plus forts, des individus imposent leur volonté à un homme et le contraignent de faire ce qui lui déplaît, la liberté de cet homme se trouve réduite au choix d'accomplir les actes qu'on lui prescrit ou de subir des violences encore pires. Il est donc *obligé* d'obéir à la force et d'agir contrairement à sa volonté. Or, voilà l'idée d'une première espèce d'obligation, l'obligation matérielle, dont personne ne saurait dire qu'elle est nécessairement innée et qu'elle ne peut être suggérée par des faits extérieurs.

Mais en quoi l'obligation morale diffère-t-elle de l'obligation matérielle ?

Elle en diffère en ce que dans l'obligation morale la nécessité d'accomplir certains actes, — nécessité qui, à vrai dire, constitue le fond de toute obligation, — ne résulte pas de la menace d'un mal, d'une peine, comme dans l'obligation matérielle, mais du caractère de celui qui impose l'accomplissement de ces actes, de la nature du commandement qui les prescrit. Si ce commandement part d'une autorité légitime et n'émane pas uniquement de la force, il donne naissance par lui-même à l'obligation. Nous sommes obligés en conscience d'obéir aux ordres émanés d'une autorité légitime, de même que nous sommes obligés matériellement de subir l'empire de la contrainte.

A quel titre des prescriptions légitimes peuvent-elles être imposées à un être libre tel que l'homme? Je n'en connais qu'un seul : la création. Il n'y a que le créateur qui puisse donner des lois à sa créature, mais il le peut à bon droit, parce qu'en la créant dans un but, il doit nécessairement lui prescrire l'accomplissement de ce but. La seule autorité légitime dont puisse émaner une obligation morale est donc Dieu.

La volonté de Dieu est manifestée par la loi morale. Hors de cette loi, il n'y a donc pas de prescriptions réellement obligatoires pour l'homme.

Telle a toujours été aussi la croyance de l'humanité. Si parfois elle a accepté des commandements moraux émanés de corps sacerdotaux, de pouvoirs politiques ou d'hommes de génie, c'est parce qu'elle considérait ces pouvoirs comme les interprètes de la volonté divine, c'est parce qu'elle leur attribuait une autorité légitime venant de Dieu. Sans doute, elle s'est trompée souvent sous ce rapport; sans doute, il est toujours possible à l'homme de prendre pour une autorité légitime un pouvoir qui n'a cette qualité en aucune façon. Mais qu'il se trompe ou non sur le caractère du commandement, il suffit qu'il le suppose légitime pour se croire obligé à y obéir. L'obligation morale répond donc à des faits extérieurs aussi bien que l'obligation matérielle et, à ce point de vue, rien n'autorise à la considérer comme innée.

C'est à tort aussi qu'on insiste sur l'irréductibilité de l'idée d'obligation. Cette idée est celle d'un rapport et, comme tout rapport, elle suppose des termes hors desquels elle serait inconcevable. Sans doute, on pourrait prétendre au besoin que l'idée du rapport lui-même, qui est celle de la nécessité morale d'agir d'une certaine façon, ne saurait être décomposée en éléments plus simples. Mais on peut en dire autant d'un rapport quelconque et il n'est pas moins vrai qu'aucun rapport ne peut être conçu en dehors des termes qu'il suppose et que ces termes étant donnés, le rapport s'en suit de lui-même. Ainsi, pour prendre un exemple dans l'arithmétique, les expressions *multiple* et *fraction* désignent des rapports et, de même que pour l'obligation morale, on peut prétendre que les idées qui y répondent ne sont pas décomposables en éléments plus simples. Ces idées, néanmoins, ne pourraient être conçues si on n'avait auparavant celles du nombre, de la multiplication et de la division qui forment les termes de ces rapports. Et quand on possède ces dernières idées, celles du multiple et de la fraction se présentent infailliblement, puisqu'elles n'expriment que le résultat de la multiplication ou de la division appliquée au nombre.

Or, le rapport qui forme l'obligation morale est dans le même cas. Il suppose de même un certain nombre de termes qui étant donnés engendrent par eux-mêmes l'idée du rappport. Ces termes sont au nombre de quatre : 1° un être jouissant du libre arbitre, qui est obligé ; 2° un second être envers lequel le premier est obligé ; 3° un acte en vertu duquel l'obligation prend naissance ; 4° un objet de l'obligation. Pour éclaircir complètement cette question, nous nous arrêterons un moment sur chacun de ces points.

Les êtres jouissant du libre arbitre sont seuls capables d'obligation. L'être dépourvu de volonté et d'intelligence qui se meut, le fait en vertu de forces intérieures ou extérieures, c'est-à-dire de lois nécessaires, qui sont précisément l'opposé des lois morales, des obligations imposées à l'être libre. L'obligation suppose toujours pour celui qui y est sujet le pouvoir de l'accomplir ou de s'y soustraire. Elle conclut toujours à un acte spontané et à un certain choix. Ce choix existe même dans la contrainte et il ne disparaît que lorsqu'une coercition physique est exercée sur l'individu, lorsqu'il est porté, par exemple, en un lieu où il ne veut pas aller ou qu'on lui conduit la main pour le faire signer. Mais, dans ces cas, il n'y a pas d'acte de sa part, et on ne saurait dire qu'il a été obligé à faire ces choses, puisqu'en réalité il ne les a pas faites. L'idée de l'obligation suppose donc en premier lieu celle d'un être libre.

Elle suppose, en second lieu, que cet être soit obligé vis-à-vis d'un autre. On est toujours obligé envers quelqu'un. Il ne faut pas se laisser tromper ici par les expressions à double sens dont se servent souvent les moralistes : devoirs envers Dieu, devoirs envers nos semblables, devoirs envers nous-mêmes. Nous ne sommes toujours obligés, en réalité, qu'envers Dieu qui seul a le pouvoir légitime de nous imposer des devoirs; mais, parmi ces devoirs, il en est qui sont relatifs à lui-même, d'autres qui sont relatifs à nos semblables, d'autres enfin qui se rapportent à nous-mêmes. Il est facile de comprendre qu'il ne saurait en être autrement.

Dans l'hypothèse contraire, en effet, il faudrait que nous fussions obligés envers nous-mêmes ou que nos semblables eussent le droit de nous imposer des devoirs. Or, la première de ces suppositions est tout à fait inconcevable. Il nous est très-loisible, sans doute, de prendre des engagements envers nous-mêmes et d'y être fidèles ; rien ne nous empêche de nous prescrire une règle de conduite et d'y obéir. Mais jamais un engagement ni une règle pareille ne sont obligatoires dans la force propre à ce terme ; car celui qui a le droit de faire la loi peut aussi la défaire et toute dette s'éteint quand le créancier et le débiteur se réunissent dans la même personne ; il nous est loisible à tout moment de rompre l'engagement que nous avons contracté envers nous-mêmes et de changer ou abolir la règle que nous nous sommes imposée. Nous ne pouvons donc être réellement obligés envers nous-mêmes. Il est très-vrai que nous avons des devoirs relatifs à notre propre personne, que nous devons respecter en nous la dignité humaine, conserver notre vie, développer nos facultés ; mais ces devoirs ne constituent des obligations réelles que parce qu'ils nous sont imposés par Dieu, et ce n'est que vis-à-vis de lui que nous sommes liés.

À l'égard de nos semblables, ces relations se présentent sous une forme plus compliquée, bien qu'elles soient les mêmes au fond. Dieu, en nous imposant des devoirs envers les autres hommes, attribue par cela même à ceux-ci des droits correspondants ; ils peuvent dont exiger de nous l'accomplissement de nos devoirs et, par conséquent, nous sommes réellement obligés vis-à-vis d'eux. Mais leur droit, comme notre obligation, n'a d'autre source que la loi imposée par Dieu aux uns et aux autres, et c'est de cette loi encore que découle toute la force obligatoire de cette sorte de devoirs. Si la loi, qui nous oblige envers nos semblables, ne vient pas de Dieu, d'où pourrait-elle donc venir? De nos semblables eux-mêmes? Mais ceci serait contraire au principe de l'égalité des hommes. Il n'est pas admissible qu'un individu fasse légitimement la loi à d'autres individus. Tout homme en vaut un autre et nul n'est tenu moralement à se soumettre à la volonté de ses semblables, quand ceux-ci ne parlent qu'en leur propre nom. Quel que fût le nombre de ceux qui s'arrogeraient ainsi le droit de commander, fussent-ils toute l'humanité contre un seul, ils n'établiraient pas de loi réellement obligatoire. Or, en dehors d'un commandement pareil, ou d'actes tels que les contrats, dont il va être question, on ne voit pas comment une obligation pourrait nous être imposée par les autres hommes. Nos devoirs envers nos semblables, comme nos devoirs envers nous-mêmes, ne sont donc, en réalité, que des devoirs envers Dieu.

Il faut, en troisième lieu, un acte légitime d'où l'obligation puisse naître. Jusqu'ici, les moralistes comme les jurisconsultes n'ont reconnu que deux espèces d'actes capables de produire un tel effet : les commandements d'une autorité légitime qui imposent directement des devoirs à ceux auxquels ils s'adressent et les actes privés par lesquels on s'oblige soi-même. Ces derniers, dont nous nous occuperons d'abord, comprennent ce qu'on appelle en langage juridique les contrats et les quasi-contrats, les délits et les quasi-délits. Les contrats et les délits peuvent seuls nous intéresser ici.

Il est évident que le caractère obligatoire des contrats repose uniquement sur un devoir moral, le devoir de tenir nos promesses; et que de même les délits ne nous obligent qu'en vertu d'un autre devoir moral, celui de réparer le dommage que nous avons causé. Si nous n'étions pas obligés de tenir nos promesses, aucune convention n'établirait un lien réel, et si la morale ne voulait pas que celui qui a causé un dommage le répare, aucune action ne pourrait naître d'un délit. Les contrats et les actes qui produisent des effets analogues n'obligent donc pas, en réalité, par eux-mêmes. Ils reçoivent leur force obligatoire d'un principe supérieur, d'une prescription morale. Les droits qu'ils confèrent à chaque contractant sont de même nature que ceux qui sont corrélatifs à toute espèce de devoir moral et comme les obligations auxquelles ils correspondent, ils ont leur source dans la morale même. Les actes privés n'engendrent donc par eux-mêmes ni droits, ni obligations. Ils forment seulement les conditions de la naissance de certaines obligations et de certains droits : la conclusion d'un contrat rend applicable à un cas particulier le devoir général d'accomplir sa promesse, ainsi que le droit d'exiger cet accomplissement.

Il suit de là que la loi morale ne saurait résulter d'une convention, comme on l'a prétendu quelquefois, car la validité de toute convention suppose déjà l'existence d'une loi de ce genre.

Le seul acte légitime d'où l'obligation puisse naître est donc le commandement d'une autorité légitime. J'ai déjà dit qu'il ne pouvait exister qu'une seule autorité pareille, celle de Dieu. Les commandements des pouvoirs humains et en première ligne ceux du peuple auquel tous les autres pouvoirs sont subordonnés, ne tirent leur légitimité que de leur conformité à la volonté de Dieu, manifestée par la loi morale. C'est, en définitive, au commandement de Dieu que se ramènent toutes les sources d'obligation.

Reste le quatrième terme, l'objet de l'obligation. La notion générale de l'obligation est une idée purement abstraite qui ne renferme en elle-même aucune des déterminations dont elle est susceptible et qui reste incomplète tant que son objet n'est pas désigné. En d'autres termes, pour l'individu, l'idée d'obligation ne peut avoir de valeur réelle que si elle comprend des prescriptions déterminées, des commandements positifs. Il ne suffit pas qu'on sache qu'on est obligé, il faut savoir à quoi on est obligé. En philosophie morale, comme en droit civil, une obligation sans objet est un non sens.

Maintenant, étant donnés ces quatre termes, l'individu libre auquel un commandement est imposé, l'autorité légitime d'où ce commandement émane, ce commandement lui-même et les prescriptions qu'il contient, l'idée de l'obligation résulte naturellement du rapport entre ces termes et il n'est pas plus besoin d'une notion innée pour concevoir ce rapport que pour concevoir un triangle dont les trois côtés et les trois angles sont donnés.

D'autre part, pour que l'idée abstraite d'obligation soit possible, il faut que les quatre termes que je viens d'énumérer soient connus. Si cette idée était innée, la notion de ces termes devrait donc l'être également. Il faudrait donc que nous eussions la connaissance innée, non-seulement de Dieu, des commandements qu'il nous impose, de notre libre arbitre, mais de toutes les obligations particulières auxquelles nous sommes assujettis. Or, comme nous l'avons vu et comme nous le verrons, le raisonnement et l'observation prouvent qu'à l'exception de la notion du libre arbitre, qui se produit d'elle-même quand nous agissons, les autres connaissances dont il s'agit ici ne sont acquises que peu à peu.

II. L'idée du droit ne présente pas plus que celle de l'obligation le caractère d'une idée innée.

Historiquement, l'idée du droit est une des dernières à apparaître dans la science morale. Les Grecs n'avaient pas de terme spécial pour rendre cette notion et la confondaient avec celle du *juste* et du *légal*. Chez les Romains, le mot *jus*, le même que *jussum,* signifie dans l'origine un ensemble de règles et d'institutions, et cette acception se retrouve dans les langues modernes, par exemple, dans les expressions « le droit français, le droit des gens, le droit de succession. » Peu à peu, cependant, le mot *jus* fut appliqué dans un sens plus subjectif aux pouvoirs et aux facultés qui appartiennent à l'individu en vertu des lois et des institutions. Alors on commença à dire : Mon droit, j'ai le droit de faire telle chose. Les philosophes grecs et romains, qui affirmèrent les premiers la loi naturelle, eurent l'idée vague de droits de ce genre qui appartenaient à l'homme en vertu de sa nature même. Mais cette idée ne fut nettement formulée qu'au XVIIIe siècle, et ce fut Kant le premier qui en fit une conception innée.

Naturellement, ce n'est pas l'idée du droit considéré comme ensemble de lois et d'institutions que l'on considère comme innée, mais celle du droit subjectif. La lenteur avec laquelle cette idée s'est formée constitue déjà une forte présomption contre son innéité. En réalité, elle n'a pas plus ce caractère que celle d'obligation.

Le droit subjectif, de même que l'obligation, est un rapport. On peut le définir : le pouvoir légitime appartenant à un être libre, vis-à-vis d'autres êtres libres, d'accomplir certains actes. On voit que, comme l'obligation, ce rapport suppose un certain nombre de termes, dont il résulte nécessairement et dont la connaissance devrait être innée pour que celle du rapport le fût elle-même. Nous pourrions donc appliquer à l'idée du droit tous les raisonnements par lesquels nous avons acquis la preuve que l'idée d'obligation n'est pas innée. Mais il est inutile de recommencer cette démonstration. Je me bornerai à quelques observations générales.

Par cela même que l'homme est une force libre, il possède le pouvoir de faire certains actes. Mais il peut user de cette faculté pour le mal comme pour le bien et, évidemment, le pouvoir et le droit ne sont pas la même chose, car personne n'a le droit de faire le mal. Il faut une loi qui établisse les cas où l'homme use légitimement du pouvoir qu'il possède et cette loi ne saurait être que la loi morale. Sans une loi de ce genre, chacun pourrait faire ce qui lui plairait, mais l'idée du droit ne serait pas applicable à ses actes ; l'homme serait comme l'animal, des droits duquel personne ne s'avise de parler. Il se passe dans le monde des animaux bien des faits qui offrent de l'analogie avec ceux du monde humain. Les animaux se font la guerre les uns aux autres, ils se tuent les uns les autres, ils s'enlèvent les uns aux autres leur nourriture, tout comme les hommes. Ils se mangent même bien plus les uns les autres que les hommes, et personne cependant ne condamne ces faits quand ils se produisent chez les animaux et ne les considère comme des lésions du droit, tandis que chacun reconnaît que chez l'homme ils constituent des violations du droit de premier ordre. La raison de cette différence est bien simple : c'est que les animaux sont destinés à obéir aveuglément à leurs instincts et qu'ils ne sont soumis à aucune loi morale. Par suite, les idées d'obligation et de droit ne leur sont applicables en aucun point.

Sans loi morale, il en serait de même pour les hommes.

Il n'existerait entre eux que des relations de fait, où la notion du droit n'aurait rien à voir. Si Paul et Jean se disputaient le même objet, ce serait le plus fort qui l'emporterait et l'autre ne pourrait pas s'en plaindre, puisqu'aucune prescription morale n'aurait attribué cet objet à l'un plutôt qu'à l'autre. Si Jean tuait Paul ou *vice versa*, aucun droit ne serait lésé, puisque chacun se bornerait à user de son pouvoir naturel, dont aucune loi n'entraverait l'exercice. Il est visible que ce n'est qu'improprement qu'on pourrait appliquer le mot de droit à cette relation. Car si Jean avait le droit de tuer Paul, Paul aurait celui de tuer Jean et ces deux droits s'annihileraient réciproquement.

Le droit suppose donc la légitimité du pouvoir individuel et cette légitimité ne peut dériver que de la loi morale. L'existence de la loi morale suppose à son tour toutes les relations dont j'ai parlé en traitant de l'obligation. Si l'idée du droit était innée, il faudrait que les idées qui ont toutes ces relations pour objet le fussent également.

Le droit de l'individu n'est concevable, en outre, que par rapport à des êtres libres comme lui. S'il existait sur terre un seul homme et que la morale lui eût donné un pouvoir absolu sur les autres créatures, les relations de droit ne sauraient naître, de même qu'il ne se forme aucun rapport de ce genre entre l'homme et les animaux ou les êtres inférieurs aux animaux. Le pouvoir qui nous appartient sur ces êtres n'a le caractère d'un droit que vis-à-vis de Dieu qui nous l'a conféré en nous donnant le monde physique pour domaine. Le droit n'existe, en réalité, qu'entre les hommes; c'est le pouvoir légitime qu'exerce chacun de nous dans l'accomplissement de la loi commune. Aussi est-ce faire de l'anthropomorphisme que de parler du droit de Dieu. C'est de la volonté de Dieu qu'émanent la loi, le devoir, le droit. Il est donc lui-même au-dessus de toutes ces relations et ce n'est que par une fausse analogie qu'on peut lui attribuer ces conditions de la vie humaine.

Il suit de là que si l'idée du droit était innée, la connaissance des relations que nous pouvons avoir avec les autres hommes devrait l'être également.

D'ailleurs, l'idée abstraite du droit semble exiger plus impérieusement encore que celle de l'obligation un contenu positif. On ne saurait revendiquer un droit, sans le formuler d'une manière précise. Quel est donc le droit que l'on prétend inné? Est-ce le droit à la vie suffisante, à l'instruction, au travail? Ou bien le droit aux jouissances, à l'oisiveté, à la domination? A en juger par l'expérience, c'est vers ces dernières satisfactions que les hommes sont portés de préférence et ce sont les désirs qui y poussent qu'on pourrait avec le plus de raison considérer comme innés. En réalité, la détermination positive des droits qui compètent à chaque individu est un problème scientifique entouré d'assez graves difficultés, et il est clair que ces difficultés n'existeraient pas si la solution du problème était innée.

Beaucoup d'amis du progrès réclament aujourd'hui en faveur de tout homme un certain nombre de droits, tels que la liberté, l'égalité, le développement de toutes les facultés intellectuelles et physiques, et ils pensent donner une base plus solide à ces droits en supposant qu'ils sont fondés sur un sentiment inné. Mais il leur suffirait de prouver qu'ils dérivent directement de la loi morale. Comment ne voient-ils pas qu'ils n'auraient pas tant de peine à propager leur opinion sur l'existence même de ces droits, si elle était innée? Les idées progressives commencent toujours par être l'apanage de minorités, et, on ne saurait le nier, même dans la société européenne du XIXe siècle, la majorité des hommes est loin d'avoir le sentiment complet de la liberté politique et des droits qui appartiennent à chacun en vertu de la morale. La plupart ne réclament pas la liberté pour eux-mêmes, à plus forte raison pour tous les autres! Sans doute, le prisonnier et l'esclave ont toujours aspiré à la liberté; mais est-il besoin d'admettre une idée innée pour comprendre qu'un homme ait le désir de se délivrer d'une souffrance? Si les droits que l'on réclame aujourd'hui, à juste titre, pour les masses n'avaient d'autre fondement que des idées innées, il serait par trop facile d'en nier la validité au nom de l'immense majorité des hommes des temps passés et du temps présent dont la conscience n'affirme pas ces droits.

Je n'avais l'intention, ici, que de combattre le caractère inné qu'on attribue aux idées abstraites d'obligation et de droit; j'aurai l'occasion de revenir sur ces idées dans d'autres parties de cet ouvrage.

CHAPITRE XV

Des relations morales fondées directement sur la nature humaine.

Parmi les motifs qui ont fait croire à l'innéité de la morale, figurent, en second lieu, certains faits qui résultent nécessairement de la nature humaine et qui se trouvent avoir des rapports étroits avec toute loi morale qui peut être imposée à l'homme.

L'homme est un esprit libre uni à un corps matériel. L'esprit tend naturellement à s'affirmer comme individualité indépendante, comme ne relevant que de lui-même. Le corps est le siége de besoins et d'instincts qui demandent impérieusement à se satisfaire. Or, toujours et nécessairement la loi morale contredit, jusqu'à un certain point, l'une et l'autre de ces impulsions.

Par cela même qu'elle exige l'obéissance à un être supérieur, à Dieu, la morale nie l'indépendance absolue de l'individu. Cette indépendance rencontre une seconde limite dans l'état social, que la morale suppose nécessairement et qu'elle impose à tous les individus comme un devoir. La tendance naturelle à l'esprit de se poser comme une individualité qui ne relève que d'elle-même, se trouve donc en opposition avec toute espèce de loi morale.

Il en est de même des instincts du corps. L'homme n'accomplit pas son but, comme les animaux, par la seule satisfaction des besoins de son organisme. Ce but est posé par la loi morale même, vis-à-vis de laquelle le corps n'est qu'un instrument, dont l'esprit est obligé de se servir, mais qu'il doit diriger et maîtriser. Et lorsque les instincts du corps tendent à prendre le dessus sur le but moral, lorsque les impulsions de l'organisme prétendent se substituer à la loi de l'esprit, la morale ordonne de les réprimer et de les vaincre quelque peine qu'il en coûte. La morale, quelle qu'elle soit, commande donc toujours de refréner certaines tendances du corps.

La nature de l'homme est donc telle que celui-ci ne saurait se livrer à tous ses penchants sans se trouver en contradiction avec la morale, et que, pour se conformer à cette loi, il est toujours obligé de s'imposer un sacrifice, sacrifice de l'indépendance absolue de la volonté, sacrifice des appétits exclusifs de l'organisme.

En général, l'homme est essentiellement porté par sa nature à s'aimer lui-même avant tout. Or, la morale lui impose toujours certains devoirs, lui commande toujours certaines actions qu'il doit accomplir indépendamment de la satisfaction personnelle qui pourra en résulter pour lui et même au risque d'en éprouver de la peine ou de la douleur. Mais, par cela même, elle l'oblige à un sacrifice. Chaque fois que l'homme remplit un devoir pénible, chaque fois qu'il préfère le bien commun à son utilité propre, chaque fois qu'il se dévoue à sa famille, à ses amis, à sa patrie, à une idée, il fait un sacrifice, et ce sacrifice peut aller quelquefois jusqu'à la mort.

Aussi, sur ce point, les lois morales sont d'accord dans tous les lieux et dans tous les temps. Pour toutes, le bien c'est le dévouement, c'est le sacrifice. Et l'opinion humaine également s'est montrée invariable à cet égard. Toujours elle a honoré et admiré l'homme qui, pour remplir un devoir, pour servir Dieu ou ses semblables, a fait abnégation de lui-même. Dans toutes les actions nobles et généreuses que glorifie l'histoire, dans tous les traits d'héroïsme dont elle a gardé le souvenir, le fond est toujours un acte de dévouement, un sacrifice. En racontant des actes pareils, on est toujours certain d'émouvoir les hommes et il est peu d'individus assez égoïstes, assez immoraux pour ne pas les comprendre et en être touchés.

Mais, de ce fait même, on prétend tirer un argument en faveur des idées innées. Le sentiment, en vertu duquel nous honorons le dévouement et l'abnégation, ce n'est pas la loi morale qui le donne, puisqu'il doit exister déjà jusqu'à un certain point, pour que nous acceptions cette loi. Et, en général, ne faut-il pas que nous possédions d'avance une idée innée qui nous fasse juger de la bonté de la morale? car, sans cela, comment nous soumettrions-nous à ses commandements qui contrarient l'indépendance de notre volonté et les appétits de notre corps? Nous savons donc d'avance que le sacrifice et le dévouement sont le bien, et c'est pour cela que nous les préférons aux tendances naturelles de notre esprit et de notre organisme.

Tel est l'argument puissant que les partisans des idées innées invoquent sur ce point spécial. Mais cet argument n'est pas aussi concluant qu'il paraît l'être au premier abord.

Je n'insisterai pas ici sur l'éducation ni sur les habitudes qu'elle donne. Il est certain que l'éducation, qui n'est autre chose que l'enseignement de la loi morale, a eu pour but, dans tous les temps et dans tous les lieux, de faire aimer et honorer le dévouement, de faire détester l'égoïsme. L'accord de l'immense majorité des hommes dans l'appréciation de ces sentiments s'explique donc sans difficulté par la constance et l'universalité de l'enseignement moral. Mais cette question présente un côté psychologique qu'il est important d'étudier si l'on veut en obtenir la solution complète.

Il s'agit ici d'un acte spirituel primitif et d'une des puissances les plus mystérieuses de l'esprit humain. Nous connaissons relativement assez bien les opérations par lesquelles l'esprit conçoit et veut, mais nous sommes dans une ignorance à peu près complète sur celles en vertu desquelles il croit et aime. Les phénomènes de l'intelligence ont été l'objet de travaux nombreux et on est certainement arrivé sous ce rapport à quelques résultats positifs. De même, quelques-unes des questions que soulèvent les actes de la volonté ont été élucidées, surtout par suite des discussions relatives au libre arbitre. Mais la foi et l'amour spirituel ont passé inaperçus devant les yeux des philosophes et sont restés relégués dans le domaine de la théologie. Or, la foi et l'amour constituent des facultés puissantes, qui jouent un grand rôle dans la vie humaine et qui suffisent pour expliquer comment l'homme peut accepter la morale, sans en posséder l'idée innée.

Si on pénètre au fond de la conscience humaine, on y trouve deux dispositions contraires qu'il est facile à chacun d'observer en soi-même. C'est d'abord le sentiment qu'a chacun de sa propre personnalité, de son moi, le désir de sa satisfaction personnelle, la tendance à s'affirmer lui-même et à croire à lui-même, l'égoïsme en un mot. Ce sentiment résulte de notre nature individuelle et il est parfaitement légitime, tant qu'il ne se met pas en contradiction avec la morale. Mais à côté de ce sentiment s'en trouve un autre : celui qui nous porte à désirer la satisfaction de ceux qui nous entourent, à leur faire du bien, serait-ce au prix de souffrances et de privations personnelles, à avoir confiance en eux, à croire à des affirmations émanant d'eux, lors même qu'elles contrarient nos opinions personnelles et nos tendances égoïstes. D'où vient ce second sentiment qui se montre si puissant dans quelques âmes? C'est une question dont la solution n'est pas aisée, mais à laquelle heureusement je n'ai pas à répondre ici. Il me suffit de constater qu'il existe, et je ne pense pas que personne puisse le contester.

Cette impulsion vers la confiance, le dévouement, le sacrifice, est confondue par beaucoup de personnes avec la sympathie, phénomène tout organique dont j'aurai à parler bientôt. Mais elle est toute différente, comme il sera facile de le faire voir. La foi et l'amour résultent tout naturellement de la volonté énergique de suivre cette impulsion de préférence à la tendance égoïste qui provient de notre nature individuelle. La foi, c'est la certitude subjective, c'est la croyance ferme et inébranlable à la vérité d'une affirmation. L'amour spirituel, c'est ce don précieux que saint Paul a si admirablement décrit sous le nom de charité [1]. Il consiste à substituer à sa propre volonté, au désir de son propre bien, la volonté et le désir de celui qu'on aime. Pour faire acte de foi, il faut que l'homme se trouve en face d'une affirmation proposée à sa croyance; pour faire acte de charité, il a besoin d'être en relation avec des êtres semblables à lui qu'il puisse aimer. Ces conditions sont indispensables, mais elles suffisent. Du moment qu'elles sont réalisées, ces deux facultés, sources de toute grandeur morale, peuvent entrer en exercice.

Ces conditions se réalisent quand la morale, qui commande la charité et flétrit l'égoïsme, nous est enseignée.

C'est ici qu'apparaît la force et l'efficacité du libre arbitre. Entre l'impulsion vers la croyance, vers le dévouement et le sacrifice, et l'impulsion qui tend à satisfaire avant tout notre égoïsme, l'âme est appelée à choisir et elle se

---

[1] 1re Epître aux Corinthiens, chap. XIII.

porte vers l'une ou l'autre uniquement en vertu de sa propre détermination, sans autre motif que sa volonté, qui sera bonne ou mauvaise, suivant qu'elle aura choisi d'un côté ou de l'autre. Dans une foule d'autres circonstances, le choix pourra être déterminé par des motifs plus ou moins convaincants, sans cesser d'être libre. Mais là, sur le terrain de la morale, le libre arbitre s'exerce dans toute sa pureté. Le choix a sa source dans la volonté même. Notre choix ne se porte pas vers le bien par la raison que nous comprenons naturellement la supériorité du bien sur le mal, que nous jugeons en vertu d'idées innées de la bonté morale; ce sont là des suppositions tout à fait inutiles. Nous choisissons le bien, parce que nous *croyons* à la vérité de la loi morale qui nous est proposée, et nous croyons à cette vérité parce que toute loi morale nous commande, dans des limites plus ou moins étendues, d'aimer nos semblables, et qu'en effet nous les *aimons* et avons la volonté de nous dévouer pour eux.

Et l'observation journalière montre bien que c'est ainsi que les choses se passent. Dès le début de sa vie, l'homme se trouve placé devant un choix que lui pose la loi morale. Pour le petit enfant, ce choix se présente avec les premières lueurs de l'intelligence, dès que l'enfant est en état de comprendre que dans une circonstance donnée ses parents ou sa nourrice veulent quelque chose de lui; dès ce moment il peut se soumettre volontairement à ceux qui le soignent ou leur résister par ses cris et ses pleurs. Ce choix devient plus apparent à mesure que l'enfant grandit. Peu à peu, ce qui pour lui n'était que la volonté d'autrui, prend le caractère de prescriptions morales, de la volonté de Dieu. Longtemps l'enfant ne connaît d'autre autorité que ses parents et ses instituteurs. C'est d'eux qu'il reçoit la loi morale et il accepte cette loi s'il les aime et s'il croit à leurs enseignements; dans le cas contraire, il ne suit que ses penchants égoïstes, il tourne au mal et se corrompt.

Enfin, à l'âge de raison, ce choix se représente encore. L'homme accepte alors la loi morale admise dans la société où il vit, soit parce qu'il croit en Dieu et qu'il veut obéir aux prescriptions divines, soit parce qu'il s'est habitué à croire à la morale et qu'il en a reconnu l'utilité pratique. Ou bien il ne l'accepte pas; cependant, dans ce cas, il s'en prévaudra quand il trouvera un profit personnel à le faire, mais il en fera bon marché quand elle contredira ses passions ou ses intérêts. Tout individu devient ainsi, suivant son choix, un honnête homme ou un coquin.

Il n'est pas besoin de dire que ce choix s'accomplit pour ainsi dire chaque jour pour chacun et se renouvelle une infinité de fois, à l'occasion de la plupart de nos actes. Il est certain aussi que nous ne choisissons pas toujours dans le même sens et que tout homme est sujet en cela à beaucoup de variations. Néanmoins, quoique notre liberté reste toujours entière, l'observation prouve qu'il s'établit une habitude à cet égard, et une tendance à choisir dans le sens où nous avons le plus souvent choisi.

Quelle est la conclusion de ces faits? C'est que pour accepter la morale, il n'est pas besoin d'idées innées, il suffit de cette disposition à croire aux autres et à les aimer qui se trouve au fond de notre âme aussi bien que la disposition à ne croire qu'en nous et à nous aimer nous-mêmes par-dessus tout. La première de ces dispositions n'engendrerait aucune prescription morale positive et nous n'aurions aucune raison de la préférer à la seconde, si un enseignement moral, venant du dehors, transmis par la société, ne nous apprenait qu'elle est le bien, qu'elle est conforme à la volonté de Dieu, et qu'il faut y céder chaque fois qu'elle se trouve en contradiction avec la tendance égoïste. C'est donc l'enseignement qui nous initie à la loi morale. La disposition à la croyance et au dévouement n'est que la voie par laquelle l'esprit saisit cet enseignement et se l'approprie.

D'autres facultés naturelles encore ont été invoquées pour démontrer une sorte d'innéité des idées morales. Je veux parler des facultés sentimentales, de la sympathie, qui sont considérées encore par beaucoup de spiritualistes comme des facultés de l'âme. Les philosophes écossais surtout se sont appuyés sur ces prétendus sentiments moraux. Or, en réalité, les sentiments n'ont rien de commun par eux-mêmes avec les idées morales. Comme nous nous trouvons ici en face d'erreurs accréditées et de faits peu connus, on me permettra d'entrer dans quelques détails.

Quelques mots d'abord sur la signification des termes. Le mot sentiment a, en français, une double acception qui peut donner lieu à des confusions d'idées. Il s'emploie d'abord pour exprimer certaines perceptions des sens internes, comme quand on dit le sentiment de la faim, de la douleur; et dans ce sens il s'applique en général à toute perception ou idée qui manque de clarté et de précision, à la conscience confuse d'une opération intellectuelle quelconque. En second lieu, ce mot exprime les phénomènes *affectifs* de tout genre, les émotions, les impulsions instinctives, les désirs, les passions, les impressions produites par les objets d'art. C'est dans cette dernière acception seulement que nous l'employons ici.

Si nous analysons un sentiment déterminé quelconque, nous y trouvons d'abord deux choses : d'une part, le but auquel tend ce sentiment, de l'autre, l'impulsion plus ou moins passionnée qui nous fait désirer l'accomplissement de ce but. Le but consiste dans une idée, c'est donc un phénomène spirituel, un fait de conscience. Mais l'impulsion passionnée est un fait organique, un phénomène corporel, c'est ce qui est reconnu aujourd'hui par tous les physiologistes. Lorsque, par exemple, nous désirons vivement le triomphe d'une croyance religieuse ou philosophique, ou d'un système politique, la croyance philosophique ou religieuse ou le système politique où nous tendons, constitue un but présent à notre esprit sous forme d'idée ; mais le désir que nous avons de voir cette idée réalisée, l'émotion sentimentale, la passion avec laquelle nous travaillons à la propager, constitue une véritable impulsion matérielle, qui a sa source dans l'organisme et qui ajoute à la volonté spirituelle toute l'énergie des forces du corps.

Le sentiment proprement dit, la puissance émotive, a certainement son siége dans le système nerveux et très-probablement dans le réseau ganglionnaire qui préside à la vie nutritive et qui entoure le cœur et les principaux viscères de la poitrine et de l'abdomen. C'est ce que paraît prouver la réaction immédiate que les émotions sentimentales un peu fortes exercent sur ces viscères, réaction qui se manifeste par les battements du cœur, la vivacité de la circulation du sang, l'activité des sécrétions, les troubles viscéraux dont elle est souvent accompagnée. Il est certain aussi que les facultés sentimentales sont également représentées dans le cerveau par des appareils nerveux spéciaux qui les mettent en relation directe avec les nerfs affectés aux idées et aux opérations intellectuelles, ainsi qu'avec ceux qui président au mouvement. On sait que sous l'influence d'un sentiment les organes du mouvement acquièrent une puissance d'action et une énergie extraordinaires.

Le sentiment se présente sous deux formes opposées ; il est, suivant la distinction établie par le Dr Cerise, à l'état expansif ou à l'état oppressif. Sous la première forme, il se manifeste par la satisfaction, la sympathie, le courage, la joie, l'enthousiasme ; sous la seconde, il a les caractères de la dépression, de la tristesse, de la peur, de la susceptibilité, de l'irritation.

Dans ses manifestations inférieures, le sentiment apparaît comme une sorte de moteur au service des instincts de l'organisme. En vertu de relations nerveuses préétablies, tous les besoins de l'animal qui tendent à la conservation de l'individu et de l'espèce, tels que la faim, l'instinct sexuel, le besoin de la défense, les soins maternels, mettent en jeu l'appareil sentimental sitôt qu'ils cessent d'être satisfaits et l'émotion ainsi produite pousse énergiquement elle-même à la satisfaction. Dans chaque espèce animale l'impulsion sentimentale répond à la destination particulière de cette espèce. Chez les animaux armés de griffes et de dents et destinés à se nourrir de proies vivantes, c'est le courage, le sentiment de l'attaque qui domine, et quand il éprouve de la résistance, ce sentiment devient la colère et la fureur. L'animal incapable de se défendre a la peur pour sauvegarde et une prompte fuite le dérobe à ses ennemis. Jusque-là donc le sentiment ne présente que l'apparence d'une force organique. Chez l'homme, il prend un caractère tout différent.

Chez l'homme, en effet, la force émotive n'est pas seulement au service des besoins instinctifs du corps, mais elle s'attache, comme je l'ai dit, à des idées de l'esprit, à des buts de la volonté et leur prête sa puissance d'impulsion. En vertu des relations organiques qui lient entre elles toutes les parties du cerveau, la force émotive peut s'associer à une idée, à un but quelconque, et elle engendre ainsi le désir et la passion. Le désir existe chaque fois qu'un but n'est plus seulement posé par la froide raison, mais qu'un sentiment plus ou moins prononcé nous porte à le poursuivre et que nous éprouvons une vive satisfaction quand nous l'avons atteint. La passion n'est qu'un désir ou un ensemble de désirs d'une grande intensité.

Quel que soit le désir ou la passion, la force organique qui en forme l'élément sentimental est toujours la même ; ce qui diffère, c'est l'idée ou le but auquel s'attache le sentiment. Aussi toutes les tentatives de faire une énumération ou une classification des passions humaines ont-elles échoué, car le nombre des désirs et des passions est aussi illimité que celui des idées que l'homme peut concevoir, des buts qu'il peut se proposer. Sans doute, les besoins fondamentaux, que l'homme a en commun avec les animaux et qui résultent de la nature même de son organisme, engendrent plus fréquemment des désirs et des passions que les buts de la vie intellectuelle et morale. Mais s'ils produisent plus souvent cet effet, ils ne sont pas les seuls à le produire et les passions religieuses, politiques, scientifiques n'ont manqué jamais dans aucune société. Partout aussi on trouve de ces passions individuelles qui s'attachent à des objets déterminés, tels que les fleurs, les oiseaux, les tableaux, les livres rares, etc., et qui souvent vont jusqu'à la monomanie. La puissance sentimentale, tout en restant toujours la même au fond, peut donc s'associer à une variété infinie d'idées et jamais on ne parviendra à énumérer tous les désirs positifs, toutes les passions réelles dont l'homme est susceptible.

Parmi les phénomènes qui ont leur siége dans l'appareil sentimental, il en est un : la sympathie, qui joue un grand rôle dans la vie humaine. La sympathie est cette faculté en vertu de laquelle nous sentons avec les autres, nous partageons leurs joies, nous souffrons de leurs douleurs. La science physiologique a prouvé que ces effets étaient de simples phénomènes d'imitation. Nous sommes organisés de telle manière, qu'à moins d'une dissimulation volontaire, nous exprimons au dehors par le geste et les traits du visage, par le son de la voix les sentiments que nous éprouvons. En vertu d'une autre disposition de notre organisme nerveux, quand nous sommes en présence d'un individu qui est sous l'émotion d'un sentiment puissant et dont l'apparence extérieure manifeste vivement cette émotion, nous sommes portés naturellement à éprouver un sentiment analogue, notre appareil sentimental se met à l'unisson de celui qu'il aperçoit et par un instinct d'imitation reproduit les mêmes phénomènes. Cette reproduction va souvent très-loin chez certaines personnes. Buchez rapporte l'exemple d'une femme qui, assistant sa fille prise des douleurs de l'accouchement, éprouva elle-même la plupart des phénomènes de l'accouchement sans être enceinte. L'imitation s'étend jusqu'aux actions que le sentiment inspire et est d'autant plus rapide que ce sentiment est plus intense. La colère qui s'allume à la vue de la colère, les paniques qui se produisent au sein d'une foule, la contagion du courage et de l'enthousiasme comme celle de la peur et de l'abattement, nos larmes ou nos rires au théâtre, offrent des exemples journaliers de l'exercice de cette faculté.

La sympathie jointe à l'habitude produit ces attachements durables, ces liaisons intimes dont on voit des exemples même entre gens qui ne s'aiment pas spirituellement et dont la rupture violente cause toujours une atteinte cruelle. La sympathie existe d'ailleurs chez l'animal comme chez l'homme. C'est grâce à elle que le chien imite son maître dans l'attaque et la défense; c'est elle principalement qui fait vivre en société les individus de certaines espèces et les pousse ensemble à la fuite ou au combat. C'est par suite du trouble organique qui est le résultat de la rupture subite des sympathies et des habitudes que souvent l'animal ne survit pas à son compagnon ou à l'homme qui l'a bien traité [1].

Il résulte de ces considérations sur la nature du sentiment et de la sympathie, que par elles-mêmes ces facultés n'ont rien de commun avec les idées morales. Ce sont des dispositions instinctives, organiques, qui poussent l'homme à certaines actions, et surtout à la satisfaction de ses besoins, mais qui ne lui apprennent rien sur sa destination

---

[1] Les principes que je viens d'exposer sur le sentiment et la sympathie ne sont que le résumé des travaux de Buchez et du Dr Cerise sur cette matière. Voyez Buchez, *Introduction à la Science de l'histoire*, et Cerise, *des Fonctions et des maladies nerveuses*.

spirituelle, sur ses devoirs et ses droits dans la société. Malheur à celui qui suivrait aveuglément ces impulsions instinctives, qui peuvent s'attacher au mal comme au bien et que la morale au contraire est appelée à diriger et à contenir! Par cela même que le sentiment peut s'associer à toutes sortes d'idées, les buts les plus immoraux peuvent devenir l'objet des désirs les plus intenses. Et, de fait, le mot de *passion* n'est-il pas le plus souvent pris en mauvaise part, parce que les passions les plus violentes ont presque toujours un but contraire à la morale : la domination, la richesse, les jouissances, le jeu, la vengeance?

La sympathie de même produit des effets bons ou mauvais suivant le côté où porte l'imitation. Par cela même qu'elle n'est que l'effet d'une impression organique, elle diffère essentiellement du dévouement, de la charité, de l'amour spirituel avec lesquels on la confond trop souvent. Jamais la sympathie n'est volontaire, jamais elle ne conclut par elle-même à un sacrifice, tandis que l'action volontaire et spontanée forme précisément le caractère distinctif de la charité spirituelle. Mais la sympathie peut venir en aide à la volonté bonne ou mauvaise. Lorsque chez un homme elle concorde avec l'amour du bien et l'esprit de charité, elle devient une force puissante qui facilite singulièrement l'accomplissement de la loi morale; elle se manifeste alors sous forme de bienveillance, d'affabilité, de commisération, de pitié. Dans le cas contraire, elle est la source d'une foule de faiblesses et de lâchetés morales. C'est sous son impulsion que les parents gâtent leurs enfants, que les jeunes gens s'encouragent mutuellement à la débauche, que les princes livrent à leurs favoris les droits et les biens de leurs sujets. Le sentiment et la sympathie seraient donc les guides les plus dangereux, s'ils n'avaient au-dessus d'eux la volonté, qui peut toujours être plus forte, et la morale qui leur assigne leur véritable valeur et qui nous apprend à distinguer les impulsions sentimentales qu'il faut suivre de celles qu'il faut réprimer.

La sympathie et le sentiment ne sauraient donc être invoqués en preuve du système des idées innées. L'argument vulgaire qu'on tire en leur faveur de la conscience morale est-il plus convaincant?

Il n'est pas nécessaire, sans doute, de reproduire les raisons péremptoires par lesquels Locke a démontré que la conscience ne prouvait pas l'existence d'idées de ce genre et qu'elle était elle-même un résultat de l'enseignement.

La première condition de la conscience, c'est le sens moral. Or, faut-il rappeler qu'il existe des personnes auxquelles le sens moral manque plus ou moins complètement? Non-seulement il y a dans toutes les sociétés policées une classe d'individus vivant dans le vice et le crime, qui ont appris dès leur jeunesse à mépriser toutes les lois sociales et qui transmettent les mêmes habitudes à leurs enfants, mais même dans les classes honnêtes, il se rencontre des hommes profondément égoïstes qui n'ont jamais eu le moindre souci de la morale. C'est parmi les premiers que se recrutent les bagnes et les prisons, et c'est un fait incontestable que pour la plupart de ces malheureux le reproche intérieur et le remords sont choses absolument inconnues, et que le seul regret qu'ils éprouvent, c'est de n'avoir pu échapper à la vindicte publique. Le grand nombre des récidives constatées par les statistiques judiciaires suffirait pour le prouver, si l'observation ne le montrait avec évidence à tous ceux qui se trouvent en contact avec des criminels. Les gens sans foi ni loi qui vivent dans le monde honnête sont plus difficiles à reconnaître parce qu'ils savent ménager l'opinion publique et se tenir hors des atteintes du Code pénal. Cependant, qui n'a connu de ces hommes qui ne semblent avoir aucune notion des prescriptions morales, qui dans leurs affaires, leurs plaisirs, leur conduite politique, témoignent d'un égoïsme si convaincu et si brutal qu'évidemment le sens moral leur fait absolument défaut?

Il y a donc des hommes chez lesquels la conscience morale manque tout à fait. Mais combien n'en est-il pas chez lesquels elle présente des lacunes considérables ou qui semblent ignorer toutes les prescriptions morales opposées à leurs vices dominants? Le libertin qui se joue de l'honneur et de l'avenir des femmes et des filles, le marchand qui surfait ou trompe l'acheteur, l'ambitieux qui ne recule devant aucun crime pour monter au pouvoir, sont-ils bourrelés de remords, sont-ils même tourmentés de scrupules?

D'autre part, la preuve directe que la conscience est un résultat de l'enseignement, c'est qu'elle diffère chez les individus suivant l'enseignement qu'ils ont reçu. Ces variations sont considérables et elles affectent autant la teneur des prescriptions que leur objet. Sans m'occuper en ce moment de la nature des prescriptions, je me bornerai à rappeler la variété des objets auxquels la conscience peut attacher une valeur. Ainsi, suivant l'enseignement qui prévaut dans une société, la conscience peut s'alarmer de manquements à des prescriptions purement religieuses, aux pratiques d'un culte quelconque, à de simples règles d'utilité ou de convenance consacrées par l'usage, beaucoup plus qu'elle ne s'alarme de contraventions à la loi morale même. Le catholique fervent se fait un grave reproche d'avoir fait gras un vendredi, l'Indou d'avoir touché un objet impur, le Chinois d'avoir manqué aux rites de la politesse, tout homme d'avoir fait une chose contraire à son intérêt légitime. Or, personne ne soutient que les devoirs qui excitent ces remords forment des prescriptions innées de notre conscience. Et pourtant il est certain que bien des gens se font beaucoup plus scrupule de violer des préceptes de ce genre que ceux de la morale, et que le brigand napolitain, par exemple, se soucie peu des assassinats qu'il commet pourvu qu'il remplisse exactement ses devoirs religieux. Si donc, dans ces cas, la conscience naît évidemment d'un enseignement extérieur, pourquoi ne résulterait-elle pas d'un enseignement analogue quand il s'agit de prescriptions morales? L'existence de la conscience et du remords ne suppose donc nullement celle d'idées innées.

Il résulte de ce qui précède qu'aucune des trois facultés que nous venons d'examiner, ni la disposition au dévouement, ni le sentiment, ni la conscience ne justifie l'hypothèse d'une morale innée. Mais il est certain que tant que la nature de ces facultés a été peu connue, leur existence pouvait induire en erreur; de la disposition innée au dévouement il était facile de conclure à la connaissance innée de la bonté de cette disposition, les effets souvent bienfaisants de la sympathie pouvaient faire croire au caractère moral de cette faculté naturelle, les reproches de la conscience à l'origine native de cette voix intérieure. Ces conclusions paraissaient d'autant plus légitimes que ces facultés humaines étant les mêmes dans tous les temps et tous les lieux, on les voyait produire des effets analogues toujours et partout. Mais, en réalité, les faits sur lesquels on s'appuyait reposaient sur une analyse imparfaite, qui ne peut tenir devant une étude plus approfondie de la nature humaine.

CHAPITRE XVI

Des prescriptions de la morale primitive.

Il est une dernière classe de motifs qu'on allègue avec une grande apparence de raison en faveur du système des idées innées : ce sont quelques prescriptions positives, qui ne sont plus de simples abstractions, mais que l'on trouve parmi les commandements de la morale depuis les premiers temps historiques et qui n'ont subi aucune variation essentielle jusqu'à nos jours.

Lorsqu'en effet on observe historiquement les changements que la morale a éprouvés, on voit qu'ils ont été progressifs, c'est-à-dire que les prescriptions venues en dernier lieu se sont fondées sur les premières qu'elles ont laissé subsister, tout en y ajoutant quelque chose. L'extension qu'ont reçue successivement les commandements de la morale, en raison des modifications qui se sont produites dans la situation de l'humanité, n'a jamais eu pour effet d'invalider les commandements primitifs. Ainsi le précepte chrétien : « Aimez tous les hommes comme vos frères, » n'a porté aucune atteinte au précepte plus ancien : « Aimez vos frères proprement dits, ceux qui sont nés du même sang que vous. » Au contraire, le précepte nouveau contient l'ancien tout en le dépassant de beaucoup. Les commandements primitifs de la morale ont donc toujours subsisté et subsistent encore aujourd'hui ; par suite, on les trouve dans tous les temps et dans tous les lieux et ils possèdent un caractère de généralité qui peut faire croire qu'ils sont innés.

Ce serait l'objet d'un travail historique qui aurait certainement de l'intérêt, mais auquel nous ne pouvons nous livrer, que de déterminer ces préceptes et d'en établir le système. Je me bornerai à en indiquer les plus saillants.

En premier lieu, la condition générale de toute relation morale, la notion d'une loi émanant d'un être supérieur à l'homme et réglant ses devoirs et ses droits, a nécessairement été enseignée dès l'origine, et dès les premiers temps on a dû se rendre compte d'une partie des conséquences logiques qu'elle renferme.

En second lieu, le principe que l'individu doit préférer à ses intérêts propres ceux de la société dont il fait partie, et sacrifier au besoin sa vie même à cette société, n'a jamais pu faire défaut. Ce principe constitue pour ainsi dire une condition logique de la vie sociale et l'on peut dire avec certitude qu'il n'a manqué dans aucun temps.

Par la même raison, l'autorité de la société sur l'individu dans certaines limites a dû être proclamée dès l'origine. Nécessairement la morale a autorisé dès le commencement la société à exercer une certaine contrainte sur l'individu, à le forcer d'obéir à certaines de ses prescriptions, autrement la vie sociale eût été aussi impossible que si l'on n'avait pas reconnu la subordination de l'intérêt individuel à l'intérêt social. Il s'est même produit, à cet égard, des exagérations monstrueuses, mais elles n'eussent pas été possibles si le principe même n'avait pas été admis par toutes les sociétés.

Les devoirs de la famille, c'est-à-dire la fidélité réciproque des époux, l'obéissance due au chef de famille, les devoirs de celui-ci relativement à l'éducation des enfants, datent certainement des débuts de l'humanité, et ils sont toujours restés les mêmes, quoiqu'ils aient été l'objet aussi de bien des aberrations, sur lesquelles nous reviendrons et qui prouvent, d'ailleurs, que la notion de ces devoirs n'était pas innée.

La sincérité de la parole et la foi des promesses ont dû figurer également parmi les prescriptions de la morale primitive. La parole étant l'instrument premier des relations entre les hommes et les rapports les plus indispensables étant fondés sur la vérité de la parole, le mensonge a dû être condamné dès le début comme une action anti-sociale. Quant au caractère obligatoire des contrats, il ne remonte peut-être pas aux premiers âges de l'humanité. Longtemps encore du moins, nous voyons les conventions entourées de formes particulières qui seules en assurent la validité. En droit romain même les pactes nus n'étaient pas obligatoires dans l'origine. Cependant, le devoir de la sincérité de la parole a toujours entraîné jusqu'à un certain point l'obligation de tenir sa promesse.

Enfin, on a certainement enseigné, dès le début, que celui qui fait le mal doit être puni. Ce principe ne dérive pas comme une conséquence nécessaire de la notion même de la loi morale, car on peut concevoir une loi privée de sanction. Mais la sanction est le seul moyen pour assurer l'exécution de la loi quand il se trouve des individus qui n'y obéissent pas volontairement; or, il y a toujours eu des individus pareils. Ce principe a, d'ailleurs, été appliqué de bien des manières différentes. Dans les sociétés primitives, il apparaît sous la forme du droit de vengeance et de la loi du talion.

Les prescriptions morales que je viens de rappeler présentent le caractère de lois éternelles, immuables, parce qu'elles n'ont jamais fait défaut à l'humanité et que la société ne subsisterait pas sans elles. Mais cela ne prouve rien quant à leur innéité ; car elles présenteraient le même caractère si elles avaient été enseignées dès le commencement et que cet enseignement se fût transmis jusqu'à nos jours. Et, en effet, de même que d'autres règles morales qui semblent avoir le même caractère de perpétuité, quoiqu'on puisse jusqu'à un certain point en constater l'origine historique, ces commandements de la morale primitive ne sont pas tellement enracinés dans la conscience humaine qu'il ne se trouve beaucoup d'individus qui paraissent les ignorer complètement. L'argument qui empêche d'admettre une conscience naturelle s'applique encore ici. Que de gens qui n'ont pas l'air de se douter que l'intérêt public doit aller avant l'intérêt particulier ! Tout le monde sait que c'est un mal de mentir, mais combien n'est-il pas d'individus qui se mettent au-dessus de ce préjugé et qui appliquent sans scrupule le fameux axiome : la parole est l'art de déguiser sa pensée. Quant aux manquements à la fidélité conjugale, loin d'en avoir des remords, une foule d'hommes s'en font gloire et s'en vantent. En réalité, des idées innées ne pourraient s'effacer à ce point. Aucun homme n'oublie les idées de cause, de substance, d'unité quoiqu'elles ne soient pas innées. Comment perdrait-on la notion d'obligations fondamentales, si on les apportait en naissant et si elles faisaient partie de l'essence même de l'âme ?

CHAPITRE XVII

Les variations de la morale.

L'examen auquel nous venons de nous livrer nous a fait voir les causes de l'erreur où sont tombés les auteurs du système des idées innées. Parce que certaines idées morales présentent un caractère absolu, nécessaire, qui les rend indépendantes du temps et de l'espace, on les a prises pour des conceptions essentielles, que l'esprit apporte en naissant. Mais nous avons vu que ces conceptions étaient soit des conséquences déduites logiquement de l'idée même d'une loi morale, soit des notions résultant de la nature humaine, soit enfin des prescriptions données à l'humanité dès l'origine. Il s'agit maintenant de savoir si les raisons opposées à l'hypothèse de la morale innée, raisons résumées toutes dans l'argument si énergiquement formulé par Pascal, sont aussi faciles à réfuter.

Or, ici nous arriverons à un résultat tout opposé. La science historique moderne, loin d'affaiblir la vérité entrevue par Pascal et des philosophes antérieurs, la met en pleine évidence et, l'éclairant de tout son jour, la purifie de toutes les fausses conséquences que le scepticisme prétendait y mêler.

Mais avant de procéder à cette investigation, écartons une objection contre la possibilité même d'une variation de la loi morale.

Comment admettre, dit-on, que la loi morale, qui émane de Dieu, puisse changer? Comment Dieu pourrait-il commander aujourd'hui ce qu'il défendra demain, ou qualifier de bien dans un temps ce qu'il déclarera un mal dans un autre? Ce qui est devoir, vertu, honneur dans un moment, peut-il, par le seul cours des années, devenir crime, vice, infamie? Si la loi morale émane de Dieu, elle doit porter en elle le caractère éternel et immuable de son auteur.

Ces objections seraient fondées, sans doute, si, comme on le croyait jadis, l'œuvre de l'humanité sur terre était toujours une et identique, si toutes les sociétés humaines avaient dû se modeler sur un type uniforme et si l'histoire ne présentait d'un bout à l'autre que les mêmes péripéties et les mêmes révolutions se reproduisant dans un cercle infini. Mais il est démontré aujourd'hui que telle n'est pas la destinée humaine : il est prouvé que l'humanité est progressive et qu'elle est appelée à réaliser successivement une série de buts différents en croissance régulière. Or, s'il en est ainsi, comment s'étonnerait-on que les obligations morales suivent la même ligne progressive, qu'à un devoir accompli succède un devoir nouveau à accomplir, qu'une œuvre dont l'exécution formait le bien, cesse d'avoir ce caractère lorsqu'elle est achevée et qu'il s'agit d'exécuter une œuvre supérieure? Si tout ce qui émane de Dieu devait reproduire l'éternité et l'immutabilité de son auteur, l'objection faite à la loi morale frapperait toute la création ; celle-ci ne pourrait être l'œuvre de Dieu, puisque toutes les créatures sont périssables et changeantes. Les créations successives et progressives que Moïse a entrevues et que la géologie a constatées ne pourraient pas plus être attribuées à Dieu que les modifications introduites progressivement dans la loi morale. Les unes et les autres, au contraire, rendent témoignage du plan de la création, dont le progrès est la loi la plus générale.

Lors même qu'on suppose la loi morale constante et uniforme, on est obligé de reconnaître que ses prescriptions varient suivant les circonstances dans lesquelles elles sont appliquées. Les devoirs du père envers l'enfant, de l'enfant envers le père ne sont plus les mêmes, quand, de mineur, l'enfant est devenu majeur. Cette diversité des circonstances a été parfaitement prévue dans les législations humaines. Pourquoi donc le législateur divin n'aurait-il pas varié de même ses prescriptions générales, suivant les progrès que devait accomplir l'humanité?

Rien, d'ailleurs, n'empêche d'admettre que Dieu a imposé dès l'origine à l'homme une loi morale toute semblable au fond à celle qui le régit aujourd'hui. Cette loi, c'est la morale chrétienne, et il est très-probable que Jésus-Christ n'a fait que renouveler, sous une forme nouvelle, l'enseignement donné au premier homme. Mais il ne suffisait pas que la loi fût la même; il fallait aussi que les hommes la comprissent de la même manière. Une loi n'est obligatoire pour un être libre que s'il l'a comprise et dans la limite où il l'a comprise. Or, l'intelligence humaine étant assujettie, comme toutes nos autres facultés, à se développer progressivement, une même loi devait être comprise tout différemment aux débuts de l'humanité que quelques milliers d'années plus tard. Il est donc possible que les variations de la morale constatées par l'histoire n'aient été que le résultat de la conception fautive et de l'application incomplète d'un même enseignement primitif.

Ceci nous ramène aux idées innées. Évidemment, les fausses conceptions eussent été impossibles si tout homme avait apporté en naissant les conceptions véritables. Il n'est donc nullement nécessaire de remonter à l'origine de l'enseignement moral et de rechercher les modifications qu'il a pu subir. Le système des idées innées se trouve renversé du moment qu'il est constaté que sur des points essentiels de la morale, les hommes ont eu des idées absolument contraires à celles qu'ils ont aujourd'hui. Or, c'est ce qu'il est facile de prouver.

On pose comme un principe reconnu dans tous les temps qu'il ne faut pas faire de mal à nos semblables et leur faire le bien [1]. Or, ce principe a un sens tout différent si, avec la morale chrétienne, on considère comme « nos semblables » tous les hommes, ou si, comme on l'admettait dans l'antiquité, nos semblables sont uniquement ceux qui appartiennent à la même nation, à la même race, à la même caste que nous.

Le plus grand mal qu'on puisse faire à ses semblables, c'est d'attenter à leur vie et à leur liberté. Or, consultons l'histoire sur les idées que les hommes se sont faites à cet égard.

Déjà la Genèse nous présente Dieu disant à Noé : « Je revendiquerai le sang de l'homme qui aura été répandu, de la main de l'homme qui est son frère ; si quelqu'un verse le sang de l'homme, le sien sera versé aussi, car l'homme est fait à l'image de Dieu. » Mais comment cet antique précepte fut-il compris?

La défense ne fut gardée d'abord qu'à l'égard de ceux qui étaient réellement frères, c'est-à-dire dont la parenté et l'origine commune étaient constatées. Mais de bonne heure les hommes oublièrent qu'ils étaient tous du même sang. L'humanité se fractionna en une foule de tribus séparées, qui ne reconnurent l'interdiction de faire du mal aux hommes que vis-à-vis de leurs propres membres. Entre les tribus elles-mêmes, le premier devoir et le premier droit fut la guerre, c'est-à-dire l'extermination des unes par les autres. Est-il besoin de rappeler les idées et les mœurs que partagèrent à cet égard tous les peuples dits sauvages ou barbares? Pour ces peuples, la guerre, c'est-à-dire l'attentat continuel à la vie et à la liberté des hommes de toute tribu étrangère, n'était pas seulement un moyen de défense, c'était un devoir, une obligation impo-

---

[1] Jules Simon, *le Devoir*.

sée par l'honneur ; la valeur militaire était la première, sinon la seule vertu. On a prétendu faire de cette férocité primitive une affaire de race ; mais, en réalité, les mêmes principes ont régné chez tous les peuples de quelque couleur et de quelque origine qu'ils fussent. Les idées qui ont inspiré la croyance au paradis d'Odin ou l'immolation des prisonniers de guerre chez nos pères les Celtes, ne différaient pas beaucoup de celles qui portaient le peau-rouge à se glorifier des chevelures suspendues à sa ceinture, ou qui présidaient aux massacres de Gengiskhan, ou qui motivent encore les chasses aux hommes du Dahomey. Chez tous ces peuples, l'homicide commis sur un étranger, loin d'être un crime, était une action méritoire.

Plus tard, quand il se fût formé de grandes nations, on ne fit plus uniquement la guerre pour la gloire de tuer des hommes, mais la conquête, l'asservissement des peuples étrangers par la force, fut toujours le but suprême des empires et des républiques. Et du droit qu'on s'attribuait de tuer l'ennemi ou l'étranger, car ces mots étaient synonymes, on tirait la conséquence très-logique qu'on avait le droit de le conserver pour le faire esclave, lui et tous ses descendants. L'attentat contre la liberté se substitua alors jusqu'à un certain point à l'attentat contre la vie. Alors naquit ce grand fait de l'esclavage que toute l'humanité non chrétienne a regardé comme une condition normale de la vie sociale.

Quand on constate ces immenses erreurs morales, que les plus grands philosophes partageaient avec tout le public, les belles déclamations des écrivains anciens sur la loi naturelle font sourire. « Il est une loi véritable, dit Cicéron, la droite raison, conforme à la nature, universelle, immuable, éternelle, dont les ordres invitent au devoir, dont les prohibitions éloignent du mal... Ni le sénat, ni le peuple ne peuvent nous délier de l'obéissance à cette loi. Elle n'a pas besoin d'un nouvel interprète ou d'un organe nouveau. Elle ne sera autre dans Rome, autre dans Athènes, elle ne sera pas demain autre qu'aujourd'hui, mais dans toutes les nations et dans tous les temps, cette loi régnera toujours une, éternelle, impérissable et le guide commun de toutes les créatures. Dieu même donne la naissance, la sanction et la publicité à cette loi que l'homme ne peut méconnaître sans se fuir lui-même, sans renier sa nature et, par cela même, sans subir les plus dures expiations [1]. »

Cette loi éternelle de la nature, que Cicéron croyait inscrite dans le cœur de tous les hommes, ne l'empêchait pas cependant de reconnaître la légitimité de l'esclavage et de posséder des esclaves lui-même; elle ne l'empêchait pas de partager tous les préjugés de l'antiquité contre le commerce et le travail manuel; elle ne l'empêchait pas de glorifier les conquêtes par lesquelles Rome avait asservi le monde connu à son empire et d'admettre la justice de cette domination; elle ne l'empêchait pas enfin de présenter comme l'idéal de l'Etat et le type d'une législation parfaite cette constitution et ces lois de la république romaine, si profondément empreintes de l'esprit de l'aristocratie militaire, si dures pour la femme, l'enfant, l'esclave, le débiteur. Combien la loi éternelle dont Cicéron avait conscience, différait de la loi naturelle qu'invoquent les partisans modernes de la même doctrine! Quoi qu'en ait dit le philosophe romain, cette loi avait besoin d'un nouvel interprète et d'un organe nouveau; car, tout en rendant pleine justice aux sentiments d'équité, de modération, de bienveillance universelle qui brillent dans les écrits de Cicéron, on est obligé de reconnaître qu'il est bien loin encore des grandes vérités morales qui forment la conscience des peuples modernes. La plupart des principes que Cicéron a proclamés éternels et impérissables sont tels en effet, mais par la simple raison que ce ne sont que les consé-

---

[1] *République,* livre II, § 17. Trad. Villemain.

quences logiques et nécessaires de l'idée générale de la morale, comme nous l'avons vu dans un chapitre précédent.

Les jurisconsultes romains aussi se sont appuyés sur la loi naturelle. Quelques-uns d'entre eux la comprenaient à peu près comme Cicéron, c'est-à-dire comme une loi propre seulement à l'homme et aux dieux, et la confondaient avec le droit des gens. Les autres ont formulé une doctrine plus logique qui a été reproduite dans les Institutes et qui fait voir comment dans l'antiquité on pouvait parfaitement admettre la légitimité de l'esclavage, tout en le déclarant contraire à la loi naturelle. « Le droit naturel, dit Ulpien, n'est pas propre aux hommes, mais commun à tous les animaux ; c'est de lui que provient la conjonction du mâle et de la femelle, la procréation, l'éducation des enfants. Le droit des gens, au contraire, est celui dont se servent les races humaines, et l'on comprend qu'il s'écarte du droit naturel, car ce dernier est commun à tous les animaux, tandis que le droit des gens n'est commun qu'aux hommes [1] ». Par le droit naturel, Ulpien entendait donc l'état de nature des hommes ou des animaux, les premiers menant une vie sauvage comme les seconds et ne connaissant guère d'autres rapports sociaux que ceux qui résultent des rapports sexuels. Dans cette situation, les hommes comme les animaux jouissaient tous d'une liberté complète et cette liberté leur appartenait de droit puisqu'elle était conforme à l'état de nature. Mais à cet état succéda l'état social, qui eut pour conséquence la guerre, l'esclavage, les ventes, les locations, enfin tout ce qui est commun aux hommes seulement et qui forma le droit des gens. Or, dans la pensée des jurisconsultes, les dérogations au droit naturel qui naissent de la vie sociale sont aussi légitimes que le droit naturel lui-même ; aucun d'eux n'exprime de doute

---

[1] Dig. de Justitia et Jure, l. 1, § 3 et 4.

à cet égard ; pour tous, le droit des gens a la même autorité que le droit naturel et tous aussi fondent l'esclavage sur le droit des gens.

Mais les atteintes à la vie et à la liberté ne résultent pas seulement de la guerre et de l'esclavage. Il en est bien d'autres qui proviennent de principes sociaux que la conscience moderne repousse absolument, quoiqu'ils aient été acceptés sans contestation pendant des siècles et auraient pu passer pour des idées innées à aussi bon droit que les principes qu'on invoque aujourd'hui. Une foule de peuples n'ont-ils pas reconnu aux familles qui les gouvernaient un caractère presque divin, en vertu duquel on leur concédait une autorité despotique sur leurs sujets? Pendant quatre mille ans au moins, le grand empire de Chine n'a reposé que sur le principe du despotisme patriarchal. L'empereur est le père de ses sujets qui lui doivent la même obéissance que les parents ont le droit d'exiger de leurs enfants. Les révolutions ont bouleversé l'empire, les dynasties se sont succédé, mais le principe de la puissance paternelle du fils du ciel a toujours subsisté, et comme au temps du *Tchéou-li*, le gouvernement se croit toujours le devoir de régenter les multitudes et de les diriger vers le bien. Comment l'idée innée du droit individuel et de la liberté n'a-t-elle pas réagi dans ce long espace de temps contre ce principe de despotisme, qui a été si fécond en abus et en crimes?

Mais chez nous-mêmes l'idée innée du droit et de la liberté a-t-elle prévalu partout, reconnaît-on universellement aux peuples la faculté de disposer d'eux-mêmes, le droit de conquête ne s'applique-t-il pas sous nos yeux dans toute sa brutalité? On pourrait dire, à la vérité, que les libéraux d'Allemagne mentent à leur conscience en glorifiant l'asservissement de l'Alsace et de la Lorraine. Mais il n'en est certainement pas ainsi du grand parti féodal allemand. Pour les hommes de ce parti, l'ancien droit public de l'Europe existe tout entier : la légitimité des races royales, l'autorité plus ou moins absolue des princes sur leurs sujets, le pouvoir qu'ils s'attribuent de répartir entre eux les territoires et les âmes, constituent autant d'articles de foi fondés en même temps sur la loi divine et sur la loi naturelle [1]. Quand de pareilles aberrations jouissent encore d'un si grand crédit, et quand, en général, il existe encore dans la société autant de divergences sur les principes politiques les plus fondamentaux, peut-on dire que l'idée des droits et des devoirs sociaux soit innée? Et pourtant s'il y avait des idées innées, où seraient-elles plus nécessaires que dans l'ordre de ces principes sur lesquels repose toute l'organisation sociale?

Le principe de l'égalité des hommes, qui est aussi profondément enraciné dans la conscience des peuples modernes que celui de la liberté, n'a pas eu moins de peine à se faire reconnaître. J'ai déjà signalé la persistance obstinée du sentiment de la caste chez les Indous, malgré la disparution des croyances religieuses et de l'organisation sociale qui lui ont donné naissance. Ce sentiment a, chez ce peuple, tous les caractères qu'on attribue aux idées innées. Mais, malheureusement, l'esprit de caste, qui implique la croyance à l'inégalité des hommes, n'est pas resté confiné dans l'Inde. Que de puissance il possède encore en Europe! Pour les membres de l'ordre équestre du Mecklembourg, les droits de la noblesse ne sont ni moins naturels, ni moins sacrés que ceux de la royauté germanique pour les publicistes du parti féodal. Et même en France, que

---

[1] Même les semi-libéraux reconnaissent en Allemagne le droit divin des dynasties royales et cherchent à en établir la théorie. Ainsi l'un des savants les plus distingués de ce pays, M. G. Waitz, soutient que l'essence de la royauté, qui a pour vrai type la royauté germanique, est de reposer sur un droit propre au roi, droit qu'il tient de lui-même, qui ne lui vient pas du peuple et qu'il ne possède pas seulement pour le peuple, mais qui fait héréditairement du roi le vrai chef de l'Etat (*Grundzüge der Politik*, 1862, in-8°).

d'oisifs qui se croient d'un rang supérieur au travailleur!
Ici, encore, il règne tant d'opinions contradictoires qu'on
aurait peine à montrer une trace d'idées innées dans un
sens ou dans l'autre.

Mais, dira-t-on peut-être, les idées innées n'ont pas
trait à la politique, elles ne concernent que les relations
individuelles et privées des hommes. Comme si les principes moraux qui règlent les institutions sociales n'étaient
pas les plus importants de tous, comme si les relations privées et individuelles ne dépendaient pas absolument de ces institutions! Voyons, cependant, si nous trouverons à l'égard
des relations privées des prescriptions qui aient bien le
caractère inné.

Il est une action que la conscience publique flétrit énergiquement : c'est le vol. Et le voleur n'est pas seulement
méprisé et condamné dans les sociétés modernes, il l'a été
dans l'antiquité chez tous les peuples qui se sont élevés à
un certain degré de civilisation. Mais l'a-t-il toujours été?
Evidemment le vol n'est devenu un délit que lorsque la
propriété a été constituée, lorsque le droit des individus
sur les choses possédées par eux eut été reconnu par la société. Or, il est certain que l'établissement de la propriété
ne date pas de l'origine de l'humanité, que les tribus primitives n'ont pas eu l'idée de la propriété foncière, et que
même la propriété mobilière ne forme pas chez elles un
droit bien déterminé, mais se confond jusqu'à un certain
point avec le fait de la possession. Aussi tous les voyageurs
ont-ils attribué à ces peuples un penchant naturel au vol.
Mais il est clair que des gens qui ne connaissaient pas le
droit de propriété ne pouvaient se faire un cas de conscience de prendre ce qu'ils trouvaient sous la main. Que
les sauvages aient le sentiment de la propriété, c'est-à-dire
le désir de s'approprier ce qui est à leur convenance, cela
est incontestable, car c'est là un penchant égoïste qui naît
directement de notre nature individuelle. Mais ce sentiment

ne saurait être confondu avec l'idée du droit de propriété qui implique le respect du droit d'autrui. La croyance à la propriété individuelle et le sentiment de la faute que nous commettons en y portant atteinte furent longs à s'établir, et l'histoire des législations nous montre mainte institution qui n'eut d'autre but que de les faire pénétrer dans les habitudes et les mœurs. Ce sentiment n'était donc pas inné.

Est-il besoin de rappeler toutes les erreurs morales qui ont régné à l'égard de la famille? La polygamie, la répudiation arbitraire de la femme, la tutelle des femmes, le meurtre, la vente des enfants ont été considérés comme légitimes par l'immense majorité des hommes. Ces usages ont été pratiqués par des peuples puissants et consacrés par de grandes législations. Comment seraient-ils compatibles avec le principe de l'égalité de l'homme et de la femme, avec le droit de l'enfant à la vie et à l'éducation que proclame la vraie morale? Et si cette dernière était innée, comment ces usages auraient-ils pu subsister si longtemps et arriver à un tel degré de généralité?

Je viens d'indiquer les plus essentiels des points sur lesquels la morale a présenté des variations considérables. Il n'est donc plus permis de parler d'une loi morale éternellement identique, dont les prescriptions ne peuvent jamais changer. Comme nous l'avons dit, ces changements s'expliquent par la destination progressive de l'homme, et loin d'y voir une imperfection de la loi morale, on doit les considérer comme une preuve de la conformité de la morale à son but, qui est de diriger l'humanité dans la marche constamment ascendante qu'elle poursuit.

Prise dans son ensemble, la morale présente donc une partie fixe, invariable, qui résulte de l'idée même d'une loi morale et de la nature humaine, et une partie variable, comprenant les prescriptions qui changent en raison des progrès accomplis. Évidemment, les prescriptions de cette dernière espèce ne sauraient être innées. Or, si on les compare aux autres, on voit que ce sont précisément les plus importantes, celles qui constituent les bases mêmes de la vie sociale, qui caractérisent les civilisations.

Elles sont, pour ainsi dire, le contenu de la morale, tandis que les principes constants ou logiques n'en sont que la forme. Ces derniers, en effet, sont comme des cadres vides, toujours les mêmes à la vérité, que les principes variables remplissent progressivement. C'est, par exemple, un principe purement logique que celui-ci : Rendez à chacun ce qui lui appartient. Ce précepte, en effet, ne nous apprend pas ce qui appartient à chacun. Cette forme vide doit être remplie et elle le sera par le précepte variable. Suivant que ce dernier partira du principe de l'égalité ou de celui de l'inégalité des hommes, du droit absolu du père ou du droit relatif de l'enfant, de l'idée de la communauté des biens ou de la propriété individuelle, etc., ce qui appartiendra à chacun sera bien différent. Un autre commandement constant est celui du dévouement, du sacrifice. Mais au profit de qui se fera ce sacrifice, en quoi consistera-t-il ? La morale variable seule nous l'enseigne et c'est ainsi que les hommes ont appris successivement à se dévouer à leur tribu, à leur patrie, à l'humanité entière. Les principes constants de la morale ne sont donc que des abstractions, qui seules seraient sans application possible. Pour passer à l'état de devoirs et de droits réels, il faut qu'ils deviennent concrets, qu'ils acquièrent un contenu, et ce contenu les principes variables peuvent seuls le leur fournir. Si donc même les principes abstraits étaient innés, cela serait sans raison suffisante, puisqu'ils tirent toute leur efficacité des principes variables, qui ne sauraient l'être.

DES IDÉES ESTHÉTIQUES

CHAPITRE XVIII

Caractère organique du sentiment esthétique.

Je serai bref sur ce sujet qui touche à des matières trop spéciales pour que je pusse m'y arrêter ici, quand même elles seraient de ma compétence. Je n'en parlerai que pour ne pas laisser de lacune dans la critique du système des idées innées.

On prétend qu'il existe une idée innée du beau, et c'est grâce à cette idée, dit-on, que nous admirons et apprécions les œuvres d'art, que nous sommes émus par l'éloquence et la poésie, que nous goûtons les beautés de la nature. Les plus fortes preuves de Platon en faveur de son système étaient tirées de cette idée.

Je crois, en effet, qu'il y a quelque chose d'inné dans le sentiment du beau. Mais ce n'est pas une idée, c'est une disposition organique. Je m'explique et commence par écarter provisoirement le mot « beau », qui exprime une notion très-complexe et s'emploie dans divers sens figurés. Le mot d'*esthétique* résume mieux, à mon avis, tout cet ordre d'idées et il en marque parfaitement la nature, car il vient d'αἰσθάνομαι qui signifie « sentir, être touché. »

Les perceptions esthétiques sont donc de celles en vertu desquelles notre sentiment est ému, nous sommes touchés. Or, le sentiment, l'émotion sont des faits organiques, ainsi que je l'ai déjà fait voir. Quels sont les objets extérieurs dont la perception excite vivement notre appareil sentimental? Si nous parvenons à déterminer ces objets, nous aurons un point de départ pour nous rendre compte de la nature des perceptions esthétiques.

Ce sont d'abord certains phénomènes de la nature physique. En vertu de l'harmonie qui règne dans toute la création, de simples faits naturels sont capables de nous émouvoir. Il est des phénomènes qui produisent en nous des impressions tristes, pénibles, tandis que d'autres nous réjouissent et nous animent. L'obscurité, les couleurs sombres nous effraient et nous repoussent; la lumière, au contraire, et l'éclat des nuances nous excite et nous attire. Il est des bruits, le tonnerre, par exemple, qui nous inspirent la terreur, d'autres, comme le chant des oiseaux, qui flattent et charment notre oreille. Ce sont là de premières relations sentimentales entre l'homme et la nature extérieure, bien éloignées encore de la perception esthétique réelle, mais qui néanmoins en constituent des éléments secondaires.

L'élément esthétique essentiel, c'est l'homme lui-même. Ce qui touche l'homme avant tout, ce qui excite sa sympathie, ce qui lui plaît de préférence, c'est son semblable. La forme humaine devient ainsi pour lui le type d'après lequel il juge tous les êtres de la nature. Le sentiment qu'elle lui inspire est la première source de l'idée du beau.

Cependant, la forme humaine à elle seule ne produirait qu'une faible émotion sentimentale. Il faut que cette forme vive et sente elle-même, il faut qu'une émotion intérieure se reflète sur cette figure et l'anime. Alors se produit le phénomène d'imitation dont j'ai parlé précédemment. L'émotion intérieure se manifeste au dehors par le geste, par l'expression de la face, par l'intonation de la voix, par la parole. Lorsque celui qui perçoit ces expressions diverses entre en sympathie, il éprouve à son tour les sentiments qui se manifestent devant lui et subit au plus haut point l'influence esthétique. Cependant, cet effet sympathique ne suffit pas encore pour constituer l'idée complète du beau ; il faut un élément de plus.

Les émotions qui se manifestent devant nous, et avec lesquelles nous sommes capables de sympathiser, ne produisent pas toutes, en effet, l'impression du beau. Quand nous tressaillons au cri affreux que pousse un malade qu'on opère, nous n'éprouvons d'autre sensation que celle de la douleur. Pour que le sentiment acquière le caractère du beau, il faut qu'à l'émotion purement organique se joigne une idée spirituelle. Or, comme nous l'avons vu, le sentiment chez l'homme ne s'attache pas seulement à la satisfaction des besoins du corps, il s'associe aux idées et aux buts de l'esprit. C'est par cette association qu'il devient désir ou passion, et là se trouve l'élément qui complète la perception esthétique. La beauté apparaît quand se manifeste devant nous, sous les formes de l'émotion, un désir ou une passion que nous sommes capables de partager ; alors la sympathie acquiert toute son intensité et nous trouvons belle l'expression qui la provoque.

En réalité, les sentiments les plus puissants chez l'homme sont ceux qui s'attachent à ses croyances, à ses volontés, aux buts qu'il se propose. En outre, ce sont presque uniquement les manifestations susceptibles de concorder avec ses propres sentiments qui le font entrer en sympathie. Nous ne sommes que peu touchés, au contraire, de l'expression de sentiments opposés aux nôtres, et tandis que nous subissons complètement les impressions conformes à nos propres croyances, à nos désirs et à nos passions, nous repoussons souvent avec colère celles qui les contrarient.

Le beau pour l'individu, c'est donc ce qui excite et flatte ses passions personnelles. Ces passions sont quelquefois très-viles, et ce qui est plus vil encore, c'est l'art qui déploie ses ressources pour complaire à ces sentiments honteux. Mais pour la masse des individus, pour la société, le beau est ce qui répond aux passions sociales, aux croyances religieuses et politiques, mais surtout au sentiment moral. Or, parmi les prescriptions morales auxquelles le sentiment s'associe de préférence, il en est une de tous les temps et de tous les lieux : c'est celle qui commande le dévouement, l'abnégation, le sacrifice. Aussi les émotions qui répondent à cette prescription, les sentiments qu'on a appelés nobles et généreux, ont-ils toujours provoqué au plus haut degré la sympathie et l'imitation des hommes, et c'est l'expression de ces sentiments qu'ils ont toujours considérée comme le type essentiel du beau.

Le beau suprême, c'est donc l'homme exprimant, par son geste, par ses traits, par sa voix, par ses paroles, l'émotion qu'inspirent des sentiments élevés, le dévouement, l'abnégation, l'amour des autres. Le beau à un moindre degré, c'est l'homme exprimant un sentiment qui trouve de l'écho dans le cœur des autres hommes.

Tel est aussi le principe de l'art. L'élément essentiel des beaux-arts, c'est l'homme. Tous ne reproduisent, sous forme esthétique, que lui-même ou ses idées ou ses sentiments. L'architecture revêt des œuvres industrielles de formes idéales représentant des sentiments religieux ou sociaux ; la sculpture et la peinture reproduisent soit l'homme lui-même, soit les impressions qu'excite en lui la nature extérieure ; la musique sait faire vibrer toutes les cordes du cœur humain ; la poésie et l'éloquence expriment l'émotion sentimentale par la parole. Dans les beaux-arts, néanmoins, les éléments secondaires dont j'ai parlé au commencement de ce chapitre, les impressions que causent certains phénomènes physiques, jouent un rôle plus grand que dans les émotions de la vie réelle : par exemple, l'harmonie des couleurs dans la peinture, l'harmonie des sons dans la musique, l'élégance des lignes dans l'ornementation, la symétrie dans l'architecture constituent des conditions indispensables de l'œuvre d'art. Cela provient de la nécessité de donner à cette œuvre la plus grande puissance d'expression possible, car cette puissance est toujours inférieure à celle d'un fait réel. Mais c'est à tort que beaucoup d'artistes voient dans ces formes accessoires le principe même de l'art et qu'ils oublient l'homme et les sentiments humains qui en constituent l'objet essentiel. D'ailleurs, la plupart de ces formes accessoires puisent elles-mêmes leurs propriétés esthétiques dans quelque qualité humaine. Le sentiment de la symétrie, par exemple, nous vient certainement de la forme symétrique de notre organisme [1].

CHAPITRE XIX

Des variations dans l'idée du beau.

Si la théorie, que j'ai présentée dans le chapitre précédent, est vraie, il est clair que l'idée du beau n'est pas innée. Ce fait peut du reste être prouvé directement.

Les idées esthétiques sont, en effet, bien plus sujettes encore à variation que les idées morales. Je viens d'indiquer ce que la conception du beau présente de constant ; mais dans ces limites, elle change non-seulement avec les principes moraux, mais avec les idées religieuses, avec toutes les influences qui agissent sur la civilisation, et particulièrement avec la race et le climat.

Je laisse de côté les différences qui proviennent des idées morales et du milieu géographique et physique, quoiqu'elles soient considérables. Ne pouvant citer ici que des exemples, je prends l'influence que doivent exercer sur la conception du beau les caractères physiques de la race.

[1] Cette théorie physiologique du beau a été admirablement exposée par Buchez dans son *Introduction à la Science de l'histoire*.

Cette influence est de premier ordre, car le type du beau étant la forme humaine et cette forme variant avec la race, chaque peuple rapporte les caractères du beau à ceux de la race qui le constitue.

Les innombrables variétés de l'espèce humaine qui existent sur le globe sont certainement sorties d'une même souche, mais il est impossible jusqu'ici de savoir quel était le type de l'homme primitif. Toutes les variétés ont donc, jusqu'à un certain point, un titre égal à représenter la forme originaire de l'homme. Au sein de chaque race, il se constitue des types normaux, comprenant les individus qui réunissent au plus haut degré les conditions de santé, de vigueur, d'aptitude physique et morale propres à la race, en d'autres termes qui représentent la variété dans sa plus grande perfection physiologique possible. Chaque race se considérant comme la plus belle de toutes, ce sont ces individus qui dans son sein forment les types de la beauté physique. C'est à des types caucasiens, fixés d'ailleurs par une foule d'œuvres d'art admirables, que nous, qui sommes de la race caucasienne, rapportons nos conceptions de la beauté humaine. Mais les Chinois, les peaux-rouges, les nègres ne sont nullement du même avis, et si nous nous rappelons comment les Chinois idéalisent la figure humaine dans les statues de Bouddha, quels sont les types représentés dans les peintures et les sculptures mexicaines, et combien la coutume de déformer artificiellement la tête des enfants était universelle chez les peuples primitifs, on reconnaîtra sans peine que la beauté humaine n'a pas toujours été comprise de la même façon.

En réalité, je ne crois pas qu'il y ait un type absolu de la forme humaine et par suite du beau dans l'homme. Si chaque race a ses types normaux résultant de la réunion la plus complète des meilleures conditions physiologiques, ces conditions n'offrent elles-mêmes rien d'absolu; elles peuvent varier entre certaines limites sans cesser d'être excellentes, et c'est ce qui fait, par exemple, qu'il est impossible d'assigner des proportions rigoureuses aux diverses parties du corps humain, la beauté pouvant subsister tant que la disproportion n'est pas sensible. En outre, il est incontestable que l'organisme humain est progressif. Le cerveau grandit et se développe à mesure que la civilisation s'avance, et il résulte de cet accroissement de la tête des rapports nouveaux entre les organes. Voilà pourquoi le type caucasique moderne n'est plus tout à fait celui des sculpteurs de la Grèce antique. Voilà aussi pourquoi ce type peut à juste titre revendiquer la priorité esthétique sur ceux de toutes les autres races, car il porte en lui l'expression de tous les progrès accomplis par l'humanité.

Rappellerai-je toutes les variations que l'idée du beau a éprouvée dans les arts? Pour le faire, il faudrait retracer toute l'histoire des beaux-arts; car la variation a été continuelle. Je me bornerai à quelques exemples empruntés à l'architecture et à la musique.

L'architecture offre trois types du beau bien distincts, l'un qui a inspiré la construction des pyramides de l'Egypte et du Mexique, le second qui a présidé à la construction des temples de l'Egypte et de la Grèce, le troisième qui a donné naissance à la cathédrale gothique. Certes, ces types n'étaient pas innés, car autrement ils se seraient produits toujours et simultanément. Mais, en outre, la variété qu'ils offrent dans l'application est indéfinie. Que de différences dans les détails, dans les colonnes, dans les ornements, dans les sculptures! Sous nos yeux, nous avons des exemples frappants des changements que peut éprouver l'idée du beau. Après l'élan créateur du moyen-âge, la renaissance a remis en honneur les monuments de la Grèce et de Rome, et subitement on a brûlé ce qu'on adorait, on a adoré ce qu'on brûlait. Pendant près de quatre siècles tous les connaisseurs ont proclamé que l'art gothique était affreux, barbare, digne en tout d'une époque d'ignorance et de superstition. Dans le commencement du siècle actuel, on est revenu sur ce jugement injuste, on s'est repris d'admiration pour les œuvres de nos pères, et quelquefois avec tant d'ardeur qu'on n'a plus apprécié la beauté des œuvres antiques. De telles variations seraient-elles compatibles avec une idée innée du beau? C'est affaire de mode, dit-on. Mais quelle serait donc la valeur et la puissance de cette idée innée, si une mode pouvait prévaloir contre elle pendant plusieurs siècles?

Les mêmes réflexions s'appliquent à la musique. Nul de ceux qui ont entendu les chants et vu les danses des indigènes de l'Amérique du Nord amenés en Europe, ne peut accorder la moindre valeur d'art à ces hurlements affreux, à ces horribles contorsions qui cependant exercent une impression profonde sur les sauvages et qui sont les mêmes chez tous les peuples primitifs. Tous les Européens qui ont entendu de la musique chinoise ou indoue déclarent que c'est un charivari insupportable, et probablement nous ne goûterions guère non plus la musique des Grecs et des Romains, car leur gamme n'était pas la même que la nôtre. Cependant, tous les philosophes anciens sont d'accord pour reconnaître la grande influence de la musique. Du reste, cet art a eu ses modes, comme l'architecture, et aujourd'hui encore, il ne manque pas de gens qui trouvent les symphonies de Beethoven incompréhensibles et barbares.

Il n'est pas jusqu'au sentiment des beautés de la nature qui n'ait beaucoup varié. M. Friedlænder a constaté, sous ce rapport, des faits curieux dans son histoire des mœurs romaines [1]. Les anciens n'aimaient que les paysages jolis, gais, tranquilles; ils n'avaient nullement le sentiment des scènes grandioses de la nature, des horizons immenses, des hautes montagnes; ils traversaient journellement les Alpes sans y voir autre chose que les précipices et les mauvais chemins qui mettaient leurs jours en danger. Dans le

---

[1] *Sittengeschichte Rom's*, t. II (voir la trad. de M. Vogel).

XVIIIe siècle, on était encore au même point de vue sous ce rapport. M. Friedlænder cite un voyageur qui, s'étant rendu en 1729 d'Allemagne en Italie, mettait sur la même ligne les plaines sablonneuses du Brandebourg et les montagnes du Tyrol et qui ne rencontra le beau que dans les plaines fertiles du Mantouan.

Je termine ici cette longue critique du système des idées innées. On me pardonnera peut-être de m'être autant étendu sur ce sujet, si l'on considère que cette doctrine jouit d'une autorité incontestée dans la plupart des écoles spiritualistes, qu'elle passe même pour la doctrine spiritualiste par excellence, et qu'elle n'a guère été combattue que par des sensualistes dont le système n'est pas moins erroné et dont la plupart des critiques portent à faux.

LIVRE III

DU SENTIMENT, DE LA SENSATION ET DU RAISONNEMENT COMME SOURCES DE LA RAISON.

Le résultat auquel nous sommes arrivés dans le livre précédent, est purement négatif. Le seul point que nous ayons constaté, c'est qu'il n'existe pas d'idées innées et que ce ne sont pas des notions naturelles de cette espèce qui forment les principes de la raison. Or, les idées innées étant écartées, il ne reste plus en dehors des idées premières, qui résultent de la nature de notre intelligence et de ses rapports nécessaires avec le monde extérieur, d'autres éléments possibles de nos conceptions que les notions fournies par la sensation, ou par le raisonnement, ou par le sentiment, ou par la révélation divine, et c'est, en effet, à l'une ou à l'autre de ces sources, ou à toutes ensemble, que les philosophes qui n'ont pas accepté le système des idées innées, ont essayé de ramener la raison.

J'espère prouver moi-même que tout le développement intellectuel de l'humanité est dû au raisonnement basé sur un enseignement d'origine divine et sur la sensation. Mais, auparavant, je dois examiner à part les éléments rationnels que fournissent la sensation et le raisonnement, et apprécier les systèmes qui ne voient dans toutes nos idées que ces seuls éléments. Je dois dire aussi quelques mots du rôle qu'on a fait jouer au sentiment dans le développement de la raison. Je commencerai par ce dernier point, qui offre le moins de difficulté.

CHAPITRE PREMIER

Du sentiment comme source de la raison.

Le sentiment constitue un élément si important de l'activité humaine qu'on est facilement disposé, quand on en ignore la véritable nature, à lui attribuer des effets qu'il ne saurait avoir. On est tenté surtout d'y chercher l'origine des idées morales, et la philosophie a largement donné dans cette erreur. Au XVIIIe siècle, on confondait généralement la charité, le dévouement, l'abnégation, ces vertus de notre volonté spirituelle, avec les sympathies purement charnelles qui nous mettent en communauté de sentiment avec autrui. L'éducation et l'habitude ayant pour résultat d'associer intimement une émotion sentimentale à l'idée de certains devoirs, tels que l'obligation de défendre sa patrie, de préférer l'intérêt général à son intérêt propre, de secourir les malheureux, cette association était considérée comme un fait primitif. Par suite, au lieu de distinguer les idées de l'émotion sentimentale qui les accompagne le plus souvent, on crut trouver dans cette émotion même la source des idées et on aboutit ainsi à cette philosophie sentimentale qui a joué un si grand rôle dans le dernier siècle et que les philosophes écossais ont essayé de ramener à des formes plus ou moins précises.

Les idées religieuses ont été l'objet de la même erreur. Ces idées aussi nous sont transmises dans notre jeunesse sous des formes émotives et elles acquièrent alors chez certaines personnes un caractère sentimental qu'elles conservent toujours. De là, l'opinion qu'il existe un sentiment naturel dont dérivent l'idée de Dieu et toutes les croyances religieuses. Tel était le principe du système formulé à la fin du dernier siècle par Jacobi.

Mais ce sont surtout les mystiques qui en tout temps ont fait du sentiment la puissance intellectuelle par excellence, la source de toutes les connaissances supérieures. C'est sur une exaltation maladive du sentiment que repose, en effet, le mysticisme. Quand cette exaltation atteint un certain degré, elle est naturellement accompagnée de visions, d'hallucinations, de conceptions imaginaires qui sont prises pour des révélations divines. Des philosophes sont arrivés sérieusement ainsi à considérer le plus haut degré d'exaltation sentimentale comme le moyen et la condition de la perception des plus sublimes vérités.

Le panthéisme, notamment sous la forme qu'il a reçue dans l'école Saint-Simonienne, tend de même à faire du sentiment une source de la connaissance. Dans l'unité de nature que proclame le panthéisme, les facultés spirituelles se confondent facilement avec les propriétés de l'organisme et l'excitation sentimentale est transformée en manifestation de la vie morale et intellectuelle. Comme, en outre, d'après cette doctrine, c'est en réalité Dieu qui agit dans tous les êtres, le sentiment devient un attribut nécessaire de l'activité divine et ses manifestations apparaissent comme des révélations de l'Être absolu, confuses encore, mais destinées à être développées par le raisonnement. C'est en vertu de considérations de ce genre que divers écrivains ont attribué au sentiment l'origine des idées religieuses et morales.

Enfin, dans un autre ordre d'idées, l'instinct a été présenté quelquefois comme la source première d'où jailliraient les principes fondamentaux de la raison. Les révélations plus ou moins obscures de l'intuition instinctive se manifesteraient dans les affirmations du sens commun, dans les opinions des masses et les aspirations populaires. Un homme du peuple, M. Corbon, a revendiqué pour le peuple une part de ce genre dans l'élaboration des croyances générales, en ramenant, d'ailleurs, les idées fournies par l'instinct à des inspirations divines [1].

Toutes ces hypothèses tombent devant la détermination précise de la nature et des organes du sentiment et de l'instinct, établie par les physiologistes et notamment par Buchez. J'ai fait connaître le résultat général de ces travaux physiologiques dans le livre précédent [2]. Nous avons vu que l'émotion ou l'impulsion sentimentale est l'effet du jeu de certaines parties spéciales du système nerveux; que cette disposition est liée naturellement à certaines sensations et à certains instincts de l'organisme, mais qu'elle peut s'associer aussi à des idées, à des buts de l'esprit et qu'alors elle devient le sentiment proprement dit, le désir et la passion. Dans la plupart des cas, l'éducation, en transmettant à l'individu des idées toutes faites, surtout des notions morales, développe en même temps le caractère émotif qui en fait un sentiment; en d'autres termes, en donnant une idée à l'individu, elle lui apprend en même temps à aimer ou à détester cette idée, à en désirer la réalisation ou à la repousser avec horreur. Le sentiment ne crée donc

---

[1] Dans l'ouvrage plein d'originalité, intitulé *le Secret du peuple de Paris,* 1863.
[2] Voir p. 369 et suiv.

en aucune façon des idées, mais il s'attache aux conceptions déjà existantes et leur ajoute sa force d'impulsion.

Sans doute, cette force d'impulsion est d'un puissant secours pour la création des idées ; elle joue à la fois le rôle de stimulant et de moteur. Quand un sentiment bien déterminé, un désir énergique et nettement formulé s'est emparé d'un individu, l'activité intellectuelle y trouve un ressort précieux pour la recherche des moyens propres à atteindre le but désiré. Il semble alors que le sentiment fasse éclore des idées. Mais, en réalité, c'est le raisonnement qui les produit, seulement ses opérations ont été activées par l'impulsion sentimentale.

On a pu dire avec raison : « les grandes idées viennent du cœur. » Mais ce mot, très-juste, ne prouve rien en faveur de la nature intellectuelle du sentiment. En réalité, il n'a pas trait à la faculté sentimentale. Le cœur désigne ici les intentions nobles et généreuses, le dévouement, la disposition au sacrifice, c'est-à-dire des qualités qui dépendent uniquement de la volonté spirituelle. Les idées nées à l'aide de pareils stimulants participent nécessairement à l'élévation des convictions morales qui les ont engendrées. Mais il est clair que le sentiment proprement dit n'est pour rien dans la production de ces idées.

L'instinct, pas plus que le sentiment, ne saurait produire des idées. Il est généralement reconnu aujourd'hui que l'instinct résulte de dispositions purement organiques qui portent l'animal à accomplir, sans en avoir conscience d'aucune façon, certains actes souvent très-compliqués qui servent à la conservation de l'individu et de l'espèce. On l'a opposé avec raison à l'intelligence, parce que c'est une force aveugle, propre à la matière organisée, tandis que l'intelligence est une des qualités distinctives de l'esprit. L'union de la force instinctive et de l'intelligence ne saurait se produire que dans la sensation et dans l'action volontaire, ces deux phénomènes résultant, en effet, du concours de l'esprit et du cerveau. Nous n'avons pas à nous occuper ici de l'action volontaire. Pour les sensations qui peuvent naître de l'instinct et qui sont nécessairement des sensations internes, elles ne sauraient jouer dans l'acquisition des idées d'autre rôle que les sensations ordinaires. Or, ce rôle, nous l'étudierons en détail dans les chapitres suivants.

Quant à l'hypothèse des inspirations divines, que beaucoup d'écrivains théistes et panthéistes placent au fond de certaines manifestations du sentiment et de l'instinct, elle a le grand défaut d'être d'une vérification impossible. Il n'y a rien d'irrationnel à admettre une intervention constante de Dieu dans ce monde qu'il a créé, et rien n'empêche de croire qu'il peut éclairer et éclaire habituellement l'intelligence d'un plus ou moins grand nombre d'hommes. Mais comment le constater? Des affirmations de ce genre sortent complètement des données ordinaires de la science, et pour servir de base à une théorie rationnelle de l'origine des idées, il faudrait qu'elles fussent prouvées rigoureusement. Or, elles sont précisément de telle nature qu'elles ne sont pas susceptibles de preuves.

On peut d'ailleurs reprocher d'une manière générale aux auteurs qui ont cherché la source de la raison dans le sentiment, qu'ils se sont trop volontiers livrés à des hypothèses qu'ils n'ont pas vérifiées et dont ils n'ont pas même étudié suffisamment les conditions logiques. Quand on veut aller au fond de ces systèmes, qui souvent sont présentés sous des formes oratoires brillantes, on est tout étonné de ne trouver que des affirmations vagues, des aperçus indéterminés, sans rien de précis ni d'arrêté qui fasse prendre corps au système ou oppose un point de résistance à la critique. Rarement, on a essayé de les établir sur des observations directes, sur des faits positifs. Le principal argument dont on se soit servi pour prouver que certaines idées, celles qui se rapportent à Dieu et aux devoirs moraux, étaient produites par le sentiment, c'est qu'elles n'ont pu naître, ni de la sensation, ni du raisonnement. Je suis d'accord sur ce point, mais, comme on le verra plus tard, il ne s'ensuit nullement que ces idées aient l'origine que l'on suppose. Je ne crois donc pas devoir m'arrêter plus longuement sur cette hypothèse qui a besoin avant tout de faire ses preuves.

CHAPITRE II

Des systèmes sensualistes en général.

La sensation joue certainement un grand rôle dans la formation de nos idées ; c'est par elle que nous nous trouvons en relation avec toute la nature extérieure, et l'homme, privé non pas de ses cinq sens, mais seulement des deux sens les plus importants, la vue et l'ouïe, est nécessairement condamné à rester en dehors de la vie intellectuelle de l'humanité. Ici, notre position n'est donc plus la même que vis-à-vis des idées innées. Il ne s'agit plus de faire voir que la sensation n'est pour rien dans la science humaine, mais de combattre les systèmes qui font provenir cette science tout entière de la sensation et d'apprécier rigoureusement la part de celle-ci dans la formation de nos idées.

La doctrine qui fait dériver toutes les idées des sensations, a eu pour représentants principaux dans les derniers siècles Locke, Berkeley et Condillac. Berkeley, tout en niant la réalité de la matière, n'en est pas moins le fidèle disciple de Locke, en ce qui concerne l'origine des idées. Condillac a poussé la doctrine sensualiste jusqu'à ses limites extrêmes, quand il a affirmé que le jugement et le raisonnement mêmes n'étaient que des sensations transformées, qu'en comparant, en jugeant et en tirant une conclusion, nous ne faisions que sentir des rapports entre des sensations déjà perçues, et que toutes ces opérations s'accomplissaient *passivement* dans l'esprit comme la perception elle-même. Dans ce système, l'intelligence humaine était donc réduite à l'état d'une plaque photographique qui ne reproduit que les impressions reçues du dehors. Telle était la doctrine universellement acceptée en France au commencement de ce siècle, au moment où l'Allemagne s'adonnait aux spéculations panthéistes de Fichte et de Schelling.

Les premiers coups portés en France à la théorie sensualiste émanèrent d'écrivains de l'école même de Condillac. Laromiguières, qui continuait à croire que dans la perception des objets sensibles l'esprit était passif, démontra que les opérations ultérieures, l'attention, la comparaison, le raisonnement supposaient nécessairement une action propre de l'esprit. Il insista, notamment, sur le caractère actif de l'attention, que Condillac avait considérée comme le résultat passif des sensations les plus fortes, et cette seule objection suffisait pour détruire toute la doctrine des sensations transformées. En même temps, Maine de Biran prouvait que l'idée d'activité, de cause efficiente, ne pouvait provenir d'une impression extérieure et enlevait ainsi à la sensation l'une des conceptions fondamentales de l'intelligence humaine.

L'école éclectique livra à son tour un combat plus brillant que décisif au sensualisme. Dans son cours de 1829, V. Cousin réfuta avec bonheur quelques-uns des arguments de Locke, mais comme il chercha à démontrer en même temps que les idées métaphysiques et morales étaient innées, il dépassa le but et compromit le résultat de toute sa démonstration.

Buchez, enfin, a prouvé, qu'à l'exception de quelques

idées, que le petit enfant est obligé d'acquérir par lui-même pour recevoir l'enseignement qui lui vient du dehors, aucune de nos conceptions n'est produite directement par les impressions que reçoivent nos sens, mais qu'au contraire ces impressions passeraient sans laisser de traces si nous ne possédions d'avance des idées qui y répondent et qui les font apercevoir. Son argumentation me paraît décisive, mais je ne l'exposerai pas en ce moment, car les développements dans lesquels je dois entrer dans le chapitre suivant, se basent en grande partie sur les principes qu'il a établis.

Le système de Condillac n'était pas de force à tenir contre toutes ces attaques. Aussi, la doctrine sensualiste était-elle généralement abandonnée en France vers le milieu du siècle actuel. Mais depuis une vingtaine d'années, elle tend à se relever sous une triple influence.

En Allemagne, d'abord, la spéculation transcendante a abouti à une école matérialiste qui reproduit purement et simplement, en y adaptant les découvertes de la science contemporaine, les doctrines des Lamettrie et des Holbach. Quelques adeptes de cette école semblent avoir repris la théorie sensualiste. L'un d'eux, du moins, M. Czolbe, a cherché à expliquer les procédés du raisonnement par des phénomènes cérébraux ayant la sensation pour point de départ [1]. Quant aux chefs de l'école, MM. Moleschott et Vogt, ils se sont placés surtout au point de vue des sciences physiques et naturelles et semblent s'être peu préoccupés de ces questions de logique et de psychologie. Mais, en dehors d'eux, les conditions physiologiques de la sensation ont été l'objet de savantes investigations, — je rappelle, notamment, les beaux travaux de M. Helmhorst sur les sensations auditives et l'optique physiologique, — et bien que ces recherches aient été l'œuvre de savants appar-

---

[1] *Neue Darstellung des Sensualismus*, 1854.

tenant à des écoles diverses et que leurs résultats, toujours contestables en quelques points, ne favorisent pas plus la théorie sensualiste que toute autre, l'école sensualiste a, néanmoins, essayé de les revendiquer pour elle et les a présentés comme une confirmation de sa doctrine.

L'Angleterre a, de son côté, apporté son contingent à cette rénovation des théories du XVIIIe siècle. Là, c'est l'école de Berkeley et de Hume qui a poussé des rejetons posthumes et produit un sensualisme semi-idéaliste dont les principaux représentants sont MM. Bain, Herbert Spenser et Stuart Mill. Pour ces philosophes aussi, l'intelligence est toute passive ; l'unification, qui forme toutes les idées complexes, ne résulte que de la concomitance d'impressions diverses ; le jugement, la comparaison, toute affirmation d'un rapport se réduit à une association d'idées. Si à ces erreurs, qu'on a peine à s'expliquer aujourd'hui, après les démonstrations qui ont été données de l'activité de la pensée et les observations qui ont si bien déterminé la nature de l'association des idées, on ajoute l'exagération du rôle de l'habitude dans la formation de nos idées et de la part qu'y prend la conscience plus ou moins nette de nos efforts musculaires, on aura les bases principales sur lesquelles s'échafaude le système sensualiste de cette école. Mais bien que ces bases soient vermoulues, le système n'en prend pas moins grande faveur, grâce aux tendances matérialistes qui se manifestent chez beaucoup de savants.

Il faut le reconnaître, en effet. La répulsion qu'inspirent les doctrines rétrogrades du clergé catholique, doctrines dont leurs partisans et leurs adversaires cherchent à rendre solidaires les vérités du christianisme, et aussi l'insuffisance des théories spiritualistes professées depuis Descartes jusqu'à nos jours, ont rejeté beaucoup d'esprits dans le doute et le scepticisme. Or, vis-à-vis de telles dispositions, les systèmes qui ont le plus de chances de succès sont ceux qui offrent en apparence les solutions les plus simples et les plus faciles, qui écartent avec le plus d'aisance toutes les conditions métaphysiques de la science, tous les problèmes dépassant les conceptions vulgaires, qui aussi laissent leur libre jeu aux inclinations humaines et affranchissent l'homme de toute obligation envers un être supérieur. Il est vrai qu'on n'échappe ainsi aux questions métaphysiques et religieuses qu'en en détournant les yeux, comme l'autruche qui se cache la tête pour ne pas voir le chasseur. Aux données que je viens d'indiquer, c'est le matérialisme qui répond le mieux, et le matérialisme place nécessairement l'origine de toutes nos connaissances dans les sens internes ou externes. En France, aujourd'hui, le matérialisme affecte de préférence la forme voilée du positivisme. Mais, franc ou dissimulé, il n'admet d'autre source de nos idées que la sensation et le raisonnement basé sur la sensation.

Et telles sont aussi les conclusions d'un grand nombre d'esprits cultivés et de savants qui, sans faire adhésion aux doctrines matérialistes, sans aller même aux conséquences extrêmes où Condillac et les disciples contemporains de Berkeley ont poussé le sensualisme, se tiennent néanmoins sur la réserve à l'égard des théories spiritualistes et attribuent l'origine de toutes nos idées aux sensations élaborées par le raisonnement. Ils reconnaissent volontiers le caractère actif de la perception ; ils admettent que sans l'attention et la volonté les impressions sensibles passeraient inaperçues et ne provoqueraient pas les jugements par lesquels nous distinguons les objets ; ils reconnaissent également que les formes de l'intelligence jouent un grand rôle dans l'acquisition des idées et ils accordent même que les notions de cause, de substance, etc., ne dérivent pas directement de la sensation, mais de la perception des propriétés de l'activité intellectuelle même. Mais ils supposent que ces formes et ces propriétés de l'activité intellectuelle, jointes à la sensation, suffisent pour expliquer toutes nos connaissances et que les impressions sensibles fournissent les matériaux dont nous tirons toutes nos idées.

Pour les personnes qui partagent cette opinion, comme pour Condillac, ce sont les besoins physiques et les instincts qui éveillent d'abord l'attention de l'homme. Grâce à ce premier effort intellectuel, il perçoit un certain nombre d'objets capables de satisfaire ses besoins, il en garde la mémoire et forme ainsi par induction ses premières idées générales. Ces idées constituent les principes qui guident ses premières déductions, ses premiers raisonnements. Elles sont ordinairement fausses; mais le renouvellement des sensations, la comparaison des sensations entre elles ne tarde pas à les rectifier et à lui permettre une induction plus étendue. Marchant ainsi d'inductions en déductions et de déductions en inductions, l'homme élargit constamment le cercle de ses idées, accumule les observations et finit par découvrir les lois générales qui constituent la science.

L'hypothèse que je viens d'exposer a été présentée sous des formes très-diverses. Mais toutes ces formes peuvent se réduire aux termes que j'ai résumés. Dans ces termes, elle est admise aujourd'hui par la plupart des savants qui s'occupent des sciences physiques et naturelles, et c'est par la méthode qu'elle décrit que se sont accomplis, dit-on, les progrès modernes de ces sciences.

Cependant, même parmi ceux qui expliquent de cette façon les progrès des sciences physiques, beaucoup comprennent qu'on ne saurait rendre compte de la même manière du développement des idées morales. Il existe, en effet, une grande différence entre les vérités morales et les vérités scientifiques : les premières s'imposent toujours d'une manière absolue à la croyance, tandis que pour les secondes, la preuve est chaque fois requise; en second lieu, les rapports de l'enseignement moral avec l'enseignement religieux apparaissent d'une manière évidente, quand, au contraire, la science se présente comme une création libre de l'esprit humain. On est donc obligé au premier abord de reconnaître que la formation de ces deux catégories d'idées ne saurait être soumise aux mêmes conditions. Cependant, il ne manque pas de philosophes qui appliquent aussi l'hypothèse que je viens de résumer aux idées morales.

On voit que les questions que soulève cette hypothèse sont nombreuses et compliquées. Il ne s'agit plus seulement, comme vis-à-vis du système de Condillac, de se rendre compte exactement du rôle et des conditions de la sensation, mais il devient nécessaire d'examiner la fonction et la portée du raisonnement, de rechercher si les besoins physiques de l'individu suffisent pour produire un développement scientifique tel que celui dont nous voyons aujourd'hui les résultats, enfin, si les conceptions morales sont dues aux mêmes procédés intellectuels que les découvertes scientifiques.

Pour traiter ce vaste sujet avec la clarté nécessaire, je serai obligé d'examiner séparément chacune des questions qu'il soulève. Je m'occuperai donc d'abord de la sensation et du raisonnement, ainsi que des idées qui en proviennent. Je rechercherai ensuite les conditions du développement intellectuel de l'humanité ; j'apprécierai, enfin, les hypothèses qui ont été émises, au point de vue sensualiste, sur l'origine des idées morales.

CHAPITRE III

Des sensations comme sources des idées.

Je me propose, dans ce chapitre, d'étudier la sensation en elle-même, d'en déterminer les conditions, l'usage et le produit et de rechercher ainsi ce qu'il y a de vrai dans la première affirmation des sensualistes de toute espèce, dans l'assertion que la sensation forme le point de départ de toutes les connaissances humaines.

Cette assertion puise toute sa force dans une erreur commune qui, pour être très-naturelle, n'en est pas moins une erreur. On s'imagine qu'il nous suffit d'ouvrir les yeux et de regarder autour de nous pour voir tous les objets qui nous entourent. Mais la vérité est que nous ne voyons que les objets que nous connaissons déjà, non pas individuellement, mais comme espèces. Or, à l'âge de quatre ou cinq ans, nous avons appris, non par la sensation seule, comme je le prouverai bientôt, à connaître comme espèces la plupart des choses sensibles qui, sous des formes individuelles très-variées, se présenteront à nous dans le cours de notre existence. A un âge plus avancé, il nous suffit, en effet, d'ouvrir les yeux pour les voir, et comme nous n'avons que très-peu de souvenirs de l'époque où nous ne les connaissions pas, nous nous imaginons qu'il en a toujours été de même. L'erreur que je signale est donc très-explicable; mais, évidemment, quand on la prend pour base d'une théorie sur l'origine des idées, on risque fort de se tromper.

Commençons par nous rendre compte exactement des phénomènes que présente la sensation.

Toute sensation suppose au moins deux choses : une

impression produite sur les organes de la sensibilité et transmise au cerveau, et la perception de cette impression par la conscience.

Les impressions proviennent soit de parties internes de notre corps d'où elles arrivent au cerveau sous des formes très-diverses, notamment sous celle de besoins, de sentiments, de douleurs, soit du monde extérieur qui agit d'abord sur nos sens proprement dits, d'où les impressions sont portées au cerveau par des nerfs spéciaux. C'est de ces dernières, que nous nous occuperons de préférence, car ce sont elles qui jouent le plus grand rôle dans la connaissance ; mais ce que nous dirons des unes devra être appliqué également aux autres.

Les impressions qu'éprouvent nos sens ne sont pas toutes perceptibles. Pour acquérir cette qualité, il faut qu'elles aient une certaine intensité et une certaine durée. Quand elles n'offrent pas ces conditions, de même que lorsqu'elles ne parviennent pas au cerveau, elles ne peuvent être perçues. Mais rien ne les empêche de produire d'autres effets physiologiques. Il arrive très-souvent, au contraire, que des impressions non perçues et non perceptibles exercent une certaine action sur l'organisme, qu'elles provoquent, par exemple, des contractions musculaires, des mouvements des membres, et généralement ce qu'on appelle des actions réflexes. Mais ces effets se produisent d'une manière toute mécanique. Les impressions qui les causent ne passent pas par l'intelligence et sont non avenues pour celle-ci. C'est à la physiologie à s'en occuper et, en général, à rechercher les conditions de la perceptibilité des impressions sensibles et leur nature organique. Quant à la science des opérations intellectuelles, elle n'a besoin de tenir compte que des impressions perceptibles.

C'est donc à tort que des écrivains ont appelé *sensations inconscientes* les impressions non perceptibles, et notamment les éléments d'impressions qui ne sont pas perceptibles chacun à part, mais qui le deviennent lorsqu'ils sont réunis à plusieurs. Ainsi, une vibration sonore qui dure un demi-millième de seconde n'est pas perceptible à l'oreille ; mais deux vibrations de même durée qui se suivent immédiatement le sont. Les deux vibrations imperceptibles forment donc les éléments de l'impression perceptible et ce sont ces impressions imperceptibles élémentaires qu'on a nommées sensations inconscientes. Mais ce terme est tout à fait impropre. Du moment qu'il n'y a pas de conscience, il n'y a point de sensation. Que le fait physique nécessaire pour la production d'un certain fait intellectuel soit multiple et complexe, cela est dans la nature des choses, car tout fait physique est par lui-même complexe et multiple. Mais tant que ce fait ne réunit pas toutes les conditions nécessaires à la production du fait intellectuel, on n'est pas plus en droit de donner à ces éléments incomplets une qualification qui se rapporte à l'intelligence, qu'on n'est autorisé, par exemple, à appeler maison non bâtie les pierres qui se trouvent au fond d'une carrière.

Le premier phénomène qu'offre la sensation est donc l'impression perceptible. Le second, qui est tout à fait indépendant du premier, mais non moins indispensable, est la perception même. Il ne suffit pas que les impressions soient perceptibles pour passer à l'état de sensations ; il faut qu'elles soient perçues en effet.

Les sensualistes supposent généralement que du moment où l'impression est perceptible, la perception s'en suit nécessairement. Mais c'est là une grande erreur. Il est certain, au contraire, que parmi les impressions perceptibles qui nous frappent à chaque instant, le plus petit petit nombre est perçu ; nous n'avons aucune conscience des autres. Les causes de ce fait sont diverses et nous aurons à les examiner ; pour le moment, il me suffira d'en signaler une que chacun comprendra : le défaut d'attention. Quand nous lisons dans une chambre, par exemple, des impressions lumineuses, parties de toutes les parois de la chambre situées dans le champ visuel, viennent frapper notre rétine; nous ne percevons cependant que les lettres imprimées en noir sur la page blanche de notre livre. Quand nous écoutons quelqu'un qui nous parle, tous les bruits de la rue ou de la maison passent inaperçus; nous ne percevons que les sons qu'on prononce devant nous. A chaque instant, tout homme reçoit mille impressions diverses, du toucher et de l'odorat aussi bien que de la vue et de l'ouïe, des sens internes aussi bien que des sens externes, et l'immense majorité de ces impressions, toutes perceptibles, n'est pas perçue en réalité.

Il suit de là — et cette conséquence apparaîtra de plus en plus clairement dans la suite de ce chapitre — que la perception supposant un choix, résulte d'un acte libre de l'intelligence et qu'elle n'est pas une suite passive de l'impression, car autrement toutes les impressions effectives devraient être perçues, aucune ne pourrait échapper à la conscience. Mais poursuivons l'analyse de la sensation.

J'ai dit que toute sensation présentait au moins deux phénomènes : l'impression et la perception. La sensation peut, en effet, se réduire dans certains cas à ces deux phénomènes, mais c'est le cas le plus rare ; le plus souvent elle contient encore d'autres éléments.

Les impressions, que les sens transmettent au cerveau, se présentent à l'esprit sous une forme simple quoiqu'elles puissent être composées sous le rapport physiologique ou physique. Ainsi, l'impression du blanc nous paraît simple, quoique le blanc résulte de la combinaison de plusieurs couleurs ; l'impression d'un son nous paraît simple, bien que ce son soit le produit d'une quantité considérable de vibrations et quelquefois de plusieurs sons distincts. Or, il peut arriver que nous percevions une seule impression de ce genre, par exemple, lorsqu'en entrant dans une chambre, nous disons : je sens ici une odeur particulière, ou, que nous promenant dans la campagne, nous entendons quelque son inconnu. Mais chacun peut constater par son expérience personnelle que ces cas sont très-rares, et nous verrons, en effet, que si nous ne percevons pas plus d'impressions simples, il y a de bonnes raisons pour cela. Dans l'exercice habituel de l'intelligence, ce n'est pas sur des impressions simples que porte la sensation, c'est sur des événements extérieurs, des objets.

Or, la sensation d'un objet, d'un fait extérieur, comporte des éléments nombreux. En premier lieu, une multiplicité d'impressions simples perçues simultanément, savoir, toutes celles qui proviennent du même objet et que la perception réunit en un seul groupe en les séparant de toutes les impressions venues d'ailleurs. Tout objet, lors même qu'il n'est perçu que par un seul sens, produit une foule d'impressions simples diverses. Que nous regardions, par exemple, une rose ; nous recevrons autant d'impressions simples que sa couleur présentera de nuances différentes, que sa surface portera de variations d'ombre et de lumière. A ces premiers éléments s'en joignent d'autres aussi nécessaires : les notions premières de la raison, dont nous avons longuement traité [1], surtout les notions d'objet, d'être, de substance, de cause, d'action. En percevant la rose en question, nous n'avons pas seulement perçu un assemblage d'ombres et de couleurs, mais nous avons affirmé un objet extérieur, un être, une substance. Quand, voyant des ouvriers à l'œuvre, nous disons qu'ils travaillent, nous affirmons une action, tandis que la vue ne nous a fait connaître qu'une succession de mouvements. Ces éléments nouveaux s'ajoutent donc aux impressions sensibles et s'unifient avec elles, ce qui serait impossible si, comme le veulent les sensualistes, la sensation n'était que le résultat passif des impressions produites sur les sens. En

---

[1] Voir 2ᵐᵉ partie, livre I.

vertu de cette unification, la sensation prend tous les caractères de l'idée, dont elle ne diffère que par l'impression actuelle produite par les objets extérieurs.

Mais ce n'est pas tout. Un troisième élément provient des idées conservées dans la mémoire, que l'impression rappelle et qui, par une sorte d'induction ou d'inférence, comme disent les Anglais, se joignent dans la perception à l'impression même. Ecoutons, sur ce point, M. Stuart-Mill, dont le témoignage ne saurait être suspect en cette matière : « Dans presque tous les actes de nos facultés perceptives, dit-il, l'inférence se trouve nécessairement liée à l'observation. J'affirme, par exemple, que j'entends la voix d'un homme. Dans le langage ordinaire, ceci serait assimilé à une perception directe. Et pourtant ma perception réelle se réduit à l'audition d'un son ; que ce son est une voix et la voix une voix d'homme, ce sont là non des perceptions, mais des inférences [1]. » On peut généraliser l'observation de M. Stuart-Mill et dire que dans l'exercice habituel de l'intelligence, il n'y a pas une seule sensation qui ne contienne quelque inférence de ce genre.

Chaque fois qu'il y a perception d'un objet sensible, l'esprit a donc saisi de préférence quelques-unes des impressions multiples transmises au cerveau par les sens, il les a séparées des impressions simultanées en négligeant complétement ces dernières, il les a liées à des notions primitives de la raison et à des idées qui existaient dans sa mémoire, et a fait de cet ensemble une unité, une idée complexe, l'idée même de l'objet. Ce procédé est, d'ailleurs, le même dans toutes les opérations intellectuelles, comme nous l'avons vu précédemment. Or, cette unification, par laquelle la sensation est formée, résulte d'un acte libre, aussi bien que la simple perception même. Elle ne se produit nullement d'une manière passive par suite de

---

[1] *Système de logique*, trad. par M. Peisse, t. II, p. 183 et 184.

la concomitance des impressions comprises dans l'idée complexe. Ce qui le prouve, c'est que, comme nous le verrons bientôt, l'esprit fait un choix aussi volontaire parmi les impressions concomitantes provenant d'un seul objet que parmi la masse des impressions simples qui assaillent le cerveau de toutes parts; c'est que le plus grand nombre des impressions concomitantes aussi passe inaperçu et que les impressions perçues ne sont pas toujours celles qu'il aurait fallu percevoir pour avoir une véritable idée de l'objet. En un mot, toutes les erreurs, toutes les illusions qui accompagnent la sensation seraient impossibles si l'unification des impressions s'opérait d'une manière passive, car cette unification serait nécessairement la même que dans l'objet.

Ce qui précède suffit, je pense, pour faire connaître les caractères de la sensation considérée en elle-même. Il s'agit maintenant d'examiner des questions d'un autre ordre, les questions mêmes que cette analyse a posées.

Si, en effet, la perception est le résultat d'un acte volontaire, on doit se demander quelles sont les conditions et les motifs de cet acte. Le cerveau est le réceptacle d'impressions multiples et variées qui n'ont entre elles d'autres rapports que ceux de simultanéité et de juxta-position. La vue lui offre une surface unie couverte de taches de toute forme et de toute couleur; l'ouïe des sons simultanés et successifs, qui tous diffèrent par le timbre et l'intensité, les autres sens des impressions non moins disparates. L'esprit se trouve en face de ce tableau bariolé et mouvant, et en même temps sa propre action sur le cerveau lui donne le sentiment de l'objet, de l'être, de la substance, de la cause. Pourquoi choisit-il quelques-unes de ces impressions pour les unifier? Pourquoi prend-il les unes et rejette-t-il les autres? Comment parvient-il à distinguer celles qui appartiennent effectivement à un objet réel? Ces questions et d'autres de même nature forment ensemble le problème des *conditions* de la perception sensible, et c'est de la solution de ce problème que dépend à son tour la question de savoir si, oui ou non, la sensation forme l'origine de toutes nos connaissances.

Si, en effet, la perception s'accomplit d'une façon indépendante de toute acquisition intellectuelle antérieure, si elle a lieu à la seule condition que l'intelligence active soit placée en face de l'ensemble des impressions cérébrales, il s'en suivra que l'esprit peut saisir et unifier spontanément les impressions transmises au cerveau et qu'ainsi la sensation forme une connaissance primitive n'ayant rien d'antérieur à elle-même.

Si, au contraire, la perception suppose des connaissances antérieures ou des motifs existants à l'état d'idées dans l'intelligence, on devra en conclure que la sensation n'est pas la chose première et qu'elle dépend de faits intellectuels différents d'elle et qui l'ont précédée. Cette conclusion n'amoindrira en rien le rôle de la sensation dans l'acquisition des idées, mais elle montrera que ce rôle n'est pas primitif et indépendant, mais consécutif et subordonné.

En abordant l'étude de ce problème, nous commencerons par distinguer entre l'enfant qui vient de naître et l'individu qui a l'usage de la parole. La sensation joue, en effet, un rôle bien plus considérable dans l'acquisition des idées chez le petit enfant que chez l'homme fait. En ce qui concerne les notions initiales du premier, l'hypothèse sensualiste s'éloigne moins de la vérité que sur les autres points. Nous étudierons donc d'abord la formation des premières connaissances chez l'enfant.

L'existence d'idées innées ne pouvant être admise, on doit considérer l'esprit de l'homme qui vient de naître, comme une table rase dépourvue de toute espèce d'idées. La vie intellectuelle ne commence pour lui qu'au moment où il se trouve en face des impressions venues du dehors et où il agit lui-même sur ces impressions pour les percevoir. De ce moment, le monde objectif consiste pour l'enfant : 1° Dans ces impressions mêmes que les sens externes transmettent à son cerveau ; 2° dans celles qui viennent de son propre organisme ; 3° dans le sentiment de l'activité, de l'être, de la résistance et d'autres impressions du même genre qui résultent de l'action que son esprit exerce sur son cerveau. De ces trois espèces d'impressions, celles que fournissent les sens externes paraissent le moins préoccuper l'enfant dans les premiers temps, et, évidemment, il doit percevoir d'abord celles qui proviennent de son organisme et de son activité spirituelle et qui sont l'expression de sa personnalité même.

Buchez pensait que les premières notions que conçoit l'enfant sont les idées d'agir et de pâtir, d'user et de s'abstenir, idées auxquelles se joignent un peu plus tard celles de commander ou vouloir et obéir. Ce sont là, en effet, les notions les plus en rapport avec ses premiers besoins et ses premières souffrances, ses premières velléités d'action et les premières résistances qu'il éprouve. L'existence de ces idées, quelques semaines après la naissance, est incontestable. « Les médecins, dit Buchez, savent qu'un enfant, longtemps avant de balbutier un seul mot, montre déjà qu'il connaît ce que c'est qu'obéir et vouloir, céder et résister, user et attendre, consentir et refuser, en un mot, ce que c'est que oui et non [1]. »

Mais, évidemment, les oppositions d'agir et de pâtir, d'user et de s'abstenir, de commander et d'obéir ne se présentent pas chez l'enfant sous la forme abstraite qu'expriment ces mots. Elles doivent se produire à l'occasion de sensations particulières ; l'idée d'agir se confond probablement dans l'origine avec celle d'agiter les membres, l'idée d'user avec celle de prendre le sein. Mais l'élément essen-

---

[1] *Essai d'un traité de philosophie*, t. III, p. 450.

tiel dans la première de ces sensations, c'est le sentiment de l'action ; dans la seconde, le sentiment de la jouissance. Or, comme je l'ai fait voir précédemment, toute idée particulière passe naturellement à l'état d'idée générale lorsqu'elle peut être appliquée à des objets semblables entre eux. Dans le cas présent, cette généralisation doit se faire tout simplement. L'idée de jouissance, de satisfaction, que l'enfant aura acquise en prenant le sein, il la retrouvera quand on lui donnera de la bouillie ; de même, il retrouvera l'idée d'action quand il étendra la main vers le monde des impressions qui l'entourent. C'est ainsi que la perception de diverses sensations particulières lui fournira les quelques idées générales indiquées par Buchez et qui paraissent former, en effet, ses premières notions.

Mais ces idées générales, il ne les posséderait pas réellement, si elles n'étaient représentées par des signes ; car c'est une condition de notre intelligence de ne pouvoir faire usage des idées qu'elle a acquises qu'après les avoir rendues homogènes en les fixant dans des signes quelconques. L'enfant doit donc revêtir de signes les quelques idées générales qu'il s'est formées, et il est à supposer qu'il prend pour signes les sensations mêmes qui lui ont suggéré ces idées : que l'action de prendre le sein devient pour lui le signe de l'idée d'user, l'agitation des membres celui de l'idée d'action, et ainsi de suite.

Ces idées, à mesure qu'elles se forment, doivent appeler son attention sur le monde extérieur, et même avant qu'elles soient formées toutes et revêtues de leur signe, il doit saisir déjà quelques impressions du dehors. Ici se présente la question de savoir si l'enfant perçoit d'abord les impressions simples, comme telle ou telle couleur, tel ou tel son, ou s'il saisit immédiatement les objets. Bien qu'à cet égard on ne puisse rien affirmer d'une manière absolue, il est infiniment plus probable que c'est la dernière hypothèse qui est la véritable. D'abord, la perception d'une impression simple supposerait une puissance d'abstraction dont l'enfant ne paraît guère capable. De même que l'aveugle-né auquel une opération donne la vue, l'enfant ne doit voir d'abord qu'une masse confuse de couleurs dans laquelle il lui est impossible de rien distinguer. Un point brillant, un objet éclatant peuvent attirer ses regards, mais ces sensations ne lui suggèrent aucune idée, et c'est un fait d'expérience que les enfants ne commencent guère que dans la deuxième ou troisième année à se rendre compte des couleurs et à ne pas les confondre l'une avec l'autre. Jusque là, elles leur servent bien à reconnaître les objets, mais sans qu'ils en aient conscience ; c'est sur les objets mêmes que porte leur attention.

Ce qui est vrai des couleurs l'est également des sons. Les premiers sons simples que perçoivent les enfants, sont les syllabes que l'on prononce devant eux. Mais avant d'entendre ces syllabes, ils connaissent la personne qui les émet à leur intention.

Comment l'enfant opère-t-il les premières unifications et séparations des impressions qui sont nécessaires pour acquérir la notion, aussi imparfaite que l'on voudra, d'un objet? Je suis porté à croire que ces premières opérations se font à l'aide d'un instinct comme chez les animaux. C'est une entreprise très-scabreuse, il est vrai, de chercher chez l'animal des points de comparaison capables de nous éclairer sur le développement de l'intelligence humaine. L'homme ne peut savoir ce qui se passe dans le cerveau de l'animal, et, par suite, l'intelligence de ce dernier offre bien plus de mystères que la nôtre. On a même pu soutenir qu'il n'avait rien de ce que nous appelons des notions ou des idées et que toutes ses actions s'expliquaient d'une manière purement mécanique par des impressions reçues et transmises sans conscience aux organes moteurs. Mais sans entrer dans l'examen de cette question, et en supposant que l'animal a conscience de ses sensations et des mouvements réflexes qu'elles produisent, il est certain que c'est presque uniquement à l'instinct qu'il doit la connaissance du monde extérieur.

Chez l'animal, en effet, cette connaissance s'acquiert avec une rapidité qui exclut tout apprentissage et toute expérience différente de la sensation actuelle même. Le petit chien, sitôt qu'il a ouvert les yeux, ne reconnaît pas seulement sa mère, mais il semble voir les personnes qui l'approchent et les objets qui sont à sa portée. Il paraît, notamment, percevoir immédiatement les trois dimensions des objets, leurs formes solides et leurs positions relatives dans l'espace, lorsqu'ils ne sont pas situés à une distance de plus de deux à trois mètres. Les physiologistes sont généralement très-embarrassés pour expliquer l'acquisition de ces notions. Ils supposent des illusions rectifiées peu à peu par l'expérience, des jugements se fondant à la fois sur la perception des impressions reçues du dehors et sur celle des mouvements musculaires qui adaptent les organes des sens aux impressions, enfin des habitudes de perception qui se substituent aux perceptions réelles. Ainsi, dans la vision, les impressions lumineuses paraissent dans l'origine partir de la surface extérieure même de l'œil; c'est le tâtonnement opéré par les mains, la marche vers les objets qui nous apprennent que les impressions viennent de plus loin; pour voir à des distances plus ou moins rapprochées, nous devons modifier la position respective de nos deux yeux et les rendre plus ou moins convergents; la conscience des mouvements musculaires que nous faisons dans ce but, nous donne le moyen d'apprécier les distances; enfin, ces jugements se répètent si fréquemment et passent tellement en habitude que nous finissons par ne plus en avoir conscience et que nous attribuons à une faculté naturelle ce qui n'est que le fruit d'un long apprentissage. Sans contester ce qu'il peut y avoir de vrai dans cette analyse, il apparaît au premier coup d'œil qu'elle ne répond que bien imparfaitement à l'ensemble des faits. Voilà bien des perceptions et des jugements et des appréciations et des rectifications qu'on suppose chez le jeune animal ou le petit enfant et dont la plupart des hommes faits seraient à peine capables! Le rôle qu'on attribue à l'habitude est étrange. Sans doute, nous accomplissons sans conscience beaucoup d'actes habituels; mais quand nous voulons avoir conscience de ces actes, rien ne nous en empêche, il suffit d'y faire attention. Or, ici l'effet de l'habitude serait tel que nous ne pourrions plus nous rendre compte des rectifications opérées par nous à chaque instant, car, en fait, il nous est impossible de nous replacer dans l'état primitif qu'on suppose. Il me paraît donc hors de doute qu'au moins chez l'animal la perception des dimensions, des formes solides et des distances respectives des objets rapprochés, — qui constitue, en réalité, celle des objets eux-mêmes et de leur situation dans l'espace, — est due à des impressions qui se présentent à la conscience sous une forme simple quoiqu'elles soient réellement composées d'éléments divers, de même que le son qui produit une impression simple quoiqu'il résulte de milliers de vibrations, ou telle couleur qui paraît simple quoiqu'elle soit la combinaison de couleurs différentes. Seulement, les éléments de la sensation dont il s'agit ici semblent provenir de plusieurs sens à la fois, de l'effet combiné d'impressions internes et externes de sources diverses, tandis que les éléments de la sensation du son ou de la couleur proviennent du même sens. C'est cette liaison organique d'éléments sensibles d'origine différente qui suppose à mon avis une force instinctive spéciale, et c'est en vertu de cette force que l'animal perçoit sans autre apprentissage les objets du monde extérieur.

Je ne suis pas éloigné de croire qu'il existe quelque chose d'analogue chez le petit enfant. Il accomplit indubitablement certaines actions instinctives; ainsi, il tette, lors même qu'il manque de cerveau. Mais l'instinct perceptif, si je puis l'appeler ainsi, doit être chez l'enfant plus faible et d'une autre nature que chez l'animal. Il doit être plus faible, car chez l'animal il paraît être la source de toutes les notions et ces notions elles-mêmes ne s'étendent pas au-delà des objets et des relations dont la connaissance est indispensable à la conservation de la vie. L'enfant, au contraire, ne doit à la perception instinctive que les notions les plus élémentaires; les connaissances bien plus étendues dont il a besoin pour occuper sa place dans la société, il a un autre moyen, plus parfait, de les acquérir : la parole, sitôt qu'il l'a apprise. Chez lui, en outre, l'instinct doit être d'une autre nature, car ne venant qu'en aide aux facultés intellectuelles, il doit laisser un libre jeu à celles-ci, tandis que chez l'animal il exerce un empire absolu sur l'intelligence. En un mot, l'enfant a besoin de l'instinct pour établir ses relations les plus simples et les plus élémentaires avec le monde extérieur, pour acquérir une première notion de l'étendue, pour voir sa nourrice, pour entendre les paroles qu'elle prononce. Mais à côté de cette action instinctive se déploie l'action libre de l'intelligence. Quand l'enfant forme les premières idées générales et les fixe au moyen des premiers signes dont nous avons parlé, lorsqu'il regarde, qu'il écoute, qu'il tend ses bras vers le monde extérieur, et que ses gestes et sa figure témoignent des efforts qu'il fait pour se rendre compte des impressions sans nombre qu'il éprouve, cette activité dont il fait preuve n'est pas un produit physique de l'instinct, c'est la manifestation évidente d'une force libre et intelligente.

Il est probable que le premier objet extérieur que l'enfant saisit et reconnaît, c'est sa nourrice : c'est elle qui lui donne le sein. Mais une fois qu'il aura perçu l'ensemble de la figure humaine, il saura voir toutes les personnes qui l'entourent. Au moyen des idées générales d'agir et de pâtir, d'user et de s'abstenir qu'il aura acquises les premières, il sentira sa dépendance à l'égard de ces personnes et les idées de commander et d'obéir se joindront aux autres. Bientôt il entendra la voix des personnes qui le soignent, il écoutera leur parole, il saura suivre de l'œil le doigt qui lui montrera un objet. Alors le grand moyen de l'éducation sera conquis pour l'enfant : il pourra être mis en possession du signe commun, de la parole, qui forme la condition indispensable de toute pensée suivie.

C'est jusque-là, et non plus loin, que peut aller le développement de l'intelligence lorsqu'il ne s'appuie que sur les facultés naturelles de l'individu. Tout progrès ultérieur suppose, en effet, la parole. A l'animal, il suffit de quelques sensations particulières qui lui donnent le pouvoir de satisfaire ses besoins dans chaque cas spécial. La pensée humaine, au contraire, consiste dans la formation et la combinaison d'idées générales. Or, bien que l'idée générale soit différente du signe qui la rappelle, c'est par le signe seulement que l'intelligence devient capable d'en faire usage. Au moyen du signe, toute sensation complexe est représentée par une impression simple, et les sensations de toutes espèces sont représentées par des impressions d'une seule espèce. Si l'on considère les combinaisons d'idées que met en jeu le moindre raisonnement, il paraît évident que sans les simplifications que permet le signe, ces combinaisons seraient impossibles et que, par conséquent, le raisonnement humain n'existerait pas. A priori, donc on peut dire que la parole est l'instrument nécessaire à tout développement intellectuel dépassant les sensations les plus primitives.

C'est aussi ce que prouve l'expérience. La parole est tellement indispensable à l'homme que non-seulement ses facultés intellectuelles ne sauraient prendre leur essor sans elle, mais que quand elle ne lui est pas enseignée, ses facultés organiques même subissent un arrêt de développement. Les individus, échappés dans leur jeunesse à leurs familles et qu'on a trouvés vivant en sauvages dans les forêts, étaient tous dans un état voisin de l'idiotie. Il est constaté que les dispositions au crétinisme ne se développent le plus souvent que par défaut de l'excitation organique que produit l'usage de la parole et l'instruction, et qu'elles peuvent être combattues par ces moyens éducateurs. Les enfants, arrivés à l'âge de quatre ou cinq ans, qui deviennent sourds par accident, perdent rapidement l'usage de la parole; ils prennent tout le caractère des sourds-muets de naissance et ne parviennent à s'élever qu'au faible degré d'intelligence que ces derniers acquièrent par un enseignement spécial, et par cet enseignement même.

Il est donc hors de doute que la sensation et les facultés naturelles de l'intelligence suffisent tout juste pour permettre à l'enfant d'acquérir les idées et les connaissances dont il a besoin pour entrer en communication avec ses semblables et recevoir l'enseignement de la parole et des choses. Si cet enseignement lui était refusé, ses facultés physiques se développeraient peut-être, — il y a de fortes raisons pour en douter, — mais son intelligence ne s'élèverait pas au-dessus de celle d'un mammifère quelconque. Il est même probable qu'elle resterait au-dessous de cette dernière. Car le mammifère est destiné à se diriger uniquement d'après ses sensations et, par suite, ses sensations doivent être instinctivement mieux appropriées à l'action que chez l'homme, dont la vie est guidée par la raison et pour qui la sensation n'est que le premier commencement de la connaissance.

Une fois que l'enfant est en état de saisir l'enseignement, il apprend en même temps à connaître les mots et les choses. Les impressions qui jusque-là frappaient vainement ses sens, sont unifiées par groupes sous des noms et deviennent des objets. Il est probable que la plupart de ces derniers ne sont perçus nettement qu'au moment où l'enfant en saisit le nom, qu'il ne distingue, par exemple, les personnes l'une de l'autre, que quand il a appris à les désigner par des noms différents. J'ai positivement observé des faits de ce genre. L'enfant est quelquefois assez longtemps sans paraître attacher un sens à un mot qu'on prononce devant lui, quoiqu'on lui montre l'objet. Puis, il arrive qu'un jour il comprend subitement le mot et voit l'objet, et souvent ses traits expriment la joie qu'il éprouve de l'acquisition qu'il a faite.

Que s'est-il passé dans l'esprit de cet enfant au moment où il a saisi un rapport là où il n'y avait auparavant pour lui qu'un son vague et une image fugitive? Il y a là un mystère que personne n'a dévoilé jusqu'ici. Tout ce qu'on peut constater, c'est que l'enfant a saisi ou compris un double rapport : l'un entre les diverses impressions de l'objet qu'il a unifiées et distinguées de toutes autres, le second entre l'objet et le mot qu'il a entendu. Mais le mystère subsiste, bien que nous puissions déterminer les circonstances dans lesquelles il se produit et qu'il nous soit même donné de l'observer sur nous-mêmes. Qui ne s'est trouvé à tout âge dans le cas d'apprendre le sens de mots inconnus, soit qu'il ait voulu s'initier à une science dont il n'avait aucune notion jusque-là, soit qu'il ait eu le désir seulement de comprendre un de ces mots nouveaux que l'usage introduit à chaque instant dans la langue? Quand ces mots sont classés dans le Dictionnaire et définis exactement, la chose est très-facile. Mais ordinairement ils ne sont pas dans les dictionnaires, ou bien ceux-ci ne donnent pas un sens précis. Qu'un de ces mots se présente dans la conversation ou la lecture, il ne suscite qu'une idée vague et laisse dans l'esprit une incertitude que nous ne parvenons pas d'abord à dissiper. Puis, quand nous avons entendu le mot plusieurs fois et dans des combinaisons différentes, il arrive un beau jour que nous en comprenons parfaitement le sens. On peut appeler cela une intuition de l'esprit. Mais ce terme ne nous apprend rien de plus sur le phénomène lui-même.

D'ailleurs, ce même phénomène se reproduit d'une manière générale chaque fois que nous étudions une science toute faite. Nous n'apprécions pas d'abord toute la valeur des termes dont on nous donne la définition ; nous ne concevons qu'imparfaitement les rapports, les idées qui forment le terrain de cette science ; nous n'en saisissons l'esprit qu'après un certain temps. Ce temps peut quelquefois être très-long. Il est d'expérience, par exemple, que la plupart des étudiants en droit n'entrent réellement dans l'esprit de l'enseignement qu'ils reçoivent que pendant leur troisième année de droit ou même pendant qu'ils se préparent au doctorat. Personne ne s'est rendu compte de la façon dont cette perception d'une série de rapports se produit peu à peu. Evidemment, le phénomène est exactement le même que lorsque nous comprenons un mot nouveau et il n'est pas plus explicable.

La conclusion des considérations que je viens d'exposer, c'est qu'à l'exception d'un très-petit nombre de notions, uniquement destinées à mettre l'enfant en état de recevoir un enseignement, toutes ses autres idées lui viennent de l'enseignement ou sont le résultat de combinaisons qu'il peut opérer lui-même entre les notions qui lui ont été enseignées ; et cette conclusion s'applique même à la perception des objets du monde extérieur. Sans l'enseignement, l'enfant ne percevrait certainement qu'un très-petit nombre de ces objets et n'aurait une idée nette d'aucun d'eux. Comme l'animal ou les individus trouvés à l'état sauvage, il ne verrait que les objets capables de satisfaire ses besoins physiques et ne connaîtrait en eux que cette seule qualité.

Entre l'enfant qui ne parle pas et celui qui parle, — ou en franchissant immédiatement les divers stades de l'enseignement, — entre le petit enfant et l'homme fait, il y a donc une différence énorme en ce qui concerne la perception des impressions sensibles. Le premier se trouve en face de ces impressions seules et, moitié par ses propres efforts, moitié par instinct, il parvient à saisir celles qui lui sont indispensables pour recevoir l'enseignement et apprendre la parole. Le second possède la parole, les impressions du monde extérieur ne sont plus pour lui de simples impressions, mais des objets qu'il connaît pour la plupart, qu'il voit, qu'il touche, qu'il entend, qu'il goûte, qu'il sent. Pour le premier, l'activité intellectuelle se bornait à acquérir péniblement quelques sensations et quelques signes. Chez le second, la pensée humaine est en plein exercice. Il se rend compte de ses sensations, il les combine avec d'autres idées, il raisonne, il crée la science.

Nous voyons tous les jours comment s'effectue ce passage de l'intelligence de l'enfant à l'intelligence de l'homme. L'enseignement en est la condition essentielle. Il l'est dans toutes les sociétés que nous connaissons, même au sein de celles qui sont placées au degré le plus inférieur de la civilisation. Sans un certain enseignement, l'homme ne parviendrait nulle part à s'élever au-dessus de la brute. En a-t-il toujours été de même? L'homme a-t-il pu dans un état de civilisation inférieur encore à tous ceux que nous connaissons, inventer la parole et franchir ce passage que nul ne franchit à lui seul aujourd'hui? C'est là une question que nous n'avons pas à examiner en ce moment et dont la solution en tout cas ne peut être qu'hypothétique. Tenons-nous donc sur le terrain de l'observation possible et étudions les conditions de la sensation chez l'homme qui a reçu l'enseignement de la parole et, par cela même, de toutes les idées qu'expriment les mots généralement usités dans les sociétés civilisées.

Ces conditions peuvent se réduire à deux : pour percevoir les impressions sensibles, il faut que l'homme veuille les percevoir, il faut qu'il dirige sur elles son activité intellectuelle et les saisisse par un acte de son intelligence ; il faut, en second lieu, qu'il connaisse déjà jusqu'à un certain point les objets d'où proviennent ces impressions, qu'il en ait une idée plus ou moins vraie, plus ou moins précise.

La première de ces conditions a été signalée par beaucoup d'écrivains sous le nom d'*attention*. L'attention n'est pas autre chose, en effet, que l'activité intellectuelle qui se porte vers un objet pour le percevoir ou pour le comprendre. Condillac et ses disciples confondent l'attention avec la perception même. Comme, suivant eux, l'esprit est passif vis-à-vis des impressions, ils supposent que les impressions les plus fortes s'emparent exclusivement de la conscience, et c'est ce phénomène qui constitue pour eux l'attention. Mais il est facile de voir combien cette analyse est superficielle et erronée. Il est tellement vrai que ce ne sont pas les impressions qui s'emparent de l'esprit, mais l'esprit qui s'empare des impressions, que l'attention nous fait percevoir une foule de petites impressions qui n'auraient jamais la puissance suffisante pour dominer celles qui les entourent, et que, d'autre part, de très-fortes sensations passent inaperçues si l'attention est portée ailleurs. Au moment où le micrographe parvient à saisir la forme de fibres ou de cellules que leur ténuité extrême rend presque invisibles, il n'entend ni les grosses cloches qui carillonnent à côté de lui, ni le canon de fête qu'on tire à quelques centaines de mètres de sa demeure. Il est arrivé que dans l'ardeur du combat, des militaires, attentifs surtout aux coups qu'ils portaient eux-mêmes, ont été grièvement blessés sans s'en apercevoir. On pourrait multiplier à l'infini les faits de ce genre. L'attention se manifeste comme une qualité active dans toutes nos opérations intellectuelles. Sous ce rapport même, Laromiguières n'est pas allé assez loin dans sa critique de Condillac. Il admettait qu'en *voyant*, en *entendant* nous étions passifs et que la sensation ne devenait active que lorsque nous *regardions*, nous *écoutions*. Mais pour voir, pour entendre, il faut percevoir les impressions qui frappent nos yeux ou nos oreilles et il y en a toujours un grand nombre que nous ne percevons pas. Ces dernières sont comme non avenues, et celles que nous voyons, nous entendons en effet, nous ne les aurions pas perçues si notre attention ne s'y était portée, si nous n'avions voulu et agi.

Dans l'état le plus habituel, surtout dans le repos ou dans les exercices qui ne supposent pas un certain effort intellectuel, tels que la promenade ou les travaux que nous faisons machinalement, notre attention se répartit assez également sur tous nos appareils sensitifs; nous percevons alors, autant que nos connaissances antérieures nous le permettent, tout ce qui frappe nos sens et de préférence les impressions les plus fortes et les plus tranchées. Dans ce cas, ce sont surtout les phénomènes inattendus et subits qui nous impressionnent vivement; nous tressaillons quand une porte s'ouvre tout à coup, quand une main se pose par derrière sur notre épaule. Ces perceptions aussi sont dues à une idée préconçue, savoir à l'idée que ces phénomènes ne devaient pas avoir lieu. Du reste, cette attention générale, que l'homme porte sur tout ce qui l'entoure, est en raison de sa culture intellectuelle et nullement du degré de perfection de ses sens. L'homme intelligent a mille motifs pour tout voir et tout regarder; l'homme dont l'esprit est peu éveillé, voit passer beaucoup de choses sous ses yeux sans y faire attention.

Ceci nous conduit à une autre considération qui a son importance. L'attention ne saurait exister sans motif et le motif ne peut consister que dans des idées que l'intelligence possède avant d'être attentive. Ce motif est toujours un but ou un intérêt, soit un but pratique immédiat, comme lorsqu'en marchant nous faisons attention au sol sur lequel portent nos pas, soit un intérêt théorique comme celui qui guide les recherches du savant ou les études de l'artiste. Si l'attention est indispensable pour la sensation, il en résulte donc que la sensation ne saurait avoir lieu sans certaines idées préexistantes qui déterminent l'attention. Il est un seul cas où l'attention n'est pas motivée par une idée préexistante chez l'individu attentif, c'est lorsqu'elle est provoquée du dehors par la parole ou le geste d'un autre individu, lorsque celui-ci montre au premier un objet ou appelle son attention sur une impression quelconque. Ce cas est celui de l'enseignement, dont nous avons parlé. D'autre part, c'est aussi à un enseignement antérieur ou à des raisonnements basés sur un tel enseignement, que nous sommes ramenés dans le cas où l'attention de l'individu est motivée par des idées préexistantes qui ne lui sont pas suggérées du dehors au moment même. Depuis le jour où nous avons pu comprendre la parole, la sensation, loin d'avoir été la source de nos idées, n'a donc été possible elle-même que parce que nous possédions des idées préexistantes. Mais ce n'est pas l'attention seule qui suppose la préexistence des idées.

La seconde des deux conditions de la sensation chez l'homme fait consiste en effet dans la connaissance préalable de l'objet de la sensation. Au premier abord, on est porté à ne pas admettre cette seconde condition, puisque tous les jours nous voyons ou entendons des choses pour la première fois et que c'est bien la sensation qui nous les fait voir et entendre. Mais cette condition n'en est pas moins réelle. Il est constaté qu'il y a des choses que nous avons constamment devant les yeux sans les voir. M. Helmhorst cite à ce sujet des exemples remarquables [1]. La plupart des personnes ont dans les yeux ce qu'on appelle des mouches volantes sans s'en apercevoir; quand elles les découvrent par hasard, elles s'imaginent que c'est un phénomène nou-

---

[1] *Optique physiologique* et *Théorie physiologique de la musique*, p. 83.

veau dont elles s'inquiètent, sans se douter qu'il leur a été présent toujours. Sur la rétine de chacun il y a un point, le *punctum cœcum*, où aboutit le nerf optique, qui n'est pas affecté par les impressions lumineuses. Ce point se manifeste par une tache noire sur la surface visible qui frappe nos yeux. Cette tache, on ne parvient à la voir que lorsqu'on a appris à en reconnaître la place. De même, on ne voit pas habituellement les images doubles que forment tous les objets sur lesquels les deux yeux ne sont pas fixés à la fois; on n'entend pas les divers sons harmoniques dont se compose chaque son musical de la voix humaine ou des instruments de musique. Il est donc certain que des impressions constantes, journalières, nous échappent parce que nous n'avons pas appris à les percevoir.

Et ce fait est général. Un objet dont nous n'avons aucune connaissance, nous ne le voyons que quand on nous le montre. Abandonnés à nous-mêmes, nous ne voyons que les objets dont l'enseignement nous a déjà donné la notion, soit générale, soit partielle. Ainsi, quand nous avons acquis l'idée générale de plante, d'animal, de maison, nous voyons les plantes, les animaux, les maisons qui se présentent à nos regards. Lorsque nous avons appris à distinguer les parties des objets ou leurs qualités sensibles, comme les formes, les couleurs, le poids, la consistance, nous percevons ces parties et ces qualités dans tout objet qui les présente. Mais les objets dont nous n'avons pas l'idée générale et les parties ou qualités que nous ne connaissons pas, nous ne les apercevons que quand on nous les montre.

C'est ce que l'expérience prouve à chaque instant. Nous ne voyons, pour ainsi dire, le monde extérieur, que selon les idées que nous nous en faisons, et le nombre et la nature de nos sensations sont exactement en rapport avec l'instruction que nous avons reçue et les habitudes intellectuelles que nous avons acquises. L'individu qui ne sait pas lire ne voit sur une page imprimée que du noir et du blanc et ne saisit la forme d'aucune lettre particulière. Le citadin, qui se promène dans une prairie, n'y aperçoit que de l'herbe, tandis que le botaniste et l'agriculteur y distinguent une foule de plantes diverses. Conduisez un homme qui n'a jamais appris les éléments de l'architecture devant un monument orné de colonnes, il ne remarquera par lui-même aucune différence entre ces colonnes, quoiqu'elles puissent être de tous les ordres imaginables. Qu'un naturaliste ramasse un insecte ou un crustacé, il verra immédiatement une foule d'organes qui restent inaperçus du commun des hommes. Un marchand de draps ou un tailleur reconnaîtra aussitôt entre des pièces d'étoffes des différences dont le simple consommateur n'aura aucun soupçon. On pourrait multiplier ces exemples à l'infini. En toutes choses, pour voir, il faut avoir appris à voir ; c'est un fait d'expérience universelle.

Une condition indispensable pour percevoir les impressions des sens est donc d'avoir déjà une certaine idée des objets dont elles émanent. Mais lorsque cette condition est remplie, un petit nombre d'idées suffisent pour faire voir beaucoup de choses. En effet, les éléments sensibles et les idées générales qui les représentent peuvent être combinées de mille manières différentes et permettre ainsi un grand nombre de perceptions. Connaissant, par exemple, les principales couleurs, nous percevrons à première vue la différence de coloration des objets dont nous avons déjà la notion. La sensation nous fera reconnaître ainsi dans un objet toutes les qualités, les formes, les parties dont nous aurons acquis d'abord la connaissance séparée. En réalité, la somme des idées d'objets sensibles que nous recevons dans notre jeunesse est fort limitée, et, pour la masse des hommes, elle ne s'accroît pas de beaucoup dans le courant de la vie. Mais, en tant que générales, ces idées s'appliquent à un si grand nombre d'individus, et en tant que susceptibles d'être combinées entre elles, elles contiennent une variété si considérable d'objets, qu'elles suffisent pour nous procurer une foule immense de sensations et nous faire connaître, en effet, beaucoup de choses nouvelles; mais la nouveauté de ces dernières provient uniquement de ce que cette combinaison d'impressions, déjà perçues, se présente pour la première fois sous nos yeux.

Si la première condition de la sensation est l'attention excitée par des motifs, si la seconde de ces conditions est la connaissance préalable de l'objet, il s'ensuit que jamais, en dehors des phénomènes intellectuels de la première enfance, la sensation n'est la source première des idées, mais que ce sont, au contraire, des idées qui rendent possible la sensation. Quand Stuart Mill dit que toute sensation est accompagnée d'inférences, il reste en deçà de la vérité. Non-seulement la sensation est accompagnée d'inférences, mais les inférences, c'est-à-dire les idées préconçues, en sont la condition indispensable, et sans inférences, la sensation n'existerait pas. Comme nous le verrons bientôt, la sensation joue certainement un rôle très-utile dans la science aussi bien que dans la vie pratique. Le savoir humain lui doit beaucoup d'acquisitions nouvelles. Mais ces acquisitions, il eût été incapable de les faire, si des connaissances antérieures, que la sensation ne pouvait donner, n'avaient permis à l'esprit de percevoir les impressions sensibles et de les faire entrer comme parties intégrantes dans l'ensemble des combinaisons intellectuelles.

Les mêmes considérations rendent compte du choix propre à la perception et des erreurs qu'elle présente. Nous nous sommes demandé ce qui portait l'esprit à unifier certaines impressions en les séparant de toutes les autres, à choisir dans la masse des impressions qui lui viennent du dehors, à passer devant le plus grand nombre sans les apercevoir. Ce fait se trouve pleinement expliqué maintenant : nous ne percevons que les impressions provenant d'objets dont nous avions déjà une certaine idée et sur les-

quels notre attention était portée par certains motifs.
Suivant l'idée plus ou moins complète que nous avons de
l'objet, suivant les motifs qui nous rendent plus attentifs,
tantôt à telles impressions, tantôt à telles autres, l'unité
que nous établissons entre elles est plus ou moins conforme à celle qui existe dans l'objet lui-même, l'idée de
l'objet est plus ou moins vraie, plus ou moins complète. Il
nous arrive quelquefois de négliger les caractères les plus
importants de l'objet qui frappaient bien nos sens et d'attacher une valeur exagérée à des impressions insignifiantes;
souvent aussi nous appliquons à l'objet une idée générale
qui ne lui convient nullement, nous rangeons un objet dans
une catégorie à laquelle il n'appartient pas réellement. La
sensation se trouve sujette ainsi à une foule d'erreurs et
d'illusions.

Ce sont là des faits que chacun peut constater dans son
expérience journalière. Pour en citer des exemples, il suffira de rappeler les fausses sensations que nous éprouvons
si fréquemment. Je ne veux pas parler ici de la tour carrée
qui paraît ronde, ou d'autres illusions de même nature
qui proviennent de la faiblesse et de l'obscurité des impressions. Mais je fais allusion à ces erreurs de perception
que nous commettons si souvent à l'égard de choses parfaitement perceptibles, par précipitation ou en vertu
d'idées préconçues. N'arrive-t-il pas tous les jours qu'en
lisant avec négligence on attribue à une phrase un sens
tout différent du sens réel, parce qu'on a sauté quelques
mots? Que de gens qui estropient les noms propres étrangers, quoiqu'ils les aient parfaitement écrits sous les yeux?
Combien d'erreurs ne commettons-nous pas sur les sons,
sur les bruits divers que nous entendons, sur les paroles
mêmes qui nous sont adressées? Ne croyons-nous pas voir
souvent sur le visage d'autrui des expressions, des sourires
qui réellement n'y sont pas? Pour peu qu'on veuille s'observer, on reconnaîtra qu'on est sujet à beaucoup d'illu-

sions des sens, qui ordinairement ne tirent pas à conséquence, mais n'en sont pas moins réelles. L'idée qui préside à notre perception modifie donc singulièrement les impressions venues du dehors.

Quelquefois même cette influence de l'idée est si forte, qu'elle nous empêche de bien voir, même quand nous en avons le vif désir et que nous concentrons toute notre attention sur les impressions fournies par les objets extérieurs. Je ne rappellerai pas à ce sujet toutes les fausses observations faites très-consciencieusement par des savants désireux de vérifier leurs hypothèses scientifiques. Mais je citerai, pour exemple, un fait journalier : ce qui arrive quand on corrige des épreuves. Quel est, je ne dirai pas l'homme de lettres, mais le correcteur le plus habile qui ne laisse échapper des fautes typographiques? C'est qu'à l'inspection d'un mot, nous voyons ce mot dans son unité et non les lettres dont il est composé, bien que l'image de ces lettres se peigne seule sur notre rétine. Rien ne prouve mieux que les faits de ce genre qui se répètent tous les jours, que si elle était seule, la sensation ne nous fournirait aucune notion assurée.

Ces faits achèvent de ruiner l'hypothèse de Condillac sur la passivité des perceptions sensibles et la transformation passive des sensations en jugements. Si, en effet, les sensations et les jugements qui en dérivent étaient produits passivement comme l'image d'un objet sur une plaque daguerrienne, l'objet serait senti tel qu'il est, dans sa vérité entière, aucune erreur ne serait possible. Une intelligence libre peut fausser une image, tandis qu'une photographie ne saurait mentir.

Je crois avoir prouvé :

Que l'activité spontanée de l'esprit, aidée des impressions sensibles et de certaines perceptions instinctives, suffit pour donner à l'enfant le petit nombre de notions qui lui sont nécessaires pour recevoir l'enseignement, mais qu'elle ne produit rien de plus, et que si, au moment où il a reçu ces premières notions, l'enfant était privé de l'éducation et de l'instruction, son développement intellectuel s'arrêterait et il tomberait dans un état voisin de l'idiotie.

Qu'à partir de ce moment, l'homme ne perçoit par la sensation que les objets, qualités ou rapports dont il a déjà la connaissance générale; que pour avoir la perception de ces objets, qualités ou rapports, il faut qu'il y porte son attention, et que celle-ci suppose toujours un motif, c'est-à-dire une idée préexistante.

Qu'en général, les idées préexistantes exercent une influence dominante sur la perception sensible et que la justesse des sensations dépend en grande partie de la justesse de ces idées.

Il résulte de là que, loin de former le point de départ des connaissances positives de l'homme fait, de celles qui constituent sa raison, la sensation serait impossible elle-même si l'esprit ne possédait déjà un certain nombre d'idées acquises par une voie différente de la perception sensible. Nous avons vu qu'une partie de ces idées sont transmises à l'enfant et à l'homme par l'enseignement. Nous verrons dans le chapitre suivant que le raisonnement lui en fournit un certain nombre d'autres.

Ces résultats renversent à la fois l'hypothèse de Condillac qui ramène toutes nos idées à des sensations transformées et les suppositions des sensualistes moins absolus qui voient dans la perception sensible le point de départ de toutes nos connaissances.

Il me reste à faire connaître l'usage réel et les fonctions positives de la sensation.

Dans la vie ordinaire comme dans les recherches scientifiques, le premier usage de la sensation est de constater la présence ou l'absence des choses que l'on connaît déjà, de voir si elles existent ou n'existent pas, de déterminer leurs rapports dans l'espace, leur nombre, leurs qualités sensibles quand ces qualités sont connues de leur côté. Il semble que ce soit là un usage de peu de valeur, mais la vérité est qu'il est d'une grande importance, non-seulement dans la vie pratique, mais dans la science. C'est en faisant cet usage de ses sens que le botaniste ou le zoologiste constate la présence de telle plante ou de tel animal dans telle contrée, que le géologue reconnaît les minéraux qui composent tel terrain, que l'astronome compte les étoiles et fixe leur position dans le ciel. Mais, évidemment, pour que ces observations puissent se faire, il faut que le botaniste, le zoologiste, le géologue connaissent déjà les plantes, les animaux, les minéraux dont ils constatent la présence en tel lieu; il faut que l'astronome sache ce qu'est une étoile. De même la sensation permet au physicien de reconnaître la couleur, la forme, la consistance et toutes les qualités physiques des corps, lorsqu'il a déjà une idée générale de ces qualités physiques. La sensation nous procure donc ainsi des connaissances nouvelles relatives à l'existence des objets individuels et à certaines de leurs propriétés, mais toujours dans la limite des idées générales que nous possédons déjà.

De ce premier usage en dérive un second : la constatation des différences sensibles que présentent les objets ou des variations qu'un même objet peut offrir successivement, par exemple, sous le rapport de la grandeur et de la couleur. Cette perception suppose toujours une opération purement intellectuelle, la comparaison, et la comparaison se fait toujours en vue d'un motif, c'est-à-dire d'un intérêt théorique ou pratique qui nous pousse à rechercher les différences des choses. Quant cet intérêt est puissant et que l'attention est dirigée avec force sur l'objet, on parvient à saisir ainsi des différences et à distinguer des impressions qu'on n'avait pas perçues jusque-là. C'est de cette manière que l'étude des maladies a fait reconnaître successivement des différences dans la coloration de la peau, dans les pulsations des artères, dans les bruits que font entendre les viscères, différences qui ont constitué de puissants moyens de diagnostic. Dans les temps primitifs, on ne distinguait nettement que trois ou quatre couleurs. Combien d'autres les progrès de la chimie et des arts industriels n'y ont-ils pas ajouté depuis !

Enfin, la sensation nous fait percevoir des objets nouveaux, quand ces objets sont composés et que les éléments qui en font partie nous sont déjà connus séparément. Ainsi, nous saisirons facilement une figure géométrique composée d'éléments d'autres figures déjà connues, tandis que si ces éléments ne nous sont pas connus, nous ne verrons qu'un tracé arbitraire de lignes dont les rapports nous échapperont. Le botaniste, qui connaît les divers organes des plantes, sera frappé de la vue de toute plante nouvelle, précisément parce que les organes de celle-ci ne sont pas exactement semblables à ceux des plantes qu'il connaît déjà, ni disposés de la même façon. Il en sera de même pour les sensations du zoologiste, du minéralogiste, de l'architecte, du mécanicien, etc., à l'égard des objets sur lesquels porte leur attention et même de chacun de nous pour les choses d'usage général.

Au moyen d'un petit nombre d'idées générales, la sensation nous fait donc connaître une masse énorme de faits particuliers. Son rôle est donc considérable dans la vie pratique comme dans la science. Mais rien n'autorise à lui attribuer une portée plus étendue et à en faire la source unique de toutes nos connaissances.

CHAPITRE IV.

Du raisonnement et des méthodes scientifiques.

Le raisonnement comprend l'ensemble des méthodes intellectuelles par lesquelles nous augmentons et développons nos connaissances. Ces méthodes, qui n'ont rien d'arbitraire, dépendent de la nature même de nos facultés intellectuelles et on en trouve la description plus ou moins parfaite dans les traités de logique. Je n'ai nulle intention d'écrire ici un traité pareil, et je suppose que mes lecteurs connaissent ce qu'on enseigne dans ceux qui existent. Mais je veux indiquer le rôle général de ces méthodes dans le progrès de nos connaissances et faire voir comment elles contribuent à l'accroissement de la somme de nos idées. Deux mots, d'abord, sur leur objet en général.

Quand on a recours au raisonnement ou aux méthodes scientifiques, on a pour but soit de démontrer des principes déjà énoncés, des propositions déjà posées, soit de découvrir des vérités nouvelles. C'est à cette double fonction du raisonnement que répond la grande division établie par Buchez entre les méthodes d'invention et les méthodes de probation ou de vérification. Cette division est très-fondée. Cependant, elle n'est pas absolue. Quoique certaines méthodes aient plus particulièrement pour but l'invention, et d'autres la démonstration, il y a pourtant, dans la plupart d'entre elles, un certain mélange des deux sortes de raisonnement. Pour prouver, en effet, il faut le plus souvent chercher et découvrir la preuve, ce qui a pour résultat la formation d'une idée nouvelle ou la perception d'un rapport nouveau entre deux idées connues ; et de même une découverte ou une invention ne mérite ce nom que si elle est appuyée au moins sur quelques preuves plausibles. Les modes de raisonnement sont d'ailleurs très-divers; mais, bien qu'ils soient parfaitement distincts entre eux, il est rare qu'un résultat scientifique quelconque soit obtenu sans l'emploi simultané de plusieurs méthodes particulières.

Un second point sur lequel j'appelle l'attention, c'est la différence que présentent les résultats des méthodes, soit d'invention, soit de démonstration, suivant qu'il s'agit de la constatation ou de la perception de faits particuliers, ou bien de la découverte et de la preuve de faits généraux, de principes, de lois. Le grand objet de la science, c'est évidemment la découverte de lois générales; la constatation de faits particuliers, très-nécessaire en pratique, n'a de véritable utilité scientifique, qu'autant qu'elle contribue à la découverte de lois de ce genre. Cette observation a une grande importance au point de vue de la valeur relative des méthodes.

Considérons maintenant ces dernières en elles-mêmes.

L'observation, la définition, la classification. Je réunis ici les procédés spéciaux qui ont pour principal objet la perception, la constatation et la classification des faits particuliers et la détermination des idées.

Le plus simple de ces procédés consiste à diriger l'attention sur certains faits pour les distinguer nettement, déterminer les circonstances dans lesquelles ils se produisent, les compter, saisir les variations qu'ils peuvent présenter. C'est l'observation proprement dite, fort usitée dans les sciences naturelles. Mais la *méthode d'observation* employée dans les sciences ne se borne pas à la perception des phénomènes qui se produisent d'eux-mêmes; elle consiste avant tout dans l'*expérimentation*, c'est-à-dire dans la production artificielle de ces phénomènes à l'effet de les observer. On peut distinguer, avec M. Claude Bernard [1], deux

---

[1] *Introduction à l'étude de la médecine expérimentale.*

procédés successifs dans cette méthode : l'expérience qui crée le phénomène observable, et l'observation elle-même par laquelle on étudie ce phénomène. Ajoutons que, même lorsqu'il s'agit de l'observation de faits qui se produisent naturellement, il faut toujours que le savant, qui veut employer cette méthode, prenne certaines dispositions et se place dans certaines conditions qui ont quelque analogie avec les préparatifs d'une expérience, et que, par conséquent, les deux procédés sont toujours représentés jusqu'à un certain point dans l'ensemble de la méthode.

Il est reconnu que dans les sciences naturelles, c'est l'expérimentation seule qui donne des résultats féconds et que la simple observation des phénomènes naturels n'a guère d'utilité qu'au point de vue de la description et de la classification. D'ailleurs, les modes d'expérimentation varient beaucoup suivant les sciences auxquelles ils s'appliquent et prennent quelquefois des noms particuliers. Ainsi, l'analyse et la synthèse chimiques ne sont que des procédés expérimentaux, propres à la chimie.

Mais la méthode d'observation n'est pas limitée aux sciences naturelles. Elle s'applique aussi aux sciences morales, et là l'expérimentation s'efface devant l'observation directe. C'est à cette méthode que la statistique doit tous les faits qu'elle groupe et recueille. Je considère aussi comme un emploi de la méthode d'observation, l'étude des documents historiques, juridiques, administratifs, commerciaux, qui, tout en s'opérant par la lecture, diffère beaucoup de la lecture ordinaire, simple moyen de jouissance intellectuelle ou d'instruction. En général, toutes les opérations qui tendent à faire connaître un fait sous tous ses aspects, dans tous ses détails et dans toutes ses parties, peuvent être ramenées à cette méthode. L'analyse, non plus chimique, mais grammaticale, philologique, littéraire, psychologique y rentre donc également. La comparaison n'est encore qu'un mode particulier d'observation, l'observation qui porte sur les différences que deux ou plusieurs objets peuvent présenter entre eux.

Quel que soit l'objet auquel elle s'applique, l'observation, considérée dans l'ensemble de ses procédés, n'est possible que sous les conditions que j'ai déterminées dans le précédent chapitre pour la sensation. Un phénomène n'est observable que si nous en avons déjà une certaine idée et si notre attention est portée sur ce phénomène par un but ou un intérêt. Dans la science, cet intérêt est toujours théorique, et il est facile de voir en quoi il consiste.

Le monde nous offre constamment une quantité immense de faits particuliers qui ne nous intéressent guère et que personne ne se soucie d'étudier. Que nous importe, par exemple, le nombre de feuilles qui couvrent les arbres de nos promenades ou l'altération que le vent, la pluie ou les insectes auront pu produire dans chacune d'elles? Qui s'occupera de constater toutes les gerçures que peuvent offrir les murs de tous les édifices d'une ville ou toutes les bouffées de fumée qui s'échappent de leurs cheminées? Evidemment, il y a un grand nombre de faits particuliers qui ne présentent aucun intérêt et qui ne formeront jamais un objet de la science. Celle-ci ayant avant tout pour but la découverte des lois générales, les phénomènes particuliers n'ont d'importance à ses yeux qu'autant qu'ils peuvent contribuer à un résultat de ce genre ou qu'ils confirment ou infirment une loi générale supposée.

Ce n'est que sur des faits pareils que l'observation peut porter, parce que ce sont les seuls qui soient capables d'exciter une attention suffisante. Chaque fois que l'on se livre à l'observation pour distinguer nettement ou compter les faits, ou que l'on procède à des expériences pour voir comment tel phénomène se comporte, on ne le fait donc que pour résoudre une question scientifique déjà posée, pour s'assurer que telle loi possible existe réellement. Le plus souvent, l'observateur ou l'expérimentateur agit sous l'empire d'un principe déjà reçu dans la science, quelquefois il procède à ses observations ou ses expériences pour vérifier une idée qu'il s'est formée lui-même. Mais c'est toujours une loi, une hypothèse ou une question posée qui le rend attentif au phénomène sur lequel porte l'observation, et qui constitue l'intérêt théorique sans lequel il n'aurait aucune raison d'employer cette méthode. On peut donc dire que toutes les observations se font en vertu d'idées préconçues, et le devoir des savants n'est pas, comme on se l'imagine souvent, de se garder de toute idée de ce genre, — car, sans cela, ils n'observeraient pas, — mais d'empêcher que ces idées ne dominent leur esprit au moment même de l'observation proprement dite, et n'aient pour résultat de ne les laisser voir que ce que d'avance ils ont désiré voir[1]. On sait combien ce défaut est habituel aux savants et combien d'observateurs ont aperçu des choses que personne n'a pu voir après eux.

Il suffit, d'ailleurs, que quelques hypothèses générales aient été émises, que quelques lois positives aient été constatées pour qu'il s'ouvre un vaste champ à l'observation. Ainsi, du moment où l'on a possédé quelques principes sur les effets de la pesanteur, de la chaleur, de l'électricité, on a eu immédiatement intérêt à savoir comment ces forces se comportaient à l'égard des corps que l'on connaissait et de là une série de recherches sur la densité, la dilatabilité, la chaleur spécifique, les propriétés électriques, etc., de tous ces corps. Toute connaissance acquise pose donc elle-même un certain nombre de questions qui provoquent le travail de l'observateur.

---

[1] C'est dans ce sens que je crois pouvoir interpréter ce que dit M. Claude Bernard : « Une idée anticipée, ou une hypothèse est le point de départ nécessaire de tout raisonnement expérimental…. Si on expérimentait sans idée préconçue, on irait à l'aventure ; mais, d'un autre côté, si on *observait* avec des idées préconçues, on ferait de mauvaises observations et l'on serait exposé à prendre les conceptions de son esprit pour des réalités. » *Ouvrage cité*, p. 57.

Les connaissances nouvelles que fournit l'observation sont analogues à celles qui dérivent de la sensation. Cette méthode nous permet d'apercevoir, entre des faits particuliers déjà connus, des différences et des combinaisons qui nous avaient échappé jusque-là. Mais sa fonction principale consiste à confirmer les lois ou les principes en vue desquels on observe ou à les renverser. A ce dernier point de vue, elle a une grande importance, car il suffit qu'une seule observation bien faite soit contraire à une hypothèse donnée pour que cette hypothèse devienne inacceptable.

On voit que l'observation, tout en fournissant des éléments particuliers au travail scientifique, ne fait connaître par elle-même aucune loi générale, et que ce n'est pas par elle que commence ce travail ; elle est précédée nécessairement par d'autres opérations intellectuelles, savoir, par celles qui posent les hypothèses et les questions sans lesquelles on n'aurait aucun intérêt à observer. En somme, l'observation est avant tout une méthode de vérification. Toute son importance consiste à confirmer ou infirmer des hypothèses ou des principes supposés, à donner la réponse de fait à des questions posées théoriquement. Ses autres résultats se réduisent à peu de chose.

Je passe à des méthodes qui ont un caractère purement logique, bien qu'elles tendent au même but que l'observation et aboutissent à des conclusions analogues.

Ce sont celles d'abord qui se proposent la formation des idées de genre et d'espèces et qui ont pour conséquences les classifications. J'ai fait voir, précédemment, comment les idées générales prennent naissance [1]. Toute idée particulière revêt le caractère d'idée générale lorsqu'elle peut être appliquée en même temps à divers individus, et comme les idées ne sont jamais parfaitement adéquates aux choses et n'embrassent que les traits principaux de celles-ci et

---

[1] Voir p. 92 et suiv.

ceux sur lesquels l'attention s'est portée de préférence, il en résulte qu'une même idée peut le plus souvent être appliquée à un grand nombre d'objets individuels et qu'elle devient générale par cela même.

Les idées générales dont il s'agit ici sont celles qui ont pour objet des êtres déterminés, et non des lois, des principes, car ces derniers aussi sont compris quelquefois sous le terme d'idées générales. Au point de vue de l'objet, on peut les diviser en deux classes : celles qui s'appliquent à des êtres existants par eux-mêmes, des substances, et celles qui représentent des qualités, des propriétés de substances, ou des rapports entre celles-ci. Les unes et les autres apparaissent dans la plupart des classifications : les premières, en faisant connaître les êtres mêmes qu'il s'agit de classer, les secondes, en fournissant les différences d'après lesquelles s'opère la division en genres et en espèces.

A cette distinction s'en rattache une autre : celle des idées en concrètes et abstraites, suivant qu'elles sont le résultat de la perception directe de l'objet individuel ou le produit d'un travail d'analyse et d'abstraction. Mais, à cet égard, on va quelquefois trop loin, par exemple, lorsqu'on considère toutes les idées de qualité comme abstraites. Sans doute, l'idée d'une qualité quelconque, en tant que qualité, suppose une certaine abstraction, puisqu'on la considère dans ce cas en opposition avec le sujet auquel elle est inhérente et qu'on l'en sépare. Mais on peut aussi observer les qualités en elles-mêmes, par exemple, lorsqu'on regarde des couleurs ou qu'on écoute des sons sans s'occuper de l'objet dont ils sont des qualités. Les idées que nous acquérons ainsi ne sont pas le fruit de l'abstraction et elles doivent être rangées parmi les notions concrètes.

Le raisonnement n'opère presque toujours que sur des idées générales et non sur des choses. Voilà pourquoi il est si souvent sujet à erreur, car les idées n'étant jamais complètement adéquates aux choses, il peut bien arriver que l'on ait parfaitement raisonné relativement à l'idée, mais qu'à l'égard de la chose, la conclusion se trouve en défaut. Aussi, les sciences seulement où la chose se confond jusqu'à un certain point avec l'idée, comme les mathématiques, présentent des raisonnements tout à fait rigoureux. Encore ne le sont-ils pas tous.

C'est par cette raison qu'il est essentiel dans toutes les sciences de préciser et de déterminer aussi nettement que possible les idées dont on se sert et les mots qui les expriment. Sans prétendre à ce que les idées correspondent à l'essence même des choses, comme le veulent certains philosophes, il faut toujours qu'elles comprennent, autant que cela peut se faire, les traits véritablement caractéristiques de l'objet et que ces traits puissent être exprimés par une définition. La définition qui, lorsqu'elle n'est pas purement verbale, est l'énonciation de tous les éléments que comprend une idée, constitue donc toujours une opération d'une certaine importance.

Cette opération n'a souvent qu'un caractère préparatoire, savoir, quand elle sert de point de départ et qu'elle s'applique uniquement aux mots ou aux idées. Mais quand elle a en vue les choses mêmes et qu'elle prétend en décrire la nature, elle est un résultat, la conclusion d'observations et de raisonnements de toute nature, et, dans ce cas, elle n'est plus une méthode scientifique particulière, mais un des produits de toutes les autres méthodes.

Les mêmes observations sont applicables à la division, que les traités de logique placent ordinairement après la définition. Lorsqu'elle n'opère que sur des idées, la division a beaucoup moins d'importance que la définition. Lorsqu'elle opère sur des choses, elle devient la classification et, dans ce cas, elle se présente, de même que la définition des choses, comme le résultat de tout un travail scientifique.

La démonstration rigoureuse. J'ai déjà fait voir, dans une autre partie de cet ouvrage [1], que toutes les démonstrations rigoureuses, c'est-à-dire les raisonnements qui aboutissent à des conclusions nécessaires et infaillibles, reposent sur les rapports d'identité et de contradiction et sur le rapport du général au particulier. C'est sur les premiers de ces rapports que sont basées plus spécialement les méthodes employées dans les mathématiques. Le syllogisme constitue la forme générale des raisonnements fondés sur les relations qui lient les idées générales aux idées particulières et individuelles.

Les démonstrations mathématiques tendent presque toujours à faire voir que telle quantité est égale à telle autre. Si cette égalité apparaissait au premier coup d'œil, elle serait perçue immédiatement et la démonstration serait superflue. Mais, ordinairement, elle est cachée et il faut insérer entre les deux quantités dont l'égalité doit être démontrée, un nombre plus ou moins grand de quantités intermédiaires, dont l'égalité, entre elles et avec les premières, est perçue immédiatement. C'est là la méthode généralement usitée en arithméthique, en algèbre, en géométrie, méthode à laquelle ces sciences doivent les vérités rigoureusement démontrées qui les caractérisent.

On a prétendu quelquefois appliquer les méthodes usitées dans les mathématiques à d'autres sciences, dans l'espoir d'obtenir des résultats également rigoureux. Mais ces tentatives ont toujours échoué par la simple raison que les idées générales sur lesquelles roulent les mathématiques, sont les seules qui répondent parfaitement aux choses, et que seules aussi elles traitent d'objets tels que les quantités, les figures, les vitesses, qui, sous des formes différentes, sont dans des rapports d'identité ou d'égalité absolue. Les conceptions relatives aux autres objets, et no-

---

[1] Voir p. 98, 109, 124.

tamment aux choses concrètes, présentent toujours des différences qui, toutes minimes qu'elles puissent être, ne permettent pas de les identifier complètement. Les raisonnements qui reposent sur l'égalité absolue ne leur sont donc pas applicables.

La preuve tirée de la contradiction est d'un usage plus général. C'est la preuve par l'absurde. Elle consiste à faire voir que telle proposition est en contradiction absolue avec telle autre proposition dont la vérité est reconnue et que, par conséquent, elle est fausse. Ici encore, si l'une des deux propositions était la négation directe de l'autre, la contradiction serait perçue directement et il n'y aurait pas lieu à un raisonnement ultérieur. Mais le plus souvent la contradiction n'est pas apparente, et il faut, comme dans le cas de l'égalité, établir une série de propositions intermédiaires qui la mettent en lumière.

Le syllogisme est l'argument fondé sur le rapport du général au particulier. Il tire toute sa force probante de ce principe : que tout ce qui est vrai d'une idée générale, est vrai de toutes les idées particulières qui y sont contenues; ou bien que tout ce qui est vrai d'un genre d'êtres, est vrai de tous les êtres qui font partie de ce genre. Les démonstrations basées sur ces principes jouent un très-grand rôle dans la science, mais le plus souvent sans être revêtues de la forme classique du syllogisme. Fréquemment le rapport entre la proposition générale et la proposition particulière s'aperçoit du premier coup. Quand je dis : « Dans tout triangle, les trois angles sont égaux à deux droits, donc ils sont égaux à deux droits dans le triangle équilatéral, » l'énoncé même fait voir que la seconde proposition rentre dans la première, et il n'est pas besoin d'établir péniblement une majeure et une mineure. Mais on est obligé d'avoir recours à l'argumentation syllogistique, sinon à la forme même du syllogisme, chaque fois qu'il n'apparaît pas par l'énoncé même que la conclusion est renfermée dans la majeure. On veut prouver, par exemple, que deux triangles équiangles sont semblables. Or, on sait que deux figures sont semblables quand elles ont les angles égaux et et les côtés homologues proportionnels. Il faudra donc démontrer que deux triangles équiangles ont nécessairement les côtés homologues proportionnels, et ce n'est qu'après cette démonstration qu'on aura prouvé qu'ils sont semblables. Ici, il ne suffit donc pas d'énoncer la proposition à prouver (que les triangles équiangles sont semblables) et la proposition générale dans laquelle elle est contenue (les conditions de similitude de toutes les figures), pour qu'on voie immédiatement que la première est renfermée dans la seconde; il faut de plus trouver une ou plusieurs propositions intermédiaires capables de faire voir que cette relation existe entre les deux premières, et c'est ce qu'on fait en prouvant que les triangles équiangles ont nécessairement les côtés proportionnels.

C'est donc à tort que plusieurs philosophes, et notamment M. Stuart Mill [1], ont prétendu que le syllogisme, compris dans le sens qui précède, renfermait une pétition de principe, puisque la conclusion était déjà contenue dans les prémisses. Il y a pétition de principe quand on suppose ce qui est à prouver. Mais lorsque, dans le syllogisme, on pose la majeure ou le principe général, on ignore si la conclusion y est renfermée, et c'est à la mineure à le faire voir. M. Stuart Mill pense, il est vrai, que la vérité de la majeure dépend de celle de la conclusion, et raisonnant sur l'exemple : « Tous les hommes sont mortels, donc Socrate est mortel, » il prétend que s'il est douteux que Socrate soit mortel, l'assertion que tous les hommes sont mortels est frappée de la même incertitude. Mais c'est là méconnaître complètement la nature du syllogisme, qui suppose toujours que la vérité des prémisses est assurée

---

[1] *Système de logique*, trad. Peisse, t. I, p. 205 et suiv.

par elle-même et d'une manière tout à fait indépendante de la conclusion. La proposition « tous les hommes sont mortels, » sera incapable de rien prouver à l'égard de Socrate, tant qu'on n'aura pas établi la vérité de cette proposition elle-même, non par l'énumération de tous les hommes qui sont morts jusqu'ici, mais par des preuves directes, telles que celles qui résultent de la nature physiologique de l'homme et des animaux. Si M. Stuart Mill avait choisi ses exemples dans les mathématiques, comme je l'ai fait, sa critique de la théorie ordinaire du syllogisme eût été impossible.

Les formes de raisonnement dont nous venons de nous occuper, les démonstrations mathématiques comme le syllogisme, sont avant tout des méthodes de probation. Elles supposent toujours qu'une proposition est posée et qu'il s'agit d'en démontrer la vérité. Cette proposition est appelée *théorème* dans le langage mathématique, *conclusion* dans le syllogisme. Les méthodes en question ont pour objet de démontrer les propositions ainsi posées, mais elles ne les posent pas elles-mêmes, elles ne produisent pas la notion qui y est exprimée. Cette notion a dû être découverte par d'autres moyens. Les démonstrations mathématiques et le syllogisme ne sont donc nullement des méthodes d'invention; elles n'enrichissent la science d'aucun principe nouveau, d'aucune vérité inconnue; elles ont uniquement pour résultat de donner la preuve d'une notion qu'on possédait déjà, mais qui était douteuse.

La seule invention dont ces méthodes soient l'occasion, est celle de la preuve même. En mathématiques, il faut trouver les égalités intermédiaires par lesquelles on prouve l'égalité des deux quantités données. Pour construire un syllogisme, il faut trouver une majeure et une mineure qui répondent à la conclusion posée, il faut découvrir l'idée générale dont la conclusion n'est qu'un cas particulier. Or, ceci peut offrir quelquefois de grandes difficultés et exiger un effort d'esprit considérable. Mais cette découverte ne se fait pas par les méthodes mêmes dont il vient d'être question ; elle est le fruit d'autres procédés, compris dans ceux qui restent à décrire.

L'analyse. J'emploie ici ce terme, non dans le sens d'une simple décomposition, telle que l'analyse chimique ou l'analyse grammaticale, mais dans l'acception qu'il a reçue dans les mathématiques. La méthode que les mathématiciens désignent sous ce nom est d'ailleurs employée très-fréquemment, non-seulement dans les autres sciences, mais dans la vie ordinaire. C'est le procédé qu'on met en usage chaque fois qu'on veut atteindre un but, soit théorique, soit pratique. Un exemple, pris dans la vie ordinaire, le fera comprendre immédiatement. Supposons un étranger arrivé récemment dans une ville et voulant se rendre à pied dans une rue qu'il ne connaît pas. Il prendra le plan de cette ville, cherchera l'emplacement de la rue où il doit aller, considérera les chemins qui y mènent, fera diverses hypothèses sur les voies qu'il peut prendre et choisira enfin celle qui lui aura paru la plus commode ou la plus courte. En tenant compte des différences qui proviennent de la nature de l'objet, c'est précisément la même méthode que les mathématiciens appellent *analyse* [1].

Le raisonnement du voyageur offre le type de tous ceux que nous faisons quand nous cherchons à atteindre un but

---

[1] M. Duhamel (*Des méthodes dans les sciences de raisonnement*, première partie, p. 40) décrit ainsi l'analyse mathématique : « Lorsqu'on aura à trouver la démonstration d'une proposition énoncée, on cherchera d'abord si elle peut se déduire comme conséquence nécessaire de propositions admises, auquel cas elle devra être admise elle-même et sera par conséquent démontrée. Si l'on n'aperçoit pas de quelles propositions connues elle pourrait être déduite, on cherchera de quelle proposition non admise elle pourrait l'être et alors la question sera ramenée à démontrer la vérité de cette dernière. Si celle-ci peut se déduire de propositions admises, elle sera reconnue vraie et par suite la proposée ; sinon on cherchera de quelle proposition non encore admise elle pourrait être déduite et la question sera ramenée à démontrer la vérité de cette dernière. On continuera ainsi jus-

quelconque théorique ou pratique. Ainsi, quand nous voulons faire une affaire, nous envisageons tous les rapports que cette affaire suppose, tout le milieu dont elle fait partie, toutes les circonstances qui peuvent influer sur sa réussite, et nous prenons nos déterminations en conséquence. C'est d'après des considérations de ce genre que se décide le général qui va entrer en campagne, l'industriel qui a l'intention de créer un certain produit, le commerçant qui veut tenter un marché déterminé, le joueur qui désire gagner sa partie. Dans les sciences, c'est cette forme de raisonnement qui est le plus fréquemment employée. J'ai parlé de son usage dans les mathématiques. Mais le chimiste, le physicien, le physiologiste ne procèdent pas autrement quand ils disposent des expériences, le médecin quand il cherche le traitement d'une maladie, le jurisconsulte quand il veut résoudre une question de droit, le savant de tout ordre quand il prétend établir une thèse quelconque. Les dissertations, les mémoires, les ouvrages scientifiques de toute nature, du moment qu'ils sont destinés à prouver quelque chose, offrent tous dans leur ensemble cette forme de raisonnement.

L'emploi de cette méthode, comme celui du syllogisme ou de la démonstration mathématique, suppose que la question à résoudre, le but à atteindre soit déjà posé. De même, les éléments qui servent à la solution de la question sont connus d'avance; du moins, les principaux

qu'à ce que l'on parvienne à une proposition reconnue vraie, et alors la vérité de la proposée sera démontrée. »

M. Duhamel fait voir que la même méthode s'applique aux problèmes, en ramenant le problème proposé à une suite d'autres jusqu'à ce que l'on en trouve un qu'on sache résoudre. Enfin, il reconnaît (p. 56) qu'on rencontre à chaque instant l'usage de ces méthodes « dans les questions les plus ordinaires de la vie. » Quelle que soit la chose que l'on se propose, on se demande nécessairement quelle est celle qu'il faut faire auparavant et qui conduira à la proposée. Si cette nouvelle chose ne peut se faire immédiatement, on cherche de laquelle elle dépend et ainsi de suite jusqu'à ce qu'on ait trouvé celle par laquelle il faut commencer.

d'entre eux. Cependant, l'analyse doit être rangée parmi les méthodes d'invention ; mais l'invention consiste avant tout à trouver la combinaison des éléments connus qui conduit au but proposé. Quelquefois aussi il est nécessaire de découvrir des éléments nouveaux propres à faciliter la solution. Dans ce dernier cas surtout, ce travail d'invention ne diffère en rien des autres créations d'idées, dont je parlerai prochainement.

L'induction. Il règne une assez grande confusion sur la nature précise de cette méthode qui n'a été décrite que très-imparfaitement jusqu'ici. Aristote a indiqué, plutôt qu'il n'a exposé, sous le nom d'ἐπαγωγή, qu'on a traduit par induction, un raisonnement par lequel on procède du particulier au général. Plus tard, sa pensée a été interprétée dans ce sens : qu'on arrivait aux idées générales par l'observation des propriétés communes aux objets individuels, et le nom d'induction a été donné à ce prétendu mode de former des idées générales. Bacon a essayé d'étendre le sens de cette expression et de décrire de nouvelles méthodes inductives. Mais, évidemment, ses idées à ce sujet étaient vagues et confuses, et il n'a fait qu'entrevoir le but où il tendait. Dans les derniers temps, enfin, on a compris sous le nom d'induction toutes les méthodes d'observation et d'expérimentation dont se servent les sciences naturelles, et l'on considère aujourd'hui comme des raisonnements par induction, tous ceux qui remontent des faits particuliers aux faits généraux, des effets aux causes, du conditionné à la condition. La plupart des savants y voient une méthode d'invention, mais cette opinion n'est pas générale. Ainsi M. Stuart Mill, qui a consacré la plus grande partie de son traité de logique à l'induction et qui a prétendu soumettre cette méthode à des règles aussi positives que celles qu'Aristote a tracées pour le syllogisme, la considère surtout comme une méthode de probation.

Il est certain qu'une manière excellente de prouver une

affirmation générale est de montrer que tous les faits de détail auxquels elle peut s'appliquer y sont réellement conformes. On ne démontre pas seulement de cette manière que tel effet est toujours le produit de telle cause, point auquel M. Stuart Mill réduit pour ainsi dire tout l'office de l'induction, mais ce mode de raisonnement s'applique encore à une foule d'autres relations. Jamais, cependant, ces démonstrations n'ont, comme le croit M. Stuart Mill, la rigueur du syllogisme ou des équations mathématiques, car on ne connaît jamais tous les faits particuliers et on ignore toujours s'il ne s'en trouve pas de contraires à l'affirmation générale qu'on veut démontrer de cette manière. Aussi l'induction ne joue-t-elle un certain rôle dans les livres de science, comme méthode de probation, que parce qu'elle offre un moyen facile d'exposer les vérités scientifiques, de les faire accepter par le lecteur. On énumère un certain nombre de détails qui tendent vers une même conclusion, puis on expose cette conclusion dont la preuve se trouve ainsi toute faite. C'est là un procédé littéraire très-commun, mais qui, à mon avis, ne constitue pas l'induction véritable. Celle-ci forme, suivant moi, une vraie méthode d'invention, seulement sa portée est beaucoup moindre que celle qu'on lui attribue ordinairement.

La science a constaté un certain nombre de lois plus ou moins générales, qui ont été incontestablement reconnues par l'étude des faits particuliers. La méthode, au moyen de laquelle ces lois ont été découvertes, se fonde sur l'observation, comprise dans son sens le plus large, et n'en diffère que par ses conclusions plus générales. Tandis que l'observation ne fournit que des faits particuliers, la méthode en question s'élève plus haut, et établit des lois qui font connaître les propriétés d'une série d'êtres, ou bien des rapports généraux de cause à effet, ou bien encore la composition des êtres et les relations générales de dépendance qu'ils présentent entre eux. C'est cette méthode que j'appelle induction, conformément au sens et à l'origine de ce mot.

L'induction est toujours précédée de l'observation, sur laquelle elle se fonde nécessairement et qui reste toujours assujettie aux conditions qui lui sont propres, c'est-à-dire qui a toujours en vue la vérification d'une hypothèse ou la solution d'une question déjà posée, en un mot, qui suppose toujours quelque idée préconçue. Le propre de l'induction, c'est d'élever au rang de loi générale un fait particulier constaté par l'observation. Ce procédé a sa source dans la tendance à généraliser, très-naturelle à l'esprit humain. Nous avons fait voir, précédemment, en effet, que toute conception, qui peut s'appliquer à des objets multiples, prend immédiatement le caractère d'idée générale, et l'expérience de tous les jours prouve que les hommes ne sont que trop portés à tirer des conséquences générales de tous les faits particuliers qu'ils ont observés. Cette tendance aboutit plus souvent à des suppositions erronées qu'à des vérités utiles, et les exemples de systèmes ridicules et absurdes, basés sur de fausses généralisations, sont trop abondants dans la science pour qu'il soit nécessaire de les rappeler. Il faut donc que la généralisation soit suffisamment motivée et appuyée sur des preuves réelles, qui diffèrent suivant les circonstances, mais qui le plus souvent sont fondés sur l'observation. Mais, dans ce cas, elle est parfaitement légitime et donne lieu à des découvertes positives.

Les exemples de propriétés générales des êtres constatées par suite de l'étude des faits particuliers, sont nombreux dans la science. Parmi les plus remarquables, est la loi de l'ellipticité des orbites planétaires, découverte par Kepler, par suite des observations qu'il fit sur la planète de Mars pour vérifier l'hypothèse de Copernic, d'après laquelle le mouvement des planètes était circulaire. C'est à des inductions analogues qu'on a dû les lois de la réflexion et de la réfraction de la lumière, de l'élasticité des gaz et de la vapeur, ainsi que les connaissances relatives aux propriétés chimiques des acides et des bases et à divers phénomènes de la vie animale et végétale.

L'induction de l'effet à la cause a lieu souvent à l'égard de faits particuliers, et même dans la vie ordinaire, nous sommes portés à attribuer l'origine d'un fait au fait qui l'a immédiatement précédé, en d'autres termes, à transporter le rapport de cause à effet dans une succession quelconque. Tout le monde sait à combien d'erreurs ce procédé donne lieu, et combien le sophisme : *post hoc, ergo propter hoc*, est d'un usage général. Là aussi, comme dans la généralisation, l'induction, en vertu de laquelle nous attribuons telle cause à tel effet, a besoin d'être appuyée sur des preuves suffisantes. Mais là aussi, elle donne des conclusions légitimes lorsqu'elle est dûment motivée. Les procès criminels offrent journellement des exemples d'inductions concluant du particulier au particulier. En se fondant sur des circonstances souvent insignifiantes en apparence, on parvient à désigner l'auteur vrai ou présumé d'un acte coupable. La science doit à cette méthode la connaissance de beaucoup de causes particulières et générales. C'est principalement par induction qu'on détermine les fonctions physiologiques des diverses parties du corps humain, les causes des maladies, l'effet des médicaments, des poisons. C'est encore par induction qu'on procède quand on étudie l'action de la pesanteur, de la chaleur, de l'électricité sur les corps particuliers, et qu'on tire de cette étude des conclusions sur la nature de ces forces.

Enfin, le même procédé fait connaître d'autres rapports que les phénomènes offrent entre eux, par exemple, leur dépendance réciproque, les conditions sous lesquelles ils se produisent, les parties nécessaires pour former un certain tout, etc. Les principales combinaisons chimiques ont été constatées de cette manière. C'est par des raisonnements analogues qu'on a formulé ce qu'on appelle les lois de l'économie politique et de la statistique.

L'induction constitue donc une méthode scientifique féconde et qui fournit des résultats très-positifs. Mais ce serait une grande erreur de croire qu'elle suffit à tout et que la science lui doit ses découvertes fondamentales. Il ne faut pas oublier, en effet, qu'elle ne se base toujours que sur l'étude de faits particuliers et que, par suite, les lois qu'elle formule n'ont toujours qu'une généralité très-restreinte. C'est que la généralisation d'un fait de détail, quelque important qu'il soit, ne peut toujours comprendre que des faits de même ordre, et qu'un ordre de faits quelconque ne forme toujours qu'une minime partie de l'ordre universel. Aussi, les grandes hypothèses, les conceptions universelles, qui, à plusieurs reprises, ont imprimé une impulsion séculaire au mouvement scientifique, n'ont-elles pas été le fruit de l'induction. Les sciences qui de nos jours doivent la plus grande partie de leurs résultats à cette méthode, sont la physique et la chimie. Mais aussi ces sciences ne se composent-elles que d'une masse énorme de faits particuliers, de lois générales d'un ordre très-restreint, qui ne sont reliées entre elles par aucun principe commun. La loi la plus générale de la chimie, celle qui suppose que tous les corps simples sont composés d'atômes indivisibles d'un poids déterminé, est due à la vérification d'une ancienne hypothèse philosophique. Le monde est depuis longtemps dans l'attente d'une formule générale qui réunisse sous une même loi les effets de la chaleur, de la lumière, de l'électricité et des forces chimiques. Mais ce n'est pas par induction que cette loi paraît devoir être trouvée.

Les lois particulières, découvertes par induction, peuvent poser des problèmes nouveaux, provoquer des hypothèses destinées à résoudre ces problèmes et, par suite, motiver des observations nouvelles et donner lieu à de nouvelles inductions. Mais l'histoire de la science prouve que si les choses se passent quelquefois ainsi, ce n'est pas d'ordinaire, et que la série des inductions successives n'est jamais bien longue. Ce sont toujours les grandes lois d'ordre universel, les hypothèses les plus générales qui alimentent avant tout l'observation et les recherches particulières; quand les questions nées de ces hypothèses sont épuisées, le travail scientifique s'arrête et les lois particulières fournies par l'induction ne sont pas capables de le remettre en mouvement. C'est ce que démontre avec évidence la longue stagnation qu'a éprouvée la science, quand les hypothèses de l'antiquité furent épuisées et avant qu'elles eussent été remplacées par d'autres, du commencement de l'empire romain jusqu'au XVIe siècle de l'ère chrétienne. Aujourd'hui, ce sont encore les grandes hypothèses du XVIIe siècle qui alimentent la majeure partie du travail scientifique.

La déduction. Nous arrivons à l'un des procédés les plus habituels de l'esprit humain, et qui a cela de particulier, que nous l'employons le plus souvent sans nous en douter et sans nous rendre compte de la manière dont nous obtenons les résultats qu'il donne. La déduction consiste, suivant moi, à tirer d'un principe les conséquences inconnues qu'il renferme. Une chose analogue se fait, il est vrai, en pleine connaissance de cause dans l'enseignement et dans l'exposé des sciences : en faisant connaître une loi générale, on y rattache en même temps toutes les conséquences déjà connues qui en découlent, et, sous ce rapport, la méthode déductive offre de grands avantages. Mais il est rare qu'on s'en serve *a priori* avec l'intention positive de découvrir les conséquences encore inconnues que renferme un principe.

On voit que la déduction, telle que je la comprends, ne doit pas être confondue avec le syllogisme. Dans le syllogisme, la conséquence est déjà connue et il s'agit simplement de prouver qu'elle est contenue dans les prémisses. La déduction, au contraire, est une méthode d'invention, de découverte. Elle conduit à des principes, à des faits inconnus jusque-là, et agrandit sans cesse le cercle de nos connaissances.

La déduction est basée comme le syllogisme et l'induction sur le rapport du général au particulier. Elle diffère de l'induction en ce qu'elle descend du général au partilier, au lieu de remonter du particulier au général. L'existence même de cette méthode prouve que les principes généraux ne sont pas tous, comme le prétendent les philosophes sensualistes, des conceptions simplement collectives représentant l'ensemble des principes particuliers qu'ils renferment, ou des abstractions tirées de ces derniers. Car, dans ce cas, les principes particuliers seraient connus avant l'idée générale et il n'y aurait pas moyen de tirer de celle-ci des conséquences inconnues.

J'ai parlé, précédemment, de la formation des idées générales. J'ajouterai seulement, ici, que jamais une idée générale ne peut être considérée comme la réunion des conséquences qu'elle renferme, et que celles qui sont formées uniquement par abstraction ne jouent jamais un rôle important dans la science. En réalité, tous les théorèmes et tous les problèmes de la *Géométrie* de Legendre sur le cercle, sont renfermés dans l'idée du cercle. Dira-t-on que cette idée a été formée par l'ensemble de ces théorèmes et de ces problèmes, ou qu'elle en a été tirée par abstraction ? N'est-il pas constant, au contraire, que ces notions n'ont été acquises que successivement et par un long travail scientifique, bien postérieur à la conception générale du cercle ?

Les idées générales renferment des conséquences inconnues par deux raisons. La première, c'est que, comme je l'ai déjà dit à plusieurs reprises, aucune conception humaine, sauf les définitions mathématiques, n'est complètement adéquate aux faits et qu'elle l'est d'autant moins qu'elle est plus générale. Il est visible, par exemple, que quand on connaît un genre de plantes ou d'animaux, on ne connaît nullement pour cela toutes les espèces que renferme ce genre. La connaissance du genre sera donc un motif pour s'enquérir des espèces, et la constatation de chaque espèce nouvelle sera une connaissance particulière qu'on aura déduite de cette connaissance générale. Quand Dalton eut étudié, au point de vue de l'hypothèse des atomes, les combinaisons de l'hydrogène et de l'oxygène avec le carbone et qu'il eut été conduit ainsi à la loi des proportions multiples, il fut constaté d'une manière générale que lorsque deux corps forment ensemble plusieurs combinaisons et que le poids d'un des deux reste constant, le poids de l'autre varie dans des rapports très-simples ; mais cette idée n'indiquait nullement quelle était la variation réelle de ces rapports pour les différents corps. De là, une série de recherches pour vérifier la loi elle-même pour tous les corps et constater les proportions dans lesquelles s'accomplit chaque combinaison. On arriva ainsi à la connaissance d'un grand nombre de faits qui étaient autant de conséquences de la loi des proportions multiples, déduites de cette loi au moyen des expériences qu'elle avait provoquées.

Les idées générales que nous venons de prendre pour exemples, offrent des cas où la déduction pouvait se faire *a priori*, parce que la formule même indiquait la lacune à combler. Ces espèces de déductions sont faciles chaque fois qu'il s'agit d'appliquer une idée générale à une collection d'individus, et c'est pour cela qu'elles sont si fréquentes dans les sciences physiques et naturelles. Mais dans le plus grand nombre des cas, ce n'est pas seulement parce que l'idée générale n'est pas complètement adéquate au fait, ou parce qu'on ne connaît pas toutes les espèces comprises dans un genre, que les conséquences renfermées dans un principe restent inaperçues. C'est par une autre cause encore, non moins fréquente que la première.

Cette cause, très-simple, est que toute idée a nécessairement des rapports avec d'autres conceptions, et que ces rapports n'apparaissent pas spontanément aussitôt qu'une idée est énoncée. Reprenons la conception du cercle dont nous parlions tout à l'heure. En définissant le cercle, une courbe dont tous les points sont à distance égale d'un point appelé le centre, on donne de cette figure une idée bien complète, et il ne semble pas, au premier abord, que cette définition ait des conséquences ultérieures. Mais que dans l'intérieur ou sur des points du cercle on trace des lignes droites, — rayons, diamètres, cordes, sécantes, tangentes, — on arrive de suite à déterminer une série de propriétés nouvelles qui toutes sont les conséquences de la définition du cercle. On trouvera d'autres propriétés encore en mettant un cercle donné en rapport avec d'autres cercles ou des courbes différentes. Chaque idée générale peut ainsi être mise en relation avec une infinité d'autres idées et donner des conclusions nouvelles pour chacun de ces rapports. Et ce qui est vrai des idées générales est naturellement vrai des faits généraux, des lois, puisqu'un fait quelconque ne nous est connu que par l'idée que nous en avons. Nous sommes très-loin ordinairement de connaître, dès le début, tous les effets d'une loi générale que nous avons découverte. Ces effets n'apparaissent que peu à peu, à mesure que nous étudions l'action de la loi dans les sphères diverses où elle étend son influence. Quand on constata la réfraction de la lumière, on était loin de penser qu'on devrait un jour le télescope et le microscope à cette propriété.

J'ai dû parler déjà de ce mode de raisonnement en combattant le système des idées innées, et j'en ai cité à cette occasion plusieurs exemples auxquels je ne puis que renvoyer ici [1].

---

[1] Voir p. 161.

Le mode de déduction le plus fréquemment employé et le plus fécond, est celui qui consiste à faire jaillir d'une idée toutes les conséquences qu'elle renferme en la mettant en rapport avec d'autres. Et c'est sous cette forme surtout que la déduction s'opère d'une manière inconsciente. On s'occupe d'une question particulière sans penser qu'elle peut avoir des rapports avec tel ou tel principe général connu; puis, on aperçoit un jour ce rapport et la conséquence nouvelle est trouvée. Il arrive quelquefois, notamment dans les mathématiques, que cette conséquence apparaît avec toute la rigueur de l'équation ou du syllogisme. Mais cela n'est pas toujours le cas, et surtout quand il s'agit de rapports compliqués, la déduction est loin d'être une méthode rigoureuse : de même que l'induction, elle a besoin de s'appuyer sur des preuves de toute nature.

La déduction est la grande voie de la science dans toutes les périodes qui ne sont pas marquées par des découvertes de premier ordre. Lorsque des découvertes de ce genre ont mis en lumière des principes nouveaux, des lois générales embrassant un grand nombre de faits connus, la science s'empare de ces lois et de ces principes et en déduit successivement une série de lois de moins en moins générales et de faits nouveaux. L'induction ne joue toujours à côté de la déduction qu'un rôle secondaire, car, le plus souvent, les lois particulières qu'elle découvre ne sont que des conséquences nouvelles des principes généraux dont la vérité est déjà reconnue; elles ne peuvent, en tout cas, leur être contraires, et la déduction exerce ainsi une sorte de discipline sur l'induction même. C'est, d'ailleurs, par déduction que s'opèrent toutes les applications de la science, et dans cet ordre l'emploi de cette méthode est d'une portée considérable.

Mais la déduction n'est pas seulement la grande voie de la science, elle est celle de tout le développement social, elle préside à la marche de l'histoire. C'est par déduction que nous découvrons successivement les conséquences renfermées dans les principes moraux qui régissent la société et que nous les appliquons aux relations politiques, civiles et économiques. J'ai montré précédemment, comment de l'idée de la fraternité des hommes, les peuples chrétiens avaient déduit successivement toutes les institutions libérales et démocratiques des temps modernes [1]. Toute société a été dominée ainsi par des principes moraux dont son histoire n'a été que la longue déduction.

La critique et la négation. Les traités de logique ne s'occupent guère des procédés critiques qui pourtant remplissent un rôle important dans la science moderne, et c'est ici pour la première fois peut-être qu'on les comprend dans l'énumération des méthodes rationnelles. C'est, qu'en effet, la critique ne diffère pas des autres méthodes par la forme même du raisonnement; elle fait, au contraire, usage de toutes, du syllogisme et de la preuve par l'absurde, comme de l'induction et de la déduction. Ce qui la caractérise et la distingue des autres méthodes, c'est l'esprit qui l'anime et le but auquel elle tend. Son esprit, c'est la négation des principes reçus, des vérités acquises; son but n'est pas de découvrir des vérités nouvelles, mais de mettre en doute des croyances considérées comme certaines.

Ces caractères sont assez importants pour que l'on reconnaisse la critique comme une méthode à part, bien différente même du doute méthodique de Descartes. Le doute méthodique se borne à supposer que rien n'est démontré et qu'il faut reconstruire *ab ovo* tout l'édifice scientifique. L'esprit critique, poussé à ses dernières limites, suppose que rien n'est démontrable, et la seule conclusion où il puisse aboutir est le scepticisme absolu. C'est ainsi que le comprenaient les sophistes de la Grèce, qui se faisaient

[1] Voir p. 161.

forts de démontrer le pour et le contre de toutes choses et les philosophes de l'école pyrrhonienne. Dans des limites plus modérées, la critique part du point de vue que telle idée, telle croyance n'est pas vraie, et tous ses efforts tendent à le démontrer. Quelquefois les critiques, après avoir atteint leur but, essaient de réédifier sur des bases nouvelles ce qu'ils ont démoli, mais alors ils changent de méthode. Le terme de critique n'est resté que pour un seul des cas où la reconstruction marche de front avec l'œuvre de démolition, pour la critique des textes, qui cherche à rétablir le texte véritable d'un auteur à la place d'un texte fautif. Dans tous les autres travaux où l'on se sert de cette méthode, les procédés d'affirmation et de négation sont toujours nettement séparés.

La critique est tombée dans des excès déplorables, mais il faut reconnaître aussi qu'elle a rendu de grands services à la science. En laissant de côté ici le domaine de la théologie, je me bornerai à rappeler que la critique a renversé tout le système dialectique du moyen-âge et déblayé ainsi le terrain de la science moderne; qu'elle a fait justice d'une foule de mensonges et d'erreurs historiques qui depuis l'antiquité se transmettaient religieusement de génération en génération; qu'enfin, dans les sciences physiques et naturelles, elle a détruit un grand nombre de principes faux et de véritables superstitions qui rendaient impossible tout progrès ultérieur. Et son utilité ne consiste pas seulement dans l'œuvre de démolition qu'elle opère; en contestant toute idée nouvelle à mesure qu'elle se produit, la critique oblige cette idée à s'entourer des preuves les plus complètes, à se rectifier elle-même, à se purifier de tout faux alliage. Sous ce rapport, la critique remplit donc une fonction réellement utile.

Mais son rôle ne va pas au-delà. Bonne à débarrasser le terrain scientifique des erreurs qui l'encombrent et à surveiller le travail d'invention pour l'empêcher de s'aventurer dans des voies sans issue, elle est incapable de poser elle-même des affirmations positives, des principes nouveaux propres à donner à la science une impulsion féconde. Il peut arriver, sans doute, qu'en affirmant directement le contraire d'une croyance admise, elle tombe sur un principe vrai. Quand, par exemple, toute l'antiquité supposait que l'esclavage était conforme à la justice, la critique a eu raison d'en nier la légitimité. Mais, dans ces sortes de cas, qui sont très-rares, l'affirmation sortie ainsi d'une simple négation n'a jamais la valeur d'un principe positif appuyé sur l'ensemble des idées de la société. Or, ce sont ces principes seulement qui ont de l'avenir, car ce sont les seuls que la raison accepte à une époque donnée. Dans le monde antique, toutes les idées reçues confirmaient celle de la légitimité de l'esclavage, et l'injustice de cette institution ne pût être comprise que lorsque les conceptions générales de la société eurent été transformées par le principe nouveau « Tous les hommes sont frères. » Aussi, les assertions de la critique à cet égard, ne parurent-elles aux anciens qu'une de ces négations habituelles aux sophistes et ne s'en occupèrent-ils, jusqu'au commencement de l'ère chrétienne, que pour les réfuter.

Quelle est la source de l'esprit critique? Nie-t-on la vérité d'un principe généralement accepté parce qu'on en aperçoit la fausseté avec évidence? Cela n'est pas admissible, car ce qu'un homme perçoit directement, les autres arrivent facilement à le percevoir de même, et dans ce cas, la critique ne constituerait pas un procédé particulier, elle résulterait de la simple observation. Non, la critique procède de la négation volontaire de certaines croyances universellement reçues, et cette négation a sa source dans l'état moral de la société. Il est des périodes historiques où les esprits sont disposés en grande partie à la critique et où cette méthode domine comme dans d'autres la déduction ou l'induction. Nous n'avons pas à examiner pour le moment la cause de ces états intellectuels ; qu'il nous suffise de constater cette influence que la situation morale de la société exerce sur le travail scientifique.

L'hypothèse. Je réunis, sous ce mot, toutes les opérations intellectuelles qui ont pour résultat la création proprement dite d'idées. Car toute idée nouvelle qui ne dérive pas d'une autre idée, comme conséquence directe et évidente, constatée par une induction ou une déduction immédiate, est produite par un effort créateur de l'intelligence et se présente d'abord sous forme d'une hypothèse à vérifier.

L'hypothèse est d'un emploi constant dans les petites questions comme dans les grandes. On fait une hypothèse chaque fois qu'on suppose un rapport qui n'est pas donné directement par la perception. Cette supposition est fondée, il est vrai, sur des perceptions et des connaissances antérieures, mais elle n'en est pas moins une pure création de l'esprit, qui reste douteuse jusqu'à ce que l'existence du rapport supposé ait été confirmée par des preuves, jusqu'à ce qu'il soit devenu certain que l'idée répond à un fait.

La perception elle-même constitue une sorte d'hypothèse, non quand il s'agit de rapports très-simples, perceptibles à première vue, mais de rapports compliqués dont la perception exige un effort intellectuel plus ou moins considérable. Comme je l'ai prouvé précédemment, l'opération unique et pour ainsi dire essentielle de l'intelligence, consiste à affirmer des rapports. Mais cette opération, qui est toujours la même au fond, offre de grandes différences quant au degré de force intellectuelle qu'elle exige dans les divers cas. Il y a loin de l'enfant qui arrive à comprendre que tel mot signifie telle chose, au savant qui sait retrouver les racines des langues européennes dans le sanscrit ; du calculateur qui s'est rendu compte des quatre opérations de l'arithmétique, à l'inventeur de la géométrie analytique ou du calcul différentiel ; du botaniste capable de reconnaître l'espèce dont fait partie une plante déterminée, à l'auteur d'une classification générale des végétaux. Plus les rapports deviennent nombreux et compliqués, plus l'acte intellectuel, qui doit les saisir en les comprenant dans une seule unité, devient difficile, plus l'effort exigé pour cet acte devient intense. C'est à la puissance qu'ils sont capables de déployer dans cet effort que tiennent les grandes différences intellectuelles entre les hommes. Il est des individus qui ne saisissent qu'avec peine les rapports les plus simples et les plus directs. D'autres savent embrasser d'un coup d'œil une masse immense de faits disparates et faire jaillir de ce chaos des vérités nouvelles. Ces derniers sont les hommes de génie. Entre eux et les individus qui ne perçoivent que les relations immédiates, il y a la longue série des intelligences intermédiaires.

A cause de cette difficulté même qu'offre la perception des rapports compliqués, l'affirmation de tout rapport de ce genre commence toujours par être plus ou moins hypothétique. Et c'est par la même raison que l'hypothèse joue un rôle dans la plupart des méthodes dont nous nous sommes occupés jusqu'ici. C'est par des hypothèses que dans le syllogisme et l'équation mathématique nous trouvons les propositions moyennes; dans l'analyse, nous faisons des suppositions, des hypothèses qui conduisent à la solution des problèmes; c'est à des suppositions semblables que l'induction ou la déduction commencent par conduire ordinairement. Cependant, dans ces méthodes, le rôle de l'hypothèse est secondaire : elle ne sert que comme moyen d'un but plus général. C'est dans la découverte des grandes lois d'ordre universel que se manifeste toute sa puissance; elle apparaît là comme méthode spéciale et comme la méthode d'invention par excellence.

Cette vérité, entrevue par Turgot, affirmée par Saint-Simon, a été mise en pleine lumière par Buchez, qui a consacré plusieurs chapitres de son *Traité de philosophie* à la description de ce grand procédé intellectuel.

Buchez a fait remarquer que toutes les époques du développement scientifique ne sont pas également favorables à la production des grandes hypothèses. C'est seulement quand la science a acquis un grand nombre de lois partielles et de faits de détail, qui ne peuvent être compris sous les principes généraux reçus jusque-là ou qui sont contradictoires à ces principes, qu'il devient nécessaire de combler par une hypothèse générale toutes les lacunes que laissent subsister les connaissances acquises, de comprendre sous une même formule les oppositions qu'elles présentent. C'est ainsi que la grande formule de l'attraction universelle de Newton, non-seulement faisait dériver d'un même principe les trois lois découvertes par Kepler, mais appliquait au système solaire toutes les lois relatives au mouvement, au rapport des vitesses avec la masse, à la pesanteur, etc., constatées par les prédécesseurs immédiats de ce grand homme, mais dépourvues jusque-là de tout lien réciproque.

Chaque fois que la science offre ainsi un chaos de faits et de principes sans lien ou opposés entre eux, il y a lieu de créer l'unité par une formule générale qui embrasse toutes ces notions particulières. Comment les hommes de génie trouvent-ils ces formules? C'est leur secret, secret dont, peut-être, ils ne se sont pas encore rendu parfaitement compte eux-mêmes. Mais quand on songe combien les découvertes se font lentement dans l'humanité, combien on a mis de temps à trouver des choses qui, une fois connues, ont paru les plus simples du monde, on est saisi d'admiration pour la puissance intellectuelle que dénotent ces grandes conceptions. Cependant, s'il est impossible jusqu'ici de déterminer scientifiquement ce qui se passe dans la création des hypothèses générales, comme dans la perception de tous les rapports compliqués, on peut indiquer les conditions auxquelles la production de ces conceptions est assujettie et les circonstances dont elle est accompagnée toujours.

La nouvelle hypothèse ne saurait d'abord être en contradiction avec les principes moraux et, jusqu'à un certain point, les principes religieux qui dominent la société, quand ces principes n'ont pas encore été mis en doute. Comme nous l'avons vu précédemment, ces principes forment la base de la raison dans toute société donnée, et les hommes de génie ne peuvent pas plus que les autres se soustraire à ces idées générales. Souvent, au contraire, ce sont les croyances morales et religieuses mêmes qui inspirent les hypothèses scientifiques. Parmi les grands systèmes philosophiques de l'antiquité, ceux de Pythagore et de Platon furent certainement conçus sous une influence de ce genre; ceux d'Aristote et des stoïciens reflètent également les croyances générales du temps, quoique d'une manière moins évidente. On n'aperçoit pas de filiation directe entre les grandes hypothèses du XVIIe siècle et les doctrines morales et religieuses du christianisme. Mais ces hypothèses supposent la suprême sagesse et la toute-puissance de Dieu, telles que l'enseigne la religion chrétienne, et elles n'eussent pas été conciliables avec les croyances polythéistes des anciens. Il est certain que les plus grands de ces inventeurs, Copernic, Kepler, Descartes, Newton, repoussaient les anciens systèmes cosmologiques comme contraires à la sagesse divine et qu'ils se proposaient de découvrir des lois parfaites comme le Créateur.

De même que les hypothèses ne peuvent être opposées aux croyances morales et religieuses de la société, elles ne peuvent l'être aux principes scientifiques universellement admis. Or, ces principes proviennent précisément des hypothèses émises à une époque antérieure. Pour qu'il y ait lieu à des hypothèses nouvelles, il faut donc que l'insuffisance de ces principes ait été démontrée et que la place soit libre pour des principes nouveaux. Aussi, chaque fois que de grandes hypothèses sont venues renouveler la science, elles ont été précédées d'une époque critique qui a démoli l'édifice de la science antérieure. C'est ce travail que la renaissance a accompli à l'égard de la philosophie aristotélicienne qui avait régné pendant tout le moyen-âge. Ce ne fut qu'après qu'elle eut fait table rase de tous les principes de la science antique, que les grands esprits du XVIIe siècle purent prendre leur essor.

Buchez, qui donne de nombreux exemples de l'emploi de cette méthode d'invention, croit que la plupart des hypothèses ont été trouvées par deux voies : celle qu'il appelle le mode génésiaque et la comparaison. Le mode qu'il décrit sous le nom de génésiaque, est une sorte de déduction inconsciente, par laquelle on tire de faits ou de principes très-généraux des conséquences très-générales encore, mais sur un terrain plus spécial ; le mode par comparaison consiste à appliquer un rapport constaté pour un certain nombre de faits à des faits d'un autre ordre, en d'autres termes, à raisonner par analogie. Je pense, en effet, que dans l'état actuel de la science, c'est tout ce qu'on peut dire de la manière dont se créent les grandes affirmations. Naturellement, pour poser une hypothèse qui ne soit pas une vaine supposition, comme tout le monde peut en faire sur tout sujet, il faut connaître parfaitement le terrain scientifique sur lequel on opère, avoir la notion exacte de tous les faits qu'il s'agit de concilier, tenir compte de toutes les lacunes à combler, de tous les problèmes à résoudre. Buchez a trop bien décrit toutes ces conditions pour que j'aie besoin de m'y arrêter.

Il a fait voir aussi que poser une hypothèse, quelque plausible qu'elle puisse paraître, ce n'est faire que la moitié du travail scientifique. Pour que cette hypothèse devienne un principe avéré, pour que le rapport qu'elle affirme soit reconnu comme une loi réelle, il faut avant tout qu'elle soit vérifiée.

Aucune hypothèse ne pourrait se maintenir même un moment sur le terrain scientifique, si elle n'expliquait immédiatement un certain nombre de faits inexpliqués jusque-là, si elle ne faisait disparaître aussitôt les lacunes et les contradictions les plus manifestes. C'est là sa première vérification. La seconde résulte des objections que l'hypothèse soulève, des discussions auxquelles elle donne lieu, des hypothèses contradictoires qu'elle provoque. Quand, enfin, elle est sortie victorieuse de ces épreuves, commence une troisième vérification, qui ordinairement ne porte plus ce nom, mais qui constitue néanmoins la vérification la plus certaine du principe scientifique nouvellement acquis. C'est le travail de déduction et d'application, au moyen duquel le raisonnement fait jaillir de ce principe général de nouveaux principes secondaires et dirige l'attention sur de nouveaux faits, travail auquel participent toutes les méthodes scientifiques et qui dure jusqu'à ce que l'hypothèse ait produit tout ce qu'elle contenait, que sa fécondité soit complètement épuisée.

La méthode générale de la science. Après ce coup d'œil jeté sur les diverses méthodes intellectuelles, nous pouvons nous rendre compte du mouvement général de la science.

Tout mouvement scientifique commence par des affirmations hypothétiques qui embrassent un nombre plus ou moins grand de faits, suivant la somme des connaissances déjà acquises et qui en tout cas se meuvent dans le cercle des idées générales universellement reçues. Dans les sociétés primitives, où ce cercle est très-restreint, toute hypothèse, tant soit peu probable, paraît impossible, et, en effet, dans ces sociétés le mouvement scientifique est nul. Les seules idées générales sont de source et de nature religieuses, et les méthodes logiques, l'observation, l'induction, la déduction, ne s'appliquent qu'aux faits de la vie pratique. Ce n'est que chez les peuples arrivés à un certain degré de civilisation, qu'on voit poindre les premières hypothèses scientifiques, et ces hypothèses deviennent plus compréhensives et plus fécondes à mesure que la société s'élève à des idées plus vraies et plus générales et que les connaissances acquises sont plus considérables.

L'hypothèse posée forme le terrain sur lequel s'établit le travail scientifique. La déduction en fait sortir d'abord un certain nombre de conséquences inattendues, qui suscitent l'observation, l'induction et l'analyse, et mettent en jeu toutes les méthodes de probation. On découvre ainsi successivement une série de lois partielles ou de faits nouveaux sur lesquels l'hypothèse a dirigé l'attention et qu'on aperçoit parce qu'ils lui sont conformes ou contradictoires. Mais à mesure que la masse des faits contradictoires augmente, l'hypothèse se trouve dépassée, et bientôt elle n'est plus en état de comprendre toutes les connaissances acquises.

Alors vient la critique qui renverse l'hypothèse au nom même des faits dont elle a amené la découverte; mais ces faits restent, ainsi que les connaissances acquises; seulement, il y a place pour une hypothèse nouvelle, et celle-ci ne tarde pas ordinairement à se produire, pourvu que les idées générales de la société soient de nature à comporter une conception plus générale, capable d'embrasser l'ensemble des faits acquis. Lorsque ces idées sont trop étroites, le mouvement scientifique s'arrête, comme cela s'est fait chez les Chinois et les Indous.

Les grandes hypothèses émises par des hommes de génie alimentent ordinairement le travail scientifique pendant plusieurs siècles. Ainsi, de nos jours encore, tous les travaux dont la physique générale et l'astronomie sont l'objet, sont inspirées soit par l'hypothèse de Descartes, qui n'admet dans le monde brut que de la matière et du mouvement, soit par celle de Newton, qui suppose l'existence de forces d'attraction. Quelquefois même, une hypothèse survit à la civilisation qui l'a engendrée et est rajeunie après de grands intervalles sous des formes nouvelles. Ainsi, l'hypothèse de Platon sur les idées innées a été reprise par Descartes et Leibnitz, celle de Cicéron et des stoïciens sur la loi naturelle par Hugo Grotius, le système atomistique d'Epicure par les matérialistes modernes. Mais anciens ou modernes, les principes qui dirigent le mouvement scientifique sont toujours dus à des hypothèses, et dans la science actuelle, par exemple, il serait difficile de citer un seul ordre de recherches qui ne soit dominé par la pensée de démontrer ou de renverser certaines affirmations préconçues.

CHAPITRE V

Le développement intellectuel suppose d'autres conditions que la sensation excitée par les besoins physiques.

Après avoir établi, dans les deux derniers chapitres, la portée de la sensation et la nature des méthodes intellectuelles, nous pouvons aborder l'examen de la théorie sensualiste qui a succédé au sensualisme absolu de Condillac.

Rappelons les principes essentiels de cette théorie : les besoins physiques donnent la première impulsion à notre activité intellectuelle; ils portent notre attention sur le monde extérieur que la sensation nous apprend à connaître. Des premières observations ainsi recueillies, nous induisons des lois plus ou moins générales, dont la déduction et les autres méthodes scientifiques tirent des conséquences diverses. Celles-ci donnent lieu à de nouvelles observations et de nouvelles inductions, et ainsi le progrès scientifique s'opère par des inductions de plus en plus élevées, toujours basées sur l'observation sensible.

Il faut remarquer que, dans cette théorie, on est obligé de partir des besoins physiques, car on suppose un homme primitif vivant de la vie animale et dépourvu encore de toute idée morale. Les besoins physiques constituent donc le seul mobile naturel qui puisse exciter son attention et mettre en action son intelligence, et ces besoins qui ont donné la première impulsion à son activité intellectuelle continuent aussi par la suite à en être le seul stimulant naturel.

Pour réfuter cette théorie, il suffit de prouver, en premier lieu, que si les besoins physiques peuvent quelquefois porter l'individu à déployer toutes les ressources de son esprit, ils sont incapables de produire aucun mouvement scientifique, — et c'est la science seule qui mesure le progrès intellectuel de l'humanité; — en second lieu, que les vérités générales les plus élevées ne sont nullement acquises par induction. La preuve de ce second point se trouve déjà faite en grande partie par ce qui a été dit dans le chapitre précédent. Cependant, nous aurons à la corroborer encore par des considérations d'un autre ordre. Occupons-nous d'abord du premier point.

Il est très-vrai que l'individu fait souvent usage de ses sens et de ses facultés intellectuelles sous l'aiguillon des besoins physiques. Mais quel est le résultat où cela le conduit? Prenons d'abord l'homme isolé et tout à fait sauvage que supposent les partisans de la doctrine que je combats. Évidemment, chaque besoin physique appellera l'attention de cet homme sur tout ce qui pourra le satisfaire, mais sur rien d'autre. S'il a faim, il cherchera des aliments; s'il a froid, il se mettra en quête d'un abri. Le besoin satisfait, il n'y pensera plus jusqu'à ce que le même stimulant l'excite de nouveau. Telle est du moins la vie, sinon du vrai sauvage qui n'a jamais existé, mais des populations improprement appelées sauvages qui se trouvent au dernier degré de l'échelle sociale. Chez ces populations, dénuées de tout, les besoins physiques sont vifs et incessants, mais ils ne posent jamais de problème scientifique, car, par leur nature même, ils ne tendent toujours qu'à une satisfaction individuelle et momentanée.

Dans les sociétés civilisées, l'individu est souvent dans la nécessité, pour satisfaire ses besoins physiques, de faire des efforts d'esprit considérables et d'épuiser toutes les ressources de la méthode d'analyse. Figaro dit qu'il lui a fallu déployer plus de science et de calculs pour subsister seulement, qu'on n'en a mis depuis cent ans à gouverner toutes les Espagnes! Que d'individus se sont trouvés et se trouvent encore dans la position de Figaro! Que d'autres, qui ont fait preuve de l'intelligence la plus active, qui ont imaginé les combinaisons les plus ingénieuses, pour surmonter des difficultés diverses, pour échapper à des ennemis, pour sortir de prison, pour se soustraire à une calamité quelconque! Mais dans toutes ces circonstances, l'attention n'était portée que sur des faits individuels, sur les moyens de satisfaire les besoins d'un moment. Il n'y a là rien qui ressemble même de loin à un problème scientifique.

Les besoins physiques d'un individu donné ne peuvent donc produire aucun mouvement scientifique. Mais en est-il de même des besoins physiques, non de l'homme isolé, mais de la collection des individus, des besoins dont la satisfaction constitue ce qu'on appelle les intérêts matériels de la société? Ces derniers n'ont-ils pas souvent provoqué des découvertes scientifiques réelles?

Le fait est incontestable, mais il serait difficile de l'invoquer en faveur de la thèse que je combats. En premier lieu, il est très-exceptionnel; on peut citer beaucoup d'applications de la science à des besoins matériels de la société; mais ces besoins n'avaient pas provoqué directement le travail théorique d'où découlaient ces applications, et il n'existe peut-être pas dans la science une seule théorie générale qui ait dû sa naissance à un intérêt matériel. En second lieu, les découvertes de ce genre supposent déjà l'existence d'une société civilisée, d'intérêts moraux et matériels développés et d'un mouvement scientifique plus ou moins avancé. On pourrait donc tout au plus prétendre que les intérêts matériels entretiennent le mouvement scientifique déjà commencé. Ceci encore serait inexact, et, comme nous le verrons, ce sont avant tout les intérêts moraux qui provoquent le travail intellectuel et le font durer.

Mais on peut prouver directement que les besoins physiques mêmes des collections d'individus sont incapables à eux seuls, non-seulement de provoquer, mais d'entretenir et de faire progresser le mouvement scientifique.

Si, en effet, les besoins physiques formaient le mobile essentiel du développement intellectuel et moral de l'humanité, tous les peuples du globe auraient dû, sinon marcher d'un pas parfaitement égal dans la voie des progrès scientifiques, du moins se tenir, à cet égard, à peu de distance les uns des autres ; car les besoins physiques de l'homme sont fondamentalement les mêmes partout et ils n'ont guère varié depuis le commencement de l'histoire. En supposant même que tous ces besoins ne se soient pas manifestés dans tous les temps avec la même énergie, le point de départ de tous les peuples a été sous ce rapport le même, et la nature humaine étant identique partout, les besoins auraient dû subir en tous lieux les mêmes développements et les mêmes transformations.

Or, il est inutile de prouver qu'il existe aujourd'hui des populations nombreuses dont la civilisation ne dépasse pas celle qui existait partout au début des temps historiques ; que d'autres, telles que celles de l'Inde et de la Chine, sont parvenues beaucoup au-delà de cette civilisation primitive, mais se sont arrêtées à un moment donné, sans faire un pas de plus, pendant des milliers d'années; enfin, que le grand mouvement scientifique dont les résultats ont été si prodigieux, n'a commencé qu'à la fin du moyen-âge, parmi les nations chrétiennes, qui seules l'ont conduit au point où il est aujourd'hui.

Comment se fait-il donc que les peuples dits sauvages ou barbares et les habitants de l'Inde et de la Chine, qui jouissent parfaitement de leurs cinq sens, qui raisonnent très-bien quand il s'agit de leurs intérêts particuliers, et qui éprouvent comme nous tous les besoins physiques, soient autant restés en arrière des peuples chrétiens? Comment d'abord expliquer ce phénomène, dans l'hypothèse sensualiste, chez les peuples sauvages?

D'après tous les voyageurs, la seule supériorité que ces races primitives puissent revendiquer sur l'homme civilisé, c'est la perfection des sens. Le sauvage entend des bruits, voit des fumées lointaines, suit des pistes, que l'Européen, même averti, s'efforce en vain de percevoir. Or, pendant les milliers d'années qu'ils ont passées dans cet état, ces peuples n'ont pas acquis les rudiments les plus grossiers de la science; ils n'ont pas même trouvé les premiers éléments de l'astronomie et de la chronologie par lesquels commence ordinairement le mouvement scientifique. Pourtant, leurs besoins physiques sont les mêmes que ceux des Européens. Ils en ont même enseigné à ceux-ci de nouveaux, tels que celui du tabac, que les Américains nous ont passé en échange de celui de l'eau-de-vie. Par l'entremise des Européens, l'usage du tabac s'est répandu avec une rapidité inouïe dans tout l'univers et est devenu un besoin indispensable du Tartare et du Mandchou aussi bien que de l'Hottentot et du Boschismen. Cependant, on ne voit pas qu'il ait rien ajouté à la civilisation de ces peuples, pas plus que l'usage de l'eau-de-vie n'a perfectionné les indigènes de l'Amérique. Le besoin des armes à feu aussi s'est fait vivement sentir chez les peuples sauvages depuis qu'ils en ont subi les effets. La plupart ont su s'en procurer sans avoir appris à les fabriquer eux-mêmes et sans que leur état moral en ait éprouvé aucune amélioration. Les Sioux se servent de leurs armes à feu pour attaquer les colons américains et de leurs couteaux européens pour les scalper. Les beaux fusils dont est armée la garde féminine du roi de Dahomey, n'empêchent pas la capitale de ce prince d'être une boucherie humaine.

Les besoins physiques de ces populations sont bien rarement satisfaits. Cependant, les privations les plus cruelles ne suffisent pas pour les faire sortir de leur apathie. Il est dans l'Amérique du Nord des tribus qui ne vivent que de chasse et qui ne trouvent du gibier que périodiquement, de manière que dans les intervalles qui durent plusieurs mois, elles meurent littéralement de faim. Cependant, elles n'ont jamais essayé de créer des ressources différentes pour ces moments de détresse.

Si ce défaut absolu de science est inexplicable dans la théorie que je combats, l'arrêt de développement que le progrès intellectuel a subi en Chine et dans l'Inde n'est pas moins difficile à comprendre. En Chine, la philosophie morale et politique était arrivée à un certain degré de perfection à un âge reculé ; les principes élémentaires de l'astronomie, de la chronologie, de l'arithmétique avaient été posés ; on avait appliqué aux phénomènes physiques et chimiques des formules générales, très-rudimentaires, il est vrai. Or, toute cette science existait déjà à l'époque où furent composés les livres sacrés de la Chine, mille ans au moins avant Jésus-Christ. Elle est encore la même aujourd'hui. D'où a pu provenir ce long temps d'arrêt ? Les sens ou les besoins physiques ont-ils manqué depuis lors à la population chinoise ?

Dans l'Inde, la science arriva à un degré plus avancé qu'en Chine. Sous certains rapports même, elle surpassa celle des Grecs, qui lui empruntèrent quelques données importantes. Mais, en général, elle resta inférieure à la science grecque et s'immobilisa avant celle-ci; car le mouvement scientifique et philosophique de l'Inde avait produit tous ses résultats à l'époque où parut Bouddha, c'est-à-dire environ cinq cents ans avant Jésus-Christ. A partir de ce moment, l'Inde ne vécut plus que sur les souvenirs du passé et l'activité intellectuelle des Brahmanes s'épuisa dans des disputes sans fruit. Je ne puis donc que répéter ma question : Pourquoi cette immobilité séculaire après des spéculations si élevées et si hardies? Les sens des Indous étaient-ils émoussés? Avaient-ils cessé d'éprouver des besoins physiques?

On a essayé quelquefois d'attribuer cette immobilité intellectuelle de tant de peuples pendant de si longues séries de siècles, aux institutions religieuses ou sociales, au despotisme, à la superstition. Mais en raisonnant ainsi, on faisait un cercle vicieux. S'il n'a fallu aux Européens modernes que les sens et les besoins physiques pour s'affranchir de la superstition et du despotisme, pour se faire de nouvelles idées sociales et religieuses, pour accomplir, en un mot, tous les progrès qui caractérisent leur civilisation, ces mêmes sens et ces mêmes besoins devaient conduire les autres peuples aux mêmes résultats, car le temps ne leur a pas plus manqué qu'aux Européens. Les mêmes causes doivent produire partout les mêmes effets, et si les sensations et l'impulsion des besoins matériels ont suffi chez les uns pour activer constamment le mouvement intellectuel, il est incompréhensible que chez les autres ils aient été incapables d'en empêcher le ralentissement et l'arrêt.

Il ne reste, dans la doctrine que je combats, qu'un moyen d'expliquer cette différence du progrès intellectuel : c'est de l'attribuer à l'influence des climats et à la diversité originelle des races humaines.

La doctrine de l'influence des climats, des situations géographiques, de la nature géologique du sol, etc., a été très en vogue dans le XVIIIe siècle et au commencement de celui-ci; mais on commence à l'abandonner aujourd'hui, car on s'aperçoit de plus en plus que l'homme peut transporter ses idées en tous lieux et, grâce à ces idées, se rendre partout maître de la nature. Le climat exerce incontestablement une influence notable sur les habitudes extérieures de l'homme, sur son vêtement, son alimentation, son logement; il agit directement sur la peau qui lui doit en grande partie sa couleur; des circonstances climatériques particulières peuvent engendrer des maladies qui empêchent la population de se développer ou même la font périr. Mais lorsque l'homme fait de son intelligence un usage convenable, il sait vaincre ces circonstances funestes ou les éviter. La campagne de Rome a toujours présenté les causes morbides qui aujourd'hui la rendent inhabitable; mais la population active et laborieuse du temps de la république romaine assainissait le sol et savait se préserver des miasmes; cette campagne, stérile aujourd'hui, a fourni les armées qui ont conquis l'Italie. S'il est un art où le besoin soit inventif, c'est celui de se préserver des incommodités les plus directes et les plus sensibles du climat. Tous les peuples y sont parvenus plus ou moins, sans que cela ait amené un progrès réel dans leur civilisation.

Ce qui prouve incontestablement que l'inertie intellectuelle, dont tant de peuples sont frappés depuis de si longues périodes, ne provient pas du climat, c'est qu'elle s'est produite sous les climats les plus divers. Les peuples sauvages, notamment, se sont répandus sur toute la terre et il n'est aucun climat dont ils n'aient essayé. Les Esquimaux vivent et se conservent sur des côtes où les navigateurs européens, pourvus de toutes les ressources de la civilisation, périssent de froid. Le nègre s'étend nu au soleil le plus ardent des tropiques sans en être incommodé. Les plaines glacées de la Sibérie, les steppes arides de l'Asie centrale et de l'Australie, les forêts primitives de l'Amérique, les escarpements de l'Himalaya et des Cordillères, les déserts mêmes de l'Afrique, tous les lieux enfin, pour peu qu'ils fussent habitables, ont servi de demeure à ces hommes de la première civilisation. Et pourtant dans tous ces lieux si divers, la culture de ces peuples est restée à peu près la même, et pendant des milliers d'années ils n'ont pas fait le moindre progrès intellectuel.

Et rien n'autorise à croire qu'il ne se soit pas trouvé chez ces peuples des individus très-intelligents, qui eussent peut-être été des hommes de génie ailleurs. Par sa nature, en effet, l'homme est le même partout. Les individus éminents chez ces peuplades étaient ceux qui, à l'arrivée des Européens, cherchaient à s'initier aux arts et aux idées des étrangers qui les visitaient. Des hommes de ce genre se sont rencontrés presque partout. M. Reybaud, notamment, rapporte l'histoire curieuse de chefs de la Nouvelle-Zélande, qui firent exprès le voyage d'Angleterre pour étudier la civilisation européenne et faire participer leurs compatriotes à ses bienfaits [1]. Mais tant que ces peuplades restèrent isolées, les efforts intellectuels de leurs hommes de génie ne purent porter aucun fruit; car pour faire des inventions scientifiques sérieuses, il leur eût fallu des idées générales, supérieures à celles que possédaient ces sociétés et qu'il n'y avait nul moyen de découvrir spontanément.

Quant à la persistance séculaire de la civilisation de l'Inde et de la Chine, il est également impossible de l'attribuer au climat. Certainement, il y a dans l'Inde des contrées soumises à des chaleurs accablantes, mais ce n'est pas dans les plaines brûlantes du Deckan, ni dans les déserts de l'Indus que la civilisation indoue a pris naissance, c'est sur le cours supérieur du Gange et de la Jamouna où l'altitude du terrain modère la chaleur; c'est là aussi qu'elle

---

[1] *La Polynésie et les îles Marquises.*

s'est arrêtée et on ne voit pas que dans ces vallées supérieures, qui jouissent d'un éternel printemps, le développement scientifique ait duré plus longtemps qu'au midi. En général, personne n'a prouvé encore qu'en prenant les précautions nécessaires, en disposant son travail d'une manière convenable, on ne pouvait pas aussi bien faire œuvre intellectuelle dans les pays tropicaux que partout ailleurs. Pour la Chine, il serait difficile de lui appliquer la doctrine de l'influence des climats; car, en raison de son étendue, ce pays jouit de tous les climats possibles, depuis les plus tempérés jusqu'aux plus torrides. Or, la civilisation est partout la même sur ce vaste territoire, dont la surface offre tant de variété.

L'hypothèse de la différence originelle des races expliquerait-elle mieux le phénomène qui nous occupe? La race européenne serait-elle seule assez bien douée pour atteindre au sommet de l'échelle du progrès, tandis que par leur nature même les autres seraient maintenues sur un degré inférieur de civilisation?

L'hypothèse de la diversité originelle des races a été remise en grand honneur de notre temps, d'abord par des savants allemands, en vertu d'un sentiment national mal entendu, puis par les Américains, en vue de la justification de l'esclavage. Je n'examinerai pas ici la question au point de vue de l'histoire naturelle, et je me bornerai à dire, en ce qui en concerne le côté moral, qu'il n'y a que les partisans de l'esclavage qui puissent refuser le titre de frères à des hommes d'une autre couleur et revendiquer une domination injuste sur leurs semblables à cause de quelques particularités anatomiques qui différencient leur organisme du nôtre. Je ne sortirai pas de la question générale qui nous occupe.

Dans la forme actuelle de l'hypothèse, ce serait la race germanique qui posséderait surtout le privilège d'une intelligence supérieure et qui aurait le mérite de tous les progrès accomplis sous l'empire du christianisme. Mais ici s'élève immédiatement une difficulté. On pouvait croire à la fin du dernier siècle que la race germanique formait une espèce à part, surpassant les autres races blanches autant que celles-ci surpassent les races jaunes et noires ; mais une pareille supposition n'est plus possible aujourd'hui. Il est constaté désormais que les Germains ne sont qu'une branche de la grande race arienne ; les facultés originelles qui les distinguaient devaient donc se retrouver au moins en germe dans toutes les autres branches de cette race et notamment chez les Perses et les Indous, les aînés de la famille. Or, pourquoi le développement de ces facultés s'est-il arrêté si tôt chez ces derniers et s'est-il opéré si inégalement dans les autres branches de la même famille ?

Il y a plus. Comment les Germains ont-ils tant tardé eux-mêmes à entrer dans le mouvement progressif ? Ils existaient certainement comme race particulière, deux mille ans au moins avant Jésus-Christ, et pendant ces deux mille ans, leurs mœurs et leurs idées furent tout à fait celles des tribus primitives. Au temps de Tacite encore, leur civilisation était à peu près celle des Hurons et des Iroquois. Or, ils ne sortirent de cet état primitif que par leur contact avec les Romains et plus tard par leur conversion au christianisme. Dans Tacite déjà, on aperçoit l'influence que les établissements romains au-delà du Rhin avaient exercé sur les peuples germaniques ; dans les lois barbares et les actes de l'époque mérovingienne et carlovingienne, il ne s'agit plus de Germains natifs, mais de populations établies sur le sol romain et devenues chrétiennes, qui, en vertu de cet établissement même, avaient dû adopter des institutions sociales toutes différentes de celles que comportait leur séjour dans les forêts. Depuis le passage du Rhin par César jusqu'à la chute de l'empire d'Occident, il s'était écoulé plus de cinq siècles, et les Germains avaient eu le temps de se transformer au contact continuel des Romains.

Les Celtes avaient subi dans la même période une transformation bien plus considérable encore, et cela était fort naturel, car entre la civilisation romaine et celle de ces peuples primitifs, la distance était bien moins grande qu'entre les idées et les mœurs des Européens du XVIe siècle et celles des indigènes de l'Amérique espagnole que subjuguèrent Cortez et Pizarre, et pourtant ces derniers se sont déjà beaucoup rapprochés de leurs conquérants, quoique la domination espagnole ne dure que depuis trois siècles et demi. Il est incontestable, en tout cas, que les Germains n'entrèrent dans la voie du progrès que du moment où ils se trouvèrent en relation avec la civilisation romaine et les enseignements du christianisme, et que pendant les deux mille ans qui précédèrent, la violence et la barbarie furent leurs caractères les plus distinctifs.

Ces mœurs barbares, cet esprit d'individualité égoïste, ces habitudes de violence qui leur étaient propres, contribuèrent-elles à empêcher la fondation de la grande unité chrétienne que rêvait Charlemagne, et à engendrer cet affreux régime féodal qui a tant entravé les progrès de la civilisation? Cela est possible, quoique ces effets aient pu provenir en partie aussi de l'esprit indiscipliné des populations celtiques, parmi lesquelles les Germains s'étaient établis. Vis-à-vis de ces populations, ils formèrent toujours une très-petite minorité, et c'est tout à fait gratuitement qu'on leur attribue la reprise du mouvement intellectuel dans les écoles des cathédrales et les couvents. L'élément celte de France et d'Irlande, l'élément romain de l'Italie a certainement eu une plus grande part à la restauration des lettres au commencement du moyen-âge que l'élément germain. Aujourd'hui encore, les principaux philosophes et économistes de l'Angleterre sont d'origine écossaise. Quant aux peuples de race germanique qui n'ont pas contribué à la destruction de l'empire romain et qui n'ont pas accepté le christianisme, ils sont restés à peu près ce qu'ils étaient au III⁰ et au IV⁰ siècle de notre ère. Les Circassiens et les Afghans, que des écrivains allemands considèrent comme des restes vivants de cette ancienne race, en offrent des exemples frappants. Ces peuples, qui, en tout cas, sont d'une race arienne très-proche parente des Germains, n'ont été modifiés que très-peu par l'Islamisme et par quelques lambeaux de civilisation qui leur sont venus du dehors. Ils ont conservé les mœurs guerrières et féroces de leurs premiers ancêtres et sont restés dans la même ignorance des sciences et des arts que leurs pères.

Mais les Ariens ne constituent pas la seule race blanche. Les Sémites ont bien contribué pour leur part au progrès universel. Sans parler des auteurs de l'Ancien-Testament, les Arabes n'ont-ils pas su s'approprier toute la science des Grecs, et n'est-ce pas évidemment l'Islamisme qui les a empêchés d'entrer dans la voie progressive des peuples européens? D'autre part, ne voyons-nous pas une foule d'Israélites qui, à la vérité, n'ont pas accepté le christianisme, mais se sont approprié toute la civilisation et toutes les idées qui en sont sorties, marcher de pair avec les artistes et les savants de race arienne et les dépasser quelquefois? Évidemment, la race sémitique possède les mêmes facultés intellectuelles que la race arienne et ne lui paraît inférieure que parce qu'elle s'est immobilisée dans de fausses idées religieuses.

Si, enfin, dans la race jaune et la race noire, des individus seulement se sont élevés à la hauteur intellectuelle des peuples chrétiens, cela ne prouve nullement que ces sociétés doivent rester éternellement à l'état primitif où elles se trouvent aujourd'hui. Le fait qu'un grand nombre d'individus de ces races ont pu être initiés à la civilisation européenne et se sont montrés capables de toutes les œuvres qu'elle suppose, suffit pour prouver que si les idées qui ont présidé à cette civilisation venaient à s'implanter au sein de ces sociétés primitives, celles-ci s'élèveraient peu à peu au rang des peuples européens.

Sans doute, elles n'y arriveraient pas du premier coup. Les lois physiologiques même y feraient obstacle. Il est constaté aujourd'hui que le cerveau et toute la conformation physique se développent chez les peuples qui suivent une voie progressive : sous le rapport de la grandeur de la tête, nous sommes bien supérieurs aujourd'hui aux Grecs et aux Romains. Plus l'organe matériel de l'intelligence est développé chez un individu, plus cet individu est apte à recevoir certaines idées, à accomplir certains actes, et cette aptitude se transmet de père en fils avec les perfectionnements acquis par l'organe même. Il est donc naturel que les descendants actuels d'une série de générations modifiées par la pratique du christianisme, par les usages de la civilisation chrétienne, possèdent une capacité intellectuelle bien supérieure à celle des individus issus de sociétés qui sont restées en arrière de cette civilisation. Aussi, aurait-on tort de croire qu'il suffira d'enseigner à ces peuples ce qu'on enseigne aux enfants en Europe pour que leur intelligence s'élève immédiatement au niveau de celle des Européens. Pour atteindre ces derniers, il faudra nécessairement que leur organisation physique et cérébrale subisse une grande transformation, transformation qui exigera beaucoup de temps et qui, sans être assujettie à tous les incidents qui l'ont caractérisée en Europe, devra présenter les phases générales du progrès européen. Elle devra donc commencer comme celle-ci par une période d'enseignement religieux, et les écrivains qui s'imaginent que pour élever ces peuples à notre hauteur, il suffira de leur apprendre les mathématiques et l'économie politique, sont dans la même erreur que ceux qui prétendent les civiliser en leur envoyant nos tissus de coton et nos fusils. L'exemple des Musulmans, bien plus rapprochés de nous intellectuellement, peut servir de démonstration à cet égard.

Il est clair que dans la vie sociale, comme dans la science, tout pas en avant suppose tous les progrès accomplis antérieurement. Aucune invention, aucune découverte nouvelle ne peut se faire que sur la base des connaissances déjà acquises. Cette simple observation suffit pour renverser la plupart des arguments tirés de l'hypothèse de la diversité originelle des races. Certains peuples sont restés en arrière à diverses époques, parce qu'à ces époques les idées générales qui pouvaient seules faire progresser la société, n'ont pas été trouvées chez eux ou ne leur ont pas été communiquées. Les peuples, au contraire, qui ont eu le bonheur d'avoir part à ces idées, ont poursuivi leur marche en avant, et ainsi il s'est établi entre les uns et les autres une distance qui s'est agrandie de plus en plus et qui a fini par former un abîme. Mais rien ne prouve que les uns n'aient pas été capables aussi bien que les autres de recevoir les idées progressives, et que si les circonstances eussent été différentes, ceux qui se trouvent aujourd'hui en arrière ne seraient pas placés au premier rang, tandis que ceux qui marchent en tête continueraient à vivre dans l'état primitif qui a été le point de départ commun de tous.

Il n'existe donc pas entre les races humaines de différence originelle qui condamnerait quelques-unes d'entre elles à rester dans un état d'infériorité irrémédiable, tandis que d'autres seraient appelées à avancer indéfiniment dans la voie du progrès. Ainsi, cette différence ne peut pas plus servir que la diversité des climats à expliquer pourquoi les besoins physiques et les sensations ne produisent pas partout le même développement intellectuel.

CHAPITRE VI

Des conditions réelles du développement intellectuel.

Il est évident que tout travail intellectuel proprement dit, et à plus forte raison tout mouvement scientifique, a été précédé de la formation de la société. La formation de la société est le plus ancien des faits humains auxquels nous puissions remonter, sinon par l'histoire, du moins par le raisonnement.

Or, quelle est la condition première de l'état social? C'est que les hommes soient reliés par des croyances morales communes, par les mêmes idées sur les devoirs et les droits réciproques. Une société ne serait pas concevable hors de cette condition. Même dans les pays soumis au despotisme, où la majorité des hommes est réduite à l'esclavage, il faut que la communauté des croyances existe au moins entre les oppresseurs.

La formation de la société aussi a été attribuée à l'impulsion des besoins physiques; mais, en dehors des objections fondées sur le raisonnement, qui s'opposent à cette manière de voir et sur lesquelles nous aurons l'occasion de revenir, l'histoire donne encore le démenti le plus éclatant à cette supposition. La forme sociale la plus ancienne, la moins parfaite que nous connaissions, est celle de la tribu. Or, dans la tribu, le lien social repose sur l'unité d'origine, sur la communauté du sang, en d'autres termes, sur le principe de la famille élargie. Or, c'est là un principe moral, une source de droits et d'obligations réciproques. Dans les sociétés plus grandes, qui comprennent un nombre considérable de tribus et de familles, nous trouvons en même temps un ensemble de prescriptions morales plus élevées et plus étendues qui ont présidé à ce développement social et qui l'ont rendu possible. Bref, sans vouloir discuter incidemment ici la question de la formation de la société, je crois qu'on admettra sans peine qu'aucune société supérieure à la tribu — et ce n'est que dans des sociétés pareilles que le progrès intellectuel s'est accompli jusqu'ici — ne saurait exister sans croyances morales reliant entre eux les individus qui la composent.

D'autre part, il est non moins évident que dans une société quelconque, le travail intellectuel, le mouvement scientifique ne commencera que si l'attention des hommes est portée sur des problèmes généraux, des questions qui dépassent le besoin immédiat de l'individu. Le propre des idées scientifiques est d'avoir pour objet des questions générales, et nous avons vu que c'était précisément pour cela que les besoins physiques étaient incapables de produire aucun véritable mouvement intellectuel.

Or, quelles sont par leur nature les idées les plus générales? Ce sont sans contredit les idées religieuses et les idées morales. Logiquement et de fait, ces deux espèces d'idées sont toujours étroitement unies entre elles : que ce soit sous forme de théologie ou sous forme de philosophie, les idées religieuses ont dans toutes les sociétés paru inséparables de la morale. Ces deux sortes d'idées constituent donc naturellement dans toute société un terrain propre au travail intellectuel. D'autre part, l'attention est portée avant tout sur ce terrain. Car le premier intérêt pour une société, c'est la conservation des croyances morales qui la constituent et, par suite, des croyances religieuses qu'elle rattache ordinairement aux premières. Il se fait donc, en vertu d'une nécessité logique, que les idées morales et religieuses deviennent la première préoccupation de l'intelligence et que c'est par elles que commence la science.

Ces idées tracent en même temps le cercle infranchissable du travail progressif. Transmises par l'enseignement aux générations successives, elles forment ces principes que chacun reçoit dans l'enfance et qui constituent les bases mêmes de sa raison. C'est de ces principes que sont déduites toutes les vérités plus ou moins reconnues que suppose l'emploi des méthodes particulières, telles que l'observation, la démonstration, l'analyse. Si l'induction ou l'hypothèse aboutissaient à des conclusions contraires, celles-ci ne seraient pas acceptées, par cela même qu'elles seraient en contradiction avec ce que la société considère comme la vérité par excellence. Il n'est possible à la science de sortir de ce cercle de croyances que par une seule méthode, la critique et la négation; mais à la condition de rester purement négative elle-même et de se borner au rôle de la sophistique et du scepticisme.

Dans toute société donnée, le mouvement scientifique dépend donc avant tout des idées religieuses et morales qui règnent dans cette société; plus ces idées seront larges, vraies et fécondes, plus les points de départ qu'elles fourniront au progrès intellectuel seront nombreux et variés, plus le champ qu'elles lui ouvriront sera vaste et lumineux. Plus, au contraire, elles seront fausses et rétrécies, plus elles seront infructueuses, plus le mouvement scientifique sera court et insuffisant. C'est ce qui explique l'absence complète de la science chez les populations primitives, son arrêt de développement dans la Chine et dans l'Inde, phénomènes dont l'hypothèse de l'impulsion donnée par les besoins physiques est incapable de rendre raison.

C'est ce qui prouve aussi que la déduction n'est pas seulement la grande voie de la science proprement dite, mais celle du progrès intellectuel tout entier. Car les idées religieuses et morales étant à la fois les idées les plus générales et celles qui dominent l'intelligence sociale, le travail intellectuel ne peut consister qu'à en tirer des idées moins générales applicables soit aux arrangements sociaux mêmes et aux relations entre les hommes, soit à l'investigation du monde moral et physique. La marche la plus naturelle et la plus ordinaire de l'esprit humain consiste donc à procéder du général au particulier.

J'ai déjà indiqué plus haut la forme générale du mouvement scientifique proprement dit. Ce qui y donne naissance et l'entretient est toujours un intérêt social, et jamais ce n'est une vaine curiosité, comme quelques auteurs l'ont prétendu. Je veux bien admettre qu'il existe un instinct de curiosité, et j'en vois, en effet, la manifestation dans la passion qui pousse les foules à des spectacles nouveaux et extraordinaires, ou bien dans la sollicitude avec laquelle les gens des petites villes s'enquièrent des actes de leurs voisins. Mais je ne l'aperçois pas dans les grands travaux de la science. D'ailleurs, la curiosité a besoin elle-même d'être excitée par quelque mobile extérieur; elle ne s'attache jamais aux choses absolument indifférentes. Quant à l'homme qui s'adonne sérieusement à la science, il le fait rarement par simple curiosité; il a presque toujours pour motif soit de rendre service à ses semblables, soit de recueillir de l'honneur, soit de gagner de l'argent, soit de satisfaire sa vanité. Sans doute, quand il a pénétré dans le sanctuaire, quand il a compris les problèmes dont la science poursuit la solution, il éprouve le vif désir de contribuer à cette solution; mais ce n'est pas là de la simple curiosité, c'est la noble ambition d'atteindre un but utile et glorieux. Or, l'utilité, dans ce cas, c'est l'intérêt social, et cet intérêt est seul digne d'inspirer les travaux du vrai savant. La curiosité n'est que le mobile de l'amateur.

La satisfaction des besoins physiques peut constituer aussi un intérêt social et, dans ce cas, elle peut devenir également un objet et un mobile de la science. Mais jamais ce n'est de cet intérêt que le travail intellectuel se préoccupe en premier lieu. Comme je l'ai dit, ce sont les idées les plus générales elles-mêmes, les idées religieuses et morales qui forment d'abord l'objet principal des travaux scientifiques. Puis, de ces idées, on descend d'un côté aux idées politiques et économiques qui embrassent l'ensemble de l'organisation sociale; de l'autre, aux idées cosmologiques, qui comprennent l'ensemble des lois de l'univers. Ce n'est qu'après cela qu'on arrive à étudier dans leurs détails les lois particulières, soit de la société, soit du monde physique, et que l'on applique enfin la science à la satisfaction des besoins individuels. Telle est la marche logique de la science, et telle a toujours aussi été sa marche historique.

L'histoire offre, en effet, la confirmation la plus complète des conclusions auxquelles nous venons d'aboutir par la voie du seul raisonnement.

En Chine, la science a commencé par avoir uniquement pour objet la morale et la religion, et les idées religieuses, ainsi que les notions astronomiques et physiques qui s'y rattachaient, ayant été mises de côté, la morale est restée la seule science tant soit peu développée des Chinois. Dans l'Inde, c'est la haute spéculation théologique qui a été la source de tout le mouvement scientifique; pas plus qu'en Chine, ce mouvement n'y a abouti, d'ailleurs, à des résultats applicables aux besoins industriels. D'autre part, les observations que les travaux industriels, très-développés surtout en Chine, auraient pu suggérer dans ces pays, n'ont jamais conduit à la moindre induction scientifique.

Dans l'antiquité grecque, nous voyons la science débuter par une série d'hypothèses sur Dieu et l'univers. La médecine, c'est-à-dire la science qui a le plus directement en vue les besoins physiques des individus, commence elle-même par être une institution religieuse. Puis on aborde les sciences particulières, mais il n'y en a qu'un petit nombre : la morale, la politique, la géométrie, l'astronomie et la médecine, qui, sous l'influence des principes posés par la philosophie, fassent des progrès notables. D'autres, telles que la physique, les sciences naturelles, la mécanique, la chimie s'élèvent à peine au-dessus des premiers éléments, non parce qu'on ne sait pas observer, mais parce qu'on part de principes faux et insuffisants. Certes, les sujets d'observation ne manquaient pas à la science ancienne, surtout sous l'empire romain. Quand les animaux rares de l'Afrique et de l'Asie, les tigres, les éléphants, les girafes, les hippopotames, paraissaient par troupeaux dans le cirque, un vaste champ était ouvert au zoologiste. La géologie ne prit pas même naissance, quoiqu'on exploitât des mines et que les couches successives des terrains et leurs fossiles fussent aussi visibles qu'ils le sont aujourd'hui. Cependant, ni l'esprit ni les sens ne manquaient aux Grecs, pas plus que les besoins physiques, et, comme le prouvent leurs philosophes et leurs historiens, nul peuple n'a été mieux doué qu'eux pour faire de bonnes observations. Ils en auraient fait de nombreuses sans doute, si de bonnes observations étaient possibles sans de bonnes hypothèses générales.

Après la chute de l'empire romain, la société se reconstitua sur de nouvelles bases morales et religieuses, et naturellement la science se concentra tout entière, pendant le moyen-âge, dans des questions de morale et de théologie. Par malheur, ce ne furent pas seulement les principes de la religion chrétienne qui présidèrent à ses déductions : ceux de la philosophie aristotélicienne jouirent d'une autorité presque égale. La science moderne commença par des observations et des expériences entreprises pour démontrer la fausseté des principes aristotéliciens, et quand ce travail critique fut terminé, parurent les grandes hypothèses de Descartes et de Newton, qui, suivies d'une foule d'autres, ont produit tout le développement scientifique moderne.

Sans doute, la science moderne s'est beaucoup servie de l'observation et de l'induction ; elle a même inventé une foule d'instruments pour rendre plus parfaites et plus complètes les perceptions des sens. Mais la plupart de ces instruments étaient eux-mêmes le produit du mouvement intellectuel qui s'était annoncé avec tant d'énergie à la fin du moyen-âge, et l'on ne saurait dire que ce soient eux qui aient donné l'impulsion à ce mouvement. Ce ne sont ni des sensations plus parfaites, ni de nouveaux besoins physiques, ni même des intérêts matériels de la société qui ont provoqué le grand essor intellectuel d'où est sortie la science moderne, ce sont des causes morales. Un esprit nouveau, fruit de la longue incubation du christianisme, a pénétré la société à ce moment. Cet esprit, c'était le sentiment de la destination progressive de l'humanité, de sa marche vers un avenir infini et toujours meilleur, de l'existence de lois générales parfaites, appropriées à la destination humaine, du pouvoir sans réserve de l'homme sur la nature physique et de la nécessité d'en scruter tous les secrets. C'est sous l'impulsion de ce sentiment que toutes les sciences ont été renouvelées et qu'il en a été créé de nouvelles, telles que la géologie et la linguistique, issues directement du problème du déluge et de celui de la langue primitive, posés par le christianisme.

Il ne saurait même être douteux que les grands progrès industriels, dont s'honore la société moderne, sont dus à cet esprit nouveau bien plus qu'aux besoins physiques des individus et aux intérêts matériels de la société. Les inventions qui ont présidé à ces progrès étaient connues déjà pour la plupart des peuples anciens, mais ces peuples manquaient de la force morale nécessaire pour en tirer parti. La poudre à canon était en usage de longue date chez les Chinois et les Indous, mais quoiqu'ils fissent souvent la guerre, ils ne surent l'appliquer qu'à des feux d'artifice. L'imprimerie a été inventée en Chine bien avant Guttenberg ; mais quels sont les progrès que lui a dus le peuple chinois ? Ce peuple connaissait aussi la boussole, mais jamais il n'a eu de Christophe Colomb ni de Magellan. Le grand rôle que ces instruments ont joué en Europe n'est provenu que de l'usage que l'esprit nouveau a su en faire.

En général, les inventions sont faites avant que le besoin en soit universellement senti, et ce n'est qu'après qu'elles ont commencé à faire leurs preuves qu'on en reconnaît l'utilité ; alors, si elles répondent à certaines dispositions morales de la population, elles peuvent donner naissance elles-mêmes à des besoins nouveaux qui acquièrent souvent une grande intensité. Telle a été l'histoire de l'établissement de la poste aux lettres, de l'emploi de la vapeur comme force motrice, des machines à filer et à tisser, de l'éclairage au gaz, des chemins de fer. C'est toujours un inventeur qui commence à avoir l'idée d'une création industrielle de ce genre. Des buts personnels ou le désir d'être utile à ses semblables, le déterminent à propager ou à réaliser son idée, mais le plus souvent il a grand' peine à faire accepter l'amélioration qu'il propose. Ce n'est que lorsqu'on en a goûté les fruits qu'elle devient un besoin général. Et encore faut-il, pour qu'elle passe rapidement dans l'usage universel, qu'elle tombe au sein d'une population attentive au progrès et prompte à mettre en œuvre toutes les idées nouvelles. En un mot, il faut que l'inventeur et ceux auxquels doit profiter l'invention soient animés d'un même sentiment moral.

Je crois avoir pleinement prouvé que le progrès intellectuel, loin de résulter de la sensation excitée par les besoins physiques, est complètement dominé par l'influence des idées religieuses et morales. Peut-on rendre compte de l'origine de ces idées dans le système que je viens de combattre ? C'est ce que je vais examiner dans les chapitres suivants, du moins pour ce qui concerne les idées morales, car il sera temps de parler des idées religieuses quand nous nous occuperons de la religion comme source de la raison.

CHAPITRE VII

Des fondements supposés des idées morales et en premier lieu du plaisir et de la peine comme mobiles des actions humaines.

J'ai démontré, dans le livre précédent [1], que les préceptes de la morale pouvaient être ramenés à deux classes : les principes purement logiques, qui découlent de l'idée même de la morale, et les prescriptions positives, qui règlent les devoirs de l'individu et de la société. Les premiers sont le fruit de déductions opérées par le raisonnement, et nous n'avons plus à nous en occuper. Les secondes ne sont pas innées ; je l'ai prouvé. La question est de savoir d'où elles viennent.

Dans tous les temps, les hommes ont attribué l'origine des obligations morales à la volonté de Dieu et rattaché leurs croyances morales à leurs croyances religieuses. Mais bien souvent aussi, la philosophie a essayé de rompre ces liens et de reconstituer les idées morales sur des bases indépendantes de la religion. Etait-ce l'opinion générale ou la philosophie qui avait raison?

Pour simplifier, autant que possible, la discussion de ce grave problème, je commencerai par examiner deux questions préjudicielles dont la solution doit exercer une grande influence sur celle du problème principal lui-même : les questions de savoir si les actions de l'homme ont avant tout pour but de rechercher le plaisir et d'éviter la peine, et si la morale peut être indépendante de Dieu. Je commence par la première.

Tous les philosophes qui ont admis que le bonheur était

---

[1] Pages 247 et suiv. ; 281 et suiv.

le but suprême de l'homme, et c'est l'immense majorité, mais surtout ceux de l'école matérialiste, sont partis d'un fait qui leur paraissait incontestable : c'est que l'homme a un penchant invincible à rechercher ce qui lui fait plaisir et à fuir ce qui lui cause de la peine et de la douleur. Ils ont fait remarquer que lorsque l'homme se soumet à des peines et à des privations et consent même aux plus grands sacrifices pour accomplir ce qu'il croit juste et bon, il ne fait, en réalité, que donner satisfaction à un désir qu'il a conçu. Cette satisfaction lui cause donc un certain plaisir; et de même il ressent une vive douleur, s'il est empêché d'accomplir les actes d'abnégation que ses convictions lui imposent. Ils ont conclu de là que le plaisir et la douleur étaient les mobiles essentiels de l'homme et qu'ils formaient même les principes des actes qui paraissaient motivés seulement par des prescriptions morales.

Il est facile de faire voir que cette conclusion n'est nullement justifiée.

L'erreur vient de ce qu'on regarde le désir comme le mobile qui agit en premier lieu. Sans doute, l'homme cherche à accomplir ses désirs et cet accomplissement lui procure un plaisir, une satisfaction. Mais le désir lui-même a une cause antérieure. Avant tout, il s'agit de savoir d'où naissent les désirs. Ce ne sera qu'après en avoir déterminé l'origine, qu'on connaîtra les mobiles premiers des actions humaines.

D'après leur source, les désirs sont de deux espèces. Les uns, qui forment une première classe très-nombreuse, proviennent de notre nature, soit corporelle, soit spirituelle; ce sont ceux qui répondent aux besoins de conservation de l'individu et de l'espèce, dont le siége est le corps, et aux sentiments d'activité, d'indépendance, de personnalité, etc., qui émanent de l'esprit et de la volonté. Les désirs de cette espèce ont presque toujours pour objet des satisfactions personnelles, et c'est d'eux qu'on peut dire avec raison qu'ils tendent uniquement à ce qui nous procure un plaisir ou nous exempte d'une peine.

Mais, à côté de ces désirs qu'on peut appeler naturels, il en est d'autres qui sont fondés sur nos croyances. Ils proviennent soit des enseignements que nous avons reçus, soit de conceptions quelconques que nous avons formées nous-mêmes et auxquelles s'est associé un élément affectif. Quand on nous enseigne dans notre jeunesse les préceptes moraux et les croyances religieuses reçues dans la société, on ne nous en donne pas seulement la notion purement intellectuelle, mais, comme je l'ai déjà dit, on cherche à nous les faire aimer, c'est-à-dire à associer à l'élément intellectuel un élément émotif, affectif. Le sentiment s'attache alors à la croyance morale ou religieuse et lui donne le caractère du désir et quelquefois de la passion. C'est en vertu d'une association analogue que nous nous attachons vivement à des idées politiques, à des systèmes de philosophie, à des théories scientifiques, et quelquefois à de simples conceptions personnelles. En général, le propre de toute conviction dont l'esprit est profondément pénétré, de tout but fortement voulu, est de susciter à son service toutes les forces de l'organisme et de convertir ce qui n'était d'abord qu'une simple perception de l'esprit en un sentiment puissant. C'est ce sentiment qui, suivant la nature des idées ou les personnes, engendre ces actes admirables de courage et d'héroïsme ou ces odieux excès de fanatisme et d'intolérance, dont l'histoire des croyances morales et religieuses offre tant d'exemples.

Dans tous ces cas, c'est donc la croyance qui forme le point de départ, qui constitue le premier moteur, et non le désir. Au lieu de dire que les hommes qui agissent conformément à leurs croyances ne font qu'obéir à leurs désirs, il faut dire, au contraire, que le plus souvent, quand ils ne paraissent suivre que leurs désirs et leurs passions, ils ne font qu'obéir à leurs croyances. Et bien évidemment, c'est là le fait le plus général pour les actions sociales de l'homme, pour celles qui ont quelque importance au point de vue du développement de l'humanité. Si les désirs, nés des besoins naturels, jouent un grand rôle dans la vie individuelle, c'est aux sentiments et aux passions nés des croyances qu'appartient l'action dominante dans l'histoire.

Je ne prétends nullement contester la réalité des influences personnelles dans les événements sociaux. Mais les faits généraux, les grandes transformations historiques ne tiennent pas à des influences de ce genre. Est-il quelqu'un qui croie encore que la révolution française ait été due aux intrigues du duc d'Orléans, ou les croisades à un caprice de Pierre l'hermite? Ce sont des croyances qui maintiennent la Chine et l'Inde dans l'immobilité. C'est une croyance qui a lancé les Arabes sur le monde occidental. Tous les grands événements de l'histoire ont été engendrés par des croyances ou des opinions.

L'influence des croyances sur les désirs et les passions des individus n'est pas moins évidente. A l'origine, les individus sont indifférents à l'enseignement qu'ils reçoivent; ils acceptent sans peine ni plaisir les croyances de la société où ils vivent et les accepteraient de même si elles étaient absolument contraires. Mais une fois qu'ils s'y sont attachés par habitude et par sentiment, cette indifférence disparaît. La plupart des hommes tiennent d'autant plus à leurs croyances qu'ils ont moins librement choisi en les recevant. Tel a en horreur les juifs qui, s'il était né juif, ne détesterait pas moins les chrétiens. Tel est Français passionné parce qu'il a vu le jour à Paris, qui aimerait la Prusse avec fureur s'il était venu au monde à Berlin. Il est des légitimistes dévoués qui auraient été ardents républicains s'ils avaient été élevés dans un autre milieu. Chez tout homme qui n'a pas fait abstraction de tous les enseignements sociaux pour poursuivre uniquement ses intérêts personnels, les croyances sont donc pour beaucoup dans le plaisir et la peine, et il en naît des désirs qui ne reposent nullement sur un sentiment personnel.

A l'erreur que je combats, s'en rattache une autre, celle qui suppose que l'homme a naturellement le désir d'accomplir les actes qu'ordonne la morale et qui font naître celle-ci d'impulsions sentimentales de ce genre. C'est ainsi que Cumberland a prétendu fonder la morale sur la bienveillance universelle des hommes les uns pour les autres ; qu'Adam Smith a formulé sa théorie des sentiments moraux. J'ai déjà signalé la cause de cette erreur, qui provenait de l'ignorance où l'on était de la nature physiologique du sentiment. J'ai fait voir aussi que les inclinations naturelles, qui font pencher l'esprit humain vers l'égoïsme ou le dévouement, n'acquièrent une valeur morale que quand des prescriptions positives ont approuvé les unes et condamné les autres. Je ne m'arrêterai donc pas sur cette théorie. Ce qui frappe au premier coup d'œil, c'est son caractère superficiel. Il saute aux yeux que ceux qui l'ont imaginée n'ont fait que généraliser et élever à l'état de principes les mœurs de la partie honnête et paisible des populations qui les entouraient. En somme, ils ont décrit les sentiments que crée la pratique de la morale chrétienne, mais en aucune façon les sentiments de l'homme en général. Si Cumberland avait vécu au temps de Malthus, il aurait pu se convaincre, en lisant l'*Essai sur le principe de la population*, que l'histoire ne confirme guère l'hypothèse de la bienveillance universelle et réciproque des hommes.

Un désir sur lequel on a particulièrement insisté pour prouver que la morale se base jusqu'à un certain point sur les sentiments naturels de plaisir et de peine, c'est le besoin qu'éprouvent la plupart des hommes de jouir de l'estime des autres. Ce désir suffit à lui seul, dit-on, pour provoquer beaucoup d'actions honnêtes et vertueuses.

Cela est très-vrai ; mais rendons-nous compte exactement de la nature de ce désir, et ne le confondons pas avec deux autres sentiments très-différents, savoir le désir de plaire, instinct physique qui dégénère facilement en vanité, et l'orgueil, qui dérive de la valeur exagérée que l'individu attribue à sa propre personne. Le désir d'être estimé, a, au contraire, sa source dans la morale même. Il tend, lorsqu'il n'est point de l'hypocrisie, à la possession des qualités que les hommes estiment. Or, c'est en vertu de leurs croyances morales que les hommes estiment telle qualité ou méprisent telle autre.

Le désir de l'estime tient tellement aux idées morales, que les qualités jugées estimables changent avec ces idées mêmes. On raconte, dans la petite Edda, que le dieu du tonnerre, Thor, s'étant présenté avec deux de ses compagnons chez le géant Utgardloki, celui-ci leur demanda quels étaient les talents et les mérites par lesquels ils pourraient se distinguer dans la société des géants. L'un des compagnons de Thor se vanta de manger plus qu'aucun autre, le second prétendit qu'il serait le plus rapide à la course ; Thor, lui-même, défia qui que ce fût de boire autant que lui [1]. Ce n'est plus par de tels exploits que les dieux acquerraient aujourd'hui l'estime des hommes. Pendant une longue série de siècles, l'œuvre militaire a passé pour la plus honorable et la plus méritoire de toutes, et la gloire militaire pour la plus haute où les hommes puissent aspirer. A peine si cette croyance des peuples sauvages et de l'antiquité païenne disparaît de nos jours, à peine si le dévouement plus grand qu'exige le progrès pacifique, commence à être estimé à sa juste valeur !

Non-seulement le désir de l'estime tient aux croyances morales, mais il en provient directement. C'est parce que la morale a toujours présenté l'accomplissement de ses

---

[1] *Gylfaginning*, § 46.

prescriptions comme un mérite et un honneur, que les hommes ont estimé ceux qui obéissaient à ces prescriptions et ont désiré jouir de cette estime. La force physique, la puissance, la richesse n'ont même été estimées à un si haut degré dans l'antiquité que parce qu'on les considérait comme des dons des dieux, des récompenses accordées aux plus méritants. Aujourd'hui, on peut envier ceux qui possèdent ces avantages; on ne les estime plus pour cela.

La conclusion de l'examen auquel nous venons de nous livrer, c'est que c'est une erreur complète de croire que l'homme n'est guidé dans ses actions que par l'impulsion du plaisir ou de la douleur, ou par celle de ses besoins et de ses désirs naturels. Il est clair aussi que les désirs naturels n'ont pas par eux-mêmes un caractère moral et ne peuvent servir de fondement aux principes moraux. Expérimentalement et logiquement, la morale apparait toujours comme quelque chose de supérieur aux plaisirs et aux douleurs, aux instincts et aux passions de l'homme. Au lieu de dépendre de ces éléments psychologiques et physiologiques, elle les qualifie et les juge ; elle déclare que tel plaisir est interdit, que telle douleur doit être supportée volontairement, que tel désir, poussé à un certain degré, devient un vice. Les désirs et les passions ne concourent donc à l'œuvre de la morale qu'en étant dirigés par elle, et la morale constitue elle-même, en qualité de croyance, le grand ressort de toutes les actions sociales et progressives.

CHAPITRE VIII

Si la morale est indépendante de l'idée de Dieu.

C'est un des mérites de la philosophie du moyen-âge, d'avoir déterminé nettement les conditions logiques des idées de morale et de loi. Ce travail avait été préparé déjà par l'antiquité. Aux idées un peu confuses de Platon et d'Aristote, qui s'étaient bornés à distinguer le juste résultant de la nature, du juste fondé sur la loi civile, les Stoïciens avaient opposé une conception plus précise, en comprenant sous le nom de loi toutes les règles de la justice et en admettant deux espèces de lois, la loi naturelle et la loi civile. Cette distinction, qui s'adaptait si bien au droit romain, avait été reprise par Cicéron qui, l'analysant avec la rigueur d'un jurisconsulte, était arrivé à la théorie presque complète des rapports que la loi suppose. Les scolastiques ne firent qu'achever son œuvre à l'aide des éléments fournis par la théologie chrétienne.

D'après cette théorie, les idées de justice, de devoir, de droit dérivent toutes de l'idée de loi. La loi, c'est une règle imposée à des êtres libres, à laquelle ceux-ci ont le pouvoir d'obéir ou de désobéir, et dont nous trouvons le type dans la loi civile que chaque peuple s'est faite pour son usage particulier. Mais, en dehors de la loi civile, il existe une loi naturelle qui oblige tous les hommes. La loi suppose un législateur. Ce que la loi commande est le bien, le devoir, la justice, le droit ; ce qu'elle défend est l'iniquité et le mal. L'obéissance à la loi constitue l'honnêteté, la vertu, le mérite ; la désobéissance engendre le vice et le crime.

Sur tous ces points, Cicéron et les scolastiques sont

d'accord; seulement, chez les derniers, les définitions sont plus complètes et l'analyse plus exacte. C'est sur la notion du législateur que porte la principale différence. Cicéron admet bien aussi la nécessité du législateur pour la loi civile. Mais il est moins précis à l'égard de la loi naturelle. Ses idées flottent, sur ce point, entre celles des Stoïciens et celles des Platoniciens, et il accorde à cette loi une sorte d'existence substantielle. Les scolastiques ne pouvaient se tromper sur cette question. Ils ont parfaitement vu que la loi naturelle ne pouvait être obligatoire que si elle provenait d'un législateur qui eût autorité pour l'imposer aux hommes et que ce législateur ne pouvait être autre que Dieu. Les scolastiques admettaient, en outre, à côté de la loi naturelle, qui, suivant saint Thomas, se manifestait dans les penchants sociaux de l'homme, mais dont la force obligatoire dérivait également de la volonté de Dieu, une loi divine directement révélée. Enfin, pour eux, la sanction ne consista plus seulement, comme pour la plupart des anciens, dans le bonheur qui devait résulter nécessairement d'une vie vertueuse, mais dans les peines et les récompenses de la vie future.

Leurs affirmations sur les diverses espèces de lois mises de côté, il est incontestable qu'ils ont parfaitement déterminé les caractères logiques de la loi en général, les caractères communs à la loi morale et à la loi civile. Au point de vue du droit positif comme du droit rationnel, en effet, le devoir, le droit, la justice ne peuvent provenir que d'une loi; pour que cette loi soit obligatoire, il faut qu'elle émane d'un législateur pourvu d'une autorité suffisante : de Dieu, s'il s'agit de la morale, du souverain véritable, s'il s'agit de la loi civile; enfin, pour qu'elle se fasse obéir, il faut qu'elle soit pourvue d'une sanction. Ces propositions sont évidentes. Elles ont été acceptées par des écrivains de toutes les écoles.

Hugo Grotius n'a donc pas seulement rompu avec la

théologie, mais avec la logique, quand, après avoir défini le droit naturel : « le droit qu'une droite raison déclare conforme à la nature sociale de l'homme », il a prétendu que ce droit serait obligatoire, même s'il n'existait pas de Dieu.

Cette affirmation trouva peu d'écho chez les successeurs immédiats de Grotius. Puffendorf, Cumberland, Thomasius, Wolff, tout en différant beaucoup entre eux sur le principe le plus général de la morale, admettaient tous, cependant, que la force obligatoire de ce principe ne pouvait venir que de Dieu. Mais déjà le fondateur de l'école écossaise, Hutcheson, supposa une sorte de sens moral dont les prescriptions étaient obligatoires, indépendamment de la volonté divine. Ses successeurs le suivirent dans cette voie et la philosophie matérialiste du XVIIIe siècle abonda naturellement dans ce sens. Depuis Kant, l'opinion de Hugo Grotius est devenue dominante en Allemagne, et des écrivains distingués de l'école kantiste, notamment MM. Frédéric Morin et Renouvier, l'ont reproduite récemment en France.

Je crois avoir suffisamment démontré, en traitant de l'innéité attribuée à l'idée d'obligation [1], que cette idée impliquait logiquement l'existence d'une autorité légitime et d'une loi imposée par elle à des êtres libres ; que l'homme ne pouvait s'imposer de véritable obligation à lui-même et que l'humanité entière n'avait pas l'autorité suffisante pour obliger moralement un seul individu. De là résultait la conséquence que Dieu seul pouvait être considéré comme la source de toute obligation, et que si les prescriptions morales n'émanaient pas de cette source, leur force obligatoire disparaissait par cela même et il n'y avait plus ni droit, ni devoir. Je n'ai pas à revenir sur cette discussion.

La question est de savoir de quel principe, en dehors de

---

[1] Voir p. 252.

la volonté de Dieu, les philosophes que je combats peuvent faire dériver la force obligatoire de la loi morale ou, pour me servir de l'expression du XVIII⁰ siècle, de la loi naturelle.

Ils sont généralement très-peu explicites à cet égard. Hugo Grotius affirme bien que le droit naturel serait obligatoire, même si Dieu n'existait pas, mais il ne dit pas d'où lui vient ce caractère, et la plupart de ses successeurs ne s'inquiètent pas davantage de résoudre cette grave question.

Kant fait de l'idée d'obligation une conception *a priori*, qui existe de fait, comme les autres formes de la raison. Cette conception est celle d'une loi imposée à la volonté, l'impératif catégorique, loi qui ne contient d'ailleurs d'autre prescription positive, sinon que la volonté doit toujours se déterminer librement par elle-même d'après des principes qui pourraient servir de base à une législation universelle. Elle a la forme d'un commandement obligatoire à cause de la nécessité où se trouve la volonté, pour conserver la liberté de ses déterminations, de lutter sans cesse contre les sollicitations des instincts et des désirs qui tendent à l'entraîner à des actes contraires à la raison. Kant ne faisait donc pas provenir cette force obligatoire de Dieu, quoiqu'il admît que l'accord entre la moralité et le bonheur supposait un auteur commun des êtres raisonnables et de la nature, et qu'ainsi l'existence de Dieu formât un postulat de la raison pratique.

En somme, Kant paraît considérer le caractère obligatoire de la loi morale comme une nécessité résultant de la nature des choses. Mais lorsqu'une nécessité pareille existe, elle n'agit pas comme obligation morale, elle constitue une force physique. Si l'homme est libre d'y contrevenir, elle n'est plus une nécessité, et en même temps disparaît aussi toute ombre d'obligation. En réalité, la théorie de Kant fait abus de l'abstraction; non-seulement elle enlève à l'obligation tout objet réel, mais elle la dépouille de ses rapports logiques indispensables et, tout en déclarant que l'homme est obligé, elle n'a pas un mot de réponse à la question de savoir envers qui il peut l'être [1].

C'est la raison ou notre nature d'êtres raisonnables qu'invoquent la plupart des écrivains qui ne veulent pas admettre que la force obligatoire vient de Dieu : « La raison, dit-on, nous fait reconnaître ce qui est juste et utile, et nous sommes obligés naturellement d'y conformer nos actions. C'est la raison elle-même qui l'exige, et nous manquerions à notre nature d'être raisonnables si nous ne le faisions pas. »

Il y a là deux questions : celle de savoir si la raison suffit pour reconnaître ce qui est juste et celle de l'obligation résultant du dictamen de la raison. La première, nous l'avons traitée déjà en discutant l'innéité des idées morales, et nous la traiterons dans tout le cours de ce livre en recherchant si ces idées sont dues au raisonnement. Ici il ne s'agit donc que de la force obligatoire de la raison.

Or, il est clair que le raisonnement que nous venons de rappeler implique. Si l'on se bornait à dire : la raison veut que nous agissions suivant ses prescriptions, on énonce-

---

[1] Kant a bien reconnu que l'idée des devoirs envers nous-mêmes présente une certaine contradiction, par les raisons que j'ai indiquées précédemment (p. 254), l'être qui impose une obligation et celui à qui elle est imposée ne pouvant être le même, et l'auteur de l'obligation pouvant toujours en affranchir celui qui y est assujetti. Mais il prétend résoudre cette antinomie « apparente », en distinguant entre l'homme *noumène*, c'est-à-dire l'être libre et personnel, et l'homme *phénomène*, c'est-à-dire l'être sensible et corporel, et en indiquant, d'une manière assez obscure que l'un peut être obligé à l'égard de l'autre (voir *Metaphysische Anfangsgründe der Tugendlehre*, 1re partie). Sans insister sur ce qu'il y a de singulier à considérer ainsi l'homme sous deux aspects dont l'un est obligé envers l'autre, je ferai remarquer que ce raisonnement prouverait tout au plus que l'homme peut avoir des devoirs *relatifs* à lui-même, mais non qu'il peut se les imposer lui-même d'une manière obligatoire. M. Renouvier dédouble également l'individu pour prouver qu'il peut être obligé envers lui-même (*Science de la morale*, t. I, p. 25).

rait une proposition peu contestable, car elle équivaudrait à cette tautologie : il est raisonnable d'être raisonnable. Mais il n'y a rien là qui constitue une obligation. Si c'est uniquement la raison qui veut que j'obéisse à ses prescriptions, eh bien, si j'y désobéis, la raison sera lésée, mais je n'aurai contrevenu à aucune obligation morale. C'est toujours ainsi que l'a entendu l'universalité des hommes. Jamais on n'a considéré un individu comme coupable, par cela seul qu'il était déraisonnable. Jamais la loi pénale n'a puni personne pour avoir manqué de raison : tant qu'un homme ne viole pas une prescription obligatoire de la morale, il peut être original, excentrique, à moitié aliéné ; on le traitera sans doute d'absurde, de ridicule, mais personne ne lui imputera une faute morale.

Les actes contraires à l'obligation morale sont des mauvaises actions, des délits, des crimes; les actes contraires à la raison sont des sottises. Entre un manquement à la raison et la contravention à une grave obligation morale, il y a toute la distance qui sépare la sottise du crime. Un crime peut-être en même temps une sottise, mais jamais une simple sottise ne devient un crime quelles que soient les conséquences qu'elle ait entraînées.

La confusion qu'on a commise à cet égard, vient de ce que la morale commande généralement de ne faire que des choses raisonnables et d'éviter les sottises. La raison puise donc dans la morale la seule force obligatoire qu'elle puisse avoir, et ce n'est pas la morale qui tire la sienne de la raison. D'ailleurs, ce commandement tend plutôt à empêcher les actions déraisonnables qu'à exiger l'accomplissement des autres. En général, de ce qu'on voit qu'il serait raisonnable de faire telle chose, il ne résulte nullement l'obligation de la faire effectivement, si elle n'est commandée déjà par une prescription morale. Bien souvent on préfère une satisfaction passagère à une utilité durable;

cela n'est jamais raisonnable, mais qui pourrait dire que cela est toujours contraire à nos obligations morales?

La raison est donc impuissante à créer des obligations. La nature ne possède pas davantage un tel pouvoir. De la nature d'un être naissent les lois nécessaires auxquelles il est soumis, mais non des lois morales. En vertu de sa nature, par exemple, l'animal est obligé de manger; mais c'est là une contrainte physique, à laquelle il doit obéir sous peine de mort. A côté de cette contrainte, existe pour l'homme le devoir de ne pas se laisser mourir de faim s'il le peut; mais ce devoir s'ajoute à la nécessité physique, et l'on ne saurait dire qu'il en provient. De même, notre nature spirituelle, qui a pour caractères essentiels l'intelligence et le libre arbitre, nous place dans une sorte de nécessité de penser et d'agir; mais notre nature supporte aussi bien les fausses pensées que les vraies.

Je suppose la nature humaine telle que nous la montre l'observation, avec ses imperfections, ses faiblesses, ses défauts, et non une nature factice ou idéale, telle que la rêvaient certains philosophes de l'antiquité, ou que la supposent aujourd'hui la plupart des partisans des idées innées. Quand les Stoïciens prétendaient que le sage ne saurait être malheureux, que la douleur physique ne constituait pas pour lui une peine, la jouissance un plaisir, ils se plaçaient évidemment en dehors de toutes les conditions humaines et substituaient à l'homme réel un être artificiel qui n'existait que dans leur imagination. Je ne pense pas que personne admette aujourd'hui que tous les désirs naturels de l'homme tendent vers le bien. Il est certain, au contraire, et je l'ai déjà prouvé [1], que notre nature spirituelle, aussi bien que notre nature matérielle, contient des penchants dont la morale nous impose toujours le sacrifice. Or, c'est là une raison péremptoire pour ne pas

---

[1] Voir p. 262.

croire que l'obligation morale résulte de notre nature même. Si nous devions suivre dans nos actes toutes les impulsions de notre nature, la morale n'aurait aucune raison d'être et nous serions réduits au rang des animaux.

C'est à ce rang que nous placent, en effet, les naturalistes qui, avec Darwin, font provenir l'homme du singe. Pour eux, l'obligation morale n'est que le commandement d'instincts créés par l'habitude. Il n'y a pas à discuter avec les personnes placées à ce point de vue, comme en général avec tous ceux qui, assimilant plus ou moins l'homme à l'animal, nient le libre arbitre et ne voient dans les actions humaines que le jeu de forces fatales. Les partisans de ces doctrines peuvent admettre des nécessités physiques, mais il ne saurait exister pour eux d'obligation morale proprement dite. Ceux qui reconnaissent néanmoins une obligation de ce genre, sortent évidemment de la logique de leur système. Aussi, la plupart d'entre eux ne cherchent-ils pas à déterminer les éléments réels de cette notion, mais à expliquer seulement comment elle s'est introduite dans l'esprit humain.

Un certain nombre d'écrivains paraissent supposer que la question de la force obligatoire de la morale n'a qu'une importance secondaire. Ils pensent que le principal serait d'établir un système de morale parfaitement rationnel et dont toutes les règles eussent la certitude de propositions scientifiques. Ces règles s'imposeraient alors d'elles-mêmes à la conviction des individus ; chacun se déterminerait, non en vertu d'obligations venues du dehors, mais de notions dont l'évidence paraîtrait clairement à ses yeux, et comme on obéit plus facilement à sa propre raison qu'à des prescriptions extérieures, les préceptes de la morale auraient bien plus de chances d'être mis en pratique dans de telles conditions qu'aujourd'hui [1].

---

[1] Cette opinion a été exprimée notamment par M. Courcelle-Seneuil : *Études de science sociale*.

Cette supposition paraît d'abord très-plausible; elle n'est pas capable cependant de tenir devant un examen sérieux. La première difficulté serait d'établir ce système qui acquerrait aux yeux de chacun tous les caractères de l'évidence. Bien des essais malheureux ont été faits dans ce but, comme nous le verrons bientôt. Mais il s'agit avant tout, ici, du caractère obligatoire des prescriptions morales et la question est de savoir si la morale serait mieux pratiquée au cas où elle ne présenterait pas ce caractère que dans la supposition contraire.

Oui, sans doute, le caractère obligatoire de la loi morale serait indifférent si les commandements de cette loi étaient indifférents eux-mêmes, si nul n'avait plus d'intérêt à y désobéir qu'à y obéir. Malheureusement, nous retrouvons ici cette nécessité du sacrifice, dont il était question il y a quelques instants, et qui crée pour ainsi dire à chaque individu un intérêt contraire à la morale. Les sacrifices auxquels la morale oblige tous les hommes constituent, il est vrai, une peine légère dans la vie ordinaire, et les personnes qui ont de bonnes habitudes morales et une certaine dose de volonté ne cèdent pas facilement aux tentations égoïstes qui tendent à les entraîner hors du droit chemin. Néanmoins, cette peine est de tous les états et de toutes les positions. Il est impossible de remplir ses devoirs de citoyen, de magistrat, d'administrateur, de producteur de toute classe, d'époux, de père, sans réprimer une partie de ses désirs personnels, sans s'imposer certaines privations, certains sacrifices. C'est ce que prouve l'exemple trop fréquent de ceux qui remplissent mal ces devoirs.

Et ils n'y contreviennent pas, parce qu'ils les ignorent ou qu'ils doutent de la justesse des prescriptions morales. Ces prescriptions sont, en général, très-claires pour tout le monde, et il n'est besoin d'un cours de philosophie pour en expliquer le sens. Le prince qui viole la constitution jurée, sait bien qu'il ment à son serment et qu'il ébranle la foi publique dans ses bases fondamentales ; le général qui détourne les fonds dont il dispose, n'ignore pas qu'il compromet gravement le succès des opérations de son armée ; le magistrat qui juge contre le droit et la justice, le spéculateur qui aventure les capitaux d'autrui, le fabricant qui trompe sur la qualité du produit se rendent bien compte du tort qu'ils font à leur prochain. La plus grande partie des actions contraires à la morale sont commises par des individus qui en connaissent parfaitement la valeur et la portée ; mais ils ne les en commettent pas moins, parce qu'ils préfèrent leur passion ou leur intérêt aux sacrifices qu'impose le devoir.

Or, presque tous ces individus ont commencé par croire au caractère obligatoire de la morale ; quelquefois ils y croient encore et, dans tous les cas, tout continue de l'affirmer à côté d'eux, la religion, la loi, l'opinion publique. Cependant, sous l'impulsion de la passion et de l'intérêt, ils y contreviennent ; non toutefois, pour la plupart, sans remords ou sans trouble de conscience. Et ils n'y contreviendraient plus, s'ils arrivaient à se convaincre que ce caractère obligatoire n'existe pas ! Il suffirait aux hommes de se persuader qu'il ne faut pas se mettre en contradiction avec les lois de la raison, c'est-à-dire avec les affirmations de tel ou tel système de philosophie, pour que l'égoïsme et les passions ne produisissent plus leurs effets ordinaires, pour que chacun s'astreignît sans hésiter aux sacrifices exigés par la morale ! Qui pourrait le croire ?

Évidemment, si les prescriptions de la morale n'étaient pas obligatoires, chacun ne consulterait que ses convenances personnelles pour y obéir ou y désobéir. Chacun saurait aussi qu'en y désobéissant, il ferait tout au plus une sottise et ne commettrait jamais de crime. Mais il ne manquerait pas d'individus, sans doute, qui trouveraient qu'au point de vue de l'égoïsme, la sottise consisterait à y obéir, et, qu'à cet égard, le principal est d'échapper à la vindicte des lois et à la flétrissure de l'opinion publique. C'est là l'unique préoccupation des criminels endurcis, chez lesquels la croyance au caractère obligatoire des prescriptions morales est complètement effacée. Pour le voleur et l'assassin, la sottise ne consiste pas à voler et à assassiner, mais à se laisser prendre. Si la conviction que la morale n'est pas obligatoire prévalait dans la société, les lois inflexibles de la logique porteraient la masse des hommes à raisonner comme ces criminels. Et, en effet, à l'exception de quelque philosophe obstiné, quel est celui qui voudrait réprimer ses passions ou s'imposer un sacrifice pour l'amour d'une théorie?

On a prétendu fonder aussi le caractère obligatoire de la morale sur la nécessité d'obéir aux lois de l'ordre universel. Il règne, dit-on, dans l'univers un ordre général auquel chaque être particulier est tenu de se conformer. Cette idée était très-répandue dans l'antiquité. Elle apparaît dans les doctrines morales de Platon et d'Aristote, elle fut admise aussi par des matérialistes, tels qu'Epicure. L'erreur sur laquelle elle repose est facile à apercevoir.

Il y a deux cas possibles. Ou bien l'ordre universel a été établi par Dieu, et certains êtres, les hommes par exemple, ont le pouvoir d'y contrevenir. Dans ce cas, la prescription de s'y conformer ne peut venir que de Dieu, et c'est pour obéir à la volonté divine que l'homme s'y conforme en effet. Ce cas rentre donc dans l'hypothèse qui, à mon avis, peut seule rendre compte du caractère obligatoire de la morale, dans l'hypothèse d'une loi morale imposée par Dieu.

Ou bien, il n'existe pas de Dieu. Dans ce cas, l'ordre universel dérive des propriétés naturelles des êtres, il est le résultat général des rapports qui s'établissent entre les êtres en vertu de leurs propriétés. Le monde physique alors n'est que l'effet des combinaisons de toutes espèces auxquelles donnent lieu les corps multiples qui existent dans la nature et leurs attractions et répulsions réciproques, le monde social est le produit des besoins et des instincts naturels de l'homme. Or, s'il en est ainsi effectivement, si l'ordre universel ne provient que du jeu des forces et des propriétés des êtres individuels, cet ordre ne saurait éprouver d'atteinte, il doit se réaliser infailliblement quoiqu'il arrive. Les êtres, en effet, ne peuvent manifester que leurs propriétés et ces propriétés qu'ils manifestent constituent l'ordre universel même. Cet ordre est tel, parce que les êtres ont telles propriétés et qu'ils agissent de telle façon ; s'ils avaient d'autres propriétés et agissaient différemment, il en résulterait un ordre universel d'une autre espèce ; mais ce serait toujours l'ordre universel.

Aucun être particulier ne pourrait contrevenir à un ordre pareil ; car, quoi qu'il fît, il manifesterait une des propriétés de sa nature, et la réalisation de l'ordre exige précisément la manifestation de toutes ces propriétés. Aucune de ces manifestations ne pourrait être considérée comme plus mauvaise que les autres, et ce serait à tort, par exemple, qu'on condamnerait certaines actions humaines, telles que le meurtre, le vol, la guerre, les massacres, car ces actions aussi sont l'expression de penchants naturels de l'homme, et on devrait leur reconnaître leur rôle légitime dans l'ordre universel tout comme aux actions vertueuses. Dans l'ordre universel ainsi conçu, la seule loi est celle de la nature, c'est-à-dire des instincts, des besoins, des désirs, et cette loi permet tout, comme l'a fort bien expliqué Spinosa : « Quiconque, dit ce philosophe, est censé vivre sous le seul empire de la nature a le droit absolu de convoiter ce qu'il juge utile, qu'il soit porté à ce désir par la saine raison ou la violence de ses passions. Il a le droit de se l'approprier de toutes manières, soit par force, soit par ruse, soit par prières, soit par tous les moyens qu'il jugera les plus faciles, et conséquemment de tenir pour ennemi quiconque veut l'empêcher de satisfaire ses désirs [1]. »

Dans cette hypothèse, l'ordre universel n'éprouve donc pas plus d'atteinte lorsqu'un homme en assassine un autre que lorsqu'un grand poisson en mange un petit. La question de savoir si la morale est obligatoire devient tout à fait oiseuse : il n'y a plus aucune morale ; les actions qui nous paraissent les plus abominables, valent les plus beaux traits de dévouement. On ne peut donc conclure de l'ordre universel à une morale obligatoire que si cet ordre est l'ouvrage de Dieu.

Il me reste à dire quelques mots de deux arguments *ad hominem* qui s'étalent avec complaisance dans les écrits des matérialistes contemporains.

On dit : Quoi! vous avez besoin du commandement de Dieu pour être honnête homme? Vous ne remplissez vos devoirs que par peur de l'enfer? Le véritable honnête homme n'attend pas ces impulsions extérieures. Il puise en lui-même les motifs de sa vertu.

Je distingue entre l'objection fondée sur les peines de la vie future et celle qui est tirée du commandement de Dieu. Oui, l'honnête homme est honnête indépendamment des peines et des récompenses qui peuvent l'attendre dans un autre monde. Du moment qu'il croit à la loi morale, qu'il est convaincu de son caractère obligatoire, il l'accomplit sans se préoccuper des conséquences qui peuvent en résulter. Il est, à cet égard, dans les mêmes dispositions que vis-à-vis du Code pénal. Ce n'est pas par crainte des gendarmes qu'il ne vole pas et n'assassine pas, c'est parce qu'il croit que c'est un mal d'assassiner et de voler.

Mais conclura-t-on de là que le Code pénal est inutile?

---

[1] *Œuvres de Spinosa*, trad. par E. Saisset, 1852, t. I, p. 270.

Personne, évidemment, n'oserait le prétendre. Or, de même que beaucoup d'individus ne s'abstiennent de commettre des crimes et des délits que par crainte de la vindicte publique, beaucoup aussi n'obéissent à la loi morale qu'à cause de la sanction religieuse qui y est attachée. Qu'est-ce, d'ailleurs, qu'une loi sans sanction? La plupart de ceux mêmes qui pratiquent la morale sans s'inquiéter des peines et des récompenses futures, n'auraient peut-être pas pris dans leur jeunesse l'habitude de se conformer à ses prescriptions, sans ce complément qui seul en constate pleinement le caractère obligatoire.

La crainte de l'enfer n'a donc guère d'action sur l'honnête homme; mais elle retient sur la pente du mal celui qui est disposé au vice. Pour prouver qu'elle est inutile, il faudrait démontrer que tous les hommes ont naturellement et dans toutes les circonstances la volonté du bien ; preuve que personne, je pense, ne sera en état de faire de sitôt.

Mais à la question de savoir si j'ai besoin du commandement de Dieu pour être honnête homme, je réponds sans hésiter : oui, j'en ai besoin; c'est parce que je crois accomplir la volonté divine que je fais les actions qui constituent l'honnête homme ; autrement, je n'aurais aucun motif de les faire, et comme un être raisonnable n'agit pas sans motifs, je devrais rationnellement m'en abstenir.

Rappelons-nous que l'homme trouve naturellement dans son esprit deux tendances : l'une qui le porte à s'aimer soi-même, l'autre qui l'excite à aimer les autres. Lorsque l'amour de soi et l'amour des autres dictent des actes parfaitement concordants, toute difficulté disparaît, l'accomplissement du bien est aisé. Mais très-souvent, si ce n'est le plus souvent, ces intérêts sont contraires; je ne puis faire mon bien qu'au détriment de celui des autres, ou celui des autres qu'en subissant moi-même un mal. Quelle est dans ce cas la règle, le véritable bien, le bien moral? Évidemment, si le commandement de Dieu ne venait me dire que c'est la justice, la charité, le dévouement, rien ne m'empêcherait de suivre l'impulsion de mon égoïsme, et je la suivrais quatre-vingt-dix-neuf fois sur cent.

La vérité est que la loi morale m'impose des sacrifices continuels; elle me demande à chaque instant de faire abstraction de mes désirs et de mes intérêts. Pour accepter et accomplir ce devoir quelquefois si pénible, il me faut une raison suffisante. Cette raison, je ne puis la trouver que dans le caractère obligatoire de la loi, et ce caractère suppose le commandement de Dieu.

J'admets la volonté pure et primitive du dévouement, de l'abnégation, du sacrifice, j'admets qu'il existe des hommes disposés spontanément à donner leur vie pour leurs semblables. Mais pour qu'une telle volonté acquière un caractère rationnel, pour qu'elle soit la volonté d'un être intelligent, il faut qu'elle ait un but et un motif raisonnables, autrement elle pourrait aboutir à des absurdités pareilles à celle que la légende bouddhiste raconte de ce saint qui sacrifia sa vie pour sauver celle d'un tigre. Or, il n'y a que la volonté de Dieu qui puisse donner un motif et un but à l'abnégation. Si l'homme n'avait pas à remplir ici-bas une fonction, une œuvre qui lui est imposée par Dieu, s'il n'était sur terre que pour lui-même, le dévouement manquerait d'objet; il cesserait, parce qu'il n'aurait pas de raison d'être. Dans ce cas, la seule chose raisonnable pour l'individu serait de ne consulter toujours que son intérêt, de chercher avant tout à satisfaire ses désirs personnels, et dans cette direction les buts et les motifs ne font jamais défaut.

D'ailleurs, les inclinations naturelles de l'homme réduisent son choix à deux termes seulement : l'amour de soi et l'amour des autres. Mais cette simple alternative est loin de contenir toute la morale, tout le système de nos devoirs et de nos droits. Or, pourquoi respecterions-nous les prescriptions diverses qui constituent ce système, si nous n'y étions obligés par une loi supérieure? Voyez comment les choses se comportent sur le terrain de la loi positive. Se soumettrait-on aux dispositions du Code civil sur la propriété, les servitudes, les hypothèques, les contrats de toute espèce, si ce Code n'était pas une loi émanée d'une autorité légitime? Payerait-on l'impôt, consentirait-on au recrutement, si ces obligations ne résultaient pas de commandements positifs de la société? Dans tous les cas prévus par ces lois sociales, chacun agirait suivant ses convenances; il pourrait arriver que quelques-uns fissent spontanément ce qu'elles ordonnent, mais nul n'y serait tenu et n'aurait de motif légal pour le faire. Ces dispositions ne forment réellement le bien, au point de vue du droit humain, que parce que la loi les a ordonnées; elles peuvent être différentes dans des pays voisins, et ainsi ce qui est le bien dans l'un peut être le mal dans l'autre. Pour la morale, les variations ne vont pas à ce point. Mais les prescriptions particulières qu'elle renferme ne supposent pas moins une loi qui les a déterminées; la plupart des devoirs de justice, par exemple, les règles concernant les rapports entre l'homme et la femme, le père et l'enfant, resteraient dans un vague absolu, si la loi morale ne les formulait d'une façon positive. En réalité, c'est le commandement de Dieu qui définit pour nous le bien; c'est lui qui nous apprend que l'amour d'autrui est préférable à l'amour de soi, et dans quelles limites; c'est lui qui nous permet de distinguer parmi les règles de conduite quelles sont les bonnes, quelles sont les mauvaises. Quand donc on dit qu'il faut faire le bien en vue de lui-même, et non en vue des peines ou des récompenses futures, on est dans la vérité, parce que c'est ce bien désintéressé même que Dieu nous demande. Mais lorsqu'on prétend qu'il faut faire le bien sans s'enquérir de la volonté de Dieu, on dit un non sens, car le bien n'est tel que parce que telle est la volonté de Dieu.

Mais, dit-on, il y a bien des individus qui ne croient pas à Dieu et qui n'en sont pas moins très-braves gens. Je ne nie pas le fait. Mais qu'est-ce qu'il prouve? Il en résulte simplement que ces gens sont honnêtes sans se rendre compte des motifs pour lesquels ils le sont, en d'autres termes, ils observent les prescriptions de la morale en vertu des habitudes qu'ils ont reçues dans leur jeunesse et sans raisonner leurs actions. C'est un fait d'expérience que chez les individus, comme dans la société, les croyances religieuses se perdent longtemps avant les croyances morales. Dans notre société du XIXe siècle, les croyances religieuses ont éprouvé une violente atteinte, tandis que les croyances morales se sont généralement conservées. Cependant dans ce siècle même, on a vu apparaître des doctrines sociales qui niaient directement la morale, et ces doctrines ont eu un grand retentissement. Mais si ordinairement la critique religieuse ne s'attaque pas de suite aux croyances morales, elle finit toujours par les atteindre et alors se produit un autre fait, également constaté par l'histoire : dans les sociétés qui ont glissé sur cette pente, la disparution des croyances religieuses est toujours suivie de la plus complète démoralisation. L'expérience en cela ne fait que confirmer le raisonnement, et les lois de la logique ne permettent pas, en effet, qu'il en soit autrement.

Mais si la logique produit ses effets inévitables dans le mouvement social, elle ne domine pas au même degré tous les individus. Ceux-ci reçoivent tous dans leur jeunesse l'enseignement de certaines croyances religieuses et morales, mais plus tard une partie d'entre eux deviennent incrédules à l'égard des croyances religieuses, tout en restant fidèles aux habitudes morales qu'ils ont acquises. Ils ne se demandent pas sur quoi ces habitudes sont fondées et s'en tiennent, à cet égard, aux usages du milieu qui les environne. Aussi, leur honnêteté ne dépasse-t-elle jamais les règles reçues dans la société où ils vivent. Les mêmes individus qui prétendent aujourd'hui n'avoir pas besoin du commandement de Dieu pour pratiquer la morale chrétienne, auraient mangé sans scrupule de la chair humaine, s'ils étaient nés, il y a quatre siècles, au Mexique; et aujourd'hui encore, s'ils avaient vu le jour à la Mecque, ils ne trouveraient rien de plus glorieux que de massacrer quelque consul ou quelque voyageur européen. Nés en France, en Angleterre, en Allemagne, ils partagent les croyances morales de la société moderne sans s'enquérir d'où elles viennent et sans s'assurer de leur autorité réelle. Ils font donc simplement ce qu'ils voient faire autour d'eux, à l'aveugle et sans motif raisonné.

Un second argument, qui jouit de beaucoup de faveur auprès de certains écrivains, est celui-ci : C'est donc par voie d'autorité que vous recevez la morale! Vous reconnaissez une autorité supérieure à votre raison!

Oui, sans doute, je reconnais que la raison divine est supérieure à la mienne; j'admets que Dieu puisse m'imposer des devoirs. Je proclame la pleine indépendance de l'homme vis-à-vis de tout autre homme. Je n'accorde ni à un ni à plusieurs, fussent-ils l'humanité entière, le pouvoir d'obliger moralement un individu quelconque. Mais je reconnais à Dieu le droit d'imposer des obligations, non-seulement à des individus, mais à l'humanité entière. Autrement, ce serait nier le pouvoir du Créateur sur la créature, ce qui équivaudrait à nier l'existence même de Dieu.

Ah! si l'individu était réellement indépendant du monde et de la société, si ses besoins les plus indispensables et toute son organisation physique ne l'astreignaient à subir les conditions de la nature matérielle, s'il ne recevait pas de ses parents et de la société les éléments de sa vie corporelle et intellectuelle, ses idées, ses croyances, tous ses moyens d'action, on pourrait concevoir sa prétention à ne dépendre absolument de personne, pas même de Dieu! Mais quand nous voyons que sa raison, dont il est si fier, n'est que l'expression des croyances générales du milieu qui l'environne, que le plus grand nombre de ses connaissances lui ont été transmises par d'autres hommes, que les efforts les plus puissants de son génie n'augmentent que de très-peu la somme des vérités scientifiques connues avant lui, que la puissance de l'individu sur la nature serait nulle sans le secours de ses semblables, que ses droits seraient comme non avenus s'ils n'étaient protégés par la société, et qu'il subit toujours, à un degré plus ou moins grand, même sans s'en rendre compte, l'autorité de celle-ci ; quand on constate ainsi la dépendance perpétuelle, inévitable, de chaque homme à l'égard des autres hommes, on est saisi de pitié pour les insensés qui se proclament indépendants de Dieu.

D'ailleurs, si on ne reconnait pas l'autorité de Dieu, on reconnaitra moins encore celle des autres hommes. Alors, envers qui sera-t-on obligé? Envers soi-même, sans doute. J'ai déjà démontré l'impossibilité d'un pareil lien. En réalité, la seule conclusion rationnelle où puisse aboutir celui qui n'admet aucune espèce d'autorité, c'est qu'il n'est soumis à aucune espèce d'obligation. Certains individus peuvent trouver très-avantageux de s'appuyer sur une conclusion pareille ; il ne manque pas d'hommes, en effet, qui agissent comme si le principe qu'ils ne sont tenus à aucune obligation morale était reçu universellement. Mais la masse des individus et la société ne sauraient s'accommoder d'un tel principe, qui remettrait immédiatement en question toute l'existence sociale.

CHAPITRE IX

La morale n'est pas le produit d'un travail scientifique.

J'aborde enfin la question de l'origine des idées morales.

De même que l'étude des idées innées, celle des notions dues à la sensation et au raisonnement ne pourra encore nous conduire, en cette matière, qu'à une conclusion négative. Je crois pouvoir démontrer, en effet, que les prescriptions de la morale ne sauraient être classées parmi les connaissances que nous devons à ces opérations intellectuelles, et, qu'en général, la morale n'est pas due à un travail scientifique.

Il est clair que la sensation ne saurait donner à elle seule l'idée d'une prescription morale quelconque, puisque ces prescriptions ne sont visibles ou sensibles d'aucune manière. Si, d'autre part, la morale était fondée sur l'observation et le raisonnement, elle apparaîtrait comme le fruit d'une longue élaboration scientifique, dont il serait possible de suivre les phases et les progrès. La question est donc de savoir si, comme le prétendent beaucoup de philosophes, les prescriptions morales ont effectivement été le produit d'un travail pareil. Or, l'histoire donne le moyen de résoudre cette question.

Quel que soit le peuple que l'on considère, on le trouve toujours en possession d'un certain nombre de principes moraux, ordinairement très-simples, peu nombreux et résumés dans des formules concises, principes qui régissent ce peuple depuis son origine jusqu'à sa fin et qui déterminent le cours de toute son histoire morale. Cette histoire n'est elle-même que la série des applications diverses et le plus souvent progressives que reçoivent ces principes dans la suite des siècles. Mais, quelque variées que soient ces applications, les principes restent toujours les mêmes chez le même peuple, et quand ils disparaissent, c'est le signe de l'anéantissement ou du renouvellement d'une société.

Ces principes se rapportent toujours à trois ordres de relations : 1° aux rapports de l'homme avec Dieu ; 2° au but de la société et à l'organisation sociale, y compris celle de la famille ; 3° aux relations individuelles entre les hommes.

Les principes de la première classe comprennent les devoirs d'amour, d'obéissance, de vénération envers Dieu. Ils sont au fond les mêmes chez tous les peuples et ne diffèrent qu'en raison des conceptions particulières de chaque société sur la divinité. Ils ne sont, en effet, que les conséquences logiques de l'idée de la subordination de l'homme à son créateur. Dans l'origine, ce sont toujours eux qui dominent.

C'est à l'égard des principes de la seconde classe que les peuples diffèrent le plus entre eux, et c'est d'après eux que les sociétés prennent une place plus ou moins élevée sur l'échelle du progrès. J'en citerai les plus importants, ceux qui caractérisent les diverses civilisations :

Sociétés primitives : Croissez et multipliez, remplissez la terre et assujetissez-la. Quiconque aura répandu le sang de l'homme qui est son frère, sera puni par l'effusion de son propre sang.

Chine : Chacun doit respect et obéissance absolue à son père ; il faut honorer les ancêtres comme des dieux. L'empereur est le père de ses sujets et ceux-ci lui doivent l'obéissance filiale. Le gouvernement a pour tâche de discipliner et moraliser les multitudes et de les diriger vers le bien.

Inde : L'être suprême a assigné des occupations différentes à ceux qu'il a produits de sa bouche, de son bras, de sa cuisse et de son pied. Au Brahmane, il impose pour devoir d'enseigner le Véda et d'accomplir les sacrifices ; au Kchatriya, de protéger le peuple ; au Vayçia, de labourer la terre, soigner les bestiaux et faire le commerce ; au Çoudra, de servir les classes précédentes. — Le devoir du roi est de maintenir l'ordre et la justice par le châtiment. — Celui-là seul est un homme parfait qui se compose de trois personnes réunies : lui-même, sa femme et son fils. — Nul ne peut acquérir la félicité suprême si à sa mort il ne laisse pas de descendants [1].

Grèce et Italie antiques : Tous les hommes libres sont égaux. Le citoyen appartient tout entier à la cité, qui a droit sur ses croyances, sur ses biens, sur sa personne. — La race grecque et latine est supérieure aux races barbares et peut exercer sur elles une juste domination. — Les dieux garantissent la sainteté du mariage et des promesses et le respect de la propriété.

Civilisation chrétienne : Tous les hommes sont frères. — A chacun selon ses œuvres. — Celui qui voudra être le premier devra se faire le serviteur des autres.

Ce tableau contient beaucoup de lacunes. Mais ces exemples suffisent.

Les principes de la troisième classe, ceux qui s'appliquent aux relations individuelles peuvent se résumer pour l'antiquité dans le principe mosaïque : « Faites à autrui ce que vous voudriez qu'on vous fît ; » principe qui a été connu de tous les peuples anciens sous des formes diverses et qui a été complété par le précepte chrétien : « Aimez vos ennemis, faites du bien à ceux qui vous haïssent, » et par le devoir de la charité, si admirablement décrit par saint Paul.

---

[1] Ces principes moraux ne sont pas ceux des Védas et ils me paraissent antérieurs, quoiqu'ils ne soient connus que par des ouvrages écrits plus tard. Il est probable que les tribus ariennes qui apportèrent les Védas dans les pays du Gange y trouvèrent toute établie l'organisation sociale dont la loi de Manou rend témoignage. (Voir mon petit livre *l'Inde et la Chine*, dans la Bibliothèque utile.)

Il est certain qu'à l'exception des commandements de la morale chrétienne, tous les principes moraux que je viens de citer existaient dans les sociétés auxquelles ils sont propres, longtemps avant qu'un mouvement scientifique quelconque ne se fût produit dans ces sociétés. Leur origine se perd dans la nuit des temps anté-historiques. Quant à la science même dont les idées morales deviennent l'objet, elle présente généralement les phases suivantes :

Pendant une première période, les prescriptions morales se confondent complètement avec les prescriptions religieuses, et la science morale n'est qu'une branche de la théologie. L'Inde, l'Egypte ancienne, la Perse, l'Europe chrétienne du moyen-âge, le Mahométisme offrent des exemples évidents de ce fait. Il n'est guère douteux qu'il en fût de même en Chine, dans l'Asie occidentale, dans la Grèce et l'Italie primitives.

Cette période est ordinairement suivie d'une autre qui n'est pas encore celle des sciences morales indépendantes de la théologie, mais qui est la préparation à ce mouvement scientifique. La nouvelle période ne commence guère dans une société que lorsque les idées morales qui les dominent ont déjà reçu de nombreuses applications. Ces applications se font par des déductions inconscientes, du genre de celles dont j'ai indiqué des exemples précédemment [1]. C'est sur le terrain de ces applications que se forme la science morale et qu'elle s'enrichit d'un élément nouveau, bien différent de la morale proprement dite, mais qui a de nombreuses relations avec elle, l'utilité.

J'aurai à m'occuper plus tard de l'utilité, en tant qu'on l'érige en principe ; ici, je veux faire voir seulement comment des questions d'utilité donnent le plus souvent la première impulsion aux investigations qui aboutissent plus tard à ce qu'on appelle les sciences morales.

[1] Voyez p. 161 et 303.

L'application des prescriptions de la morale offre souvent des difficultés dont la solution incombe soit à la société lorsqu'elle veut rendre ses institutions conformes à ces prescriptions, soit à l'individu lorsqu'il veut régler d'après elles sa conduite privée. Dans les deux cas, il se présente une foule de circonstances particulières que la morale n'a pas prévues et auxquelles il faut appliquer les principes qu'elle a posés. Il s'agit, dans ces circonstances, de découvrir le moyen de l'application ; il s'agit de trouver la forme qui réalise le mieux le but désiré. Or, l'utile, au point de vue le plus général, est ce qui sert à l'accomplissement d'un but. Les applications de la morale soulèvent donc par elles-mêmes des questions d'utilité.

Pour résoudre ces problèmes, on formule des principes, des axiomes relatifs à la conduite de la société ou des individus, principes qui ne sont plus liés directement à la religion, quoiqu'ils conservent la forme impérative de l'ancien enseignement religieux. C'est la période des sentences, des maximes pratiques, dont les mots attribués aux sept sages de la Grèce nous offrent des exemples, et qui n'a manqué chez aucun peuple ancien. Chez quelques nations de l'Orient, la philosophie morale n'a même jamais dépassé cette phase qui, d'ailleurs, a été plus productive chez elles qu'ailleurs. Ces sentences commencent ordinairement par être parfaitement conformes à la morale, dont elles ne sont, comme je l'ai dit, que des règles d'application ; mais peu à peu il s'y mêle, à mesure que l'opinion s'éloigne davantage des traditions primitives, des conseils d'utilité individuelle ou d'intérêt bien entendu, quelquefois même des maximes parfaitement égoïstes [1]. Il est presque toujours facile de distinguer ces sentences des préceptes moraux propre-

---

[1] Parmi les sentences égoïstes passées à l'état de proverbes on peut citer celles-ci : « Chacun pour soi, Dieu pour tous. » « Charité bien ordonnée commence par soi-même. »

On trouve des maximes de ce genre même dans des recueils de senten-

ment dits, d'abord par leur caractère même, ensuite parce qu'elles sont attribuées à des auteurs connus et ont une date à peu près certaine.

Vient enfin la période philosophique, caractérisée par la prétention d'établir la doctrine morale sur des bases indépendantes de l'enseignement religieux. Et, en effet, la philosophie formule de nouvelles « théories » morales ; elle réduit les principes moraux en système, elle les coordonne méthodiquement et les adapte aux notions métaphysiques et psychologiques qu'elle possède. Elle développe aussi les principes posés par la morale, en tire des conséquences nouvelles et en démontre l'utilité pratique ; mais elle ne découvre aucun principe nouveau et ne fait que reproduire sous une forme scientifique les notions morales qui ont cours dans la société. Ces notions, c'est l'enseignement religieux qui les a fait pénétrer dans les masses. Mais, peu à peu, elles ont passé à l'état d'habitudes intellectuelles ; on en a oublié l'origine et on les considère comme des notions naturelles. C'est ainsi que la philosophie les reçoit. Le plus souvent elle les accepte sans changement ; quelquefois elle les altère, mais jamais elle n'y ajoute aucun principe réellement supérieur et nouveau. C'est ce que démontrera un coup d'œil jeté sur la philosophie morale des anciens et des modernes.

---

ces attribuées aux dieux. Ainsi le Havamal, ou Chant sublime d'Odin, dans la grande Edda, contient des préceptes comme ceux-ci :

« Celui qui médite d'enlever à un autre sa vie et son bien, doit se lever tôt ; le loup qui sommeille réussit rarement à faire un coup, ni l'homme endormi à remporter une victoire.

» Là où sont deux, sont deux ennemis.... Sous chaque manteau, je m'attends à un poing.

» Il faut parler en flattant et offrir des cadeaux quand on veut gagner l'amour d'une fille. Il faut vanter sa beauté, sa grâce. C'est ainsi qu'on parvient à la prendre.

» Sois prudent, mais ne le sois pas trop. Sois-le surtout en buvant et chez la femme d'autrui. En troisième lieu, garde-toi de la ruse des voleurs. »
(D'après la traduction allemande de Simrock.)

Antiquité. En dehors de la Grèce, il n'y a dans l'antiquité que la Chine où la morale ait été l'objet de travaux philosophiques. Dans ce pays, les croyances religieuses s'effacèrent de bonne heure, et la période des sentences et des maximes avait fleuri déjà antérieurement au X° siècle avant l'ère chrétienne, puisque le Tcheou-li, sorte d'almanach impérial de cette époque, nous offre un grand nombre de règles pratiques de ce genre. Le Chou King attribue ces maximes aux premiers empereurs, et quand la période philosophique arriva avec Confucius et Mengtseu, elle ne dépassa pas ces données traditionnelles. Il est facile de se convaincre, par les ouvrages de ces philosophes, que leur morale est contenue tout entière dans les King, dans le Tcheou-li et dans les coutumes et lois immémoriales du peuple chinois. Confucius n'a fait qu'adapter ces éléments à sa théorie métaphysique du juste-milieu et à ses opinions psychologiques; Mencius s'est borné à en faire le texte de prédications politiques.

En Grèce, la philosophie morale naquit avec Socrate. Toutes les doctrines relatives à cette partie de la science vinrent se fondre définitivement dans un seul système dont Socrate et Platon avaient posé les bases. D'après ce système, le but de l'homme est de rechercher le souverain bien qui seul peut donner la félicité. Or, le souverain bien consiste dans la pratique de la vertu, et la vertu elle-même se décompose en quatre branches principales : la sagesse, le courage, la justice et la tempérance. En laissant de côté des divergences secondaires, on peut ramener toute la théorie morale des Grecs à ces principes généraux. Or, il est facile de distinguer dans cette théorie ce qui était l'œuvre des philosophes de ce qui provenait de l'enseignement social.

Ce qui appartient aux philosophes, c'est le but qu'ils assignent à toute la morale : le bonheur individuel. L'enseignement social disait, sans doute, que pour l'individu le souverain bien était la vertu et que la pratique de la vertu conduisait au bonheur. Mais, pour cet enseignement, le principal était la pratique de la vertu ; le bonheur n'apparaissait que comme conséquence ultérieure et n'était pas posé comme but. En outre, la morale sociale comprenait une foule de principes relatifs à la politique, à l'éducation, aux relations économiques, qui ne tendaient qu'au bien de la société et qui, loin d'avoir en vue la félicité individuelle, n'imposaient à l'individu que des charges et des obligations. La philosophie grecque, en faisant de l'individu le centre de la théorie morale, a donc altéré la nature de l'enseignement social et commis une grave erreur, qui a exercé une influence funeste sur la philosophie moderne. Ce n'est qu'en raison de cette erreur que des penseurs, partis de données ontologiques aussi différentes que les doctrines métaphysiques de Platon, Zénon le stoïcien et Epicure, ont pu arriver à des conclusions si analogues.

Mais si l'on fait abstraction de ce point de vue général qui n'avait qu'une importance théorique, si l'on considère les principes positifs de la morale philosophique, les actions qu'elle qualifiait de vertueuses, on voit que les vertus qu'elle enseignait ne différaient en rien de celles que l'enseignement social s'efforçait depuis des siècles à inculquer à tous les citoyens. La sagesse était la vertu idéale des prêtres des anciennes religions ; la force et le courage étaient les qualités requises dans le guerrier ; on avait toujours proclamé que la tempérance, la modération, la dignité étaient les signes distinctifs du citoyen et de l'homme libre. La justice, qui se trouvait réduite à n'être qu'une vertu individuelle, ne consista plus qu'à rendre à chacun ce qui lui appartenait. Mais ce qui appartenait à chacun était déterminé par les lois et les mœurs sociales ; et, sous ce rapport, la philosophie ne se montra pas progressive. En dehors de quelques opinions paradoxales, ses aspirations restèrent même en arrière des progrès déjà opérés dans plusieurs cités démocratiques. Non contente de justifier l'esclavage, elle fut généralement ennemie de la démocratie, et les partis aristocratiques n'eurent pas de plus solide soutien.

On a prétendu souvent que la philosophie grecque avait exprimé tous les principes de la morale chrétienne. Mais, outre qu'on attribue volontiers un sens moderne à des paroles qui n'avaient pas la même portée dans l'antiquité, on ne fait pas attention que les mots cités ordinairement à l'appui de cette opinion se rapportent le plus souvent à des sentiments de dévouement, d'abnégation, de sympathie, de compassion qu'on trouve dans tous les temps et dans tous les lieux. Lorsque, au contraire, on prend la morale des philosophes grecs dans ses principes dogmatiques, dans ses prescriptions positives, on voit qu'elle n'a en vue que l'idéal social de tous les peuples anciens, bien inférieur à celui des sociétés chrétiennes. Si les hommes eussent parfaitement obéi à ces prescriptions, on eût eu une Athènes ou une Sparte idéale, la perfection des mœurs et des institutions antiques; mais toujours les mœurs et les institutions antiques. L'humanité n'aurait pas créé les formes sociales nouvelles qu'elle a produites depuis.

On a attribué, il est vrai, aux philosophes grecs deux idées qui ont joué un rôle immense dans la société moderne : ils auraient reconnu l'injustice de l'esclavage ; ils auraient aspiré à l'union fraternelle de toute l'humanité dans un seul corps social !

J'ai déjà dit que la justice de l'esclavage avait été mise en doute avant Aristote, mais d'un point de vue purement critique, et sans que la philosophie ancienne ait attribué à cette négation d'autre valeur que celle d'un sophisme. J'ai fait voir aussi que la doctrine empruntée aux Stoïciens par les jurisconsultes romains sur le droit de la nature et des gens, ne tendait pas à établir l'injustice de l'esclavage. Au lieu de justifier cette institution par le droit naturel, on la justifiait par le droit des gens [1]. Si, d'ailleurs, on proclamait que tous les hommes étaient libres par nature, on reconnaissait la même chose à l'égard des animaux, ce qui n'excluait pas le droit de les prendre, de les tuer et de les manger. Si les Romains ont tant admiré la parole de Térence : *Nihil humani a me alienum puto*, c'est vis-à-vis de la barbarie de leur droit civil qui traitait les esclaves comme des choses. Mais dans l'Orient, dans l'Inde, en Egypte, en Grèce même, on considérait depuis longtemps les esclaves comme des hommes. Seulement on admettait que la qualité d'homme n'était pas moralement incompatible avec l'esclavage. Ce n'est qu'au temps de Sénèque, c'est-à-dire quand les idées chrétiennes eurent pénétré dans Rome, qu'on commença à être frappé dans la capitale du monde de l'iniquité de cette institution. Il est remarquable, du reste, que partout où le principe de la fraternité des hommes n'a pas été reçu comme un commandement divin, l'esclavage s'est conservé jusqu'à un certain point. Il a pu devenir une institution secondaire, comme en Chine ou chez beaucoup de tribus primitives, quand on ne pouvait se procurer suffisamment d'esclaves de race étrangère. Mais alors encore il a subsisté comme esclavage à temps ou à vie s'appliquant à des individus de même race. Jamais les peuples païens n'ont dépassé, sous ce rapport, les institutions de Moïse, les plus favorables à l'esclave de toutes celles de l'antiquité.

L'opinion qui attribue à la philosophie grecque le principe de l'union de l'humanité dans un seul corps social, se fonde surtout sur un passage de Plutarque. Dans son apologie d'Alexandre-le-Grand, cet écrivain prétend faire voir que son héros a réalisé ce que la philosophie avait rêvé de plus parfait. Voici ses paroles : « Cette forme de république tant admirée, qui nous a été transmise par Zénon, le fon-

---

[1] Voir p. 287.

dateur de la secte stoïcienne, tend à ce seul point essentiel, que nous ne nous divisions pas en cités et en pays, où chaque peuple soit distingué des autres par son droit propre, mais que nous considérions tous les hommes comme des compatriotes et des concitoyens, et que la vie, l'ordre soit le même pour tous, comme celui d'un troupeau nourri, suivant les mêmes lois, dans des pâturages communs. Voilà ce que Zénon laissa par écrit comme le rêve ou l'image d'une république philosophique. Mais Alexandre l'a accompli en fait [1]. » Plutarque invoque en preuve la bienveillance égale qu'Alexandre a marquée pour les Grecs et les Barbares, et la tentative qu'il fit pour fusionner les races en mariant cent jeunes filles perses à autant de jeunes gens grecs et macédoniens.

Les écrivains du XIXᵉ siècle, tout imbus des idées modernes sur l'humanité, qui ont cru voir une analogie complète entre ces idées et la pensée de Zénon, ont évidemment attribué à cette dernière une portée qu'elle n'avait pas. Malheureusement, les écrits du fondateur du stoïcisme ne nous sont pas parvenus; mais les témoignages de ses disciples grecs et romains nous permettent de saisir le principe d'où est émanée la conception rappelée par Plutarque. Cette conception dérivait certainement de deux sources différentes. En premier lieu, l'idée panthéiste, qui formait le fond de la doctrine des Stoïciens, les portait à considérer le monde comme une seule unité, un organisme composé de parties très-diverses, mais animées toutes par un même esprit, une même intelligence. Par suite, aussi, une même loi gouvernait tous les êtres et surtout les êtres raisonnables, les dieux et les hommes. L'unité, pour les Stoïciens, comprenait donc plus que l'humanité; elle contenait, en outre, les dieux en haut et les êtres non humains en bas. *Patrium meum esse mundum scium et præsides*

---

[1] Plutarque, de Alex. magni fort. aut virtute, I, 6.

Deos, dit Sénèque ; c'est dans le même sens que, suivant Marc Aurèle, le monde ressemble à une grande cité [1]. Quelquefois, il est vrai, ces termes de cité universelle, de patrie commune, semblent exclure chez ces auteurs les êtres privés de raison ; mais, en tout cas, ils comprennent toujours les dieux, ce qui constitue une différence essentielle entre cette idée de l'humanité et celle que nous en avons aujourd'hui.

Mais, dans la conception de Zénon, il y avait encore un autre élément. C'est celui que Plutarque a indiqué : l'exemple d'Alexandre-le-Grand. Zénon, né dans une ville moitié grecque, moitié phénicienne, depuis longtemps rompue à l'indifférence en matière de nationalité, commença à s'occuper de philosophie une quinzaine d'années après la mort d'Alexandre, dans un moment où le monde entier était encore sous l'impression des vastes conquêtes du roi de Macédoine. Or, ce serait une erreur de croire qu'Alexandre n'ait été poussé à ces entreprises que par un caprice personnel. Dans les idées de l'antiquité, la conquête était considérée, en général, comme une chose juste, utile et glorieuse, et la conquête du monde était une sorte d'idéal que se proposaient les princes ou les États. Dans le Mahabbarata, la domination sur la terre entière est posée comme le but le plus noble et le plus élevé où le Kchatriya puisse aspirer ; elle est le prix de certaines vertus, de certains sacrifices, notamment du grand sacrifice appelé Radjasouya. Le père des Pandouides invite du haut du ciel ses fils à conquérir le monde. Youditschira accomplit le sacrifice et ses quatre frères soumettent pour lui tout l'univers [2]. Il est hors de doute que des idées pareilles ont régné, non-seulement chez les autres peuples de race

---

[1] Cicéron attribue les mêmes opinions aux Stoïciens et les adopte en partie.
[2] Mahabharata, trad. de M. Fauche, t. II, p. 381, v. 649, 650 ; p. 369 v. 533-35, 537.

arienne, mais chez les Sémites d'Assyrie et de Babylone, chez les Égyptiens et, en général, chez toutes les nations anciennes. Rome, aussi, avait des traditions qui lui promettaient l'empire du monde, et du commencement à la fin sa politique ne tendit qu'à l'acquérir et à le conserver.

Il est impossible de croire que cette idée, si universellement acceptée dans l'antiquité, n'ait pas reposé sur une croyance morale. Les dominateurs primitifs se croyaient appelés, sans doute, comme les anciens empereurs de la Chine, à discipliner les multitudes, à maintenir la paix entre les peuples en les soumettant à un joug commun. Mais ceci donne aussi la mesure des conceptions antiques sur l'unité humaine. L'unité qu'on avait en vue était l'unité par la force. On rêvait un grand empire dans lequel un seul chef maintiendrait l'ordre et la tranquillité. Comme dernier degré de l'idéal, on désirait que ce chef fût philosophe. Quand Marc Aurèle siégea sur le trône des Césars, il put croire que cet idéal était presque réalisé.

Il y a loin de là à l'union libre et volontaire dans une croyance commune, posée comme but par le christianisme. La conception antique laissait subsister, d'ailleurs, toutes les différences, toutes les inégalités qu'offrait l'organisation sociale. Pour les Stoïciens, ces inégalités avaient leur explication toute naturelle dans l'idée qu'ils se faisaient du monde, organisme composé de parties différentes dont chacune jouait un rôle absolument nécessaire. Aussi, ne rêvaient-ils pas un état meilleur, un but où l'humanité dût tendre comme tel, un grand progrès social à réaliser. Le monde étant, suivant eux, l'expression de la pensée divine, le but se trouvait atteint partout et toujours. « Tout ce qui arrive dans le monde, dit Marc Aurèle, y arrive justement.... et cela non-seulement par rapport à l'ordre arrêté des événements, mais je dis selon les règles de la justice [1]. »

---

[1] Pensées de Marc Aurèle, V, 3.

Chacun devait donc se résigner à son sort, et l'ordre des événements paraissait tellement invariable, qu'après la destruction du monde par le feu et la naissance d'un monde nouveau, tous les faits qui s'étaient passés dans celui-ci, devaient, suivant certains Stoïciens, se reproduire exactement dans le même ordre. C'est donc méconnaître la pensée stoïcienne que d'y voir la source des aspirations que la morale chrétienne a déposées dans l'humanité.

Faute de pouvoir retrouver la morale chrétienne dans les ouvrages qui nous restent de l'antiquité, quelques écrivains modernes ont supposé qu'elle était infailliblement contenue dans les nombreux livres de philosophie qui ont été composés dans les deux derniers siècles avant Jésus-Christ et qui presque tous sont perdus aujourd'hui. Mais il est difficile de croire que si des idées aussi nouvelles et aussi fondamentales que celles qui caractérisent le christianisme, eussent été émises par des philosophes avant Jésus-Christ, il ne nous en fût rien parvenu. Outre les écrits des anciens historiens de la philosophie et les nombreuses opinions des philosophes rapportées par les rhéteurs, les médecins, les Néoplatoniciens, les Pères de l'Eglise, nous avons trois vulgarisateurs très-éminents, Cicéron, Sénèque et Plutarque qui connaissaient parfaitement la philosophie de leur temps et qui n'auraient certainement pas laissé échapper les idées analogues aux enseignements moraux du christianisme, s'ils avaient trouvé des idées pareilles dans les livres qu'ils étudiaient. Leur attention eût d'autant plus été appelée sur les opinions de ce genre, que celles-ci n'eussent pas pu se produire sans soulever une vive polémique. Sans doute, quelques aperçus secondaires d'écrivains de second ou de troisième ordre ont pu tomber dans l'oubli. Mais nous sommes autorisés à croire que dans la masse des ouvrages de l'antiquité qui nous sont parvenus, toutes les idées essentielles de la science antique nous ont été transmises.

Philosophie moderne. Le spectacle que nous a offert la philosophie ancienne se reproduit dans la philosophie moderne. Non-seulement la théorie philosophique ne dépasse pas les enseignements de la morale religieuse, mais le plus souvent elle reste même en arrière des sentiments que ces enseignements ont développés dans le cœur des masses.

Bien qu'au moyen-âge la science morale fît partie de la théologie, elle n'alla guère au-delà des résultats où étaient arrivés les anciens. Comme je l'ai dit, elle détermina mieux les conséquences qui résultaient de l'idée de la loi; aux lois décrites par les anciens, elle joignit la loi divine; aux quatre vertus qu'ils avaient enseignées, les trois vertus mentionnées dans l'épître de saint Paul aux Corinthiens, la foi, l'espérance et la charité. Mais à part quelques prescriptions directement empruntées à la religion, telles que les préceptes relatifs au mariage et à la chasteté, leur théorie, dominée par les idées de l'antiquité, n'atteignit pas même les progrès qui s'accomplissaient autour d'eux dans la société civile. Ainsi, au moment où une foule de seigneurs affranchissaient leurs serfs, en invoquant directement les principes de liberté et de fraternité enseignés par Jésus-Christ, saint Thomas adoptait la doctrine d'Aristote sur l'esclavage. A l'époque où la bourgeoisie s'émancipait, quand rois et peuples se conjuraient contre l'aristocratie nobiliaire et le droit de naissance, les statuts des chapitres épiscopaux exigeaient des preuves de haute noblesse pour l'admission aux fonctions ecclésiastiques. Plusieurs des docteurs du moyen-âge se sont illustrés par la pratique des véritables vertus chrétiennes, mais leur science morale, de même que leur science métaphysique et physique, n'en était pas moins aristotélicienne.

Leurs successeurs, en établissant la théorie du droit naturel, modifièrent beaucoup les doctrines morales dans la forme, mais n'y ajoutèrent rien au fond. Le cadre de la science fut changé. A l'exposé des vertus cardinales et théologales ou au développement des commandements de Dieu et de l'Eglise, on substitua des systèmes plus ou moins rationnels, tels que la théorie des devoirs envers Dieu, envers soi-même et envers ses semblables, imaginée par Pufendorf; on combattit aussi quelques prescriptions que la théologie mystique avait introduites dans la morale. Mais, de même que la théologie, la science laïque resta en arrière des idées progressives que le sentiment populaire avait déjà tirées du christianisme. Elle resta même inférieure à la science religieuse; car, au temps des guerres religieuses, il ne manqua pas de théologiens catholiques ou protestants pour prêcher la souveraineté du peuple et combattre les droits que s'arrogeaient les princes, tandis que dans le siècle suivant, Hugo Grotius et Pufendorf acceptaient encore la royauté patrimoniale et reproduisaient les arguments des jurisconsultes romains en faveur de l'esclavage. En ce moment, les monarchies européennes visaient partout à l'absolutisme et il surgit toute une série de systèmes destinés à justifier ces tendances. Ce ne fut que dans les dernières années du XVIIe siècle et dans les premières du XVIIIe que les idées chrétiennes de liberté, d'égalité, de souveraineté du peuple, qui, depuis le XIVe siècle agitaient les masses, pénétrèrent enfin dans les traités de morale sociale et de droit naturel.

Depuis lors, il s'est opéré un grand mouvement social et philosophique. Le XVIIIe siècle a vu éclore à lui seul quatre grands systèmes de philosophie morale ; mais aucun d'eux ne formula des principes nouveaux dépassant les conséquences logiques des prescriptions contenues dans l'Evangile. Le premier en date de ces systèmes, fut celui de Wolff. Il était basé sur le principe de la perfection, mais cette perfection n'avait aucun rapport avec l'idée plus moderne du progrès, et quoique Wolff eut reconnu la liberté et l'égalité naturelles des hommes, il ne tira aucune conséquence pratique de ces principes et resta bien inférieur, sous ce rapport, à des écrivains purement politiques qui, vers le même temps, passionnaient la France et l'Angleterre. En somme, le système de Wolff fut celui de ces nombreux hommes d'Etat du XVIIIe siècle qui désiraient perfectionner les institutions existantes et qui avaient pour idéal la monarchie absolue faisant le bonheur des peuples sans leur participation. Vint ensuite l'école matérialiste du baron de Holbach et d'Helvétius qui, ramenant toutes les actions de l'homme à l'égoïsme et niant les principes les plus essentiels de la morale, ne pouvait guère découvrir des vérités pratiques nouvelles. L'école écossaise, qui se formait en même temps, se borna définitivement à constater les principes reconnus par un prétendu sens moral ou résultant d'une perception morale et acceptés par le bon sens universel; elle renonça par cela même à toute innovation dans le domaine moral. Enfin, Kant réduisit la morale à un principe purement formel, son célèbre impératif catégorique, qui, comme prescription, était absolument vide, et que son auteur ne sut remplir qu'au moyen de principes pratiques empruntés à la société.

Comment, dira-t-on, toutes ces idées qui s'attaquaient à l'ensemble des croyances et des institutions existantes, et dont est né ce mouvement immense qui a fini par emporter la société ancienne, toutes ces conceptions politiques, économiques, sociales, qui surgissaient de toutes parts, n'étaient pas des nouveautés morales, de vraies découvertes! Non, certainement. Sans déprécier l'œuvre' du XVIIIe siècle, on peut dire que ses nouveautés n'étaient pas aussi originales qu'on le croit communément. Il est bien reconnu que cette œuvre fut avant tout critique. En beaucoup de points les institutions politiques et religieuses étaient complétement opposées à l'esprit et à la lettre de l'Evangile. Ceux qui devaient donner l'exemple de la pratique de la morale chrétienne la violaient ouvertement et sans vergogne dans leur conduite privée et publique. La négation avait commencé dès le XIII⁰ siècle. L'autorité exorbitante de la papauté, les prérogatives temporelles du clergé, les priviléges de la noblesse, le despotisme des rois avaient été attaqués tour à tour. Au XVIII⁰ siècle, le mouvement éclata enfin sur tous les points à la fois et avec une force irrésistible. Il alla même trop loin ; on ne se contenta pas de flétrir les institutions vieillies et antiprogressives du passé, on s'en prit au christianisme même, sur lequel semblaient s'appuyer, il est vrai, ceux que l'on combattait. Et cependant c'était dans le christianisme qu'étaient puisées toutes les armes des assaillants.

Pour s'en convaincre, il suffit de se rappeler les principes sur lesquels les philosophes du XVIII⁰ siècle insistèrent le plus : la tolérance religieuse, l'adoucissement du système pénal, la liberté et l'égalité civiles, la paix universelle. L'église était devenue très-intolérante, en effet; mais c'était en contradiction avec ses traditions les plus pures et les plus conformes à l'Evangile. Le premier principe du christianisme n'est-il pas que la religion doit être acceptée librement, qu'elle ne peut être imposée de force à personne, et ce principe ne conclut-il pas à la plus entière liberté de conscience? L'adoucissement du système pénal ne serait-il pas résulté bien antérieurement des sentiments d'humanité et de charité propres au christianisme, si les traditions du droit romain, combinées avec la barbarie de la noblesse féodale, n'y avaient mis obstacle? Personne ne prétendra, sans doute, que les aspirations vers la liberté et l'égalité étaient nouvelles au XVIII⁰ siècle. Les écrits des anciens auraient suffi à eux seuls pour inspirer l'amour de la liberté; quant au sentiment de l'égalité, il était de source purement chrétienne, mais il y avait longtemps qu'il s'était affirmé. Enfin, l'origine chrétienne des idées de paix universelle, de fraternité entre les nations n'est guère contestable.

On ne saurait donc dire que la philosophie du XVIIIe siècle a découvert de nouveaux principes moraux. Sans doute, elle a beaucoup fait pour l'application de principes déjà universellement reconnus, elle a agité beaucoup de questions de détail, et, dans ce sens, elle a préparé la grande rénovation qui a marqué la fin du siècle. Mais en cela, elle n'a procédé que par voie de déduction et n'a abouti qu'à des découvertes ou des hypothèses de nature purement scientifique. Ou bien prétendrait-on que la théorie du contrat social, ou celle du gouvernement représentatif, ou le système du produit net ont été des principes moraux? Même l'affirmation des droits de l'homme n'était pas nouvelle. Déjà les anciens avaient considéré l'homme comme sujet du droit en sa qualité d'homme. Au moyen-âge, les devoirs de fraternité envers tous les hommes furent compris dans l'enseignement théologique, et ils ont été constatés même dans le catéchisme du Concile de Trente [1]. Quant aux droits même qu'on affirmait, ils peuvent être ramenés tous à la liberté et à l'égalité.

Si le XVIIIe siècle n'a rien ajouté à la morale, le XIXe aurait-il été plus heureux?

C'est en Allemagne que le mouvement philosophique a été le plus considérable dans la première moitié de ce siècle. Mais il n'a guère profité à la science morale, et, en tout cas, il n'a abouti à aucune découverte dans cet ordre de conceptions. Spiritualistes et panthéistes ne se sont proposé que d'encadrer les idées morales généralement reçues dans leurs systèmes ontologiques et psychologiques. Il n'y a que Schopenhauer qui ait conclu en cette matière à une conception très-originale, quoique peu nouvelle : il a vu l'idéal de la perfection dans l'ascétisme des fakirs de l'Inde, qui mène par les abstinences et les macérations à l'anéantissement du corps et de l'âme, et a fait de cette aspiration au néant le but suprême de tous les êtres.

[1] Part. IV, pro quibus orandum sit.

L'Angleterre a vu, sinon se former, du moins éclore dans ce siècle le système de Bentham et l'utilitarisme, sur lequel je reviendrai plus longuement et dont j'espère prouver l'impuissance complète, non-seulement pour le développement, mais même pour la conservation des croyances morales.

En France, l'école éclectique a allié quelques données des doctrines germaniques avec la philosophie platonicienne du XVIIe siècle. En vertu de son principe général, cette école n'aspirait à mettre en lumière aucune vérité nouvelle, ni morale, ni autre, et l'on peut dire que, sous ce rapport, elle a parfaitement atteint son but. Cependant, en dehors d'elle, une immense impulsion morale a été donnée en France, dans ce siècle, et c'est à Saint-Simon qu'en revient l'honneur. Mais en posant comme but des progrès futurs de l'humanité : l'amélioration du sort de la classe la plus nombreuse et la plus pauvre, Saint-Simon a reconnu lui-même que ce but dérivait directement de la morale chrétienne et qu'il n'apparaissait que comme la suite logique et nécessaire des progrès qui avaient eu pour résultat la suppression de l'esclavage et du servage, l'abolition des priviléges de la noblesse, l'avénement de la bourgeoisie. Quelques-uns de ses disciples, les fondateurs de la religion Saint-Simonienne, ont, il est vrai, fait de la nouveauté en morale. Ils ont réhabilité la chair, placé au même rang les jouissances matérielles et les œuvres de dévouement et revendiqué pour la femme une liberté et une égalité singulières. Mais l'application de ces principes, de même que l'espèce de compromis entre l'égoïsme et le dévouement, proposé par M. Pierre Leroux, conduirait à la négation même de la morale. Cette négation est hautement proclamée dans les livres de Fourrier. Aucune de ces doctrines ne constitue donc un progrès.

Mais, dit-on, si la morale n'a pas progressé dans les livres des philosophes, elle a progressé du moins dans la société, dans la conscience des peuples. Le point de vue général où est placée la société moderne diffère absolument de celui des représentants officiels du christianisme, soit catholiques, soit protestants. Les uns et les autres enseignent que l'homme ne doit penser ici-bas qu'à faire son salut, qu'il n'est qu'un étranger, un passager sur la terre, et qu'il n'y séjourne que pour souffrir. Certains catholiques, et ils sont nombreux dans l'Eglise, ajoutent que la véritable pratique de la vertu consiste dans les abstinences et les macérations; ils admettent que les péchés contre les commandements de l'Eglise sont équivalents aux violations de la loi morale et ils attribuent un mérite plus grand à celui qui par esprit d'humilité vit misérablement en mendiant son pain, qu'à l'homme laborieux qui se procure l'aisance par son travail. Combien l'esprit moderne est loin de ces conceptions surannées! Ce n'est plus de faire leur salut que se préoccupent les hommes honnêtes et dévoués; c'est d'être utiles à leurs semblables, c'est de contribuer dans la mesure de leurs forces aux progrès généraux de la société. La terre n'est plus considérée comme une vallée de larmes; on accepte les peines et les misères de la vie, mais on en recherche aussi les joies légitimes. Le travail est honoré, l'oisiveté est flétrie, même quand elle prend l'humilité pour prétexte, et l'humilité elle-même est condamnée quand elle ravale l'individu au-dessous de la dignité humaine.

Tel est, en effet, le sentiment général de la société moderne, et je dirai plus, tel a été celui de la société chrétienne dès l'origine, car il est directement fondé sur l'Evangile. Il faut distinguer, en effet, la morale des croyances dogmatiques qui l'accompagnent, des enseignements destinés à la faire pénétrer dans les masses, et surtout du mysticisme et des pratiques ascétiques qui ne sont souvent que des exagérations individuelles de principes acceptables en eux-mêmes. J'ai déjà dit que le dogme des peines et des récompenses de l'autre vie forme la sanction indispensable de la loi morale, et qu'une loi sans sanction ne mériterait pas ce nom. Or, on conçoit fort bien que les apôtres d'une religion nouvelle insisteront d'autant plus sur cette sanction, qu'elle sera de nature à faire plus d'impression sur l'esprit des populations qu'ils veulent enseigner. C'est l'argument qui s'adresse à l'égoïsme des individus, et on s'explique qu'il ait été employé de préférence, lorsqu'il s'agissait de convertir les populations démoralisées de l'empire romain et encore quand il fallait transformer la nature sauvage et féroce des barbares. De même, les pratiques ascétiques sont quelquefois très-louables comme réaction contre la corruption des mœurs, comme pierre de touche de la volonté humaine, et à ce titre on comprend la vie rigoureuse des pères du désert et le vœu de pauvreté par lequel les frères mineurs se séparèrent d'une manière si tranchée du clergé de leur temps.

De notre temps, il est vrai, ces raisons n'ont plus la même force, et ce qui attirait les hommes dans les premiers siècles de l'Eglise, les repousse aujourd'hui. Si donc le clergé persiste dans les mêmes procédés d'enseignement, s'il insiste toujours, avant tout, sur le salut individuel, s'il a toujours les mêmes prédilections pour les pratiques ascétiques, cela ne peut provenir que de la fausse direction qu'il a prise à la fin du XIIIe siècle. Comme je le montrerai plus tard, le clergé s'est engagé à cette époque dans une voie rétrograde et, par suite, il est devenu de plus en plus étranger aux progrès accomplis par la science et la société sous l'inspiration du véritable esprit chrétien.

Ce n'est pas dans l'Evangile, en effet, qu'il peut trouver la justification des faux enseignements qu'il propage trop souvent sur les questions qui nous occupent. Quand Jésus parle des peines et des récompenses futures, ce n'est qu'à titre de sanction de la loi morale, et c'est toujours l'accomplissement même de cette loi qui forme le but réel de son enseignement. Cela apparaît clairement dans le sermon de la montagne et même dans le chapitre de saint Mathieu sur le jugement dernier. D'autre part, si l'on considère les prescriptions mêmes de l'Evangile, si l'on examine les paraboles qui en sont l'expression vivante, on voit partout l'idée d'une œuvre imposée à l'homme, d'une tâche qu'il doit accomplir, d'un but placé en dehors de lui-même qu'il doit réaliser. C'est ce qui résulte avec évidence des paraboles des talents, des vignerons, du bon grain et de l'ivraie, de la semence jetée en terre, du grain de sénevé. Enfin, Jésus a peut-être voulu condamner d'avance cette préoccupation exclusive du salut individuel, quand il a dit : « Celui qui aime son âme la perd, et celui qui hait son âme dans ce monde la garde pour la vie éternelle. » (Saint Jean, ch. 12, v. 25.)

La même pensée se manifeste dans les épîtres des apôtres. Si saint Paul emploie des arguments tirés de la foi et du salut pour réfuter des objections, ce sont les prescriptions morales qui forment l'objet principal de son enseignement direct. Le sentiment d'une œuvre, et d'une œuvre commune, qu'accomplissent les chrétiens, apparaît clairement dans ses écrits. Et cet esprit a été celui des premiers successeurs des apôtres. Ces chrétiens zélés qui sont allés propager la foi nouvelle dans toutes les parties du monde connu alors, ces évèques qui ont rempli un rôle si utile dans l'empire romain en proie aux barbares, ces moines qui ont défriché la moitié de l'Europe, savaient, sans doute, qu'il ne suffit pas pour être un véritable disciple du Christ de songer uniquement à son salut individuel. Logiquement et d'après la morale de l'Evangile, le salut est la récompense désirable de l'œuvre accomplie, mais le but de l'homme sur terre est l'œuvre même à accomplir. C'est ce qu'exprime très-bien le catéchisme quand à la question « Pourquoi Dieu a-t-il créé l'homme ? » il répond : « Pour le connaître, l'aimer et le servir, et par ce moyen obtenir la vie éternelle. »

Pour ce qui est de l'ascétisme, il est toujours resté très-exceptionnel, soit comme pratique, soit comme enseignement, et les louanges accordées à l'exagération de l'humilité ne sont émanées ordinairement que d'individualités exaltées ou maladives. Mais, ni l'Evangile, ni l'enseignement théologique n'ont jamais condamné les joies innocentes de la vie; au contraire, depuis les noces de Cana jusqu'à nos jours, les représentants de la religion ont reconnu la légitimité de certaines satisfactions qui dépassent de beaucoup le strict nécessaire. Sans doute, la morale chrétienne, pas plus qu'aucune autre morale, ne pose ces satisfactions comme un but où l'individu doive tendre. Ceci conduirait à une forme d'égoïsme bien autrement dangereuse que l'aspiration exclusive au salut éternel. Je ne pense pas que la civilisation moderne consiste à donner aux jouissances du corps le pas sur les efforts de la volonté et de l'intelligence et à proclamer la supériorité de l'égoïsme sur le dévouement.

C'est à tort aussi qu'on a reproché au christianisme de ne pas honorer le travail. Le travail manuel, que les philosophes de l'antiquité s'accordaient à flétrir, a, au contraire, été réhabilité par la religion chrétienne. Saint Paul a dit le premier : Celui qui ne travaille pas ne doit pas manger, et il a donné lui-même l'exemple du travail manuel. Les mêmes observations sont applicables à la prétendue hostilité du christianisme et notamment du catholicisme contre l'industrie. Ne pouvant entrer dans des détails à ce sujet, je me borne à renvoyer au travail convaincant que H. Feugueray a publié sur cette question [1].

Je ne crois donc pas que la société moderne ait dépassé

---

[1] *Le Catholicisme est-il hostile à l'industrie*, 1844, in-8º (reproduction d'un écrit inséré dans le *Correspondant*).

en rien les enseignements de l'Evangile. Je pense même qu'elle est loin de s'être approprié et d'avoir réalisé tous les principes progressifs que contient la morale chrétienne. Peut-être qu'en accomplissant de nouveaux progrès sous ce rapport, elle s'éloignera de plus en plus de l'esprit qui anime aujourd'hui la plupart des représentants officiels du christianisme. Mais ceci ne prouvera rien contre le christianisme lui-même. Cela démontrera seulement que la société laïque comprend mieux l'Evangile que ceux qui sont chargés de le lui enseigner.

CHAPITRE X.

Des méthodes qui ont été appliquées à la science morale. De la morale inductive.

Nous avons constaté qu'en fait la morale n'était pas un produit de la science. J'ai à prouver maintenant que logiquement il était impossible qu'elle le fût et que les méthodes ordinaires de la science ne peuvent conduire à la découverte des vérités morales.

On a tenté deux procédés jusqu'ici pour arriver à cette découverte. Le premier consistait à poser un principe général, obligatoire par lui-même, dont on essayait de déduire toutes les prescriptions particulières de la morale. Le second tendait à déterminer isolément chacune de ces prescriptions par voie d'induction.

J'examinerai successivement les résultats que chacune de ces deux méthodes peut donner.

Méthode déductive. C'est de cette méthode qu'ont fait usage la plupart des philosophes qui ont écrit sur le droit naturel depuis Grotius jusqu'à nos jours. Mais c'est surtout la philosophie allemande moderne qui, dans sa prétention de rendre compte *a priori* de l'univers tout entier, a cru pouvoir déduire la morale de quelques principes abstraits. Kant lui-même l'a tenté. Mais l'événement a prouvé que ce but ne pouvait être atteint, et il n'est pas difficile d'en voir la raison.

En premier lieu, il ne saurait exister de principe obligatoire par lui-même. J'ai déjà suffisamment prouvé cette vérité et n'ai pas besoin d'y revenir.

En second lieu, la morale ne saurait être ramenée à un principe unique.

Quelle est donc la science humaine qu'on peut réduire à un principe unique? Les sciences les plus simples sont l'arithmétique et la géométrie, et chacune d'elles repose sur plusieurs axiomes qu'il est impossible d'identifier entre eux. A mesure que les sciences se compliquent davantage, les principes et les données se multiplient, et la science morale qui doit s'appliquer à toutes les relations sociales, pourrait être résumée dans une seule maxime!

Sans doute, il n'existe pas autant de prescriptions morales que de cas particuliers auxquels ces prescriptions sont applicables. Les principes de la morale sont peu nombreux, et il suffit qu'il en existe assez pour régler les relations générales qui comprennent tous ces cas particuliers. Mais ces relations présentent encore une certaine diversité : rapports de l'homme avec Dieu, rapports politiques, rapports civils des hommes entre eux, relations de l'homme avec la femme, du père avec ses enfants, rapports de l'homme avec le monde non humain, sans compter les complications qui résultent d'une vie sociale plus ou moins prolongée. Or, il est évidemment impossible que toutes ces relations soient comprises sous un principe unique.

Aussi, quand on résume une doctrine morale dans une seule maxime, on suppose toujours connues une foule de choses qui ne sont pas exprimées. Quand on dit, par exemple, que la morale chrétienne est contenue dans le mot : « Tous les hommes sont frères, » on ne croit pas avoir besoin d'ajouter qu'il s'agit de frères libres et égaux, que la fraternité implique une certaine réciprocité de droits et de devoirs, qu'elle est obligatoire, etc. Mais cette supposition n'est plus admissible quand il s'agit d'un principe scientifique ; un principe pareil ne peut supposer autre chose que ce qu'il exprime ; ce n'est qu'à ce titre qu'il peut être un principe premier.

Il est donc toujours arrivé que les principes dont on prétendait déduire toutes les prescriptions de la morale, se sont trouvés insuffisants pour l'emploi auquel on les destinait, et que lorsqu'on a voulu en tirer des règles morales, il a fallu emprunter ces règles au dehors et les adapter tant bien que mal au principe.

Quelques exemples pris dans la philosophie moderne montreront clairement ce fait.

Le principe général qui a été posé le premier est celui de la sociabilité auquel Pufendorf surtout a essayé de rattacher tout le système de la morale : « L'homme étant un être sociable par nature, et l'état social constituant pour les individus l'état le plus avantageux, le principe fondamental de la morale naturelle est que chacun travaille autant qu'il dépend de lui à procurer et à maintenir le bien de la société humaine en général. »

Voilà, sans doute, un principe bien général. Malheureusement il l'est trop d'une part, car on peut s'en servir pour justifier un système moral quelconque, pourvu que ce système ne soit pas destructif de la société humaine ; et, d'autre part, il ne l'est pas assez et ne se prête à aucune espèce de déduction, car il dit uniquement qu'il faut maintenir le bien de la société, mais il n'indique en aucune façon en quoi consiste ce bien, ni comment il faut s'y prendre pour le maintenir. Or, les idées que nous nous faisons du bien de la société dépendent avant tout de la morale. Si nous considérons, par exemple, l'égalité des hommes comme un principe obligatoire, le bien de la société sera ce qui réalisera le mieux l'égalité. Si, au contraire, nous concluons des différences physiques et intellectuelles qui existent entre les hommes à une subordination morale des races inférieures aux races supérieures, le bien de la société sera ce qui assurera le mieux cette subordination. Ces principes opposés ne peuvent se déduire de celui de Pufendorf, parce qu'ils n'y sont contenus ni l'un ni l'autre, mais ils peuvent y trouver tous deux leur justification, car ni l'un ni l'autre ne tendent à détruire la société humaine. Aussi, Pufendorf s'est-il borné à coordonner sous le principe de la sociabilité les croyances et les institutions de son temps, sans qu'il y ait rien là qui ressemble à une véritable déduction.

Des observations analogues seraient applicables au principe de la bienveillance universelle, posé par Cumberland, et à celui de la perfection qui sert de base à la philosophie morale de Wolff. La bienveillance a besoin de règles; la perfection ne se conçoit pas sans un certain type. Quelles sont ces règles, en quoi consiste ce type? La réponse à ces questions n'est pas contenue dans ces principes généraux mêmes, et c'est de cette réponse que dépendent précisément toutes les prescriptions positives de la morale.

J'ai cité plus haut le principe suprême de la morale posé par Kant : son impératif catégorique [1]. Or, il est clair que de la formule générale qu'il donne, il y a une distance infinie à une règle pratique quelconque, et le vide de cette formule a été si universellement constaté qu'il est inutile d'insister sur ce point. Kant lui-même a été obligé pour construire son système de la morale et du droit rationnels de faire intervenir immédiatement d'autres principes qu'il était impossible de déduire du premier. C'est ainsi que la

---

[1] Voir page 411.

liberté est devenue pour lui l'idée fondamentale du droit, qu'avec Thomasius il distinguait de la morale, et qu'il a posé pour but de cette dernière le perfectionnement de soi-même et la félicité d'autrui. Mais il est facile de se convaincre que même ces principes secondaires ne sont applicables que dans des limites et sous des conditions qui ne dérivent pas d'eux-mêmes, et que, par suite, la prétention de déduire toute la science morale du principe posé en premier lieu était tout à fait chimérique.

Les disciples contemporains de Kant n'ont pas été plus heureux. M. Frédéric Morin, par exemple, prétend édifier toute la morale sur l'idée de la liberté [1]. L'homme a conscience de son libre arbitre, de sa liberté morale; il a conscience aussi de la légitimité de cette liberté. De là, un premier précepte : « Respecte la dignité d'être libre en toi et dans tous les êtres qui sont libres comme toi. » Sous cette forme, le précepte est insuffisant, sans doute. Mais il peut se *traduire* en un autre qui comprend tous les principes de la morale et qu'on peut formuler ainsi : « Transforme-toi et transforme toute chose autour de toi, de façon à placer toute personne humaine dans son meilleur milieu. »

Il est certain qu'avec des *traductions* pareilles, on peut tirer toute espèce de conséquences d'un principe quelconque. En réalité, le raisonnement de M. Morin n'est pas une déduction, c'est la manifestation successive d'une série d'idées innées qui viennent s'ajouter les unes aux autres. A la conscience de la liberté se joint d'abord celle de la légitimité de cette liberté et par suite celle du droit, qui ne sont nullement contenues dans la première. Sur ces idées s'en greffent ensuite d'autres qui en sont de même bien différentes, celles du respect de la liberté d'autrui et du devoir en général; ces dernières enfin se complètent par des formules qui n'y sont nullement contenues et qui résu-

---

[1] Voir les articles remarquables que ce penseur distingué a publiés dans le journal *la Morale indépendante*.

ment tous les devoirs pratiques. Ce mode de raisonnement peut satisfaire les penseurs qui admettent l'existence d'idées innées, mais pour ceux qui la nient, il est peu concluant.

La méthode de M. Renouvier est analogue, bien que son point de départ et les termes de sa série soient bien différents. M. Renouvier trouve d'abord dans la conscience, à côté de la raison et de la croyance au libre arbitre, la notion d'un *devoir-faire*, d'un *devoir-être*, qui est le premier fondement de la morale. Il ne nous explique pas plus que Kant, d'où cette notion tire sa force obligatoire, quelle est sa raison d'être, et, en général, comment cette idée du devoir, si essentiellement relative, peut prendre ce caractère absolu et subsister après la négation de tous les rapports qu'elle suppose; car M. Renouvier écarte avec soin tout ce qui pourrait ressembler à une loi ou un législateur et ne reconnaît qu'une faible partie des conditions qu'implique la notion de l'obligation [1]. Mais cette première idée innée ne lui suffit pas. Non-seulement, la conscience contient *a priori* la notion du devoir, elle porte aussi l'individu à choisir le meilleur parmi les divers biens qui lui paraissent désirables. Elle fait voir que le meilleur est d'être maître de soi-même en luttant contre les attraits que la raison n'a pas acceptés, de faire usage de la réflexion pour la connaissance des biens, de retenir dans de justes limites les phénomènes de la sensibilité et des passions; ainsi se trouvent déduites trois des vertus cardinales : la force, la sagesse et la tempérance. Par une suite d'affirmations du même genre, on déduit plus ou moins péniblement le devoir de respect envers le monde extérieur, de bonté envers les animaux, le caractère obligatoire du contrat, sur lequel se fonde l'association humaine, les devoirs de justice, l'impératif catégorique de Kant, etc. [2].

[1] J'ai indiqué ces conditions p. 251 et suiv.
[2] *Science de la morale*, t. Ier.

Dans toutes ces déductions, c'est toujours la conscience qu'on invoque, c'est toujours elle qui juge quel est le meilleur. En d'autres termes, la morale n'est pas déduite d'un principe unique, mais elle repose sur une série d'idées innées. J'ai assez longuement discuté cette hypothèse, pour être dispensé de la réfuter ici.

La pensée, issue de l'école de Kant, se rencontre assez fréquemment aujourd'hui sous des formes diverses. Pour beaucoup d'écrivains, il suffit du sentiment du libre arbitre que possède tout homme pour engendrer l'idée du droit et par suite tous les principes de la morale. Mais j'ai déjà fait voir que la conscience de la liberté n'était que la conscience d'un fait et qu'il n'y avait là rien qui ressemblât à un droit. La question de savoir si le fait, dont témoigne la conscience, constitue un droit, n'est nullement résolue par ce témoignage même ; car, si tout fait qui existe avait droit d'exister, nous ne pourrions opérer légitimement le moindre changement dans l'univers. La conscience de la liberté est donc insuffisante par elle-même pour fournir l'idée du droit. Elle ne saurait davantage nous donner la notion d'un devoir quelconque ; car nous pouvons savoir parfaitement que nous avons la faculté de choisir, sans savoir pour cela quel doit être l'objet de notre choix. Le sentiment de la liberté est donc incapable à lui seul de former le premier principe de la morale.

Cette incapacité subsisterait même si à la conscience de la liberté se joignait celle de la légitimité de cette liberté, c'est-à-dire du droit individuel. Le devoir de respecter la liberté et le droit d'autrui ne s'en suivrait nullement. On peut, en effet, avoir très-bien le sentiment de sa propre liberté et de son propre droit, sans tenir aucun compte de la liberté ni du droit des autres, et il s'en voit des exemples chaque jour. La conscience qu'on a de sa liberté et de la légitimité de celle-ci n'implique aucune limite ; au contraire, lorsque deux libertés se trouvent en conflit, chacune doit prétendre au droit de faire céder l'autre, en vertu de la conscience même qu'elle a de sa légitimité. La notion du devoir, même dans sa forme la plus simple, ne saurait donc être déduite de celle du droit et de la liberté. Le devoir de respecter la liberté d'autrui ne peut être fondé que sur une loi commune, constatant la liberté et le droit de *tous* et limitant en même temps ces facultés de manière à empêcher tout empiétement de la liberté de l'un sur la liberté de l'autre. Or, une loi pareille nous conduit bien loin d'un principe unique, d'où pourrait être déduite la morale tout entière.

Un autre principe, plus compréhensif, est souvent invoqué dans des écrits modernes. C'est le droit de tout individu de développer, autant que sa nature le comporte, toutes ses facultés physiques, intellectuelles et morales.

Je ne connais certes pas de droit plus respectable ; mais, évidemment, il ne peut s'exercer que dans certaines limites. Ceux qui emploient cette formule entendent, sans doute, que l'individu n'est en droit que de développer ses facultés bonnes, utiles à la société et non ses facultés mauvaises et nuisibles, ou s'ils supposent que toutes les puissances natives de l'homme sont bonnes, ils veulent qu'il ne les développe que dans le sens du juste et du bien. S'il s'agit des facultés physiques par exemple, ils désirent probablement que l'individu augmente autant que possible ses forces musculaires, son pouvoir de résistance, son adresse, mais ils ne tiennent pas à ce qu'il développe outre mesure sa faculté de consommer des aliments ou des boissons, ni son énergie sexuelle. S'il s'agit des facultés intellectuelles, ils pensent assurément aux saines méthodes rationnelles, à l'instruction qui fait de l'homme un citoyen utile, et non à la dialectique des sophistes, ni à l'érudition sans but. Enfin, par facultés morales, ils entendent certainement les sentiments nobles et généreux, la probité, le dévouement, le courage, et non les passions viles et égoïstes. Il y a donc lieu de distinguer entre les facultés humaines. Il ne serait pas utile de les développer toutes également.

Or, cette distinction, comment pouvons-nous la faire? Ce n'est qu'au moyen de la morale. C'est elle qui nous apprend que tels instincts, tels penchants poussés au-delà de certaines limites, sont le mal; que tels sentiments, telles déterminations de notre volonté sont le bien. Sans la morale, l'individu n'aurait aucune raison de choisir entre la faculté du dévouement et la tendance à l'égoïsme, qui toutes deux se trouvent au fond du cœur de chacun. La morale est donc indispensable pour régler et diriger le développement des facultés humaines et ne saurait, par conséquent, trouver son principe dans ce développement même.

Les exemples que je viens de citer comprennent les tentatives les plus heureuses qu'on ait faites pour ramener la morale à un principe unique. Leur peu de succès confirme la preuve directe que j'ai donnée de l'impuissance des méthodes déductives à établir les premières vérités morales. Voyons si au moyen des méthodes inductives, on atteindra plus facilement ce but.

Méthode inductive. La supposition que les principes de la morale pouvaient être déterminés par induction, déjà implicitement admise par Bentham, a été catégoriquement affirmée par les derniers disciples de ce philosophe, notamment par M. Stuart Mill. J'examinerai, dans le chapitre suivant, le système qui fonde la morale sur l'utilité. Je ne m'occuperai ici que de la méthode d'induction qui, à la vérité, est tout à fait propre à ce système.

Lorsqu'en effet on admet qu'il existe des règles de justice et de charité, des devoirs et des droits indépendants de l'utilité, on ne peut avoir la pensée de tirer de l'observation ou de l'induction la connaissance de ces règles. La raison en est bien simple : des règles de ce genre ne sont pas des choses observables dans le sens scientifique de ce mot. On comprend que la connaissance en soit transmise par l'enseignement ou qu'elle provienne d'idées innées, ou d'une révélation directe de Dieu, mais on ne conçoit pas qu'elles puissent être observées, car ce ne sont ni des faits sensibles, ni des phénomènes psychologiques. Aussi, tous ceux qui n'ont pas confondu le juste avec l'utile ont-ils eu recours à d'autres méthodes que l'induction pour construire la théorie morale.

Les choses changent complétement d'aspect quand on se place au point de vue de l'école de Bentham. Il est certain que l'observation, l'usage, l'expérience servent à constater l'utilité des choses, et si la méthode d'induction conduit quelquefois à la connaissance de lois assez générales, il n'y a pas de raison pour la croire plus infructueuse en cette matière qu'en toute autre. Si donc le juste n'est autre chose que l'utile, on est autorisé à supposer que les principes de la justice peuvent être tirés de l'expérience et de l'observation.

La manière d'appliquer l'induction à cet ordre de connaissances n'a été décrite nulle part, que je sache ; M. Stuart Mill s'est contenté de donner quelques indications à ce sujet dans sa brochure sur « l'Utilitarisme » et a traité ces questions d'un tout autre point de vue dans son *Système de logique*. Je me bornerai donc à exposer les raisons péremptoires qui empêchent d'admettre que les principes de la morale puissent être le produit d'une induction ; je dis les principes, car en ce qui concerne les applications de la morale à la politique, à l'économie sociale, à l'éducation, etc., je les considère comme les résultats d'un travail scientifique auquel toutes les méthodes intellectuelles peuvent concourir.

Si les principes de la morale étaient le produit d'une induction scientifique, il en résulterait d'abord qu'ils auraient le caractère incertain et douteux des lois fondées uniquement sur l'observation, lois qu'une observation contraire peut renverser à chaque instant. Ils seraient de la nature de ces vérités approximatives qu'on accepte provisoirement, en attendant mieux. Telle est, en effet, la seule valeur des principales règles d'utilité. Il est rare qu'une chose créée par l'homme réponde complétement à l'utilité qu'il prétend en tirer. Un outil, une machine, un arrangement social, politique ou administratif, peuvent paraître satisfaisants dans un moment donné, mais ils laissent toujours à désirer et bientôt on cherchera mieux. Il en est de même des règles de conduite de l'individu et de la société quand elles n'ont que l'utilité en vue. Mais, en outre, l'utilité est souvent elle-même très-douteuse. Que de questions politiques et économiques où le pour et le contre est défendu avec une conviction égale des deux côtés. La république est-elle préférable à la monarchie? L'élection directe vaut-elle mieux que le suffrage à deux degrés? La liberté de tester doit-elle être entière ou faut-il admettre des héritiers à réserve? Le système de la liberté des banques est-il plus avantageux que celui des banques privilégiées? Faut-il encourager l'accroissement de la population ou le restreindre conformément aux indications de Malthus? Il est certain que dans ces questions, et une foule d'autres du même genre, lorsqu'on fait abstraction de l'élément moral qu'elles peuvent contenir et qu'on ne les considère qu'au point de vue de l'utilité, il y a de quoi troubler maint bon esprit et le laisser indécis sur la solution.

Or, la morale ne supporte pas d'incertitude pareille. Il faut qu'elle soit posée comme une vérité absolue qui n'admet ni doute, ni hésitation. Je rappelle ici les considérations que j'ai présentées à l'occasion du caractère obligatoire dont la morale doit nécessairement être revêtue. Ce caractère lui manquerait évidemment, si elle n'était que le résultat d'une induction scientifique. Mais si de plus le résultat est douteux, quelle force déterminante une prescription ainsi obtenue peut-elle avoir? On accepte facilement la vérité des lois formulées par les sciences physiques et organiques, parce qu'on n'a aucun intérêt à les nier. Mais quel est celui qui obéirait à une prescription morale douteuse, s'il avait un intérêt quelconque à y contrevenir? Nos lois civiles, administratives et pénales contiennent beaucoup de dispositions basées sur des raisons d'utilité très-contestables et l'on voit souvent de très-honnêtes gens les enfreindre sans scrupule. Que serait-ce donc si les dispositions qui sont fondées sur la morale pouvaient paraître douteuses également, s'il était possible de croire que l'infidélité aux contrats, le vol, le meurtre ne sont pas toujours des crimes?

Mais, dira-t-on, sur ces principes fondamentaux il ne saurait exister d'incertitude, et il suffit de l'utilité pour en donner la démonstration irréfutable. Oui, on en démontre bien l'utilité générale. Mais d'après la nature même des preuves d'induction, cette démonstration ne s'étend qu'aux cas les plus nombreux et les plus généraux, elle laisse en dehors les exceptions possibles. Or, dans les cas particuliers, chacun sera toujours tenté de s'attribuer le bénéfice de l'exception. La véritable morale, au contraire, ne procède que par prescriptions absolues, car ce n'est qu'à cette condition que ses règles peuvent être efficaces. Lorsqu'elle nous laisse dans l'incertitude sur une question particulière, c'est une preuve que cette question lui est indifférente. Quant à la casuistique qui a essayé d'accommoder la morale aux besoins de l'égoïsme individuel, elle a toujours été flétrie à juste titre au nom de cette morale même qu'elle prétendait pervertir.

Une longue expérience sociale peut seule servir de vérification à un principe de morale. Mais de ce fait résulte une seconde impossibilité pour la morale inductive. Supposons qu'on ait découvert par induction une règle morale nouvelle. Pour en expérimenter la bonté, il faudrait commencer par la faire accepter comme une vérité certaine par la société entière, ou persuader à celle-ci de la mettre en pratique, malgré le caractère douteux qu'elle présente. Or, il est clair que l'un et l'autre sont impossibles. L'expérimentation directe ne saurait donc être applicable aux lois morales obtenues par induction.

Aussi, la science inductive serait-elle obligée de s'en tenir aux expériences déjà faites, de chercher à fortifier par des raisons d'utilité les principes moraux depuis longtemps admis par la société et dont la pratique aurait démontré les avantages. Mais ce résultat la laisserait loin de ses prétentions. Ce ne serait pas elle, dans ce cas, qui découvrirait les lois de la morale; elle les recevrait toutes faites, et n'aurait qu'à en constater la bonté. C'est ce qui a lieu effectivement. Mais même dans ces limites, la méthode inductive offre de grands dangers.

Dans la plupart des sociétés, en effet, et notamment dans toutes les sociétés progressives, il y a deux espèces de traditions, la tradition de la morale proprement dite et la tradition des mœurs et des institutions qu'il ne faut pas confondre avec la première et qui en diffère quelquefois du tout au tout. Au Ve siècle de l'ère chrétienne, par exemple, la première reposait sur les enseignements de l'Évangile, la seconde résultait des mœurs et des institutions du monde romain, dont l'esprit exerçait encore un certain empire sur les chrétiens même les plus fervents. Or, le progrès consiste précisément à faire céder cet esprit du passé à celui de la morale nouvelle et à transformer les mœurs et les institutions pour les rendre conformes à cette dernière. Aujourd'hui, l'esprit chrétien n'a plus à lutter contre les mœurs et les coutumes de l'antiquité; mais il se trouve en face d'une foule d'autres traditions du passé qui ne lui sont pas moins contraires. Même les institutions romaines n'ont pas complètement disparu. Nos lois sur la propriété et les contrats reposent sur les mêmes principes que celles de Justinien, et à ces restes du passé antique, il s'en est joint d'autres provenant du régime féodal, de l'absolutisme monarchique, etc. Cette lutte entre les institutions anciennes et la morale a lieu nécessairement dans toutes les sociétés, jusqu'à ce qu'elles aient accompli la série de leurs progrès.

Or, ne pourrait-il pas arriver à la méthode inductive, qui ne se base que sur les faits existants, d'attribuer la qualité de lois morales à des coutumes du passé et de négliger les tendances d'amélioration fondées sur la morale véritable? Tout doit la porter à le faire. Les coutumes traditionnelles ont pour elles l'expérience acquise; elles sont généralement acceptées; une grande partie de la société est intéressée à leur maintien. Les tendances d'amélioration, au contraire, restent toutes entières à réaliser; par cela qu'elles n'ont donné lieu à aucune pratique, il n'y a pas d'observation capable d'en constater la bonté; d'ailleurs, elles offrent toujours un certain vague qui les rend peu propres à être comprises sous des formules scientifiques. Il y a donc peu de chances pour elles d'être accueillies par la méthode inductive. Celle-ci sera donc entraînée généralement à nier les prescriptions réelles de la morale et à leur substituer soit des principes fondés sur la coutume existante, soit des affirmations purement théoriques basées sur l'opinion de quelques savants.

Ce que je dis n'est pas une vaine hypothèse. Cela est arrivé et arrive tous les jours. Les ouvrages d'économie politique, notamment, en offrent de nombreux exemples.

L'économie politique a dû son essor à un principe moral, au principe de la liberté, qu'elle a écrit sur sa bannière à une époque où la liberté économique n'existait nulle part, où le système de la protection et de la réglementation du travail était en pleine force. C'est grâce à cette rébellion contre les faits qu'elle a rendu de grands services à la société.

Mais depuis elle a quitté le terrain du sentiment moral

et s'est placée exclusivement sur celui des faits. Une fois la liberté acquise, elle n'a plus rien vu à changer. Pour le reste, son principe a été « les faits sont tels, donc ils doivent être tels [1]. » Ce principe lui a servi de guide, bien avant qu'on eût parlé de la morale inductive. Mais il mériterait de former l'axiome fondamental de celle-ci, car une morale fondée sur l'observation ne peut légitimer que les faits que l'observation constate.

Mais dans cette glorification du fait, on a oublié les règles les plus élémentaires de la justice. C'est un principe non de la morale chrétienne, mais de la morale de tous les temps qu'il doit régner une certaine égalité dans les échanges. En tous lieux, on a admis qu'entre égaux la même peine valait la même rémunération, et que pour les objets d'usage commun dont chacun produisait une partie, il y avait un juste prix, en raison du travail et de la dépense qu'ils avaient coûtés. Aussi, l'opinion publique a-t-elle toujours flétri énergiquement ceux qui, abusant d'un monopole ou de circonstances exceptionnelles, faisaient des bénéfices exagérés sur des produits d'utilité première, sur le blé, par exemple. Mais telle n'est pas la morale de la plupart des économistes. L'offre et la demande seules déterminent les prix. Vendre cher et acheter bon marché, voilà l'unique but où chacun doit tendre. Qu'il en résulte pour les uns une misère, pour les autres une opulence également imméritées, l'échange ne connaît pas d'autre loi.

La question du partage du produit entre ceux qui ont contribué à la production offre un second exemple des aberrations morales de l'économie politique. Anciennement on croyait que s'il était une affaire où la justice fut intéressée, c'était celle-là. « Quatre sauvages, dit un ouvrage de *Droit naturel*, poursuivent ensemble un animal ;

---

[1] Voir à cet égard mon *Traité d'Economie sociale*.

ils l'abattent et le partagent en quatre parts égales. L'idée de la justice n'a pas eu d'autre origine. » Cette conclusion est inexacte, sans doute, mais elle prouve le rapport étroit que le sentiment public a toujours établi entre l'idée de la justice et le partage d'un produit commun. L'injustice opposée a été flagellée depuis bien longtemps dans l'antique fable de la part du lion. L'économie politique a changé tout cela. Elle proclame que la morale n'a rien à voir dans la rétribution du travail, qui pourtant n'est qu'une forme du partage du produit. Les ouvriers, dit-on, ont tort de demander à leurs patrons de se contenter d'un moindre bénéfice pour augmenter les salaires ; c'est là une question de force et non de justice ! La fable antique enseignait donc une erreur. Ou est-ce parce que le lion s'est appelé capital que son iniquité a été effacée ?

Je citerai un dernier exemple des conclusions anti-morales où la méthode inductive peut conduire les plus honnêtes gens. Il s'agit des conséquences qu'on a tirées des prétendues lois découvertes par Malthus. Je ne parlerai pas des infamies qu'on a tenté sous main de justifier en leur nom. Mais voilà un homme parfaitement honorable, M. Stuart Mill, qui après avoir poussé l'amour de la liberté jusqu'à l'exagération et demandé dans l'ordre politique et industriel une extension des droits de l'individu qu'on peut taxer d'excessive, le voilà, dis-je, qui, sous l'influence des théories malthusiennes, déserte tous ses principes et devient fanatique d'autorité, quand il s'agit d'une des libertés les plus sacrées, les plus indispensables à la conservation de la société, les plus honorées par la morale, la liberté de prendre femme en mariage légitime ! Il compare à l'ivrogne celui qui a une famille nombreuse et approuve les lois qui interdisent le mariage aux individus hors d'état de prouver qu'ils peuvent entretenir une famille. Il sacrifie ainsi sans peine à une théorie le plus ancien peut-être des droits de l'homme.

Une dernière raison qui doit faire rejeter l'hypothèse d'une morale inductive, c'est que dans cette hypothèse la société se trouverait privée de l'élément progressif par excellence. Elle n'aurait plus d'idéal pour diriger sa marche; elle resterait stationnaire.

Si, en effet, les principes moraux devaient être constatés par induction, ils ne pourraient l'être, comme nous venons de le voir, qu'après avoir fait leurs preuves, qu'après avoir porté leurs fruits. Il faudrait donc que la société les eût mis en pratique d'instinct sans en avoir conscience. Dans ce cas, ce ne serait plus l'induction, ce serait l'instinct qui découvrirait les lois de la morale. Or, comme la morale a précisément pour objet de régler et de diriger nos impulsions instinctives, c'est là une supposition trop absurde pour que j'aie besoin de m'y arrêter.

La vérité est que les sociétés ne produisent pas les principes moraux qui les dirigent. C'est plutôt le contraire qui est vrai; du moins la vie morale et intellectuelle d'une société, sa science, ses arts, ses institutions politiques et civiles, en un mot, tous les éléments de sa civilisation sont le produit des croyances morales qu'elle a adoptées. Ces croyances lui fournissent l'idéal, qu'elle accepte de foi dans l'origine, dont la réalisation constitue sa marche progressive et dont une expérience tardive seulement lui fait reconnaître la fécondité. C'est ainsi que les choses se sont toujours passées dans l'histoire.

Et c'est à cette condition seulement que le progrès peut s'accomplir. Pense-t-on que l'esclavage aurait jamais été aboli sans la croyance à l'égalité des hommes proclamée par le christianisme? Si on avait dû attendre pour affranchir les esclaves que la supériorité du travail libre sur le travail servile fût démontrée, nous en serions encore sous ce rapport au régime de l'empire romain. Quand le sentiment moral n'est pas assez puissant pour opérer une réforme pareille, ce n'est pas une théorie scientifique qui est capable de la faire accepter. Les esclavagistes de l'Amérique du Sud l'ont bien prouvé : à la théorie de la supériorité du travail libre, ils en ont opposé une autre, celle de l'infériorité native des noirs. La force seule a pu les convaincre. Toutes les grandes transformations sociales n'ont été ainsi que la réalisation de principes moraux qui avaient déjà pénétré dans les croyances. Et il en sera de même dans l'avenir. La grande question sociale qui depuis vingt ans agite l'Europe, c'est encore un principe moral qui l'a posée, le principe : « à chacun selon ses œuvres, » qui en économie politique prend la forme : « à chacun le fruit de son travail. » Quant aux faits, ils se sont bornés à dire jusqu'ici : à chacun selon sa naissance, à chacun selon son rang, à chacun selon son talent, à chacun selon son capital.

Je crois pouvoir conclure de ce qui précède que les méthodes inductives ne sont pas plus capables que les autres, de mettre au jour des vérités morales inconnues. Mais pour compléter cette démonstration, je dois jeter un coup d'œil sur le système qu'on a prétendu fonder avant tout sur ces méthodes, le système qui assimile la morale à l'utilité.

CHAPITRE XI

De l'utilité comme principe de morale.

Le système qui prétend fonder la morale sur l'utilité repose en partie sur une considération vraie : c'est que l'obéissance aux prescriptions de la morale est ce qu'il y a de plus utile pour la société. Il est certain que la réalisation successive des principes de la morale chrétienne : l'abolition de l'esclavage et du servage, l'avénement du tiers-état, la suppression des priviléges de la noblesse et des droits féodaux, l'établissement de la liberté politique et du régime parlementaire, ont été signalés chaque fois par un progrès considérable dans le bien-être des masses et que les peuples chrétiens sont arrivés à un degré de puissance, de grandeur et de prospérité qui n'a rien d'analogue dans l'histoire. Il est visible aussi que les réalisations ultérieures de la même morale auront des effets analogues. Certainement, si les institutions libérales parviennent à se consolider et à prévaloir partout, si les inégalités qui existent encore sont effacées, si chacun arrive à jouir du fruit de son travail, si l'hostilité entre les nations disparait, si l'humanité s'unit de manière à ne plus former qu'un seul corps de travailleurs, il en résultera une immense utilité pour le genre humain et la grande majorité des individus seront beaucoup plus heureux qu'aujourd'hui. Il est donc hors de doute que la pratique de la morale a pour conséquence directe un accroissement constant du bien-être matériel. C'est la vérification de la parole de l'Évangile : Cherchez avant tout le royaume de Dieu et sa justice, et le reste vous sera donné par surcroît.

Mais peut-on intervertir cette relation, peut-on dire : cherchez avant tout l'utile, et la pratique de la morale s'en suivra nécessairement? Le système de l'utilité le suppose jusqu'à un certain point, mais non absolument ; car il ne s'est pas borné à demander que l'individu et la société s'enquièrent uniquement de ce qui peut leur paraitre utile, il prétend donner aussi des règles de conduite et établir des prescriptions morales. Seulement il croit pouvoir induire de l'utilité ces règles et ces prescriptions.

Mais en réalité la recherche unique de l'utile conduirait à la négation même de la morale et les règles tirées de l'utile sont incapables de suppléer à celle-ci.

Il apparait au premier coup d'œil en effet que l'idée de la morale contient des éléments qui ne sont compris d'aucune façon dans celle de l'utilité et que la pratique de la morale suppose des conditions que les règles d'utilité ne sauraient réaliser. J'ai déjà parlé de ces éléments et de ces conditions. Le caractère essentiel de la morale est d'être obligatoire, de statuer un commandement auquel on ne saurait désobéir sans commettre un crime ou une mauvaise action. Or, l'utilité ne saurait jamais constituer une obligation. Manquer à une règle d'utilité peut être une grosse sottise, mais jamais une mauvaise action ni un crime. D'autre part, ces règles sont toujours sujettes au doute et au changement, tandis que la morale n'est obéie que si elle se présente avec l'autorité d'une certitude absolue. J'ai déjà suffisamment insisté sur ces caractères particuliers de la morale qui la distinguent si profondément de l'utilité et n'ai pas besoin ici de m'y arrêter davantage.

Mais entre le principe de l'utilité et la morale, il y a une autre différence qui empêche absolument de mettre l'une à la place de l'autre. L'utile est avant tout une chose individuelle; il consiste dans ce qui peut procurer le plus grand bonheur possible à l'individu. La morale, au contraire, sans exclure le bonheur individuel, n'en fait pas un but; elle commande une action, une œuvre que l'individu doit accomplir, qu'il y éprouve ou non de la satisfaction.

Le bonheur! Ce n'est pas seulement le système de l'utilité qui s'est égaré à la suite de cette image trompeuse. Depuis l'antiquité, toute la philosophie a commis l'erreur de croire que la destination de l'homme sur terre était de poursuivre ce but impossible à atteindre. Espérons qu'une connaissance plus approfondie de la loi du progrès et de ses conséquences mettra fin à cette longue illusion.

Le progrès qui résulte de l'accomplissement de la morale suppose que dans la société chacun ne travaille pas seulement pour lui-même, mais pour le bien commun de tous, et que la peine est pour la génération qui agit, le bénéfice pour la génération future. La destination propre des hommes de chaque génération est donc de s'efforcer en vue d'une œuvre et d'un avenir dont bien peu d'entre eux jouiront eux-mêmes, et quant au bonheur que leur ont légué les générations précédentes, il ne saurait former leur but; il n'est qu'un surcroît. Or, il est facile de prouver que le principe de l'utile ne contient aucune de ces conclusions et qu'au contraire il tend à les nier directement.

Si, en effet, on pose comme but l'utilité individuelle, on est forcé d'admettre, comme nous le verrons bientôt, que chaque individu doit se préoccuper avant tout de son propre bonheur et n'a à s'inquiéter de celui des autres qu'autant que le sien y est intéressé. C'est à ce point de vue que s'est placée l'école de Bentham, qui condamne très-logiquement tout dévouement à une œuvre dont on ne profite pas soi-même, tout acte qui ne tend pas à l'intérêt personnel de celui qui l'accomplit. L'utilité individuelle, posée comme but, est donc absolument incompatible avec les conditions morales du progrès.

Mais supposons qu'on ait en vue l'utilité collective. On devra se demander d'abord ce qui constitue cette utilité. Elle ne peut consister que dans deux choses : ou bien dans la somme des utilités individuelles ou bien dans quelque intérêt social qui n'est pas compris dans cette somme. Voyons les conclusions où nous arriverons dans l'un et l'autre cas.

Dans la première hypothèse, qui est celle de la plupart des partisans du système de l'utilité, le principe de l'utilité collective se trouve ramené à celui de l'utilité individuelle. La société sera d'autant plus heureuse qu'un plus grand nombre d'individus se trouveront heureux. Le but est donc encore l'utilité individuelle et nous rentrons dans le système de Bentham, que nous aurons à examiner de plus près.

Dans la seconde hypothèse l'utilité collective consisterait dans un intérêt social non compris dans la somme des utilités individuelles. Or, on se demande quel peut être cet intérêt social qui, tout en conservant le caractère de simple utilité, dépasse néanmoins la somme de toutes les utilités individuelles. Est-ce le bien des générations futures? Mais ce bien constitue un sacrifice pour les générations présentes; proposé comme œuvre à celles-ci, il ne saurait donc avoir pour elles le caractère de l'utilité. Est-ce le progrès lui-même? Mais il suppose la permanence de ce sacrifice pendant la durée de toutes les générations. De fait, aucun des partisans de ce système n'a indiqué encore en quoi pouvait consister cette utilité collective, distincte de la somme des utilités individuelles. Un intérêt social de ce genre ne peut dériver que d'une loi morale. Or, un but moral peut se surajouter à l'utile; mais il ne saurait en provenir.

Si, comme nous venons de le voir, la morale contient des éléments que ne renferme pas l'idée de l'utilité, celle-ci, d'autre part, en contient qui sont tout à fait indifférents à la première. Evidemment la morale n'a rien à voir dans la perfection plus ou moins grande d'une machine, d'un outil, dans la distribution plus ou moins commode d'un appartement. L'idée de la morale et celle de l'utilité sont comme deux cercles qui se coupent et qui ont une surface en partie commune, en partie distincte. La première a en propre le devoir et le droit, le sacrifice désintéressé, le travail en vue de l'avenir; la seconde, des arrangements matériels de toute espèce. Il n'est donc pas possible de présenter l'une comme l'idée générale dans laquelle l'autre est comprise.

C'est ce qu'ont parfaitement senti les écrivains qui, tout en adoptant le principe de l'utilité, n'ont pas voulu tout ramener à l'égoïsme individuel, notamment l'économiste éminent qui a essayé d'introduire chez nous la morale inductive, M. Courcelle Seneuil[1]. M. Courcelle Seneuil, tout

[1] Dans ses *Etudes de science sociale* et dans divers articles du *Journal des Economistes*.

en admettant que le juste n'était qu'une forme de l'utilité collective, a reconnu néanmoins la nécessité de subordonner cette utilité à l'ordre universel établi par Dieu et de la résumer dans une loi générale qu'il a formulée ainsi : « L'individu et la société naissent pour vivre; la vie est leur fin et leur but; l'homme tend d'autant plus à cette fin qu'il étend davantage sa vie dans l'espace et le temps. » Cette formule est évidemment de même nature que celles qui prétendent ramener la morale à un seul principe général, tels que la sociabilité, la perfection, la liberté, etc.

Je ne la crois pas plus heureuse que les autres. Toutes les objections que j'ai adressées à ces principes se reproduisent ici, et même avec plus de force, car le principe de la vie est plus général et par suite plus vague et plus indéterminé que la plupart des autres, et il peut se prêter à la justification des institutions sociales les plus diverses. D'autre part, en subordonnant l'utilité collective à l'ordre universel, M. Courcelle Seneuil a beaucoup dépassé le principe de l'utilité collective; car si l'humanité forme un rouage dans l'ordre universel, ce n'est plus son utilité collective, c'est sa fonction dans cet ordre qui constitue sa loi. M. Courcelle Seneuil ne saurait donc être considéré comme un véritable représentant du système de l'utilité.

Ce système a été parfaitement formulé par Bentham. Il est sorti complet de ses mains. En voici les bases essentielles :

Les mobiles absolus de l'homme sont le plaisir et la douleur. Rechercher le plaisir, fuir la douleur, tels sont les seuls buts qu'il se propose. Ses actions ne peuvent avoir d'autre fin.

La règle de l'individu est donc de faire en sorte que dans le courant de sa vie il ait le plus de plaisir, le moins de peine possible. Or, il ne peut arriver à ce résultat qu'à la condition de sacrifier certains plaisirs à d'autres plus assurés et plus durables, de préférer un intérêt supérieur à un intérêt inférieur, en somme de ne rechercher toujours que son intérêt bien entendu. La vertu et le vice n'ont pas d'autre fondement. La vertu est le sacrifice d'un intérêt moindre à un intérêt plus grand, d'un intérêt momentané à un intérêt durable. Le vice est le contraire.

La société ne peut se régler que sur les mêmes principes que l'individu. Elle doit arranger ses institutions de manière à procurer le plus de plaisirs et le moins de peines possible au plus grand nombre de ceux qui la composent. La plus grande utilité du plus grand nombre, tel est le principe de la législation.

En vertu de la concordance générale qui, ainsi que je l'ai indiqué plus haut, existe entre la morale et l'utilité, Bentham parvient à justifier au nom de la dernière une partie des idées morales admises par la société moderne. Cependant cela ne lui est pas toujours facile et il est obligé d'introduire dans les préceptes reçus des variantes singulières. Ainsi la prescription : « Ne faites pas à autrui ce que vous ne voudriez pas qu'on vous fît, » prend cette forme nouvelle : « Ne faites pas de mal à autrui, à moins que vous y trouviez un avantage certain et prépondérant. » La maxime : « Aimez les autres comme vous-mêmes, » devient à peu près celle-ci : « Faites du bien aux autres en vue du profit que vous pourrez en tirer. » Mais sans entrer dans le détail de la théorie de Bentham, il suffit des principes sur lesquels elle se fonde pour en juger les conséquences.

En premier lieu, les règles qu'établit Bentham ne sauraient être considérées comme de vrais devoirs; car en vertu de quoi seraient-elles obligatoires? Ce ne sont que de simples conseils. Mais d'autre part, Bentham reconnaît le principe très-juste à mon avis que chacun est lui-même le meilleur juge de ce qui fait son bonheur. Il n'y a rien de plus insupportable en effet que ces théories qui, après avoir posé le bonheur comme but suprême, prétendent vous prescrire la manière d'être heureux et font de l'accomplissement de certaines prescriptions la condition absolue du bonheur. Cette contradiction a vicié la philosophie morale depuis Platon jusqu'à nos jours, et je crois que c'est une des principales causes du peu d'autorité dont ont joui toujours les théories des moralistes. Dans le système de l'utilité ce ne sont donc que des conseils que l'on peut donner aux hommes et naturellement chacun est libre de les suivre ou de n'en tenir aucun compte. C'est son plaisir uniquement qu'il doit prendre pour guide, et si son bonheur consiste à contrevenir aux règles qu'on présente comme les meilleures, on n'aura rien à lui reprocher.

C'est donc à tort et sous l'influence d'habitudes nées sous d'autres idées que Bentham parle de vertus et de vices, et qu'il considère comme mauvaises les actions contraires à l'intérêt bien entendu. S'il plaît davantage à un individu de vivre au jour le jour que d'être prudent et économe, si la bienveillance lui est importune et si sa plus grande satisfaction est d'être brutal et méchant, en quoi serait-il coupable? Fait-il autre chose que rechercher ce qu'il considère lui-même comme son bonheur?

On dira peut-être : Mais en faisant du mal aux autres, il diminuera la somme du bonheur général. Cela est possible. Mais que lui importe? L'individu n'a à s'occuper du bonheur des autres qu'autant qu'il y a un intérêt personnel. C'est l'affaire de la société d'aviser au bonheur général. Elle le fait en établissant des peines destinées à empêcher certaines actions. Mais en dehors de ces actions réprouvées par la loi, on ne saurait dire qu'il en existe de mauvaises, du moment qu'elles font le bonheur de l'individu qui les commet.

Et peut-on même appeler mauvaises les actions punies par la loi? Le sont-elles par elles-mêmes ou seulement parce que la loi les qualifie ainsi? Beaucoup de ces actions peuvent faire le bonheur de ceux qui les commettent. Leur culpabilité ne peut donc provenir que de la qualification de la loi. Si en empoisonnant une personne, sans m'exposer à être découvert, je puis m'assurer l'opulence pour le reste de ma vie, j'aurai fait une action vertueuse dans le sens de Bentham, car au prix d'une peine, d'une émotion momentanée, j'aurai sacrifié un intérêt moindre pour moi, la vie de cette personne, à un intérêt supérieur, l'acquisition de sa fortune. La société pourra ne pas y trouver son compte : mais son intérêt diffère du mien dans ce cas, et c'est le mien seulement qui doit me guider. Ah! si mon action est découverte, elle sera coupable, car elle ne me procurera plus le bonheur. Mais pourvu que je parvienne à la dissimuler complétement, je pourrai avoir la conscience en paix.

Telles sont les conséquences du système de l'utilité relativement à la conduite de l'individu. Voyons si la société se trouvera mieux des règles qu'il prescrit.

Jusqu'ici la plupart des progrès sociaux se sont accomplis au nom du droit et de la justice, non pas au nom du droit positif, que ces progrès ont toujours eu pour objet de modifier, ni de la justice légale qui est souvent très-injuste, mais au nom des droits rationnels que chaque homme peut revendiquer en vertu de la morale et de la part égale aux biens sociaux qu'elle attribue à tous. Mais pour Bentham, il ne peut exister qu'un droit positif, fondé sur les lois de chaque pays et appuyé sur la force sociale. Ces lois peuvent être inutiles ou nuisibles, mais elles ne sauraient être iniques, car il n'existe pas de droit antérieur et supérieur au droit positif. Si donc les lois d'un pays consacrent l'inégalité des hommes ou privent les citoyens de leur liberté, si elles confèrent la puissance publique à une minorité privilégiée, si elles méconnaissent les conditions légitimes du travail et de la propriété, ce ne sera plus au nom du droit qu'on pourra réclamer contre cette législation injuste ; la seule question sera de savoir s'il est plus utile de la conserver ou de la changer. La liberté individuelle, la liberté de conscience, la liberté de la presse, le libre droit de réunion et d'association, toutes ces facultés que la morale légitime *a priori*, le système de l'utilité devrait les soumettre d'abord à un examen approfondi pour reconnaître les inconvénients et les avantages qu'elles peuvent offrir. A ce point de vue, le despotisme et l'esclavage eux-mêmes seraient des biens, s'il était prouvé que la somme des plaisirs qui en résulte est plus grande que celle que produit la liberté. Or, il est clair que dans des sociétés où de tels abus auront existé toujours et où l'on n'aura pas fait l'épreuve du système contraire, on trouvera toujours mille raisons pour démontrer que tout changement serait des plus nuisibles. La morale est beaucoup plus claire et plus simple. Elle dit : Fais ce que tu dois, advienne que pourra. Et ce qui advient est toujours le bien.

D'ailleurs il est facile d'indiquer des cas où l'application des principes de Bentham à la législation engendrerait les iniquités les plus révoltantes. Supposons qu'une forte majorité trouve utile d'opprimer une minorité et de l'exploiter à son profit ; si cette majorité est assez considérable, la somme du bonheur qui résulte pour elle de cette exploitation peut être supérieure à celle des souffrances qu'endure la minorité. Dans ce cas l'utilité de la majorité légitimerait même l'esclavage du petit nombre. A plus forte raison pourrait-on immoler sans scrupule un ou plusieurs individus au salut public, ou les priver de leurs droits ! Il suffirait que le mal qu'ils éprouvent laissât un excédant de bonheur à ceux qui le leur infligent.

Mais en vertu du principe que l'individu doit préférer son bien particulier au bien général, le système de l'utilité justifie même l'oppression de la majorité par la minorité. Il suffit que celle-ci soit la plus forte. Chacun n'étant tenu à rien envers les autres et chacun ne devant poursuivre que son intérêt particulier, il est tout naturel que celui qui possède la force en use. La société n'est formée qu'en vue de l'utilité réciproque des participants. Mais celui qui est assez fort pour s'assujettir les autres n'a pas besoin de se mettre en société avec eux en vue d'une répartion égale des plaisirs et des peines; il fondera une société inégale où les plaisirs seront pour lui, les peines pour ses subordonnés; et au point de vue de l'utilité on n'aura pas de reproche à lui faire.

Je ne présente pas là une vaine hypothèse; l'histoire de l'humanité nous montre cet abus de la force à chaque instant. C'est ainsi que s'est établi l'esclavage, que se sont fondées toutes les aristocraties, que des familles royales ont revendiqué des peuples comme leur patrimoine. Quelle est donc aujourd'hui même en Europe la législation qui tende uniquement à l'utilité égale de tous les membres de la société et qui ne favorise pas certaines classes aux dépens des autres? Et quant à l'exemple de majorités qui oppriment des minorités, ne le voyons-nous pas dans les nationalités qu'on tient sous le joug! Si l'on faisait voter tous les sujets du Czar sur l'utilité de la possession de la Pologne, les voix polonaises pourraient-elles prévaloir contre la supériorité écrasante des votes moscovites? Et ce n'est pas la Pologne seulement qui se trouve dans cette situation en Europe.

Enfin toutes les violences, toutes les iniquités que l'histoire signale, tous les abus de la force, tous les coups d'Etat, tous les attentats contre la liberté des peuples ne peuvent-ils pas se justifier au moins par l'utilité de ceux qui en profitent? Comme les crimes individuels, ces forfaits sociaux ne deviennent coupables que quand ils manquent leur effet. S'ils réussissent, il s'élève toujours assez de voix pour en démontrer non-seulement l'utilité, mais la nécessité indispensable, et pour en glorifier les auteurs.

De telles conséquences suffisent pour juger un système. Si Bentham et ses disciples avaient poursuivi jusqu'au bout les conséquences de leur doctrine, ils auraient compris qu'elle se lie par les rapports les plus étroits au système qui ne voit dans l'univers qu'un ensemble de combinaisons d'atômes matériels, dont chacune n'a d'autre but que de s'accroître et de se conserver. J'ai signalé plus haut les conséquences morales de cette doctrine [1]. Ce sont les mêmes que celles du système de l'utilité. Elles peuvent se résumer ainsi : Chacun n'a d'autre destination que de satisfaire ses passions, ses instincts et ses désirs ; il peut poursuivre ce but par tous les moyens et notamment par la force. C'est la force seule aussi, la force sociale, qui empêche les hommes de se dévorer les uns les autres. Mais nul n'est tenu de la respecter, s'il trouve plus d'avantage à lui désobéir.

Quelle serait l'influence que l'enseignement d'un pareil système exercerait sur la société ?

On se tromperait si on voulait en juger par la conduite de ses partisans, encore assez rares jusqu'ici. Même en théorie, ils ne sont pas allés jusqu'au bout, et en pratique les habitudes morales qu'ils ont acquises dans leur jeunesse prévalent chez la plupart sur l'application rigoureuse de leurs principes. Mais il n'en serait pas de même si cette doctrine était universellement reçue. Les masses peuvent croire à des idées fausses, mais elles ne commettent pas facilement des fautes de logique. Des individus peuvent mal raisonner, mais si la grande majorité des hommes ne tirait pas d'un principe les conséquences qu'il renferme effectivement, la logique humaine serait une déception. Les masses ne s'arrêteraient donc pas à moitié chemin. Une fois persuadés que chacun ne doit consulter que son intérêt bien entendu et ne se préoccuper que de sa peine et de son plaisir, le plus grand nombre des hommes en conclueraient que l'égoïsme est la loi suprême de tous, qu'aucune

---

[1] Voir p. 449.

loi morale n'empêche personne de se procurer le bonheur par tous les moyens possibles, et qu'il suffit d'être le plus fort ou le plus habile pour avoir le droit de tout faire.

Ce que serait une société où tout le monde serait pénétré de tels principes, on a de la peine à se l'imaginer; quant à le savoir par expérience, c'est impossible, car une telle société n'a existé nulle part. Même chez les peuplades les plus sauvages et les plus barbares il s'est conservé quelques croyances morales. Certaines classes sociales ont quelquefois pratiqué ce système sans en avoir la théorie : par exemple, les classes supérieures de l'empire romain, les entourages de despotes. C'est sans doute à la théorie de l'utilité qu'un grand nombre d'Américains du Nord doivent cet égoïsme tranchant, ce manque d'égards, cet orgueil, cette rapacité que les voyageurs reprochent aux *yankees*. Mais ni en Amérique, ni autre part, les principes de l'utilité n'ont prévalu encore contre l'enseignement moral. Espérons qu'ils ne prévaudront jamais dans aucun pays et que l'humanité sera préservée du spectacle des horreurs et des infamies qui seraient la conséquence inévitable de leur triomphe.

Je termine ici ces longues recherches sur la part pour laquelle le raisonnement et la sensation contribuent à la raison. La conclusion en est que si ces facultés appuyées sur la connaissance de la morale suffisent pour expliquer toutes nos découvertes scientifiques, elles sont incapables de nous donner la notion des principes de la morale même. Cette notion nous viendrait-elle de la religion? C'est ce que j'examinerai dans le livre suivant.

LIVRE IV

DE LA RELIGION COMME SOURCE DE LA RAISON.

CHAPITRE PREMIER

La religion est une nécessité morale et sociale.

On peut contester que la religion forme un élément nécessaire de la raison humaine, on peut supposer que dans l'avenir elle ne jouera pas le même rôle que par le passé ; mais ce qui est hors de doute, c'est que jusqu'ici elle seule a fourni aux peuples leurs idées morales et métaphysiques, et par suite toutes les conceptions générales qui ont dominé leurs beaux-arts, leur science, leur politique, leur organisation sociale. Fausses ou vraies, bienfaisantes ou funestes, les idées religieuses ont présidé jusqu'ici au développement des sociétés ; suivant leur degré de vérité, elles ont perfectionné ou perverti la raison ; mais jamais celle-ci n'est parvenue à secouer leur empire, et, comme nous l'avons vu, même les philosophes, les libres penseurs qui ont nié ces croyances et rejeté avec mépris les dogmes et les pratiques de la religion reçue dans leur pays, n'ont pu se dépouiller des formes rationnelles produites par cet enseignement religieux, ni surtout des idées morales qui en faisaient partie intégrante.

J'ai eu trop souvent dans les pages précédentes l'occasion de constater l'influence exercée par les croyances religieuses sur la raison humaine, pour qu'il soit besoin d'insister de nouveau sur ce fait.

Il s'agit de savoir si cet empire de la religion était dû seulement à des causes accidentelles ou s'il a sa raison d'être dans la nature même des choses.

Et d'abord rendons-nous compte exactement de ce qui constitue la religion et des éléments essentiels dont elle est formée.

Ce qui caractérise toute religion, c'est d'être considérée comme un enseignement directement émané de Dieu. Les religions vraies et fausses sont d'accord sur ce point. Tandis que la philosophie donne le résultat de ses recherches comme le produit de la science humaine, la religion suppose nécessairement que les vérités qu'elle enseigne ont été révélées par Dieu. De là l'autorité avec laquelle les croyances religieuses s'imposent, la tendance commune à toutes de flétrir comme un mal tout enseignement contraire au leur. Cette autorité l'invoquent-elles toutes à juste titre? Évidemment non; la seule question est de savoir s'il en est qui peuvent y prétendre légitimement. Je ne tarderai pas à examiner cette question. Mais, en attendant, je ferai remarquer que lors même que l'autorité est invoquée à bon droit, il ne peut s'agir toujours que de l'autorité qui appartient naturellement à Dieu sur l'homme. Cette autorité réside donc toujours exclusivement en Dieu, et il ne peut jamais en naître un droit de l'homme sur son semblable.

Les éléments essentiels de l'enseignement religieux sont : 1º des notions plus ou moins étendues sur la divinité et sur ses rapports généraux avec l'homme et le monde, c'est-à-dire des dogmes; 2º le règlement des relations habituelles de l'homme avec Dieu, c'est-à-dire les pratiques et cérémonies du culte; 3º les prescriptions morales. De ces trois espèces d'éléments, quels sont les plus importants?

Pour juger de cette importance relative, il faut avant

tout faire abstraction de la portée que les passions religieuses ou des intérêts sacerdotaux ont souvent attribuée à certains points de doctrine. La passion religieuse s'attache de préférence aux dissidences qui peuvent s'élever sur des questions dogmatiques. Or, sans nier la gravité de ces questions, on doit reconnaître néanmoins qu'elles n'ont pas toutes une importance égale, et que souvent des exagérations réciproques ont engendré des luttes violentes sur des points dogmatiques qui, une fois le calme rétabli dans les esprits, ont paru indifférents. D'autre part, les pratiques du culte constituent pour les corps sacerdotaux un intérêt particulier en vertu duquel cette partie de l'enseignement reçoit toujours un développement très-considérable et finit même, quand les religions se corrompent, par rester à peu près la seule. Or, évidemment ce ne sont pas ces circonstances accidentelles qui peuvent déterminer la véritable valeur relative des diverses parties de l'enseignement religieux. Cette valeur doit être appréciée rationnellement par le but même de cet enseignement, et historiquement par les motifs en vertu desquels la société n'a jamais pu ni voulu s'en passer.

Le but essentiel de l'enseignement religieux c'est la pratique de la morale. J'ai déjà prouvé que la raison même n'avait été donnée à l'homme qu'afin qu'il pût accomplir librement et en connaissance de cause la tâche qui lui est dévolue dans ce monde, que toutes ses facultés esthétiques, toute sa puissance scientifique tendent au même but. La religion ne saurait avoir d'autre objet. Comme je l'ai déjà dit, Dieu n'aurait aucune raison de se faire connaître à l'homme, si cette connaissance n'était pas indispensable à celui-ci pour remplir sa destination morale. Si donc la supposition essentielle de toutes les religions est fondée, si Dieu se manifeste directement à l'homme, ce ne peut être rationnellement que pour lui donner un commandement moral. Les prescriptions morales constituent donc la partie essentielle de la religion.

Mais le dogme et le culte ne sont pas moins indispensables sous certains rapports. La morale ne pouvant être obligatoire si elle ne vient de Dieu, il faut bien que la notion de la divinité se joigne à celle de la morale et de là la nécessité d'un enseignement dogmatique. Quant au culte, il n'a pas seulement pour but de maintenir des relations constantes entre l'homme et Dieu, mais il est en même temps un des moyens les plus puissants pour faire pénétrer dans les cœurs les croyances morales et pour créer des habitudes qui y soient conformes. A ce titre, les pratiques du culte sont d'une importance majeure pour des populations nouvellement converties à une religion plus parfaite, qui tend à opérer une transformation complète dans leurs idées et leurs sentiments. Elles ont beaucoup moins de valeur dans les sociétés où la morale établie par une religion a passé dans les croyances universelles et où elle est acceptée même par ceux qui ne croient plus à cette religion, comme l'était la morale antique dans les derniers siècles avant l'ère chrétienne, et comme l'est la morale chrétienne de notre temps. En tout cas, le dogme et le culte n'apparaissent rationnellement que comme les conditions et les moyens de l'enseignement moral.

Et cette vérité, que la logique suffit pour constater, les peuples l'ont reconnue toujours. Les religions ont pu dégénérer en vaines cérémonies, en pratiques superstitieuses, mais à l'origine, la morale a formé toujours leur objet principal. Dans les religions les plus anciennes les prescriptions morales et les pratiques du culte étaient même si étroitement unies, qu'il était impossible de manquer aux devoirs religieux sans contrevenir en même temps aux obligations morales. Je me bornerai à rappeler les sanctions religieuses attachées dans toute l'antiquité au devoir de fonder une famille et de procréer un fils, les préceptes relatifs aux purifications, les honneurs rendus aux morts. Le Code de Manou et le Zendavesta offrent à cet égard une foule d'exemples instructifs [1]. Tous les peuples ont ramené l'origine de l'enseignement moral aux dieux et chez tous aussi, quand il s'est agi de défendre les croyances religieuses, on l'a fait en démontrant que sans elles la morale manquerait de base et de sanction.

Il n'en faut pas davantage pour expliquer l'empire que les religions ont exercé toujours. Aucune société ne pouvant subsister sans morale, et les peuples n'obéissant avec raison aux prescriptions morales que s'il les croient émanées directement de Dieu, la religion constitue une nécessité sociale indispensable. Aussi les croyances religieuses n'ont-elles jamais manqué à l'humanité, et pour satisfaire à ce besoin impérieux, les peuples, à défaut de notions vraies sur la divinité, ont accepté les idées religieuses les plus fausses et les plus chimériques.

Mais, dit-on, ces fausses religions précisément prouvent que cette opinion des peuples reposait sur une erreur. S'il est constaté qu'il a existé et qu'il existe encore des religions fausses, pourquoi ne seraient-elles pas toutes dans ce cas, et d'ailleurs comment reconnaître les fausses des véritables ?

Sur ce dernier point la difficulté n'est qu'apparente.

Celui qui voudrait s'enquérir de la vraie religion n'aurait plus besoin aujourd'hui de parcourir le monde, comme le supposait l'auteur du *Vicaire savoyard*, pour étudier les croyances religieuses des divers peuples et choisir celle qui lui paraîtrait la mieux établie. Chacun peut de nos jours trouver dans toute ville pourvue d'une bibliothèque les pièces nécessaires pour juger ce grand procès. Il lui suffira de prendre connaissance des dogmes et de la morale de

---

[1] Pour l'antiquité classique, voir la *Cité antique* de M. Fustel de Coulanges.

ces diverses religions pour se convaincre qu'elles sont bien inférieures aux croyances des peuples chrétiens. A *priori* nous pouvons donc décider que s'il existe une religion vraie, ce ne peut être que le christianisme avec ses bases judaïques, et qu'en tout cas les autres sont fausses, au moins dans leur forme à nous connue.

On prétend que l'existence de religions fausses prouve qu'il n'en est pas de véritable. Une prétention de ce genre ne saurait certainement être soutenue à l'égard d'aucune opinion scientifique et personne ne s'avise de douter de la vérité du système de Copernic, parce que le système de Ptolémée et tant d'autres étaient erronés. Ce qui est incontestable pour les opinions relatives à toute autre matière, serait-il donc faux pour les croyances religieuses? Au contraire, s'il n'y avait jamais eu de religion vraie, c'est-à-dire si Dieu n'avait jamais imposé directement une loi morale à la société, comment l'idée d'une pareille intervention serait-elle venue à l'esprit des hommes, pourquoi la trouverait-on chez tous les peuples, chez le milliard d'individus qui vivent aujourd'hui sur le globe en dehors du christianisme? Cette opinion ne pourrait être soutenue avec avantage que si nous ignorions absolument comment les religions se forment. Mais nous en savons assez à cet égard pour reconnaître comment une fausse doctrine religieuse peut sortir d'une doctrine vraie.

Au sein même du christianisme, des branches dissidentes se sont séparées successivement du tronc commun. Parmi les sectes nombreuses qui se sont formées dans la suite des siècles, il en est certainement qui ont prêché de fausses doctrines, car les croyances de la plupart d'entre elles sont contradictoires à celles des autres. Mais peut-on conclure de là que la croyance d'aucune de ces sectes ou de l'Église commune dont elles sont sorties toutes, ne saurait être vraie? Évidemment non, et il serait superflu d'insister sur ce point.

Nous ne connaissons l'histoire complète que d'un petit nombre des religions opposées au christianisme. Mais elles semblent toutes être nées de causes analogues à celles qui ont produit les sectes chrétiennes, elles paraissent toutes être provenues d'une transformation de croyances déjà reçues, à la suite de dissidences sur des points spéciaux de doctrine ou en vertu d'un besoin de réforme. Seulement cette transformation a été ordinairement beaucoup plus radicale, en ce sens, que si les sectes chrétiennes n'ont jamais renié leur point de départ commun, le christianisme même, ces religions se sont toujours données comme des révélations directes de la divinité. C'est ce qui est vrai notamment des deux fausses religions dont nous connaissons bien l'origine, le mahométisme et le bouddhisme.

Le mahométisme est l'œuvre d'un homme très intelligent, mais sujet à des hallucinations, qui a combiné un certain nombre des principes moraux du christianisme et du judaïsme avec les coutumes de son peuple. C'est parce qu'il croyait absolument être inspiré de Dieu et que ses partisans partageaient cette illusion, et que d'ailleurs son enseignement était supérieur aux traditions et aux superstitions arabes, qu'il pût fonder une religion. Malheureusement sa morale, qui ne constituait qu'un faible progrès pour les Arabes eux-mêmes, était un retour en arrière pour les peuples auxquels elle fut imposée de force, non-seulement pour les juifs et les chrétiens, mais aussi pour les Persans, qui avaient la loi bien supérieure de Zoroastre, et peut-être même pour les Indous. En somme, le mahométisme a dépeuplé les contrées où il s'est établi exclusivement et détruit les populations qui l'ont adopté.

Le bouddhisme n'était à l'origine qu'une philosophie morale, qui avait puisé ses principes métaphysiques dans les systèmes philosophiques nés du brahmanisme. Il devint une religion quand les disciples de Bouddha eurent adopté non-seulement tout le système mythologique et cosmologique des Brahmanes, mais qu'ils eurent attribué à leur maître la science et la puissance absolue et en eurent fait un être surnaturel. De ce moment le bouddhisme ne différa fondamentalement du brahmanisme que par sa morale, et cette morale avait elle-même dans l'origine un caractère trop ascétique pour pouvoir transformer une société aussi fortement organisée que celle de l'Inde. Aussi le bouddhisme ne joua-t-il réellement le rôle d'une religion nouvelle que chez des populations de civilisation inférieure, chez les Thibétains et les Mongols et peut-être dans l'Indo-Chine. Ailleurs il ne fut qu'une superstition de plus ajoutée à beaucoup d'autres. Du reste, quand il arriva au Thibet, il s'était déjà transformé au contact des croyances chrétiennes et il est indubitable que sous cette forme nouvelle il a exercé sur les Thibétains et les Mongols une influence des plus bienfaisantes.

L'origine des autres religions est tout à fait inconnue, malgré toutes les hypothèses qui ont été émises à ce sujet. Les systèmes destinés à rendre compte des croyances mythologiques ont changé du tout au tout une dizaine de fois depuis la Renaissance et rien ne prouve que l'hypothèse naturaliste qui est le plus en faveur aujourd'hui ne sera pas bientôt détrônée à son tour. Tout ce que nous savons de positif sur ces religions, c'est qu'elles ont pour la plupart personnifié et divinisé les forces de la nature. Mais nous ignorons complétement sous l'empire de quelles idées et de quelles circonstances sociales ces conceptions sont nées, et elles se présentent généralement à notre observation dans un état de corruption et de décomposition, qui ne permet guère de remonter à leur caractère primitif.

Le seul fait qui paraisse à peu près certain, c'est que chacune d'elles est résultée de la transformation d'une religion antérieure.

Or, ce fait étant admis, rien n'empêche de croire qu'elles sont toutes provenues d'une religion vraie qui aurait existé à l'origine de l'humanité. J'ai déjà mentionné cette hypothèse qui seule explique suffisamment l'universalité de la croyance en Dieu. Dans l'état actuel de nos connaissances, il est vrai, cette supposition ne peut être démontrée absolument, pas plus que l'hypothèse contraire; mais l'histoire générale des religions anciennes fournit un grand argument en sa faveur. Ces religions présentent en effet une sorte de série descendante, qui a toute l'apparence du résultat d'altérations successives d'une même vérité primitive.

Le premier terme de cette série est la religion de la Chine, telle que nous la trouvons dans le Tcheou li [1]. Cette religion place un esprit dans tout être matériel. Le plus grand des dieux est l'esprit du Ciel, le Seigneur suprême, Chang ti, puis viennent les esprits du soleil, de la lune, des cinq planètes connues des anciens, de diverses constellations, d'anciens princes ou ministres, génies protecteurs de l'empire, des montagnes, des rivières, des lacs et de toutes les localités terrestres. Cette croyance était au fond celle de tous les peuples primitifs.

C'est la religion de Zoroastre qui offre le second terme de la série, non par le dualisme des principes opposés du bien et du mal, mais par le caractère attribué aux dieux. Les divinités du Zendavesta, notamment les Amschaspands, n'ont pas encore la forme humaine qui caractérise les dieux postérieurs de l'Inde, de la Grèce et de la Scandinavie; comme génies animant des êtres matériels, tels que la terre, l'eau, le feu, les métaux, ils se rapprochent des esprits de la Chine; mais ils s'en distinguent d'autre part par une personnalité plus accentuée.

Cette religion forme ainsi la transition entre celle de la Chine et les croyances dont rendent témoignage les Védas,

---

[1] Voir notamment le livre XVIII, trad. Biot, t. I, p. 419 et suivantes.

où les dieux, sans avoir tout à fait encore la forme humaine, manifestent déjà les sentiments et les passions de l'homme. Le dernier terme enfin est l'anthropomorphisme complet des religions classiques.

Il est donc possible que, de même que les doctrines de toutes les sectes chrétiennes sont issues d'un même fond commun, toutes les fausses religions ne soient que des altérations d'une première croyance véritable. En tout cas, l'existence de ces erreurs ne saurait rien prouver contre la possibilité d'une religion vraie.

Voyons maintenant si les peuples se sont trompés en croyant que la religion constituait une nécessité morale et sociale, et si ce que la raison de l'immense majorité des hommes a accepté de tout temps n'a été qu'une illusion et une absurdité.

CHAPITRE II

De l'intervention divine dans le développement de l'humanité.

Existe-t-il des motifs suffisants pour croire que les prescriptions de la morale proviennent d'un commandement direct de Dieu?

Je le pense, mais avant d'examiner la question en elle-même, je dois écarter une difficulté préjudicielle, qui, aux yeux de beaucoup de personnes, constitue une objection sérieuse. Il s'agit de savoir si la distinction admise par la plupart des théologiens entre l'ordre naturel et l'ordre surnaturel est fondée, s'il n'y a pas lieu, au contraire, de considérer tout l'univers que nous sommes capables de connaître comme formant un tout unique, de croire que toutes les actions qui s'y produisent, physiques, humaines, divines, tendent à une même fin? Telle est l'idée, en effet, que suggère la simple nature des choses, et rien, ni dans la morale, ni dans la société, ni dans le monde non humain n'indique l'existence de deux ordres séparés.

Ce n'est qu'au moyen âge que la conception des deux ordres a été introduite dans la théologie. C'est Albert le Grand qui l'a d'abord énoncée et S. Thomas d'Aquin qui l'a définitivement établie. Cette distinction ne se trouve pas chez les scolastiques antérieurs ni chez les pères de l'Eglise. S. Augustin, où l'on est tenté de la chercher, n'en a aucune idée. La supposition des deux ordres apparaît comme la conséquence de la grande autorité acquise au XIIIme siècle par les écrits d'Aristote. Dans la pensée des scolastiques, le grand philosophe grec avait poussé la connaissance de la nature aussi loin qu'on le pouvait avec les seules lumières de la raison. Si sa science présentait des lacunes, des imperfections, c'est qu'il ne lui avait pas été donné de participer aux vérités de la foi qui avaient été révélées à l'homme par des moyens surajoutés à ceux de la nature, c'est-à-dire surnaturels. Au XIVme siècle, Occam et les nominalistes creusèrent encore l'abime que dès lors on supposait exister entre les vérités de la raison et les vérités de la foi, et quand avec Descartes la philosophie se fût complètement séparée de la religion, quand elle crut avoir trouvé dans les idées innées une base de certitude propre, tout à fait indépendante de la révélation, philosophes et théologiens s'accordèrent à considérer leurs domaines comme complètement séparés, les uns ne s'enquérant que des rapports naturels des choses et ne prétendant se servir que de la raison pour les découvrir, les autres ayant en vue l'ordre de la grâce et s'appuyant avant tout sur la foi.

Cette distinction a été admise par les protestants comme par les catholiques et elle a donné lieu à une théorie spéciale qui peut se résumer ainsi : Dieu, en créant le monde et l'homme, leur a assigné certaines fins naturelles, qui résultent des facultés et des propriétés mêmes dont il les a doués et que par suite ils peuvent atteindre en vertu de leur nature même, sans autre intervention divine. L'homme particulièrement est capable par sa nature même d'acquérir la connaissance de Dieu, de la morale et du monde, de former une société fraternelle avec ses semblables, et de mériter par sa conduite une vie immortelle. C'est là l'ordre naturel. Mais à côté de cet ordre, il en existe un autre plus élevé. Par l'effet de son amour pour l'homme, Dieu a voulu le faire participer à sa propre nature, il lui a accordé des dons de science, d'amour, de puissance qui dépassaient la nature humaine et qui par conséquent étaient surnaturels. Ces dons, l'homme les a perdus par suite du péché originel; c'est pour les lui restituer que le Verbe s'est incarné, que l'Eglise a été instituée, qu'il a été établi des formes solennelles pour la dispensation des grâces divines. Là est le domaine du surnaturel et de la foi. Il appartient tout entier à la religion et à la théologie, tandis que le monde physique et social est du ressort de la philosophie et de la raison [1].

Je n'ai nullement l'intention de discuter en elle-même cette doctrine importante, mais je repousse péremptoirement ce dualisme introduit dans l'ordre universel et j'y oppose les fins de non-recevoir suivantes : La distinction entre l'ordre naturel et l'ordre surnaturel n'est pas de l'essence du christianisme; ceux mêmes qui l'admettent ne peuvent l'appliquer rigoureusement aux faits; enfin, elle ne satisfait pas la raison et est contraire à la science acquise.

Elle n'est pas de l'essence du christianisme, puisqu'ainsi que je l'ai dit déjà, elle n'a été posée qu'au XIIIme siècle, et

---

[1] Voir notamment l'exposé de cette doctrine dans l'ouvrage de Mgr. Maret : *Philosophie et religion*.

que jusque là personne ne la connaissait. C'est une simple théorie théologique née du désir qu'on avait de conserver également Aristote et les dogmes chrétiens. Ne pouvant les concilier, on inventa la distinction des deux ordres, qui par suite ne peut pas plus faire article de foi aujourd'hui dans l'Eglise qu'elle ne le faisait dans les douze premiers siècles de l'ère chrétienne.

Elle n'est pas même applicable à tous les faits qu'elle prétend embrasser. Le premier grand fait qui y échappe, c'est la création ou plutôt la série des actes créateurs par lesquels le monde a été formé et qui impliquent une intervention périodique de Dieu dans l'ordre de la nature. Tant qu'on supposait avec les anciens que le monde une fois formé restait éternellement le même, on pouvait croire l'ordre naturel définitivement constitué quand ce monde était sorti des mains du créateur. Mais aujourd'hui nous savons que les jours de la création constituent des périodes d'une immense durée et que la nature, telle que nous la voyons, n'est pas le produit d'un seul acte divin, mais d'une série d'actes séparés par de longs intervalles. Il n'est donc plus possible d'admettre que l'ordre naturel pouvait se développer sans intervention divine, une fois la création accomplie.

La distinction en question ne peut s'appliquer davantage à l'action de la Providence. Tous les philosophes que je combats admettent cette action et l'Eglise catholique lui attribue des effets journaliers, puisqu'elle adresse à Dieu des prières pour qu'il détourne les pestes, les guerres, les disettes, les calamités de toute espèce. Cette action constituerait donc un empiètement manifeste de l'ordre surnaturel sur l'ordre naturel. Pour échapper à cette difficulté et à celle qui résulte des créations successives, on a fait, il est vrai, une nouvelle distinction entre le surnaturel proprement dit et l'extra-naturel, qui comprendrait toutes les actions divines dont il vient d'être question. Mais qui ne voit que ces subtilités sont plus dangereuses qu'utiles et qu'admettre un ordre intermédiaire entre l'ordre naturel et l'ordre surnaturel, c'est porter atteinte à la distinction même des deux ordres et réunir dans un terme moyen ce qu'on avait séparé !

Enfin, les partisans de cette théorie sont obligés d'admettre que la perte des dons surnaturels qui a été la suite du péché originel a en même temps porté un trouble profond dans l'ordre naturel et mis l'homme dans l'impossibilité d'atteindre à ses fins mêmes naturelles. Voilà donc une nouvelle confusion entre les deux ordres, un nouvel empiètement du surnaturel sur l'ordre naturel, et un empiètement d'une portée immense, puisqu'il s'étend à toute l'activité intellectuelle, morale et sociale de l'homme. La distinction qu'on avait établie s'efface ainsi elle-même.

Non, ce dualisme n'est pas fondé en raison, et il est contredit par les faits. Certes, Dieu a pu créer une infinité de mondes voilés à nos regards et bien des ordres dont nous n'avons pas le moindre soupçon. Mais dans l'univers que nous connaissons, il n'y a évidemment qu'un seul plan, en vue duquel sont disposées toutes les parties, un seul but à l'accomplissement duquel concourent toutes les créatures. L'idée la plus générale que nous ayons de ce plan, c'est qu'il se réalise d'une manière progressive. Le monde physique n'a pas été produit en une seule fois, mais par une série de créations qui toutes ont eu pour but de préparer la terre afin qu'elle puisse servir de séjour à l'homme. L'humanité d'abord faible et chétive a dû s'accroître et se perfectionner successivement, et ce n'est que dans un avenir éloigné que nous entrevoyons l'accomplissement du but qui lui est posé aujourd'hui : l'union de tous les peuples dans les mêmes croyances et les mêmes mœurs, dans la même organisation fraternelle. Tout se tient donc dans le monde ; tout ne forme qu'un seul ensemble, et de même que l'action créatrice de Dieu et les forces déposées dans les êtres créés, inorganiques et organiques, ont coopéré à la construction du globe que nous habitons, de même toutes les puissances morales que nous connaissons concourent à l'accomplissement de l'œuvre de l'humanité sur ce globe, la religion comme la science, la morale comme l'utilité, les efforts de l'individu comme l'action sociale.

Il n'y a donc pas lieu de distinguer entre l'ordre naturel et l'ordre surnaturel. Il n'y a qu'un seul ordre, l'ordre naturel ou le plan d'après lequel Dieu a créé l'univers à nous connu et d'après lequel il en dirige les destinées. Mais ce plan n'exclut pas l'intervention de Dieu; il la suppose au contraire et la contient comme partie intégrante, ce qui la fait entrer elle-même dans l'ordre naturel. C'est la vérité de cette intervention et sa nécessité au point de vue de l'ensemble des conditions qui régissent la création, qu'il s'agit maintenant de prouver.

On oppose le plus souvent à l'hypothèse de l'intervention de Dieu dans les affaires humaines un argument qui au premier abord paraît péremptoire. Cet argument que fait valoir aussi Lamennais, sous une forme toute particulière à lui, il est vrai, peut se résumer ainsi : En sortant des mains de Dieu, l'homme devait être complet et pourvu de tout ce qui lui est nécessaire pour accomplir son œuvre. Admettre la révélation postérieure de la parole ou de la morale, c'est supposer que la création a laissé l'homme inachevé et incomplet, c'est mettre en doute la toute-puissance divine.

Cet argument serait invincible en effet s'il était constaté en fait et établi comme une nécessité rationnelle que Dieu a dû créer l'univers par un acte unique, et, cet acte une fois accompli, rester absolument étranger à ses créatures jusqu'à la consommation des siècles; car telle serait la conclusion où l'on arriverait si on poussait cet argument jusqu'à ses conséquences extrêmes. Mais ni les faits ni la raison ne conduisent à des conclusions pareilles.

La création progressive du globe et des êtres vivants qui l'habitent a été mise hors de doute par la science moderne. Personne n'a songé à accuser Dieu d'impuissance parce qu'il a commencé par créer le globe lui-même et son enveloppe minérale et qu'il n'a produit que successivement, et à d'immenses intervalles, les espèces végétales et animales destinées à transformer cette surface inorganique et à la préparer pour le séjour de l'homme. Loin de voir dans ce fait la preuve d'un défaut de puissance du Créateur, on y trouve l'expression d'une loi admirable, de cette loi du progrès, qui manifeste à l'homme une partie du plan de Dieu. D'après cette loi, la création n'a pas lieu en une seule fois, mais en une série ascendante de termes, dont les derniers supposent toujours ceux qui les ont précédés en les dépassant, et auxquels une infinité d'autres peuvent être ajoutés, de telle façon que l'œuvre divine n'est jamais achevée complétement et qu'elle ne cesse de grandir sous la main de Dieu. J'ai indiqué précédemment déjà le changement que la connaissance de la loi du progrès doit apporter dans notre manière de concevoir la raison [1]. Nous voyons ici que ce changement s'étend à notre conception de l'ordre et du plan même de l'univers.

Il s'agit là d'une question de fait. Certainement si Dieu avait voulu créer un univers dont toutes les parties fussent définitives du premier jet, cela n'aurait pas été impossible à sa toute-puissance et on ne voit pas ce qui aurait pu l'empêcher de le faire. S'il ne l'a pas fait, c'est donc qu'il ne l'a pas voulu; c'est qu'il désirait réserver une place à sa propre activité; c'est qu'au lieu d'imposer à ses créatures une œuvre à laquelle il ne participerait pas lui-même, il a voulu au contraire les associer à une action dont il fût

---

[1] Voir livre II, ch. V, p. 150.

lui-même le principal ouvrier. Cette conception du plan de l'univers, fondée sur l'idée du progrès, diffère absolument, il est vrai, de celle que se sont faite les déistes anciens et modernes et suivant laquelle Dieu, après avoir créé le monde, l'abandonne pour l'éternité à des lois rigoureusement invariables. Mais qui pourra dire qu'elle est moins élevée, moins consolante, moins rationnelle que la conception opposée? Elle est la seule d'ailleurs qui réponde aux faits constatés par la science moderne auxquels l'hypothèse d'un monde toujours invariable est directement contradictoire.

Je n'ignore pas qu'il existe un certain nombre de savants qui refusent de voir dans l'apparition d'êtres de plus en plus parfaits le résultat d'une action divine. Mais c'est parce que la plupart de ces savants n'admettent pas l'existence de Dieu ou parce qu'ils identifient Dieu avec l'univers. Les premiers sont matérialistes, les seconds panthéistes. Je n'ai pas à réfuter ici les doctrines philosophiques dont ils s'inspirent. Ce qui est certain c'est qu'il s'est écoulé des milliers de siècles sans qu'il existât à la surface du globe aucun reptile, aucun mammifère, aucun homme et que les suppositions par lesquelles Lamarck et Darwin ont tenté d'expliquer la transformation des espèces inférieures en espèces supérieures, sont jusqu'ici de pures hypothèses dépourvues de toute vérification. En attendant que ces doctrines aient fait leurs preuves, ceux qui croient en Dieu sont donc fondés à admettre que les êtres nouveaux qui ont paru successivement sur le globe, sont dus à des créations successives de Dieu.

Or, la loi qui régit le monde physique doit s'appliquer aussi à l'humanité, mais avec les modifications qu'entraîne la nature différente de l'homme. Comme je l'ai déjà dit, l'homme diffère de l'animal en ce qu'il ne remplit pas sa fonction dans l'ordre universel en obéissant aveuglément aux instincts de son corps, mais qu'il accomplit librement une loi proposée à son intelligence, et que son rôle sur terre n'est pas limité à une œuvre unique, mais qu'en vertu de la nature indéfinie de son esprit, il est capable de coopérer à la réalisation de buts très-divers. De là résultent des conséquences très-importantes.

La fonction de l'animal dérivant de son organisme, Dieu a dû, chaque fois qu'il voulait instituer des fonctions animales nouvelles, créer des organismes nouveaux. L'homme devant agir au contraire en vertu d'une loi proposée à son intelligence, il suffisait de lui faire connaître cette loi, et son intelligence étant capable de concevoir des lois diverses, il ne devenait pas nécessaire, une première tâche étant accomplie, de renouveler tout l'être, il suffisait d'un commandement nouveau qui lui assignât une tâche nouvelle.

A ce point de vue on comprend parfaitement l'intervention de Dieu dans le développement de l'humanité. La création même de l'homme présente deux parties distinctes : la production de l'être humain lui-même, de son corps et de son esprit, et la création de la loi que l'esprit doit connaître et accomplir. Ces deux créations ont pu avoir lieu simultanément, mais elles offrent entre elles des différences essentielles. Le corps et l'esprit constituent des substances qui sont fondamentalement les mêmes chez tous les individus dans tous les lieux et dans tous les temps et qui se propagent par génération; la loi constitue au contraire une parole, un commandement qui peut varier dans le cours des âges, et si le premier homme l'a reçue par l'acte même qui lui a donné l'être, il ne l'a pas transmise par la génération comme sa nature physique et spirituelle, c'est par l'enseignement qu'il l'a communiquée à ses descendants. Il n'y aurait donc rien d'absurde à prétendre qu'elle a été donnée dès l'origine par voie d'enseignement et que Dieu, après avoir terminé par la création de l'homme corporel et spirituel la série animale, a, par un second acte créateur, fait connaître à cet être nouveau la loi de sa fonction et de ses devoirs dans ce monde, c'est-à-dire la loi morale. A ce point de vue la seule question est de savoir si le premier homme a été créé parlant et connaissant la morale, ou si après sa création la parole et la morale lui ont été révélées directement par Dieu. Les deux hypothèses sont possibles ; historiquement ni l'une ni l'autre ne peut être vérifiée. Au fond la question est indifférente. Ce qui est certain dans les deux hypothèses, c'est que dans l'origine l'homme a dû recevoir directement la loi morale de Dieu et que depuis lors cette loi n'a pu être transmise que par la parole et l'enseignement.

Si cette loi devait rester la même pendant toute la durée de l'humanité, ou bien si elle n'était sujette à aucune altération dans sa transmission à travers les générations successives, on concevrait qu'il n'y eût pas d'intervention ultérieure de Dieu, et en admettant que le premier homme ait été créé parlant et pourvu des notions morales, on pourrait croire que toute révélation postérieure était superflue. Mais si l'homme est capable d'oublier ou d'altérer l'enseignement reçu, si notamment il est appelé à accomplir plusieurs lois successives, Dieu doit intervenir nécessairement pour rétablir les prescriptions corrompues ou pour donner le commandement nouveau qui doit remplacer la loi réalisée. Cette nécessité résulte dans ce cas de la nature même des choses et du plan général de la création.

Or, sur la possibilité de la corruption des prescriptions morales, il ne saurait exister aucun doute. Même les partisans des idées innées sont obligés de l'admettre, quoiqu'elle soit peu compatible avec leur système. Quant à la succession de commandements de plus en plus parfaits, le progrès la suppose, et j'essaierai de faire voir dans le chapitre suivant que Jésus-Christ n'a pas seulement rétabli la morale primitive profondément altérée, mais qu'il y a joint des prescriptions réellement nouvelles. Les interventions de Dieu dans ce dernier but devraient être d'autant plus fréquentes que l'humanité accomplirait plus rapidement et d'une façon plus complète les œuvres successives qui lui sont dévolues. Les lois du progrès justifient donc plus encore que les défaillances de la volonté et de l'intelligence humaine la croyance à des interventions périodiques de Dieu.

Je considère ces actes divins par lesquels l'humanité reçoit ses prescriptions morales comme de véritables créations ; seulement au lieu de créer des êtres substantiels, Dieu crée des idées, et ce sont ces idées qui constituent les principes fondamentaux de la raison humaine.

Ces principes que n'ont pu nous fournir ni les notions premières de l'intelligence, ni les prétendues idées innées, ni les impressions des sens, ni le raisonnement, ils proviennent directement de Dieu et ne peuvent provenir que de lui. Ce sont les produits d'actes créateurs. La raison dont ils constituent les bases essentielles participe donc en réalité de la science divine. Grâce à ces idées venues de Dieu, elle possède la lumière nécessaire pour voir clair dans le chaos de ses sensations et de ses raisonnements.

Ces principes se rapportent avant tout à des relations morales, ce sont pour la plupart des règles d'action. Et il suffirait strictement que Dieu nous donnât des prescriptions morales ; car, ainsi que je l'ai prouvé, c'est de la nature des croyances morales que dépend presque en entier le degré de civilisation et le mouvement scientifique des sociétés. La morale étant donnée et acceptée, les seules forces humaines suffiraient donc pour en tirer tout le reste. Mais d'autre part l'autorité de la morale est si étroitement liée à certaines conditions ontologiques, qu'il est impossible de séparer complètement l'une des autres. Evidemment Dieu ne saurait enseigner la loi morale à l'homme sans se faire connaître jusqu'à un certain point lui-même, sans indiquer les conséquences de la désobéissance à la loi. De là un certain nombre de principes dogmatiques qui accompagnent toujours les prescriptions morales. Mais logiquement la partie dogmatique de la révélation doit se réduire au minimum indispensable, car Dieu ne donne un enseignement direct à l'homme que pour le mettre en état de remplir sa fonction sur terre, et il n'y a aucune raison pour que cet enseignement dépasse les notions indispensables pour l'accomplissement de cette fonction. Aussi voyons-nous que dans la plupart des religions, la majeure partie des dogmes ne sont que le produit d'un travail théologique postérieur à la fondation de la religion. Il suffit de comparer, par exemple, les paroles de Jésus-Christ qui se rapportent au dogme avec l'immense échafaudage dogmatique construit plus tard par l'Eglise, pour se convaincre de la vérité de ce fait.

En somme, le motif péremptoire qui oblige d'admettre l'intervention de Dieu dans les choses humaines, la réalité d'une ou plusieurs révélations divines, c'est la nature progressive de l'humanité. Si l'homme n'avait été appelé qu'à accomplir une loi toujours identique à elle-même, Dieu aurait pu faire de cette loi une partie substantielle de l'âme humaine dont la notion fût toujours présente à la conscience comme le veulent les partisans des idées innées, ou bien qui naquît et se développât spontanément, comme le prétendent d'autres philosophes. Mais dans ce cas aussi les idées dont l'homme est susceptible étaient en nombre fini et limité, comme je l'ai déjà prouvé, et l'accroissement indéfini des conceptions humaines que suppose la nature progressive de notre esprit eût été impossible.

Dans le cas supposé par les partisans des idées innées ou par ceux du développement spontané, il n'y aurait jamais eu pour l'homme de motif pour croire à une révélation quelconque ; ce qu'on a appelé la religion naturelle ne fût pas né de la négation des religions positives, mais serait résulté naturellement des notions déposées dans l'esprit et il n'y aurait eu partout et toujours qu'une seule et même religion. Au contraire l'histoire ne nous montre en tous lieux et en tout temps que des religions positives qui toutes supposent une intervention de Dieu, une révélation. Cette idée aurait-elle pu exercer un empire si absolu sur les peuples, si elle n'avait eu aucun fondement réel?

L'humanité ne s'est pas bornée à croire à une action directe de Dieu au moment de la fondation des religions, elle a été unanime aussi pour admettre sous le nom de Providence une intervention constante de la divinité dans les affaires humaines. La question de la Providence est une des plus ardues de la philosophie religieuse, car pour la résoudre il est nécessaire de concilier la libre action de Dieu avec l'invariabilité des lois de la nature et le libre arbitre de l'homme. Je crois néanmoins que cette difficulté n'est pas insurmontable et que la question peut être résolue rationnellement dans le sens des croyances générales. Mais comme je n'attribue à la Providence aucune influence sur la formation ou le développement de la raison, je m'abstiendrai de discuter ce problème en ce lieu.

J'ai exposé la plus importante des raisons qui obligent d'admettre la révélation de la morale; mais il en est d'autres encore qui ne manquent pas de force.

Je conçois que lorsqu'on nie l'existence de Dieu ou qu'on fait de lui la substance universelle de tous les êtres, on rejette toutes les manifestations libres et volontaires que les religions positives attribuent à la divinité. Mais j'ai peine à concevoir que ceux qui croient au Dieu personnel et créateur veuillent le bannir du monde qu'il a créé et borner son action à la création une fois accomplie. Si Dieu existe, c'est un Dieu actif et vivant qui se plaît dans son œuvre et qui ne peut l'abandonner à elle-même, tant qu'il y reste une place pour sa coopération. On comprend que tant qu'il ne s'agit que d'êtres dépourvus d'intelligence et de liberté, qui ne connaissent pas leur créateur et qui remplissent fatalement leur fonction en vertu de leur nature même, Dieu s'abstienne, après les avoir créés, de toute intervention ultérieure et attende le résultat nécessaire que doivent produire leurs mouvements combinés. Mais quand il s'agit d'êtres capables de le connaître et de l'aimer, qui sont destinés à comprendre son œuvre et à y coopérer volontairement, il serait contradictoire à notre idée même de Dieu, à sa souveraineté, à sa prévision, à son amour pour ses créatures, qu'il devînt étranger au monde de ces êtres et que l'ordre universel ne consacrât pas la relation réciproque entre les créatures et le Créateur. Or, ce but évidemment ne serait pas atteint si l'intervention de Dieu ne figurait pas comme un rouage indispensable dans le mécanisme universel.

Il ne faut pas s'y tromper en effet. La logique tend à éliminer toute idée, tout élément rationnel dont la nécessité n'est pas justifiée. Si l'action de Dieu n'est pas indispensable dans le monde, Dieu lui-même cesse d'être nécessaire et le plus simple est de nier son existence ou de reléguer cette question parmi les problèmes oiseux qui n'ont aucun intérêt pratique pour l'humanité. C'est par cette voie précisément que l'école dite positiviste conclut aujourd'hui à la négation de Dieu. Si l'on parvenait à prouver que les lois fixes et immuables qui régissent la nature physique sont éternelles et qu'il n'y a pas eu de création, il n'y aurait plus de raison pour croire en Dieu en tant qu'auteur du monde physique; si d'autre part on démontrait que la morale ne tient pas son caractère obligatoire de Dieu et qu'il suffit à l'homme de faire usage de son intelligence pour trouver les règles de sa conduite, Dieu deviendrait de même superflu comme auteur du monde moral. Les philosophes qui, tout en faisant profession de croire en Dieu, tendent à tout expliquer par des causes étrangères à l'action divine, font donc juste l'opposé de celui qui disait : Si Dieu n'existait pas, il faudrait l'inventer. Ils disent :

Admettons que Dieu existe, mais raisonnons comme s'il n'existait pas.

Si au contraire Dieu, en se faisant connaître à l'homme, ne lui a pas présenté seulement une image sans vie et sans action réelle, s'il a voulu maintenir d'une manière positive ses relations avec l'humanité, on conçoit qu'il ait placé le centre de ces relations au foyer de l'activité humaine, au sommet de l'intelligence et au point de départ de la vie pratique, qu'il ait fait de ses rapports avec l'homme la condition de la raison et de la loi morale. Voilà pourquoi l'élément religieux exerce une influence si dominante dans les sociétés humaines. C'est là une loi de l'ordre universel à laquelle l'humanité ne saurait se soustraire. Quand la raison méconnaît cette vérité, elle s'attaque à son propre principe. Nous avons vu d'ailleurs que toutes les tentatives que la philosophie a faites dans ce but ont misérablement échoué.

Les peuples n'ont donc pas eu tort de croire à des interventions divines. Ils ont pu supposer quelquefois des interventions de ce genre quand elles n'existaient pas ; mais la fausse application d'un principe ne prouve rien contre la vérité de ce principe même, et les aberrations dont l'histoire rend témoignage sous ce rapport ne font que confirmer la tendance invariable de la raison à faire remonter directement l'origine de la loi morale à Dieu.

CHAPITRE III

De la religion chrétienne.

Quelles ont été les interventions divines que nous pouvons constater historiquement ou que la raison oblige d'admettre? La réponse à cette question résoudra en même temps le problème que nous avons réservé, celui de la vérité de la religion chrétienne.

Historiquement la croyance à une révélation primitive n'est fondée que sur la tradition, et quoique cette tradition se retrouve non-seulement chez les Juifs, mais chez la plupart des peuples anciens, j'avoue que ce témoignage serait insuffisant s'il n'était corroboré par des preuves rationnelles. Mais du moment que la morale est indispensable à l'homme et qu'il est impossible à celui-ci de la trouver par le simple usage de ses facultés intellectuelles, il a dû en recevoir communication à l'origine par une intervention directe de Dieu. J'ai fait voir la nécessité de cette intervention dans le chapitre précédent et n'ai plus à revenir sur ce point.

A moins d'admettre que l'homme ne soit qu'un quadrumane transformé, comme le veulent les matérialistes, on est donc obligé rationnellement de croire à un enseignement primitif de Dieu qui a fondé en même temps la première religion véritable.

Les dogmes et la morale de cette religion étaient-ils les mêmes que ceux du christianisme? Comme il n'est pas admissible que Dieu ait enseigné à l'homme à des époques différentes des principes contradictoires, il n'est pas possible de supposer que les uns et les autres aient présenté une opposition réelle. Mais ils pouvaient et devaient différer par la forme, le mode et l'étendue de l'enseignement.

L'homme primitif se trouvait en effet dans une situation qui ne ressemblait en rien à celle de l'humanité au temps de Jésus-Christ. Il ne possédait pas les idées les plus élémentaires, il avait tout à apprendre, tout à inventer, et son esprit était vierge de l'immense masse de conceptions tant vraies que fausses produites par le monde antique. L'enseignement ne pouvait donc être le même aux deux époques.

D'abord il a dû être plus simple à l'origine. Indépendamment des principes qui se rapportent aux fautes antérieures de l'homme et au retour de l'humanité dans sa voie réelle, le christianisme pose des distinctions ontologiques, telles que la notion du Verbe, du Saint-Esprit, que l'homme primitif n'aurait pu concevoir. Pour ce dernier, c'était assez de connaître Dieu, l'homme et le monde extérieur, et peut-être même s'est-il fait immédiatement de Dieu une image plus ou moins matérielle.

De même les prescriptions morales ne pouvaient être formulées de la même façon que plus tard. L'idée de la fraternité universelle n'a été compréhensible que du moment où le globe a été peuplé d'un grand nombre de nations différentes. Pour l'homme primitif la société se confondait avec la famille; la plupart des devoirs qui supposent des relations plus étendues ne pouvaient donc être enseignés avec fruit dès cette époque, et c'est à la famille seulement que furent appliqués les principes de fraternité, d'égalité, de charité, de pardon des injures que devait contenir le commandement divin.

En tout cas, quelque ait été cet enseignement, l'histoire prouve qu'il fut dénaturé et corrompu de bonne heure. L'égoïsme et la violence introduisirent le despotisme, la guerre, l'esclavage, la polygamie. J'ai déjà indiqué les résultats de ces premières fautes de l'humanité, dont les générations postérieures gardèrent le souvenir sous le nom du péché originel [1].

---

[1] Voyez livre II, ch. IV, p. 143.

Une intervention directe de Dieu, de l'ordre créateur, eut-elle lieu dans l'intervalle qui s'écoula entre l'apparition de l'homme sur la terre et la venue de Jésus-Christ? Je ne le pense pas, car Noé, Abraham et Moïse, auxquels l'Ecriture attribue une mission divine, semblent plutôt avoir renouvelé et rétabli l'enseignement primitif qu'avoir promulgué un commandement nouveau. D'ailleurs Noé et Abraham sont des figures trop légendaires pour que nous puissions rien affirmer de positif sur l'œuvre qu'ils ont accomplie. Quant à Moïse, il est certain qu'il n'a pas introduit de nouveaux préceptes moraux, mais qu'il a simplement résumé ceux qui existaient de son temps et les a appliqués à la réforme et à l'organisation de la nation israélite.

Mais s'il n'y a pas eu d'interventions de l'ordre créateur, l'action providentielle est bien visible en certaines circonstances, notamment dans la formation de cette nation israélite, et dans la conservation de l'idée de l'unité de Dieu, cette mission que le peuple juif accomplit à travers tant d'obstacles. C'est aussi à l'action providentielle que j'attribue la conservation des traditions primitives de l'humanité dans la Genèse. Ce récit des premiers événements historiques est certainement bien incomplet et le plus souvent il ne présente les faits que sous une forme symbolique. Mais la vérité des plus importants de ces faits a été constatée par la science et tout porte à croire que la Genèse renferme les traditions les plus vraies qui existaient au temps où ce livre a été composé. Naturellement il les a reproduites dans la forme que les siècles leur avaient donnée et qui était appropriée à la raison des hommes qui se les transmettaient.

Si dans ces derniers résultats on ne peut voir que l'effet d'une action providentielle, l'œuvre de Jésus-Christ présente au contraire tous les caractères d'une intervention de l'ordre créateur.

A l'époque où parut Jésus-Christ, l'humanité avait accompli de grands progrès; elle avait tiré des principes ontologiques et moraux qui lui restaient toutes les conséquences qu'ils renfermaient, mais elle était au terme des transformations que pouvaient engendrer ces principes. Sans une loi morale nouvelle le progrès était arrêté; l'histoire ne faisait que reproduire sous des formes variées les mêmes phénomènes sociaux, comme dans l'Inde et la Chine.

Il ne me semble pas douteux en effet que sans le christianisme le monde gréco-romain, dont la civilisation était à peu près au même degré que celle de ces grands peuples asiatiques, se serait immobilisé comme s'est immobilisée la nation chinoise et la nation indoue. J'ai prouvé suffisamment déjà que la philosophie antique ne contenait aucun germe propre à le régénérer [1]. D'ailleurs au moment de la venue de Jésus-Christ, les beaux jours de la philosophie étaient passés; elle avait jeté un grand éclat, mais sans produire aucun progrès social. Le semblant de vie nouvelle que lui donnèrent les derniers Stoïciens et les Néoplatoniciens n'était dû lui-même qu'à une réaction contre le christianisme. Mais ni le stoïcisme, ni la philosophie alexandrine n'étaient capables d'imprimer à l'humanité un essor nouveau. Sans le christianisme, les destinées intellectuelles de la société ancienne eussent donc été probablement analogues à celles de l'Inde. On aurait continué à Rome, à Athènes, à Alexandrie d'étudier Platon, Aristote, Cicéron, Plotin, comme sur les bords du Gange on n'a pas cessé de méditer le Védanta et le Sankhya. Il n'en serait rien sorti de plus.

Et encore cette lente décadence n'était-elle possible qu'à une condition : c'est que la vie intellectuelle ne pérît pas tout entière par suite de l'invasion des barbares; car cette

---

[1] Voyez p. 443.

invasion aurait eu lieu en tout cas; le triomphe du christianisme l'a retardée plutôt qu'il ne l'a précipitée. Or, si les populations germaniques et slaves qui se sont jetées sur l'empire romain étaient restées païennes et avaient fondé des sociétés tendantes uniquement à la guerre et à la rapine comme leurs croyances le comportaient, il ne serait pas difficile de se faire une idée de ce que serait devenu le monde occidental. La série ininterrompue de guerres d'asservissement, de révoltes, de luttes civiles, de batailles sanglantes, de massacres d'hommes que nous offre l'histoire des premiers siècles de l'Islamisme eût eu son pendant en Europe. Encore l'Islamisme renfermait-il quelques prescriptions empruntées à l'Evangile et le paradis de Mahomet n'était-il pas le Valhalla d'Odin. D'ailleurs les commencements du moyen-âge montrent assez de guerres et d'atrocités de toute espèce pour qu'on puisse juger d'après ce qu'ont fait les barbares chrétiens de quoi étaient capables les barbares païens. Sans le christianisme, il est donc probable que l'Europe se serait dépeuplée comme l'Asie occidentale et l'Afrique sous les Mahométans. Quant à la vie intellectuelle, c'est le clergé chrétien qui l'a conservée. Sans les prêtres et les moines, les monuments écrits de la civilisation antique périssaient sans retour.

Jésus-Christ a donc véritablement sauvé l'humanité, car il l'a remise dans sa voie progressive, et sans lui elle se perdait dans un abîme sans fond de misères et de calamités.

Jésus-Christ a enseigné une morale nouvelle.

Il a rétabli d'abord au sommet des croyances morales le principe de la fraternité et de l'égalité universelles, sans acception de sexes, de races, de personnes, principe dont il pouvait rester des réminiscences, mais qui était effacé de la conscience générale.

Il a institué un but nouveau qui ne se trouve nulle part avant lui : celui de l'unité de l'humanité par la communauté des croyances et des doctrines, tandis que jusqu'à lui on ne connaissait d'autre unité que celle qui s'opère par la force et la conquête.

Il a donné une formule nouvelle du pouvoir qu'aucun philosophe n'avait entrevue : Qu'il n'en soit pas parmi vous comme chez les nations, où les chefs dominent avec empire, mais que celui qui voudra être le premier soit le serviteur de tous.

Il a restitué le principe fondamental de la justice : A chacun selon ses œuvres.

Enfin il a résumé dans un mot sublime tous les devoirs de la morale individuelle : Aimez-vous les uns les autres, aimez-vous comme je vous ai aimés, en donnant ma vie pour vous.

Jésus-Christ a ainsi posé à l'humanité un idéal qu'elle a sans cesse poursuivi depuis, qui a présidé à tous ses progrès et qui ne sera réalisé entièrement que dans bien des siècles. Est-ce là l'œuvre d'un homme? Jésus-Christ a déclaré qu'il était le fils de Dieu. Ses apôtres et ses disciples l'ont considéré comme Dieu après sa mort sur la foi de son propre enseignement. Le caractère même de cet enseignement ne prouve-t-il pas qu'il y a eu là en effet une intervention divine? Jésus-Christ a dit aussi : Vous jugerez l'arbre par son fruit. Ce fruit nous le connaissons aujourd'hui. C'est toute la civilisation moderne, ce sont tous les progrès accomplis par l'humanité depuis dix-huit cents ans. L'enseignement nouveau n'est-il pas sorti triomphant de l'épreuve?

Je sais qu'une critique acharnée s'attache aujourd'hui à renverser toute l'histoire évangélique; mais je trouve qu'elle manque son but par la façon même dont elle y tend. Je ne suis pas opposé à toute critique du Nouveau-Testament. Tout en étant convaincu que ce livre ne renferme rien qui soit contraire à la foi et à la morale enseignées par Jésus-Christ, j'admets que les évangélistes ont pu se tromper sur des détails secondaires, accepter comme des vérités historiques de simples légendes, prendre des paraboles pour des faits réels, etc. En d'autres termes, je considère le Nouveau-Testament comme le recueil des documents les plus anciens et les plus authentiques de la religion chrétienne, mais je pense que ces documents peuvent être soumis aux règles habituelles de la critique historique et qu'ils doivent être épurés, expliqués, interprétés au moyen des méthodes ordinaires de la science. Mais dans ces limites on arrivera seulement à reconnaître si d'après les documents existants Jésus-Christ s'est en effet attribué une nature supérieure à celle de l'homme et à constater la forme et la teneur précise de son enseignement.

Or, ce n'est pas de cette façon que procède la critique moderne. Elle part *a priori* et sans examen préalable du principe que Jésus-Christ n'a pu être d'une nature supérieure à l'homme et que le grand fait exceptionnel qu'affirme l'Évangile est de toute impossibilité. La seule raison qu'elle allègue en faveur de cette impossibilité, c'est que dans tout le reste de l'histoire on ne trouve aucun autre fait pareil. Le chef de l'école de Tubingen, Baur, a déclaré expressément que c'était là son point de départ.

Or, dans de telles conditions, le rôle de la critique devient tout différent de ce qu'il est dans les circonstances ordinaires. La principale des questions que doit résoudre l'étude des documents est résolue d'avance en vertu de considérations purement philosophiques, indépendamment de ce que peuvent contenir ces documents mêmes. Il ne s'agit donc plus de chercher l'interprétation la plus rationnelle des textes, ni leur sens naturel. Il s'agit de prouver que l'histoire qui s'est passée réellement est tout l'opposé de celle que racontent les documents. On écarte alors les faits principaux pour ne s'attacher qu'aux détails secondaires ; on exagère des données incertaines et on leur attribue une importance majeure ; on bâtit tout un échafaudage d'hypothèses sur quelques indications obscures. Mais surtout on classe les documents et on leur assigne les auteurs et les époques qui conviennent le mieux aux hypothèses qu'on a forgées. C'est ainsi que l'école de Tubingen a été obligée de reculer considérablement l'époque de la rédaction de l'Evangile de saint Jean et des Actes des apôtres et d'attribuer à ces écrits un sens qui n'est rien moins que naturel. Cette critique ne consiste donc pas à fonder une hypothèse plus ou moins rationnelle sur les documents, mais à juger les documents d'après une hypothèse.

Il est certain que le fait de la mission divine de Jésus-Christ est unique dans l'histoire. Mais évidemment ce n'est pas là une raison suffisante pour le rejeter. Au contraire, par sa nature même, il devait être unique dans l'histoire à nous connue. La seule question est de savoir s'il était possible, c'est-à-dire compatible avec les lois de la création et de la raison humaine, et s'il a eu lieu en effet. Or, cette double question me paraît résolue par les considérations que j'ai présentées dans ce chapitre et le précédent.

La mission divine de Jésus-Christ étant reconnue, y a-t-il lieu de croire qu'aujourd'hui l'œuvre du christianisme est terminée et qu'une nouvelle intervention de Dieu est imminente? Ou pour nous placer sur le terrain de ceux qui contestent la fécondité future de la religion chrétienne, devons-nous nous attendre à quelque révélation philosophique qui ouvre à l'humanité de nouvelles destinées?

Cette pensée a été émise d'abord par l'école Saint-Simonienne, non par Saint-Simon lui-même qui dans son dernier ouvrage a rattaché au christianisme tous les progrès futurs de la société. Les Saint-Simoniens, au contraire, crurent voir de grandes analogies entre l'état actuel de la société et l'empire romain ; ils y constataient la même incrédulité vis-à-vis des croyances officielles, la même démoralisation, la même dispersion des intelligences ; ils crurent donc que le moment d'une religion nouvelle était venu comme alors et ils formulèrent en effet le dogme et la morale de la religion que l'on connaît.

Mais évidemment les Saint-Simoniens prenaient des analogies secondaires pour une similitude complète. Il n'y a place pour une religion nouvelle que lorsque les croyances qui régissent une société ont porté tous leurs fruits. Il en était ainsi pour les croyances de l'antiquité au temps de Jésus-Christ; leur sève était épuisée. Mais peut-on en dire autant du christianisme? Certainement non, quand on se rend compte des conséquences pratiques que doit entraîner l'application de la morale chrétienne, et qu'on compare ce qui a été fait sous ce rapport à ce qui reste à faire dans l'avenir. En réalité, les beaux-arts seulement ont subi la révolution complète que le sentiment chrétien est destiné à opérer en toutes choses. La science aussi a accompli des progrès surprenants sous l'empire des idées nées du christianisme ; mais j'ai peine à croire qu'elle soit au bout de ses transformations. Ce qui est hors de doute, c'est que la science qui domine toutes les branches du savoir humain et qui seule peut couronner l'édifice scientifique, la philosophie, est loin d'avoir atteint la hauteur où doit la porter l'éclosion complète de l'esprit chrétien et le renouvellement de toutes les sciences qu'on peut attendre de l'application générale de la loi du progrès. Nous avons eu un péripatétisme chrétien, un platonisme chrétien, des doctrines panthéistes et matérialistes dont les données antiques se trouvaient plus ou moins modifiées par les idées chrétiennes. Mais la véritable philosophie chrétienne reste encore à venir.

Ce n'est pas sur ce terrain cependant qu'apparaît le plus clairement la nécessité de la persistance et de la durée de l'action vivifiante du christianisme. C'est sur le terrain des applications politiques et sociales de la morale chrétienne qu'il est le plus loin d'avoir porté tous ses fruits. A cet égard les analogies positives qu'offre l'antiquité sont directement contraires à l'hypothèse des Saint-Simoniens. Ainsi lorsqu'on compare les révolutions des Etats modernes à celles des cités grecques, on reconnaît que nous nous trouvons dans une période analogue à celle où en Grèce les royautés et les aristocraties commençaient à tomber sous l'explosion du sentiment démocratique. Quant à la démocratie moderne, elle n'a été complétement réalisée nulle part encore, comme la démocratie ancienne l'avait été à Athènes au temps de Périclès. Au point de vue politique même, nous sommes donc bien éloignés jusqu'ici de la liberté et de l'égalité que suppose la morale chrétienne; au point de vue social, nous en sommes à une distance bien plus grande encore. Les seuls progrès accomplis à cet égard sont l'abolition de l'esclavage, du servage, et, dans certains pays, celle des priviléges accordés à certaines classes. Mais dans l'ordre économique qu'a-t-on fait pour l'application des principes chrétiens qui veulent que chacun jouisse du fruit de ses œuvres, que celui qui ne travaille pas ne mange pas? La question est à peine posée. Notre organisation sociale est à peu de chose près, celle du monde gréco-romain; les lois qui régissent aujourd'hui encore la propriété, les successions, les contrats sont empruntées pour la plupart aux Codes de Justinien. Jusqu'à ce que l'égalité, la fraternité, la véritable justice soient réalisées dans l'ordre économique, il s'écoulera une suite de siècles.

Ajoutons qu'un quart seulement de la population actuelle du globe a été initiée aux idées chrétiennes et que la réalisation complète du christianisme suppose l'union de l'humanité entière dans les mêmes sentiments et les mêmes croyances. Ou bien espère-t-on élever les populations encore païennes qui sont si loin en arrière de nous, au degré de civilisation où nous sommes par la seule philosophie? Cette philosophie serait encore obligée d'emprunter tous ses principes à la morale chrétienne qui seule a pu produire ce degré de civilisation, et elle ne ferait que dépouiller la morale du caractère divin qui détermine la masse des hommes à y croire et à la pratiquer.

Quelque désir qu'on en ait, on ne peut donc sortir du christianisme, et longtemps encore la réalisation des principes chrétiens de liberté, d'égalité et de fraternité formera l'idéal de l'humanité. Puisque nous acceptons ces principes, n'en contestons pas le caractère véritable : reconnaissons que ce sont des commandements divins. C'est à cette seule condition qu'ils pourront être réalisés complétement. Si les premiers chrétiens n'avaient pas cru à la divinité de Jésus-Christ, ils n'auraient pas propagé l'enseignement chrétien au prix de leur vie; cette doctrine se fût éteinte comme tout système philosophique et la barbarie eût repris son empire sur le monde. Aujourd'hui certainement les croyances morales nées du christianisme sont trop fortement empreintes dans les consciences pour qu'il soit facile de les en extirper, et elles apparaissent avec force même chez quelques-uns de ceux qui repoussent avec énergie les principes ontologiques qui en forment la base nécessaire. Mais ce n'est pas impunément que l'on sépare ce qui en logique est indissolublement uni. La contradiction introduite dans les principes doit se retrouver dans les applications. La croyance qui était nécessaire pour que la morale chrétienne fût acceptée par le monde antique et le sauvât de la barbarie n'est donc pas moins nécessaire pour que cette morale soit accomplie dans toutes ses parties et que l'humanité parvienne à réaliser complétement son idéal.

Mais quoi qu'il advienne à cet égard, ce qui est certain, c'est que notre raison, la raison dont les peuples modernes sont fiers à juste titre, tient directement du christianisme ses principes essentiels, savoir ses principes moraux et plusieurs de ses principes métaphysiques de premier ordre, tels que celui de l'infini. Parmi les sources de la raison moderne, la religion figure donc au premier rang.

TROISIÈME PARTIE

DE L'AUTORITÉ DE LA RAISON

CHAPITRE PREMIER

De l'autorité de la raison en général et de la vérité de nos conceptions.

La question de l'autorité de la raison est propre aux temps modernes. Elle n'a été clairement posée que par suite de l'opposition qui s'est produite entre la théologie et la philosophie, mais ce n'est pas au nom de la foi seulement que la valeur des affirmations rationnelles a été contestée. Dans l'antiquité déjà, le panthéisme et le scepticisme avaient essayé de mettre en doute les principes premiers de toutes nos connaissances. La question de l'autorité de la raison ne saurait donc être renfermée dans le cercle des points controversés entre les théologiens et les philosophes; elle comprend tout le problème de la certitude humaine.

Les éléments de la solution se trouvent dans les recherches qui précèdent sur les sources de la raison. Il suffira de tirer des résultats auxquels nous sommes parvenus les conséquences relatives à la question, pour que cette solution apparaisse d'elle-même.

Et d'abord, rappelons que la raison n'est pas une faculté que l'homme apporte toute faite en naissant, la conscience naturelle des vérités premières, au nom de laquelle chacun aurait le pouvoir de porter *a priori* sur les questions fondamentales des jugements infaillibles. Sans doute, si la raison était une puissance pareille, son autorité ne saurait être contestée ; mais malheureusement elle ne l'est pas, ainsi que je l'ai suffisamment prouvé. Cette autorité doit donc avoir des fondements d'une nature différente, et comme la raison n'est autre chose que l'ensemble des idées que nous avons acquises, c'est du degré de vérité de ces idées qu'elle doit dépendre avant tout.

En réalité la question de l'autorité de la raison se réduit à celle de savoir si parmi toutes les idées que nous possédons, il en est de vraies, si nous avons des moyens assurés de les distinguer de celles qui sont fausses, et si, au cas où nous nous sommes convaincus de leur vérité, nous avons le droit de rejeter absolument toute affirmation contraire.

Je crois qu'il existe en effet des idées vraies. Dans la multitude des notions dont se compose notre raison, il en est certainement un grand nombre de fausses, d'incomplètes et de douteuses. Mais il en est aussi de véritables contre lesquelles aucune affirmation contraire ne saurait prévaloir, et il doit exister pour l'homme des moyens de les distinguer ; autrement il lui serait impossible d'agir et de remplir sa fonction dans l'univers.

Mais avant tout, qu'est-ce que la vérité ?

On dit ordinairement qu'elle consiste dans la conformité de l'idée avec l'objet. Mais cette définition est mauvaise, puisqu'ainsi que je l'ai fait remarquer en plusieurs occasions, jamais nos idées ne sont adéquates aux objets. Quelle que soit la source de nos connaissances, il reste toujours entre l'idée et l'objet une distance considérable. Les notions de cause, de substance, d'unité que nous fournissent les opérations premières de l'intelligence ne s'appliquent qu'à des rapports et nous laissent dans une obscurité complète sur la nature même des termes de ces rapports ; tout le monde sait que les objets qui produisent les impressions sensibles sont tout à fait différents de l'impression produite ; il est hors de doute que les distinctions et les unifications que le raisonnement établit entre les éléments de notre connaissance ne répondent que très-imparfaitement à la réalité des choses. Il n'y a que les principes de la morale dont nous puissions avoir une conception jusqu'à un certain point adéquate, en ce sens que notre idée de nos devoirs est conforme au commandement fait réellement par Dieu. Encore ne concevons-nous pas le but dernier de ce commandement, ni sa portée complète. Si la vérité était la conformité de l'idée avec l'objet, nous n'aurions donc la connaissance effective d'aucune vérité.

Pour arriver à un résultat positif en cette matière, il faut se placer au point de vue de la nature essentiellement relative de l'homme et comprendre qu'il n'a pas besoin de connaître les choses telles qu'elles sont en elles-mêmes, mais qu'il lui importe uniquement de les connaître dans les rapports qu'elles ont avec l'œuvre qu'il est appelé à accomplir lui-même dans ce monde. J'ai fait voir en effet dans la première partie de cet ouvrage que la raison est progressive comme cette œuvre même et que par suite elle est constamment mêlée de vérité et d'erreur. A ce point de vue, en quoi consiste donc la vérité?

Évidemment dans la conformité des idées avec l'œuvre que l'individu ou la société doit accomplir en général et à chaque moment donné. En d'autres termes, l'individu et la société seront dans le vrai s'ils se proposent une action conforme à la morale véritable et si leurs conceptions à l'égard du monde extérieur sont telles que l'action proposée s'accomplisse le plus parfaitement possible.

Il est facile à ce point de vue d'apprécier le degré de vérité que nous fournissent les diverses sources de nos connaissances. Mais auparavant faisons voir que la vérité ainsi conçue se certifie elle-même et contient en elle, si je puis m'exprimer ainsi, les moyens de sa propre vérification.

La grande épreuve de toute idée, de tout système, c'est la pratique. Vous supposez que vous êtes dans les conditions nécessaires pour produire un certain effet ; agissez, et si l'effet se produit, vous aurez la preuve la plus forte possible que les conditions étaient telles que vous les supposiez. Cette preuve n'est jamais absolue, il est vrai, parce qu'il n'y a que les démonstrations qui reposent sur des abstractions intellectuelles qui soient absolues. Mais bien que tout raisonnement humain comporte toujours de nombreuses chances d'erreurs, ces chances sont toujours réduites au minimum quand, voulant vérifier une idée par l'action, l'effet répond à la conception que nous nous en étions faite.

Et ce principe s'applique aux détails de la vie ordinaire, comme à la solution des grands problèmes scientifiques ou à l'épreuve des institutions sociales. C'est en appuyant le pied sur un terrain que nous nous assurons qu'il est solide. C'est par des expériences qu'on démontre l'existence des lois physiques constatées par la science. C'est à la pratique qu'on reconnaît la bonté ou les vices des systèmes politiques, administratifs, économiques. La morale donnée par Dieu est elle-même sujette à cette loi. Vous jugerez l'arbre par ses fruits, a dit Jésus-Christ. Aux yeux de la société moderne, ce ne sont plus les miracles de Jésus qui prouvent la divinité de sa mission, c'est l'énorme développement moral, intellectuel et matériel qu'elle a produit.

Il résulte de là, d'un côté, que les conceptions humaines dont il est le plus facile de constater la vérité, sont celles qui concluent le plus directement à une action pratique, et de l'autre côté, que les conclusions purement théoriques, quelque fondées qu'elles puissent paraître, doivent être rejetées quand elles se trouvent en opposition avec une loi ou une conception pleinement vérifiée par la pratique. Il résulte en outre de cette épreuve pratique à laquelle la vérité est assujettie, que toutes les vérités que nous possédons se tiennent jusqu'à un certain point entre elles : toutes viennent se concentrer autour de l'action que l'homme accomplit sur le globe, toutes doivent s'unir dans la conception de la fonction de l'humanité dans l'ordre universel.

C'est en vertu de considérations de ce genre que Buchez a vu dans la morale le criterium universel vainement cherché par les philosophes. La morale est en effet la loi pratique par excellence ; ses prescriptions ne sont sujettes à aucun doute et l'expérience les confirme tous les jours. Elle donne un criterium directement applicable à toutes les sciences sociales et indirectement aux autres sciences, en ce sens qu'on peut affirmer que toutes les conceptions scientifiques contradictoires à la morale ou à ses conditions essentielles, telles, par exemple, que le libre arbitre, sont fausses par cela même. Il existe, il est vrai, un grand nombre de questions scientifiques auxquelles le criterium n'est pas applicable ; mais c'est qu'alors il n'est pas de l'intérêt essentiel de l'humanité de connaître la vérité sur ces questions. Que de problèmes dont on ne trouvera peut-être jamais la solution véritable et dont l'existence n'empêche pas l'humanité d'agir et de progresser !

Les caractères de la vérité étant ainsi déterminés, recherchons le degré de vérité de nos idées d'après les sources d'où elles proviennent. Cet examen nous fera connaître en même temps les limites de la raison.

J'ai indiqué déjà [1] la nature et la portée de la première classe de ces sources, c'est-à-dire des perceptions premières de notre intelligence. J'ai dit que ces perceptions d'identité, de différence, de multiplicité, d'unité, de cause, de substance, etc., ne nous donnaient que des notions abstraites et relatives, mais qu'en même temps nous étions obligés d'accepter ces notions comme des vérités certaines,

---

[1] Pages 102 et suiv.

sous peine de ne pouvoir ni penser, ni vouloir, ni agir. J'ai dit enfin qu'elles constituaient une des limites de notre raison, parce que, formant le cadre même de nos conceptions, tout ce qui les dépasse ou y est contradictoire devient inconcevable pour notre intelligence.

Les notions abstraites que nous donnent ces perceptions nous laissent, il est vrai, dans une ignorance absolue sur les vérités concrètes que nous avons intérêt à connaître. Mais la vérité qu'elles contiennent elles-mêmes suffit souvent pour établir solidement celle des conceptions concrètes dont elles font partie. Rappelons-nous que tous nos raisonnements rigoureux reposent sur trois perceptions de ce genre, celles de l'identité, de la contradiction et du rapport du général au particulier. A peu près toutes les démonstrations mathématiques se fondent sur cette vérité qui résulte d'une perception première : que le même est égal au même. Tous les syllogismes et toutes les inductions sont basées sur le principe que ce qui est vrai d'une idée générale est vrai des idées particulières qui y sont renfermées, principe dû encore à une perception de ce genre.

Voilà donc une première classe de vérités, dont chaque pensée et chaque action offre la démonstration pratique. Ces vérités sont toutes relatives et n'ont par elles-mêmes aucune valeur, mais combinées avec les autres éléments intellectuels, elles acquièrent une portée immense, à tel point qu'on les a souvent considérées comme formant toute la raison.

Une seconde source, la sensation, fournit également des vérités incontestables, mais des vérités beaucoup moins générales et moins nombreuses que les perceptions premières dont il vient d'être question. Nous avons vu en effet que la sensation s'accompagne presque toujours d'un certain nombre d'idées qui ne proviennent pas d'elle, que quand nous disons, par exemple : J'entends la voix d'un homme, nous n'entendons réellement qu'un son, et que nous jugeons que ce son est une voix et la voix d'un homme. J'ai prouvé en outre que la perception des impressions sensibles supposait déjà jusqu'à un certain point la connaissance des objets d'où provenaient ces impressions. Les vérités que peut fournir la sensation seule sont donc en nombre fort restreint. En réalité, la sensation ne nous donne par elle-même que cette seule certitude : que dans un moment donné nous avons éprouvé telle impression. Nous ne pouvons même affirmer que cette impression soit venue d'un objet extérieur, puisque nous pouvons avoir éprouvé une illusion ou une hallucination. Il n'y a que l'accord de nos sensations entre elles ainsi qu'avec les perceptions premières et les conceptions de toute nature que conserve notre mémoire, accord constaté par le raisonnement et l'action, qui puisse nous donner la certitude de l'existence des objets dont proviennent nos impressions et par suite aussi de celle de nos semblables, sur le témoignage desquels repose en définitive la vérité de nos sensations. Dans la vie ordinaire, nous acceptons de foi la vérité des sensations et le plus souvent, en effet, quand elles se rapportent à des objets connus, elles ne nous trompent pas. Mais quand nous doutons si une impression provient d'un objet extérieur, nous ne pouvons nous en assurer qu'en constatant qu'une autre personne éprouve la même sensation que nous. La science n'accepte jamais un fait sensible qui a été aperçu par une seule personne. Pour être reconnu vrai, il faut que ce fait ait été vu par plusieurs et un grand nombre de fois.

La sensation n'est donc nullement infaillible et en outre elle ne peut s'exercer que dans une sphère très-restreinte, celle des faits particuliers. Néanmoins elle peut conduire, lorsqu'elle s'accomplit dans les conditions qui lui sont propres et que j'ai exposées [1], à des vérités particulières

---

[1] Voir pages 320 et suiv.

certaines, comme le prouve la multitude des faits sensibles que nous constatons chaque jour dans la vie ordinaire et comme le démontrent encore mieux le grand nombre d'observations positives qu'ont recueillies les sciences physiques et naturelles.

Les sens sont pour nous un grand moyen de connaissance, mais nos connaissances ne sont nullement bornées aux notions que nous fournit la sensation. Celle-ci ne constitue donc pas une limite pour la raison. Nous dépassons la sensation chaque fois que nous constatons une loi générale ; nous la dépassons encore quand nous reconnaissons le fait tout à fait différent de l'impression sensible par lequel celle-ci est produite, par exemple, les vibrations de l'éther qui donnent lieu à la sensation de la lumière et de la couleur ; enfin nous concevons une foule de relations morales et métaphysiques dans lesquelles ne figure pas le moindre élément provenant des sens. Mais sans doute le nombre des sensations est limité, puisqu'il ne peut aller au-delà des impressions que nos organes peuvent percevoir et de la combinaison de ces perceptions entre elles.

C'est le raisonnement qui est la grande source des vérités nouvelles et c'est par lui que s'opère d'une manière générale la preuve de toutes les vérités, car l'action pratique, la perception première, ou la sensation que nous invoquons en confirmation d'un fait ou d'une idée, peuvent être considérées elles-mêmes comme les éléments d'un raisonnement. Aussi, bien souvent ceux qui parlent de l'autorité de la raison n'ont-ils en vue que le raisonnement, dont en effet les conclusions les plus rigoureuses sont contestées quelquefois en vertu de principes préconçus.

Mais le raisonnement ne produit pas de son propre fonds. Les vérités nouvelles qu'il met au jour sont tirées, au moyen des diverses méthodes scientifiques que j'ai décrites précédemment, de vérités déjà acquises. Or, ces méthodes laissent soit par elles-mêmes, soit par la manière dont elles sont employées, un certain jeu au sophisme et à l'erreur. Nous avons vu que parmi ces méthodes il n'en est qu'un petit nombre qui aboutissent à des démonstrations rigoureuses et celles-là même peuvent, quand elles ne sont pas maniées avec la précision convenable, donner de fausses conclusions. Tous les raisonnements n'aboutissent donc pas à des vérités certaines.

Cependant le raisonnement contient en lui-même le pouvoir de se corriger de ses erreurs et certaines démonstrations rigoureuses ne sont sujettes à aucune critique. La plupart des théorèmes de la géométrie ont été tirés par le seul raisonnement de quelques conceptions très-simples posées par l'esprit humain. Qui pourrait en contester la vérité? En général quand il s'agit de tirer d'un principe les conséquences qu'il renferme, la logique humaine est infaillible, non la logique de l'individu, car elle peut être obscurcie par la passion ou l'intérêt, mais la logique des masses impartiales, qui ne jugent les conséquences que par le principe même. Tous ces raisonnements en effet ne consistent qu'à reconnaître l'identité qui existe entre une idée générale et les idées particulières contenues dans cette idée générale. Or, la perception de l'identité est une des opérations les plus primitives et les plus simples de l'intelligence et, à moins de causes spéciales de perturbation, elle ne peut produire l'erreur.

Les méthodes plus compliquées, telles que l'analyse, l'induction, l'hypothèse, fournissent des résultats moins assurés et il n'y a que des mains exercées qui puissent en faire usage. Mais l'expérience prouve que ces méthodes aussi donnent quelquefois des vérités certaines. On ne saurait donc contester que le raisonnement sous toutes ses formes possède une grande puissance de vérité.

Les connaissances produites par le raisonnement ont pour limite naturelle les principes premiers dont ces connaissances sont la conséquence et les éléments puisés soit dans les perceptions primitives, soit dans la sensation, que l'intelligence combine avec eux. Ces éléments étant fondamentalement les mêmes en tout temps, c'est de la nature, de la compréhension et de la fécondité des principes premiers que dépend avant tout la puissance du raisonnement et le nombre des vérités qu'il peut découvrir. Or, ces principes, comme nous l'avons vu, c'est l'enseignement moral et religieux qui nous les transmet et ceci nous conduit à la quatrième source de nos idées, aux notions qui proviennent de cet enseignement.

La loi morale et les notions ontologiques que Dieu communique directement à l'homme sont certainement les vérités les plus hautes que ce dernier puisse connaître. Le seul danger est que l'homme saisisse mal ces vérités, qu'il n'en comprenne pas toute la portée et y mêle des erreurs provenant de sa propre ignorance. Mais quoique ce danger existe toujours et que l'Evangile même nous montre les apôtres se trompant grossièrement sur le sens des paroles de Jésus-Christ, il suffit que la vérité de l'enseignement divin soit comprise dans ses parties essentielles pour qu'en vertu de la logique même, elle élimine peu à peu tout ce qui lui est contradictoire et finisse par sortir pure et entière des erreurs qui l'obscurcissaient. Mais ce dégagement de la lumière complète ne peut être que l'œuvre des siècles, toutes les forces de l'intelligence doivent y concourir, et pour qu'il s'opère d'une manière infaillible, il faut que le sentiment et l'esprit engendré par les vérités comprises les premières ne cesse de guider ceux qui sont chargés de développer ces vérités.

C'est quand les vérités essentielles sont oubliées ou méconnues que se produisent, comme nous l'avons vu, les fausses religions. Mais ces enseignements altérés conservent eux-mêmes une part de vérité, autrement les sociétés ne pourraient vivre et durer sous leur empire. Dans tout état de cause, cette source fournit donc à l'homme un certain nombre de vérités qui sont toujours pour lui les vérités les plus hautes et les plus précieuses.

Dans l'ordre des idées qui proviennent de l'enseignement divin, la raison humaine est illimitée et indéfinie. Les notions que l'homme peut recevoir par cette voie dépassent quelquefois de beaucoup les données fournies par les perceptions primitives, comme le prouvent, par exemple, les idées de la création et de l'infini. Il arrive ainsi à participer à la raison divine, vers laquelle il s'élève toujours, sans pouvoir y atteindre jamais.

Je crois avoir prouvé que la vérité est accessible à l'esprit humain et que celui-ci peut tirer par ses propres forces des connaissances qu'il possède de nombreuses vérités nouvelles. Voyons les conséquences qui résultent de ces faits à l'égard de l'autorité de la raison.

CHAPITRE II

Des droits de la raison.

L'autorité de la raison, c'est l'autorité de la vérité.

Affirmer la vérité n'est pas seulement un droit incontestable, mais un devoir de premier ordre. Loin de pouvoir être jamais nuisible, la connaissance de la vérité est ce qu'il y a de plus éminemment utile, et tout le but de l'intelligence consiste à la trouver.

Il est superflu d'insister sur ces principes, car personne n'osera jamais les nier ouvertement.

Mais, dit-on, qui sera juge de la vérité ? et s'il n'existe pas de moyen infaillible de discerner toujours et en toute circonstance le faux du vrai, le droit d'affirmer la vérité n'emportera-t-il pas nécessairement celui d'affirmer l'erreur ?

Il ne peut évidemment être question ici que de l'erreur qui n'est pas reconnue comme telle, de l'erreur qu'on prend pour la vérité.

Or, certainement, par cela même que la raison est un produit lent et progressif de l'activité intellectuelle de l'homme, que toutes nos conceptions sont mêlées d'erreur et de vérité, que la vérité d'aujourd'hui sera peut-être l'erreur de demain, l'affirmation de l'erreur non reconnue est aussi légitime que celle de la vérité.

Ce que la morale ne défend pas est permis et la morale ne saurait porter une défense à laquelle il serait impossible d'obéir. Elle ne peut donc défendre à l'homme de se tromper; et c'est pourtant ce qu'elle serait obligée de faire, si elle voulait lui interdire d'affirmer l'erreur. La seule chose qu'elle puisse lui défendre et qu'elle lui défend, en effet, c'est d'affirmer comme vrai ce qu'il sait être faux. Mais à quel titre celui qui est convaincu de la vérité d'une conception ou d'un fait et qui l'affirme hautement pourrait-il être coupable? Autant vaudrait lui refuser le droit d'énoncer une affirmation quelconque.

D'ailleurs où est l'homme qui ait le droit de déclarer fausses de sa propre autorité les convictions de ses semblables et de taxer d'erreur les opinions d'autrui par cela seul qu'elles sont opposées aux siennes?

Pour qu'on pût empêcher légitimement un homme d'affirmer l'erreur qu'il considère comme vraie, il faudrait qu'il y eût dans la société des individus déterminés jouissant du privilége exclusif de connaître infailliblement la vérité en tout ou en partie. Or, un privilége pareil serait la négation directe de l'égalité et de la liberté des hommes, car il donnerait à ceux qui en seraient investis un pouvoir de droit sur leurs semblables, pouvoir fondé sur la loi qui constituerait ce privilége, et un pouvoir de fait, la supériorité même matérielle que la science et la vérité donne toujours sur ceux qui sont livrés à l'ignorance et à l'erreur. Or, la morale des anciennes sociétés de l'Orient pouvait proclamer des principes de ce genre, mais certainement la morale chrétienne ne contient aucun privilége pareil, et nous ne voyons pas davantage dans l'histoire des sociétés chrétiennes qu'aucune classe d'individus ait acquis la supériorité sur les autres par la possession exclusive de la vérité. Je sais que malheureusement on a revendiqué quelquefois des pouvoirs aussi exorbitants pour le clergé de l'Eglise catholique; mais comme j'espère le démontrer en traitant plus spécialement des rapports entre la raison et la foi dans la société chrétienne, je ne crois pas que les doctrines reçues *toujours et partout* dans l'Eglise catholique justifient une telle prétention.

Si personne ne possède donc dans la société le privilége de connaître la vérité exclusivement aux autres et si tous peuvent contribuer en usant de leur intelligence et en pratiquant les méthodes scientifiques à augmenter la somme des vérités acquises, au risque de se tromper souvent et de mêler constamment le faux au vrai, il devient impossible non-seulement en droit, mais en fait d'empêcher l'erreur de se produire, et la prétention de n'autoriser que l'affirmation de la vérité devient un non-sens autant qu'une iniquité.

C'est à la vérité seule néanmoins que doit rester l'autorité. Mais qu'est-ce qui la fera prévaloir?

L'emploi même des méthodes scientifiques et le choc des opinions divergentes, qui se produisent infailliblement dans la science par cela même que la vérité est toujours incomplète et mêlée d'erreur. Le raisonnement, la critique, la libre discussion sous toutes ses formes, voilà les seuls moyens de compléter les vérités acquises, d'en augmenter le nombre et de mettre à nu les erreurs. Bien souvent, ni les efforts du raisonnement, ni la discussion n'aboutissent à des vérités certaines, mais c'est là une condition de la nature humaine, car la destinée progressive de l'homme exige qu'il ait toujours de nouveaux problèmes à résoudre, de nouvelles recherches à tenter.

Les vérités transmises par la religion peuvent occuper leur place dans la discussion comme celles que l'esprit humain a découvertes lui-même. Mais il est clair qu'elles ne peuvent avoir d'autorité que vis-à-vis de ceux qui les considèrent comme d'origine divine et que nul n'est tenu d'admettre purement et simplement sur la foi d'autrui que tel enseignement est la parole de Dieu. L'autorité des vérités religieuses comme de toutes les autres a donc besoin d'être prouvée à ceux qui n'y croient pas d'avance, par les moyens ordinaires du raisonnement. Il n'est qu'une seule vérité que dans nos sociétés modernes on puisse toujours invoquer sans rencontrer de l'opposition; c'est celle de la morale. La plupart en effet y croient d'avance par des raisons diverses, et ce ne sont pas toujours les adversaires de toute croyance religieuse qui l'affirment avec le moins de foi.

C'est ordinairement la discussion qui a pour résultat de rendre les vérités *évidentes*, c'est-à-dire de les éclaircir au point qu'elles soient visibles comme une perception des sens. Les autres affirmations qui nous paraissent évidentes sont celles auxquelles nous n'avons cessé de croire depuis notre jeunesse, par exemple, les vérités morales, et celles qui résultent des opérations les plus simples de notre esprit, comme lorsque nous affirmons que telle idée particulière rentre sous telle idée générale que nous avons formée nous-mêmes. Mais l'évidence ne saurait en général être invoquée comme une preuve de la vérité; car, que de propositions dont les uns croient voir et toucher la certitude, et qui pour les autres n'offrent que doute et confusion ! J'ai expliqué précédemment la cause de ce phénomène qui tient à la nature même de notre raison [1]. L'évidence qui

---

[1] Voir p. 47.

inspire une certitude immédiate n'existe que dans les perceptions et les opérations primitives de l'intelligence et dans les impressions simples reçues par les sens ; mais ni les uns ni les autres de ces actes intellectuels ne nous fournissent des connaissances proprement dites, ni des vérités certaines. C'est le raisonnement qui, en ramenant les conceptions complexes et les combinaisons d'idées à des rapports très-simples, susceptibles d'être perçus immédiatement, produit l'évidence et la certitude qui en découle. L'évidence des vérités complexes, et ce sont les seules qui aient une importance réelle, est donc un produit du raisonnement et jamais elle n'apparait à première vue.

Le droit d'affirmer ce qu'on considère comme la vérité emporte celui de communiquer de toutes manières aux autres cette vérité réelle ou supposée, par la parole, par l'écriture, par l'impression, etc. Mais ce droit s'étend-il à l'enseignement sous toutes ses formes ?

A cet égard, je crois qu'il faut distinguer entre l'enseignement donné aux enfants qui n'ont pas atteint l'âge de raison et celui que l'on peut faire aux jeunes gens et aux adultes. L'enfant ne peut recevoir l'enseignement que d'autorité, car il est incapable de juger les preuves des vérités qu'on lui enseigne, et s'il est très-utile qu'on lui donne ces preuves autant que possible pour mieux fixer ces vérités dans son esprit et parce qu'il en résulte pour lui un bon exercice intellectuel, c'est une illusion de croire qu'il se rend parfaitement compte de ces preuves et qu'il les accepte en connaissance de cause. Quant à la discussion, non-seulement elle n'aurait aucun profit pour l'enfant, mais elle serait funeste à sa raison, car elle la meublerait d'idées contradictoires entre lesquelles il n'aurait aucun motif de se décider. L'enseignement donné à l'enfant doit donc présenter les caractères de l'unité et de la certitude et lui fournir un ensemble d'idées aussi logiquement liées et exemptes de contradiction que possible.

Quel sera le juge de cet enseignement?

Je pense que dans nos sociétés modernes ce doit être le père de famille pour la religion, la société politique pour la morale, les deux pour l'instruction proprement dite. La liberté de conscience exige que le père de famille puisse transmettre à ses enfants sa religion quelle qu'elle soit, en tant qu'il s'agit des croyances dogmatiques qui ne présentent toujours qu'un intérêt théorique et ne touchent pas directement aux devoirs sociaux. Mais la société a un intérêt direct à ce que les croyances morales sur lesquelles repose son existence soient transmises intégralement aux jeunes générations, et tout en laissant en général ce soin au père de famille, elle a droit d'obliger ce dernier à donner l'éducation morale à ses enfants, de s'en charger elle-même à son défaut, et d'empêcher qui que ce soit d'inculquer à la jeunesse des principes contraires à ses propres croyances morales. Enfin, pour ce qui concerne l'enseignement des méthodes et des éléments des sciences, sur lequel il ne saurait se produire de graves divergences, c'est en général au père de famille à en déterminer la nature et les limites; mais dans l'intérêt de l'ordre social, de l'activité commune et du progrès général, la société a le droit de fixer à cet égard un minimum d'instruction obligatoire pour tous les enfants.

Telles sont, suivant moi, les restrictions à imposer à la liberté d'enseignement quand il s'agit d'enfants de moins de seize à dix-huit ans. Mais je n'admets pas que ces restrictions aillent au-delà. L'instruction supérieure notamment doit être complétement libre. A l'âge où les jeunes gens la reçoivent, ils sont parfaitement en état de comprendre et de juger et leur intelligence ne peut que se développer dans la discussion des doctrines contradictoires et le conflit des opinions. Vis-à-vis des jeunes gens et des adultes la liberté de l'enseignement doit donc être entière.

Ces principes sur l'autorité de la raison étant posés, nous pouvons aborder le problème des rapports entre la raison et la foi.

CHAPITRE III

Des rapports généraux entre la raison et la foi.

L'opposition entre la raison et la foi n'est pas un phénomène constant dans l'histoire ; elle se manifeste à certaines époques, tandis qu'il s'écoule de longues périodes où le plus parfait accord semble régner entre les principes intellectuels de toute origine.

Voyons en effet quel est le fonctionnement de la raison dans l'histoire.

Prenons pour point de départ une société où l'enseignement religieux est accepté avec une foi universelle et absolue, par exemple, la société chrétienne des premiers siècles du moyen-âge, ou l'Inde ou la Grèce ancienne avant que le doute philosophique se fût introduit dans ces pays. Dans une société pareille on peut reconnaître que certains enseignements de la religion dépassent les forces de l'intelligence, mais on ne les considère pas pour cela comme contraires à la raison.

Les interventions et actions attribuées à la divinité paraissent toutes naturelles. Dans les grands poèmes indous comme dans Homère, il est dans l'ordre des choses que les dieux se mêlent incessamment des affaires humaines et à une époque bien postérieure encore les tremblements de terre et les éclipses de lune constituent pour les Athéniens et les Spartiates des raisons suffisantes pour suspendre des opérations militaires. Il est donc incontestablement des périodes où la foi religieuse se confond avec la raison et où toutes les vérités qu'on possède ou qu'on croit posséder sont acceptées au même titre, de quelque source qu'elles proviennent.

Mais dans ces périodes ce sont les croyances religieuses qui dominent, et si on s'apercevait qu'une idée ou une opinion y fût contradictoire, on la rejetterait comme fausse ou criminelle. Ce qui n'empêche nullement que dans ces sociétés on ne conserve presque toujours une foule d'idées et même de coutumes et d'institutions qui logiquement ne s'accordent guère avec les principes moraux et dogmatiques de la religion, dans le moyen-âge, par exemple, la croyance aux fées et aux loups-garous, les épreuves judiciaires, l'institution du servage. Mais c'est qu'on ne s'aperçoit pas de ces contradictions qui ne se manifestent clairement que dans une phase postérieure du développement historique.

Or, quelles sont les transformations intellectuelles qui doivent s'opérer dans une société placée dans de telles conditions ?

A cet égard il faut distinguer entre les sociétés qui ont embrassé une religion vraie et celles qui se sont attachées à une religion fausse. Quoique dans les deux cas le point de départ soit le même et que les deux états religieux offrent cette analogie que d'un côté il n'est pas de religion fausse qui ne contienne certaines vérités et que de l'autre il s'ajoute quelquefois aux vérités venues réellement de Dieu des opinions fausses venues des hommes, la conclusion finale du mouvement n'en est pas moins très-différente dans les deux espèces de sociétés.

Si la religion est vraie, toutes les vérités ultérieures que découvre l'homme au moyen des méthodes scientifiques doivent la confirmer ; la fausseté des croyances contradictoires, qu'on admettait simultanément sans se rendre compte de la contradiction, doit apparaître successivement et ces croyances doivent être éliminées ; l'unité et la concordance entre toutes les vérités de quelque source qu'elles proviennent doit devenir de plus en plus manifeste et toutes les acquisitions de la science, tous les progrès moraux et matériels de la société doivent concourir à démontrer d'une manière éclatante la vérité de la religion.

Ainsi le veut la logique. Mais ce n'est pas toujours la logique qui mène les hommes. La passion et l'intérêt jouent également leur rôle dans les choses humaines, et nous verrons dans le chapitre suivant que malheureusement ces causes peuvent troubler profondément la marche régulière du mouvement que je viens d'indiquer.

S'il s'agit au contraire d'une fausse religion, comme cela est presque toujours arrivé jusqu'ici, les choses se passeront d'une manière toute différente.

Comme je l'ai déjà dit, il n'y a pas de fausses religions qui soient absolument dépourvues d'éléments vrais. Une religion qui serait dans ce cas ne pourrait ni s'établir, ni durer, parce qu'elle serait en contradiction directe avec tous les besoins sociaux. Pour être généralement acceptée et acquérir un certain empire sur les âmes, il faut qu'une croyance religieuse réponde non-seulement aux nécessités morales de tous les temps, mais il faut de plus qu'elle constitue un certain progrès pour ceux qui l'acceptent, qu'elle résolve d'une manière satisfaisante à leurs yeux les problèmes ontologiques et moraux qui les intéressent et que la société y trouve du moins pour un certain temps des éléments de vie et de prospérité. Or, de telles conditions ne pourraient se rencontrer, si l'enseignement religieux était faux sur tous les points.

Pendant un certain temps la fausse religion produira donc principalement ses effets utiles et rien n'ébranlera la foi universelle qu'elle inspire. Mais peu à peu le développement même qui sera né de son impulsion manifestera les contradictions qu'elle contient en germe. Le mouvement scientifique aboutira à des vérités qui seront incompatibles avec les enseignements essentiels de la religion. Le mouvement politique et social amènera des transformations qui feront apparaître l'insuffisance de la morale religieuse. Alors il se produira des scissions, des hérésies, des révolutions. Mais comme les données fondamentales de la religion sont fausses et que les quelques vérités qu'elle contenait ont produit tous leurs fruits, il est impossible que l'accord intellectuel se rétablisse. Les contradictions restent en présence, chaque affirmation contraire étant représentée ordinairement par une secte religieuse ou philosophique particulière. Le résultat dernier de cet état de choses c'est dans la société l'incrédulité absolue ou la superstition, et pour les penseurs le scepticisme. Le plus grand nombre des individus perdent toute croyance religieuse ou morale, mais comme le problème religieux ne cesse d'être posé et que l'inconnu est toujours là avec l'effroi qu'il inspire, les croyances et les pratiques les plus absurdes de l'ancienne religion refleurissent sous la forme de superstitions. Quant aux philosophes, ils finissent par douter de leur propre raison. Vis-à-vis des affirmations contradictoires, ils arrivent à croire qu'on peut invoquer autant de preuves pour et contre chacune d'elles et qu'il est imposssible à l'homme de connaître la vérité. Alors le scepticisme règne en souverain.

Cette série de phénomènes s'est produite partiellement dans l'Inde, où les anciennes croyances ont fini par reprendre jusqu'à un certain point le dessus, et complétement en Grèce où la dernière conclusion du mouvement religieux et philosophique a bien été le doute universel. En Grèce, les croyances nationales de même que les premiers germes de la philosophie, venus de l'Orient, étaient de nature à engendrer deux tendances contradictoires qui se manifestèrent en effet dès l'origine : l'une qui cherchait à ramener le monde à des éléments purement matériels, —

les premiers Ioniens et les atomistes anciens furent les représentants de cette tendance, — l'autre qui partait de données plus métaphysiques et qui s'efforçait d'opérer une réforme philosophique des anciennes croyances religieuses ; tel fut à l'origine le but de l'école de Pythagore. De ces deux tendances et du mouvement intellectuel qu'elles produisirent, naquirent les divers systèmes déjà suffisamment contradictoires entre eux qui précédèrent Socrate. Le trouble qu'ils jetèrent dans la raison se manifesta par l'apparition et le succès des sophistes. Socrate et ses successeurs essayèrent vainement de formuler des doctrines capables de rallier tous les penseurs ; la pluralité des systèmes persista et le scepticisme prévalut universellement. Le résultat le plus net de la philosophie grecque fut de détruire toutes les croyances anciennes, sans les remplacer par de nouvelles, sauf pour un petit nombre d'adeptes des écoles postérieures à Socrate.

C'est quand les esprits sont ainsi livrés au doute, quand la fausseté des idées universellement admises jusque-là a été démontrée, quand la masse des hommes cherche en vain la vérité et désespère de la trouver, c'est alors qu'une doctrine qui rompt absolument avec les croyances antérieures et les contredit dans les points fondamentaux, a toute chance d'être accueillie. Les âmes fatiguées du vide qu'y ont fait l'incrédulité et le scepticisme se jettent avec avidité au-devant d'un nouvel enseignement religieux. Alors commencent les périodes de foi.

La foi est la croyance à des vérités réelles ou supposées qui ne sont pas démontrées. Comment s'établit-elle ?

Tout le monde reconnaît que pour qu'un homme accepte une religion nouvelle, il doit être devenu complétement incrédule vis-à-vis de ses croyances antérieures et en même temps sentir le besoin de la vérité et la chercher. Mais cela ne suffit pas pour expliquer la propagation souvent si rapide des doctrines religieuses nouvelles ; car, bien qu'on ne croie plus aux dogmes anciens, ceux-ci ont laissé dans la raison une empreinte assez profonde pour que l'enseignement nouveau, sans même nier directement toutes les conceptions nées de ces dogmes, paraisse néanmoins irrationnel en beaucoup de points. C'est du moins ce qui est arrivé pour le christianisme et sous certains rapports aussi pour les enseignements de Bouddha et de Mahomet. Or, quel est le sentiment qui peut porter les hommes à accepter ainsi une doctrine contraire à ce qui jusque-là constituait leur raison même?

Les théologiens ont généralement attribué ces conversions aux miracles. Mais si des preuves d'une puissance exceptionnelle peuvent frapper certains individus, elles n'agissent toujours que sur ceux qui en sont témoins oculaires. Les autres doivent commencer par croire aux miracles mêmes, ce qui n'est pas une des moindres difficultés pour leur raison. En tout cas, les mêmes phénomènes de propagation rapide se sont produits en dehors du christianisme pour de fausses religions qui certainement ne peuvent à nos yeux invoquer en leur faveur des miracles réels. Ce n'est donc pas là qu'on peut trouver la cause déterminante de la foi.

Pour rendre compte de ce fait psychologique, je dois rappeler ce que j'ai dit dans une autre partie de cet ouvrage [1], sur les dispositions primitives et naturelles de l'âme humaine. Il y a au fond du cœur de tout homme deux sentiments contraires, l'un de foi et de charité, l'autre d'amour-propre et d'égoïsme. Chaque individu a la faculté de choisir librement entre ces deux sentiments, mais pour que ce choix soit suffisamment motivé, il faut que l'homme se trouve en présence d'une loi morale qui assigne un but à son dévouement, qui flétrisse l'égoïsme comme un mal.

Or, le point essentiel par lequel les religions diffèrent

---

[1] Voir p. 265.

entre elles, c'est la morale, et les diverses lois morales qui jusqu'ici ont dominé le monde ont à leur tour différé principalement en ce que les unes offraient un champ plus vaste au dévouement et à l'abnégation que les autres. La vertu suprême de la morale antique était de se sacrifier pour sa patrie; le christianisme a placé au-dessus le sacrifice pour l'humanité. Quand une religion nouvelle apparaît, c'est donc avant tout aux sentiments moraux des hommes qu'elle s'adresse, c'est à la puissance d'amour qui réside dans tout cœur humain qu'elle fait appel, et en présence de cette mise en demeure des forces les plus intimes de l'âme, non-seulement les conceptions rationnelles dérivées de la religion antérieure perdent leur autorité, mais leur fausseté et leur insuffisance paraît manifeste et on les rejette en tout ce qu'on y aperçoit à première vue de contraire à l'enseignement nouveau. Cet enseignement ne s'appuyant ainsi sur aucun motif rationnel, est reçu uniquement par la foi qu'il inspire à cause de sa supériorité morale, et pour ce même motif la foi ne conserve aucun doute sur l'origine divine de l'enseignement.

Les choses se sont passées ainsi lors de l'établissement de toutes les religions dont nous connaissons l'histoire. Non-seulement le christianisme, mais le bouddhisme et le mahométisme offrent les mêmes phénomènes. On sait que le bouddhisme s'est distingué surtout des religions orientales du même temps parce qu'il a poussé l'abnégation et le sacrifice à l'excès. Quant au mahométisme, il a été sans doute un retour en arrière pour les populations chrétiennes, juives et persanes, auxquelles d'ailleurs il a été imposé de force; mais pour les Arabes qui l'ont accepté librement, il a constitué un véritable progrès.

Les affirmations morales de la nouvelle religion n'étant acceptées que parce qu'elles répondent aux sentiments de dévouement de ses premiers adeptes et ses affirmations dogmatiques n'étant reçues que parce qu'elles sont étroitement liées aux affirmations morales, il se constitue ainsi un ensemble de principes auxquels on croit sans preuves et qui forment le domaine de la foi. A côté subsistent un certain nombre de conceptions et de connaissances anciennes et qui seules sont considérées comme rationnelles. Ainsi s'établit l'opposition entre la raison et la foi et cette opposition devient souvent assez tranchée pour que les adeptes de la religion nouvelle s'élèvent avec fanatisme contre cette raison ancienne qui condamne les croyances auxquelles ils ont foi. Le mot : *Credo quia absurdum* dénote l'exagération que peut acquérir ce sentiment.

Et certes dans ces moments critiques de l'histoire, c'est la foi qui est le salut de l'humanité. Quand une religion a porté ses fruits, quand elle a donné naissance à une grande civilisation, il lui est facile de fournir ses preuves. Mais que serait-il advenu de la société gréco-romaine, si pour faire des disciples, les apôtres du christianisme avaient dû donner la démonstration rationnelle de la morale et des dogmes de la nouvelle religion? La foi seule pouvait opérer le miracle de la conversion de l'empire romain.

Mais cette opposition entre la foi et la raison ne saurait durer longtemps. D'une part, la raison subit une première transformation sous l'influence de la religion nouvelle; de l'autre, cette religion devient moins sévère pour la raison ancienne et consent à accepter quelques-unes des conceptions de celle-ci. Il s'établit ainsi une première transaction entre des principes contradictoires, transaction qui dans l'histoire du christianisme répond à l'époque des S. Jérôme et des S. Augustin. Bientôt cet accord devient de plus en plus complet; on perd peu à peu le sentiment des contradictions qu'offrent les croyances de sources diverses dont se compose la raison, et on arrive à la période qui répond au moyen-âge chrétien et que nous avons prise au commencement de ce chapitre pour point de départ du développement intellectuel. Mais alors aussi la raison se transforme de plus en plus sous l'influence de la nouvelle religion; les conséquences scientifiques et sociales des vérités religieuses se font jour successivement et l'on voit commencer le mouvement qui aboutit, suivant les cas, à la confirmation entière de ces vérités par la science et la pratique, ou bien à une nouvelle scission entre la raison et la foi.

Il résulte de ce qui précède que l'opposition entre ces deux forces de notre intelligence est propre à deux phases distinctes du développement social. Elle se manifeste au moment de l'établissement de nouvelles religions, et quand ces religions constituent réellement un progrès; c'est alors du côté de la foi qu'est la vérité : la foi a raison contre la raison. Elle apparait de même dans la dernière période des fausses religions, quand le travail intellectuel, auquel ces religions ont donné lieu, a mis au jour un certain nombre de vérités incontestables qui se trouvent en contradiction évidente avec les principes religieux. Sous l'empire d'une religion vraie, cette seconde opposition ne devrait jamais se produire. Si la scission éclate néanmoins, à quelles causes devra-t-on l'attribuer?

Deux hypothèses seulement sont possibles : ou bien il s'est introduit quelque vice ou quelque erreur dans l'enseignement religieux, ou bien la raison n'a pas eu son développement normal. Or, cette dernière hypothèse n'est pas admissible, car le développement de la raison résulte du jeu naturel des facultés intellectuelles de l'homme, du fonctionnement régulier de ses organes logiques; il consiste en somme dans l'ensemble des conséquences que le raisonnement a tirées de principes donnés, et s'il pouvait être altéré, il faudrait que la majorité des hommes raisonnassent faux. La première hypothèse est donc seule admissible. Voyons si elle concorde avec l'histoire de l'enseignement chrétien.

CHAPITRE IV.

De l'opposition entre la raison et la foi dans la civilisation chrétienne.

L'opposition entre la raison et la foi paraît se poser aujourd'hui d'une manière plus tranchée que jamais. Les incrédules sont convaincus que les enseignements du christianisme sont incompatibles avec la raison. Les représentants les plus autorisés de la religion déclarent hautement que plusieurs des principes qui paraissent évidents à la raison moderne sont contraires à la vérité révélée. Ces accusations réciproques sont-elles fondées?

En ce qui concerne d'abord l'hypothèse de l'incompatibilité de la raison moderne avec le christianisme, je crois l'avoir suffisamment réfutée par tout ce qui précède, en prouvant que cette raison moderne est fille du christianisme même. Les croyances morales qui forment les principes fondamentaux de notre raison, sont toutes empruntées à l'Evangile et ce que la philosophie appelle la loi naturelle n'est autre chose que la morale chrétienne. Nos idées métaphysiques ont la même source. On peut ne pas être spiritualiste, mais personne n'osera prétendre sérieusement que le spiritualisme moderne est contraire à la raison. Or, ce spiritualisme a tiré du christianisme ses données fondamentales : la conception d'un Dieu unique, tout-puissant, infini, d'une âme libre, immatérielle et immortelle, d'un monde créé librement par Dieu et ordonné en vue du bien. Le christianisme contient encore d'autres affirmations qui dépassent les conceptions que notre intelligence forme dans le cours habituel de ses opérations et dont par conséquent la raison ne peut ni rendre compte analytiquement, ni donner la démonstration. Mais si nous devions rejeter toutes les idées et tous les faits dont nous ne pouvons rendre compte parfaitement, nous finirions par renoncer à toutes nos conceptions, car il n'en est aucune qui ne renferme ou ne suppose un fond obscur et mystérieux. Pour ne pas être contraire à la raison, il suffit qu'une affirmation ne soit pas contradictoire dans les termes ou incompatible avec une vérité certaine. Or, aucune affirmation du christianisme n'est dans ce cas.

Malheureusement, il n'en est pas ainsi d'une partie des affirmations des représentants officiels de la religion, et évidemment si leurs doctrines n'étaient pas jusqu'à un certain point en opposition avec les vérités constatées par le raisonnement, le grand conflit entre la raison et la foi, qui divise aujourd'hui les âmes, n'aurait pas eu l'occasion de naître, la question que j'ai à traiter ne serait pas posée.

L'examen approfondi des points sur lesquels s'est produit le conflit et la preuve détaillée de la conformité des vérités constatées par le raisonnement avec les principes de l'Evangile m'entraînerait dans des discussions théologiques qui ne sont pas de mon sujet. Je me bornerai à prouver qu'à la fin du moyen-âge les chefs de l'Eglise catholique ont dévié de la ligne tracée au développement normal du christianisme et que cette déviation, sans porter atteinte d'abord aux principes fondamentaux de la religion, a commencé par fausser les conséquences qu'on a tirées de ces principes, a abouti ensuite à des contradictions flagrantes entre l'enseignement ecclésiastique et les conclusions les plus incontestables des sciences physiques et sociales et enfin a conclu récemment à une altération profonde de la vérité religieuse même.

Ce n'est pas dans un sentiment d'hostilité contre le catholicisme que j'entreprends cette démonstration. Au contraire, je crois toujours que de toutes les formes que le christianisme a revêtues dans le cours de l'histoire, le catholicisme a été jusque dans ces derniers temps la moins imparfaite. Mais il n'en est plus de même depuis le Concile du Vatican. Les dogmes nouveaux proclamés à Rome ont tellement transformé le caractère du catholicisme qu'à peine l'Eglise qui les accepte peut être appelée aujourd'hui du nom de chrétienne. Car ce n'est plus seulement sur la parole de Jésus-Christ que cette Eglise se fonde, c'est sur celle de la série entière des successeurs de Saint-Pierre, tous hommes capables de péché, dont quelques-uns ont été d'abominables scélérats, et qui deviennent les organes infaillibles de la volonté divine au même titre que le fils de Dieu. Or, comme nous allons le voir, la voie funeste où s'engagea le clergé à la fin du XIIIe siècle, conduisait nécessairement à cette négation de l'essence même du christianisme. Il est vrai que cette voie, il pouvait à chaque instant l'abandonner, et s'il ne l'a pas fait, ce n'est pas que les avertissements et les occasions lui aient manqué.

Comme je l'ai déjà indiqué, on distinguait la foi de la raison dès les premiers siècles du moyen-âge, car cette distinction est fondée sur la nature des choses, mais on ne voyait pas d'opposition entre elles. S. Anselme avait placé la question sur le véritable terrain. « Le chrétien, dit-il, doit aller à l'intelligence par la foi. Mais si l'ordre convenable exige que nous croyions d'abord avant de raisonner, ce semble une négligence de ne pas chercher à comprendre ce que nous avons appris à croire [1]. » Le pieux archevêque exprimait ainsi sous les formes de son temps la grande vérité dont le développement du christianisme offre la preuve manifeste : que des croyances acceptées d'abord par la foi seule finissent par devenir parfaitement rationnelles. Malheureusement la philosophie scolastique ne persévéra pas dans cette voie.

J'ai parlé déjà de la révolution qu'Albert-le-Grand et

---

[1] Voir les passages cités par Kadlich : *Gesch. der scholastischen Philosophie*, t. I, p. 302.

S. Thomas d'Acquin opérèrent dans cette philosophie en posant la distinction entre l'ordre naturel et l'ordre surnaturel. Cette distinction concluait par elle-même à une certaine opposition entre la raison et la foi. Mais cette opposition purement théorique n'aurait probablement pas pris le caractère tranché qu'elle ne tarda pas à manifester, si une cause plus puissante n'eût amené une scission profonde entre les chefs de l'Eglise et le monde laïque.

L'histoire nous offre de nombreux exemples de pouvoirs qui, parvenus au comble de la prospérité par suite de services rendus, sont tombés plus rapidement qu'ils ne s'étaient élevés, parce qu'arrivés au faîte, ils ont été aveuglés par leur propre puissance et n'ont pas su se modérer eux-mêmes. Les chefs de l'Eglise catholique aussi ont échoué contre cet écueil.

Personne assurément ne saurait contester les immenses services que le clergé catholique a rendus à la société européenne, de la chute de l'empire romain au XIIIe siècle. La fondation des nationalités modernes, la transformation morale, politique et sociale de l'Europe, la conservation de la science ont été en grande partie son œuvre. La haute position à laquelle la papauté s'était élevée de Grégoire VII à Innocent III, avait donc été acquise légitimement et l'influence que le successeur de Saint-Pierre exerçait en Europe était la juste récompense de la part qu'il avait prise aux progrès de la civilisation.

Or, jusque-là cette influence avait été morale avant tout et pour durer, elle devait, à mesure que la confusion des pouvoirs propre au moyen-âge tendait à disparaître, devenir de plus en plus et exclusivement morale et s'exercer invariablement dans le sens du progrès. Il fallait que le Pape se fît en vérité le serviteur des serviteurs de Dieu et que toute œuvre entreprise en faveur de l'amélioration des institutions sociales, de la réforme des abus existants, de l'avancement des connaissances humaines pût compter sur le concours dévoué du clergé.

Mais un pareil sentiment n'animait plus les chefs de l'Eglise à la fin du XIIIe siècle. La cour de Rome et les résidences épiscopales étaient elles-mêmes le siége des principaux abus qu'il aurait fallu déraciner, et la puissance morale que la papauté avait acquise en vertu d'un devoir accompli, elle la revendiquait comme un droit, comme une autorité légitime sur le monde entier, autorité qu'elle prétendait tenir directement de Dieu.

Alors fut formulée cette théorie du *pouvoir direct* qui compta tant d'adhérents dans les sommités de l'Eglise. « Suivant cette théorie, dit M. Feugueray [1], l'Eglise et le souverain pontife qui la personnifie, ont reçu de Jésus-Christ en la personne de Pierre un plein pouvoir de gouverner le monde aussi bien au temporel qu'au spirituel, avec cette différence qu'ils doivent exercer par eux-mêmes le pouvoir spirituel et qu'au contraire ils confient le pouvoir temporel aux mains séculières qui sont chargées de l'exercer pour eux et suivant leurs ordres. L'autorité politique dans ce système émane donc de l'autorité ecclésiastique qui l'institue, qui la dirige et qui a le droit de la destituer aussitôt qu'elle contrevient à ses commandements ; le prince n'est plus que le ministre de l'Eglise ; en dehors de l'institution papale, il n'y a plus d'autorité légitime et le Pape héritier par Saint-Pierre de Jésus-Christ devient le seul souverain et le maître absolu de l'humanité. »

Boniface VIII voulut mettre cette théorie en pratique, mais sa tentative fut le signal de la chute du pouvoir politique de la papauté qui à partir de ce moment s'affaissa rapidement. Cependant, malgré la théorie plus modérée du *pouvoir indirect* qu'adoptèrent la plupart des théolo-

[1] *Essai sur les doctrines politiques de Saint-Thomas*, p. 148.

giens et qui ne reconnaissait à l'Eglise le droit de régler les choses temporelles que dans le cas où la religion y était intéressée, la doctrine du pouvoir direct se conserva longtemps à Rome; elle y fleurissait encore au XVIe siècle et peut-être n'y a-t-elle pas complétement disparu aujourd'hui.

Mais quoiqu'elle n'ait pas prévalu dans les sociétés chrétiennes, elle n'en a pas moins eu les conséquences les plus funestes.

La doctrine du pouvoir direct était en contradiction flagrante avec un des principes essentiels du christianisme, celui de la division du pouvoir en temporel et spirituel. Elle donnait un démenti formel à l'idée même de l'Eglise chrétienne, c'est-à-dire d'une société unie seulement par la communauté des croyances, dont les pouvoirs ne jouissent que d'une autorité morale et qui n'admet aucune contrainte extérieure. Le principe de la séparation des pouvoirs avait souvent été violé, il est vrai, dans le moyen-âge, par suite des circonstances historiques et des habitudes théocratiques qui s'étaient établies. Mais le progrès voulait qu'on détruisît peu à peu ces abus nés dans une période de désordres et non qu'on les érigeât en principe. Or, en même temps que le Pape revendiquait le pouvoir absolu sur le monde entier, les évêques défendaient avec énergie les pouvoirs particuliers de toute espèce dont ils étaient investis. Sur une question capitale, la papauté et le clergé se prononcèrent donc dans un sens contraire à la raison et au progrès, parce que leur intérêt personnel était en opposition avec les exigences logiques de la situation.

De ce moment, c'est-à-dire depuis le commencement du XIVe siècle, les chefs de l'Eglise se préoccupèrent avant tout de conserver leurs positions, leurs priviléges, les avantages et les droits acquis dont ils jouissaient, et abandonnèrent, sinon complétement, du moins sur la plupart des points, la mission qu'ils avaient si longtemps et si glorieusement remplie en tête du progrès. Comme leurs droits et leurs privilèges étaient étroitement liés aux institutions politiques et sociales qui existaient, ils furent opposés à toute réforme de ces institutions, quelle qu'elle pût être. Lorsque la raison, tirant peu à peu de la morale chrétienne les conséquences qui y étaient contenues, réclamait de nouvelles libertés publiques, des améliorations sociales de tout ordre, ils furent les premiers à repousser toute innovation. Ils se firent ainsi les soutiens de tous les anciens pouvoirs, de toutes les vieilles idées, et au lieu d'être les initiateurs du mouvement, ils devinrent les plus forts appuis de l'esprit de résistance et de réaction. Le fait est que presque tous les progrès accomplis en Europe, depuis le XIVe siècle, l'ont été sans eux et souvent contre eux.

L'opposition qui se produisit en raison de ces circonstances entre le corps sacerdotal et la société civile, ne pouvait manquer de réagir sur la distinction que les théologiens avaient établie entre la raison et la foi. Le clergé s'attacha à cette distinction, parce qu'au moment où toutes ses prérogatives étaient contestées, il se réservait au moins un domaine où personne ne pourrait l'attaquer. Ses adversaires l'accueillirent par des motifs analogues : sur le terrain de la raison, ils pouvaient repousser les prétentions de l'Église, et ce furent en effet les théologiens hostiles à la papauté qui poussèrent cette distinction jusqu'à ses dernières limites. L'enseignement laïque se sépara ainsi de l'enseignement ecclésiastique, et tandis que ce dernier s'immobilisa dans la tradition reçue, sans oser en éliminer aucun des éléments condamnés par la logique, sans essayer de lui faire produire des fruits nouveaux, le premier marchant en avant au risque de rompre avec la foi, commença par briser avec violence les entraves que la philosophie d'Aristote imposait à la raison chrétienne et ne tarda pas à ouvrir la voie féconde qui a conduit à la science et à l'état social de notre temps.

Telles sont, suivant moi, les causes générales qui ont amené l'opposition si funeste qui règne aujourd'hui entre la raison et la foi. Mais ces mêmes causes ont engendré des effets secondaires qui n'ont fait qu'élargir l'abîme. Je crois nécessaire d'indiquer les principaux de ces nouveaux éléments d'opposition.

Par une suite toute naturelle de la séparation établie entre les connaissances qui sont du domaine de la raison et celles qui sont du domaine de la foi, le clergé a été porté à s'attribuer en matière de foi une compétence qui dépasse de beaucoup les limites de l'autorité à laquelle il pouvait prétendre légitimement. Il a déclaré obligatoires et infaillibles les décisions en matière de foi quelles qu'elles fussent, que rendrait l'Eglise représentée par l'universalité des évêques, quoique les principes mêmes de l'enseignement théologique fussent contraires à une telle extension de ses pouvoirs.

La mission divine de Jésus-Christ étant admise, le domaine de la foi se trouve naturellement renfermé dans les limites de l'enseignement donné par le Christ. Cet enseignement a été transmis en partie par les écrits des évangélistes et des apôtres, en partie par la tradition, et le premier des devoirs de l'Eglise était de le conserver dans sa pureté. Mais personne évidemment ne pouvait y ajouter rien qui eût le même caractère obligatoire, et les conséquences nouvelles et innombrables qu'on devait en tirer, tout en participant à la vérité des principes dont elles étaient déduites, ne pouvaient toujours avoir que le caractère de vérités découvertes par l'homme et produites par le raisonnement.

Aussi la doctrine constante des théologiens, jusque dans les derniers temps, était qu'en matière de foi, l'autorité de l'église ne consistait que dans le témoignage qu'elle rendait sur l'enseignement de Jésus-Christ. Les décisions de l'Eglise, en ce qui concerne le dogme et la morale, ne sont que le témoignage de la foi primitive des églises fondées par les apôtres qui, par une tradition non interrompue, s'est transmise jusqu'à nos jours; voilà le principe qui a toujours été opposé aux hérétiques et dissidents de toute espèce. Ce n'était qu'à l'égard de ce témoignage que l'Eglise se déclarait infaillible, et l'assistance du Saint-Esprit promise par Jésus-Christ n'était invoquée que pour en corroborer la certitude. Car si rien n'empêche de croire que sous l'inspiration de l'esprit saint, c'est-à-dire de la conscience intime et du sentiment profond des vérités chrétiennes, la logique humaine doit tirer plus facilement de ces vérités les conséquences qu'elles renferment, et si même plusieurs passages de l'Evangile contiennent cette promesse, il n'en est pas moins vrai que jusqu'à nos jours on n'avait jamais admis dans l'Eglise que Jésus-Christ avait institué une révélation permanente, ni investi personne du pouvoir d'annoncer au monde des vérités morales et dogmatiques nouvelles.

Le droit de rendre témoignage de l'enseignement reçu appartient tout naturellement à l'ensemble de ceux qui se sont constitués en communauté sur la base de la croyance enseignée, et sous ce rapport l'autorité de l'Eglise, c'est-à-dire de *l'ensemble de tous les fidèles*, est parfaitement rationnelle. Il était naturel aussi que ce droit fût exercé de préférence par ceux qui étaient chargés de l'enseignement, c'est-à-dire par les évêques, sous réserve du droit des fidèles de réclamer contre les décisions épiscopales qui seraient contraires à la foi traditionnelle, droit que Bergier encore reconnaissait pleinement [1].

Mais autre chose est de témoigner qu'une prescription a été donnée en tels termes, qu'un enseignement dogmatique a été formulé de telle manière, autre chose de tirer les conséquences de principes formulés ainsi, d'en déterminer

---

[1] *Dictionnaire de théologie*. Ed. de Mgr Gousset, 1844, article EGLISE, t. II, p. 391.

les applications. Pour qu'un témoignage soit véridique, il suffit que ceux qui le rendent aient le souvenir exact du fait sur lequel il porte, et quand ce témoignage est rendu uniformément par un grand nombre de personnes qui ont tout intérêt à dire la vérité, on peut admettre même au point de vue de la probabilité humaine, qu'il est infaillible. Mais quand il s'agit de déduire d'un principe les conséquences qu'il renferme, de l'appliquer à des cas particuliers, ce n'est que par un raisonnement et souvent un raisonnement très-compliqué qu'on peut arriver au but. Or, si un raisonnement portant sur des questions de ce genre est évident par lui-même, nul n'aura besoin de faire un acte de foi pour en accepter la conclusion; cette conclusion s'imposera d'elle-même. S'il n'est pas évident, si la conclusion qu'on prétend déduire du principe n'est pas certaine, je ne dirai pas seulement quel droit, mais quel intérêt moral et religieux aurait-on à l'imposer? Dans ce cas, le mieux sans doute est d'abandonner la question à la libre discussion ; si la certitude peut se faire, elle se fera par la seule force du raisonnement.

Cette liberté est d'autant plus nécessaire que souvent un principe est émis sans que celui qui l'a formulé ait prévu tous les cas particuliers auxquels il peut être applicable. Lorsque ces cas se présentent plus tard, on cherche vainement un guide dans le principe qui souvent comporte plusieurs solutions contraires. C'est ce qui arrive notamment dans l'interprétation des lois positives. Les auteurs du Code civil français, par exemple, croyaient bien avoir prévu toutes les difficultés qu'ils avaient à régler, et dans leur opinion ce Code était rédigé assez clairement pour qu'il ne pût s'élever aucun procès sur une question de droit. Mais à peine se fut-il écoulé une vingtaine d'années qu'il avait surgi sur chaque article trois ou quatre questions dont le texte ne donnait pas la solution et dont quelques-unes offraient assez de difficultés pour que la cour de cassation les ait résolues plusieurs fois en sens opposé. Or, s'il est nécessaire que les tribunaux rendent une décision sur toutes les questions de droit qui leur sont soumises et se substituent ainsi dans un grand nombre de cas au législateur, la même nécessité n'existe certainement pas pour ceux qui sont chargés de l'enseignement religieux et moral.

On dira peut-être que Jésus-Christ connaissait jusque dans leurs moindres détails toutes les conséquences possibles de la doctrine nouvelle qu'il apportait au monde. J'en doute beaucoup, par des raisons que j'exposerai bientôt; mais admettons qu'il en ait été ainsi; en tout cas, il ne les a pas enseignées toutes à ses apôtres, et il n'aurait pu le faire, car elles sont infinies et les apôtres eussent été absolument incapables de s'en rendre compte. L'enseignement de Jésus-Christ a donc été fait dans les termes généraux qui nous ont été transmis. Cet enseignement contenait certainement en germe toute la civilisation moderne; mais il a fallu le travail de toutes les générations suivantes et les efforts constants du raisonnement et de l'intelligence pour en faire sortir toutes les vérités qu'il contenait. Ces vérités n'étaient donc pas enseignées explicitement dès le commencement. Il est hors de doute que les problèmes ontologiques et moraux que soulevait la doctrine chrétienne ne se sont posés que successivement. On peut dire qu'ils étaient résolus en principe dans cette doctrine; mais prétendre qu'ils le fussent explicitement avant d'avoir été posés, serait nier l'évidence des faits.

De même on ne saurait dire que l'assistance du Saint-Esprit, promise par Jésus-Christ à ses disciples, constitue un privilège exclusif pour une classe particulière de fidèles, que les inspirations du Saint-Esprit se traduisent en formules précises comme les paroles de Jésus-Christ, qu'elles exercent une coercition sur l'intelligence humaine en excluant les erreurs qui résultent de la mauvaise volonté et de la passion. L'Esprit de Dieu a aidé sans doute l'humanité à faire fructifier les germes de l'enseignement chrétien; mais en réalité c'est elle-même qui a accompli cette œuvre et qui l'a accomplie librement et activement, sans être un instrument purement passif aux mains de Dieu. Veut-on admettre une coopération du Saint-Esprit dans toutes les idées grandes et fécondes qu'elle a tirées de la pensée chrétienne? J'y consens volontiers. Mais alors reconnaissons que cette coopération n'a enlevé à aucune de ces idées le cachet de l'imperfection humaine et que les vérités découvertes par la raison peuvent aussi bien s'autoriser de l'assistance du Saint-Esprit que les développements qu'a reçus la foi.

Il est d'autant plus indispensable d'abandonner à la libre discussion les conséquences qu'on peut déduire des principes enseignés par Jésus-Christ, que les vérités découvertes par le raisonnement sont toujours incomplètes et que la connaissance de faits nouveaux, des changements survenus dans les relations sociales, peuvent modifier singulièrement les solutions auxquelles on s'était arrêté d'abord. Qui n'a présent devant les yeux les cruels démentis infligés par le progrès des sciences physiques à certaines affirmations dogmatiques qui paraissaient le mieux établies? Qui ne se rappelle le sort des doctrines ecclésiastiques sur l'immobilité de la terre, les antipodes, les jours de la création? Et quant à l'influence des circonstances sociales sur la position et à plus forte raison sur la solution des questions morales, qu'on se souvienne des discussions interminables qu'a provoquées dans le moyen-âge la question de savoir si le Pape avait le droit de délier les sujets de leurs devoirs de fidélité envers le prince. Quel intérêt une telle controverse pourrait-elle avoir dans les sociétés démocratiques modernes? On n'est donc jamais assuré qu'une affirmation qui à une certaine époque paraîtra une conséquence parfaitement légitime d'un principe, n'aura pas besoin d'être modifiée plus tard en vertu de changements qui seront survenus dans l'ensemble des connaissances ou dans les points de vue généraux, et vouloir s'astreindre à respecter comme vérités définitives toutes les conséquences qu'on aura tirées à un certain moment d'un principe donné, serait s'interdire volontairement tout travail intellectuel ultérieur.

Il résulte des considérations qui précèdent que l'autorité qui s'attache au témoignage ne saurait s'étendre en aucune façon aux conséquences qu'on tire des principes auxquels ce témoignage s'applique, et qu'il faut absolument distinguer sous ce rapport entre le principe et les conséquences. Or, les représentants de l'Eglise ont très-peu tenu compte de cette distinction.

Dès les premiers siècles, le grand mouvement intellectuel qui s'opéra au sein du christianisme et surtout la discussion contre les hérétiques amena l'Eglise à formuler un certain nombre d'affirmations dogmatiques dont quelques-unes dépassaient incontestablement le simple témoignage, tout en étant des conséquences rigoureuses des principes transmis par l'enseignement, et qui cependant furent imposés à la foi aussi bien que ces principes mêmes. Mais tant que ces décisions furent réservées aux conciles généraux et que les évêques qui composaient ces conciles furent les représentants effectifs des fidèles et se trouvèrent complétement d'accord avec la majorité d'entre eux, le mal qui résultait de cette confusion était sujet à remède. Si le progrès s'était opéré régulièrement, il aurait dû arriver en effet un jour où, par le développement de la raison chrétienne, les fidèles et leurs représentants les évêques auraient fait la distinction de l'enseignement provenant de Jésus-Christ et de celui qu'y avait ajouté l'Eglise et cessé d'appliquer les mêmes règles à l'un et à l'autre. Mais les choses ne se passèrent pas de cette manière.

Dans le moyen-âge déjà, les évêques n'étaient plus les

véritables représentants des fidèles. Et d'un autre côté la papauté, en même temps qu'elle revendiquait le pouvoir direct sur les princes, s'arrogeait l'infaillibilité en matière de foi.

Cependant cette prétention était trop directement opposée à la doctrine encore universellement reçue du témoignage pour qu'elle fût acceptée par les peuples chrétiens. Mais grâce à la scission qui s'opérait alors entre la raison et la foi, la question fut traitée uniquement comme une affaire intérieure des pouvoirs ecclésiastiques. On s'occupa seulement de savoir si c'était au concile général ou au Pape à rendre en matière de foi les décisions obligatoires pour l'Eglise. Et cette question même ne fut pas vidée, chacun conserva son opinion : le Pape ne cessa de se croire infaillible ; l'église gallicane maintint la doctrine de la supériorité des conciles généraux. Et des deux côtés on revendiqua pour les pouvoirs ecclésiastiques une autorité exclusive et illimitée en matière de foi.

En vain la raison des fidèles avait fait entendre pendant deux siècles le cri de : Réforme de l'Eglise dans son chef et dans ses membres. Au déni de justice de l'autorité ecclésiastique, la moitié de l'Europe répondit enfin par un excès contraire, en se séparant de l'Eglise et rompant l'unité.

Depuis lors la distinction établie entre le domaine de la raison et celui de la foi n'a fait que confirmer le clergé dans les pouvoirs non justifiés qu'il s'est attribués.

La raison ayant cessé de revendiquer toute compétence en matière de foi, le pouvoir religieux exerça à l'égard des croyances une autorité sans limites. Depuis longtemps il ne restait aux simples fidèles qu'un seul droit, celui d'obéir. Mais les formes mêmes sous lesquelles s'imposait anciennement cette obéissance cessèrent d'être respectées.

On ne convoqua plus de conciles généraux. Il fut admis que lorsque le Pape avait rendu une décision doctrinale et que chaque évêque l'avait acceptée séparément, cette décision acquérait la même valeur que si elle avait été décrétée par un concile. Ainsi étaient écartées les grandes discussions d'où avait tant de fois jailli la lumière et le peuple se désintéressait peu à peu des droits auxquels il avait jadis tenu le plus.

Par suite les théories des théologiens furent traitées presque à l'égal des décisions des conciles. Le système de théologie, généralement reçu depuis le moyen-âge, obtint une sorte d'autorité dogmatique. Des congrégations romaines rendirent sur des questions de philosophie des jugements obligatoires, auxquels des prêtres et des évêques furent forcés de se soumettre.

D'autre part cependant les progrès réalisés depuis le commencement de ce siècle, la supériorité évidente des institutions modernes sur celles de l'ancien régime, l'analogie incontestable entre les principes proclamés pendant la révolution et la morale de l'Évangile, l'essor prodigieux de toutes les sciences ne manquèrent pas d'exercer une influence marquée sur l'esprit du clergé. Beaucoup de ses membres les plus distingués déploraient la scission qui s'était opérée entre l'Église et la société moderne et on pouvait espérer que de ce côté du moins on ferait quelques efforts pour mettre fin à cette scission.

Mais la cour de Rome ne partageait pas ces sentiments. Le pouvoir temporel du Pape ne pouvait subsister qu'au nom des principes de l'ancien régime. L'Etat pontifical formait avec la Russie et la Turquie le dernier refuge de ces principes, ces pays étant les seuls où les institutions politiques des siècles passés se soient conservées sans mélange. En cette circonstance encore la papauté se préoccupa exclusivement de ses intérêts humains, et grâce aux conjonctures politiques, elle parvint non-seulement à empêcher la conciliation entre le catholicisme et les idées modernes, mais à faire accepter une prétention que depuis deux siècles elle osait à peine avouer : à faire adopter par l'Eglise le dogme de l'infaillibilité du souverain pontife.

Cette révolution fut préparée avec habileté et menée à fin avec énergie. On commença par mettre de côté cette théorie du témoignage qu'on avait encore respectée nominalement jusque-là. Elle disparut le 8 décembre 1854 quand le Pape, en présence d'environ deux cents évêques, proclama le dogme de l'Immaculée conception, bien qu'il fût constaté que cette croyance n'avait pas été admise toujours par toutes les églises catholiques. Ce nouveau dogme ne semblait avoir par lui-même qu'une importance secondaire. Ce fut une raison de plus pour que le public catholique, depuis si longtemps habitué à l'obéissance passive, laissât passer sans grande réclamation et le dogme lui-même et avec lui la plus grande innovation qui se fût faite depuis des siècles dans les usages de l'Eglise.

La publication du *Syllabus* fut le second pas dans la même voie. A une Encyclique, datée du 8 décembre 1864, le Pape joignit le tableau résumé *(Syllabus)* des principales erreurs *de notre temps*, condamnées par le Saint-Siége. La doctrine de la cour de Rome n'était énoncée dans cette pièce que sous forme négative, c'est-à-dire on pouvait l'induire *e contrario* des affirmations taxées d'erreur. Mais il en résultait clairement qu'on maintenait tous les priviléges dont l'Eglise avait joui au moyen-âge, toutes les prétentions même qu'elle avait formulées. On flétrissait la liberté de conscience, la tolérance religieuse, la désobéissance aux princes légitimes. La dernière proposition condamnée était ainsi conçue : Le pontife romain peut et doit se réconcilier et transiger avec le progrès, le libéralisme et la civilisation moderne.

Le concile du Vatican porta enfin le coup décisif. Nous n'avons pas à faire ici l'histoire de ce concile, où la papauté manifesta avec tant d'évidence de quelle étrange manière elle entendait la liberté ecclésiastique et comment elle respectait les règlements traditionnels des conciles. Dans la séance du 13 juillet 1870, le dogme de l'infaillibilité du Pape fut adopté par 451 évêques sur 601 votants. 88 Pères avaient répondu *non placet*, 62 avaient subordonné leur acceptation à certaines conditions. Le nouveau dogme comptait 115 adversaires qui semblaient décidés, et qui le furent assez pour quitter Rome le 15 juillet, avant la publication solennelle du décret. Auparavant déjà le concile avait adopté les articles du Syllabus relatifs à la foi et à l'Eglise, énoncés sous forme positive et pourvus de l'anathème.

Depuis lors tous les évêques dissidents, sauf un seul, dit-on, ont adhéré au dogme qu'ils avaient condamné d'abord. Un certain nombre de prêtres et de fidèles seulement réclament contre cette innovation à laquelle la masse des catholiques semble rester indifférente. Cette transformation radicale des doctrines les plus fondamentales de l'Eglise paraît devoir s'accomplir ainsi sans obstacles sérieux et sans même que la plupart de ceux qui y sont intéressés en aient conscience.

C'est ainsi que la persistance obstinée du clergé dans des prétentions injustes et la séparation absolue des domaines de la foi et de la raison qui en est résultée, a non-seulement créé un antagonisme mortel entre les représentants de la religion et la société moderne, mais a conduit l'Eglise catholique a nier son propre principe et à substituer la révélation permanente du Lamaïsme au seul enseignement divin de Jésus-Christ.

Je ferai voir par un exemple particulier comment dans l'hypothèse d'un développement normal de la raison fondée sur les principes du christianisme, la foi eût pu s'épurer successivement elle-même et se dépouiller de tous les éléments étrangers à l'esprit chrétien, tandis qu'en cherchant à retenir à tout prix ces éléments, elle s'est mise en contradiction directe avec la raison.

Lorsqu'une nouvelle religion fait son apparition dans le monde, il lui est impossible d'opposer une négation directe à toutes les croyances antérieures, quelque contraires qu'une partie d'entre elles puissent être à son propre enseignement. Je n'ai pas besoin d'insister sur ce point pour les religions fausses qui le plus souvent ne font que reproduire des croyances antérieures sous des formes nouvelles. Mais il en est ainsi même pour les religions vraies. En effet, il suffit à celles-ci de poser nettement les principes religieux et moraux par lesquels elles diffèrent des religions admises au moment où elles paraissent; mais elles n'ont pas à s'occuper de la masse immense des idées scientifiques, artistiques, politiques, sociales, qui se sont formées sous l'empire de ces anciennes croyances et qui constituent la raison commune du temps; car, quoiqu'elles soient appelées à transformer toutes ces idées et à leur substituer une raison toute nouvelle, cette transformation ne peut s'opérer que dans la suite des siècles, et si en attendant l'enseignement nouveau ne se mettait pas à la portée de la raison existante, personne ne pourrait le comprendre ni par conséquent l'accepter.

Ainsi au moment de la venue de Jésus-Christ, la raison admettait avec une certitude parfaite un système astronomique et cosmologique tout à fait contraire à la vérité. On rapportait une foule de phénomènes physiques, météorologiques, physiologiques, pathologiques à l'action de génies, de démons répandus dans l'air. On attribuait des influences mystérieuses à des combinaisons de nombres, à des figures, à des formules écrites ou prononcées, à des objets matériels de toute espèce. Ces idées et beaucoup d'autres du même genre étaient profondément enracinées dans les esprits; elles faisaient partie de la raison même et il n'aurait servi à rien de les combattre directement tant que les croyances polythéistes sur lesquelles elles se fondaient n'avaient pas disparu. C'était donc aux idées les plus générales qu'il fallait s'attaquer d'abord; les autres devaient se transformer par l'effet seul de la logique.

Jésus-Christ avait-il l'intuition de la science véritable ? Rien n'oblige à le croire. Les théologiens ont toujours distingué avec raison entre la nature divine et la nature humaine du Christ et la plupart ont admis que la science infinie de Dieu à laquelle Jésus participait en tant que Verbe, n'a pu se transmettre à son intelligence humaine. Tous ont admis aussi que la science humaine de Jésus-Christ a pu croître et se perfectionner dans le cours de sa vie. Il est donc naturel de supposer que comme homme Jésus ne possédait que la raison de son temps.

En tout cas, s'il avait possédé la science absolue, il lui eût été impossible de l'enseigner à ses contemporains. Le fondateur d'une religion ne saurait être un maître de philosophie, faisant un cours à quelques disciples; c'est à la multitude que doit s'adresser son enseignement. Or, la science que nous possédons aujourd'hui est loin d'être absolue. Ce n'est pas sans peine néanmoins qu'on parvient à l'enseigner à la jeunesse chrétienne, et quant aux peuples qui se trouvent encore aujourd'hui au degré de civilisation où était l'empire romain au temps de Jésus-Christ, ils ne pourront se l'approprier qu'après une longue préparation, comme le prouvent les résultats absolument nuls de l'enseignement scientifique des Jésuites en Chine. Jésus ne pouvait donc enseigner à ses disciples que les points essentiels de la doctrine nouvelle; pour tout le reste il devait se conformer à la raison de son époque.

Il n'est donc pas surprenant que dans les documents et les usages primitifs de l'Eglise, on trouve beaucoup de notions et de pratiques qui rappellent les croyances et la science antiques. La raison chrétienne était parfaitement suffisante pour éliminer ces éléments impurs qui ne se rattachaient qu'extérieurement à la religion nouvelle et qui au fond étaient contradictoires à la pensée chrétienne. Mais pour qu'elle le fît, il fallait qu'elle fût assez développée pour ne plus se satisfaire des conceptions anciennes sur l'homme et la nature, pour s'enquérir d'un système de l'univers plus conforme à la notion de la puissance et de la perfection infinie de Dieu. Or, à un développement pareil il fallait le temps.

Ni la période romaine du christianisme, où toute la société était encore pénétrée des idées antiques, ni les premiers siècles du moyen-âge, où l'enseignement s'adressait à des barbares imbus de mille superstitions, n'étaient propices pour l'accomplissement de ce grand progrès de la raison. Déjà dans le moyen âge, cependant, l'Eglise combattit énergiquement quelques-unes des croyances et des coutumes païennes que l'invasion barbare avait généralisées en Europe. Il fallait donc qu'elle marchât résolûment dans cette voie et qu'elle s'attaquât aussi aux superstitions que jusque-là elle avait partagées elle-même. C'est au XIII siècle, quand le monde antique eut fait place à un monde tout à fait nouveau, que cette œuvre devait être entreprise. Mais ce fut alors que survint la grande scission entre la raison et la foi, entre l'enseignement donné d'autorité par l'Eglise et le développement libre de la science. Et l'Eglise, défendant avec une vigilance jalouse le domaine qui lui était resté, conserva avec une sollicitude égale ce qui dans sa tradition constituait le véritable enseignement chrétien et ce qui y avait pénétré des croyances antiques.

L'œuvre fut accomplie, mais par la société laïque, par la raison séparée de la foi. Chaque vérité nouvelle découverte par le raisonnement mettait à néant l'un de ces débris de la science antique auxquels tenait encore l'Eglise. Celle-ci fut amenée ainsi à combattre successivement toutes les découvertes qui renversaient des préjugés traditionnels et à se mettre en opposition avec tous les progrès de la science moderne. De quel côté s'est trouvé là le Saint-Esprit, l'esprit de vérité ? Est-ce du côté du préjugé antique ou de l'évidence scientifique, du côté de Galilée ou des inquisiteurs romains?

Je n'en dirai pas davantage. Je crois avoir suffisamment fait connaître les causes de l'antagonisme à peu près inconciliable qui s'est produit entre la raison moderne issue du christianisme et les représentants officiels de la religion.

Personne aujourd'hui ne peut savoir quelles seront les suites du concile du Vatican. La doctrine qui a prévalu au sein de ce concile s'implantera-t-elle dans l'Eglise catholique, qui alors sera condamnée à un dépérissement lent, mais indubitable? Ou bien une réaction salutaire renversera-t-elle l'œuvre de 1870 et amènera-t-elle la réforme si nécessaire de l'Eglise? Ce dernier résultat me paraît peu probable. L'Eglise catholique me semble arrivée à un point où il lui est impossible de se réformer elle-même. Mais je ne crois pas davantage que le sentiment religieux soit éteint dans la société moderne et que celle-ci se contentera longtemps du panthéisme ou du matérialisme ou d'autres théories philosophiques. Par la force même des choses, il s'accomplira donc une réforme dans la religion chrétienne et j'espère que cette réforme s'étendra aux diverses confessions qui se partagent aujourd'hui le monde chrétien et les reliera entre elles pour en former une seule Eglise universelle.

Il serait facile, au cas d'une réforme pareille, de déterminer le terrain où pourraient se concilier parfaitement la raison et la foi et sur lequel par conséquent devraient se placer les représentants de l'Eglise.

Malgré la fusion qui s'est opérée dans la suite des siècles entre les principes de la raison et ceux du christianisme, il reste et il restera toujours un domaine réservé à la foi, en tant que celle-ci consiste dans la croyance à des vérités qui dans un moment donné ne peuvent être démontrées rigoureusement. Les honnêtes gens de toute opinion croient aujourd'hui aux prescriptions de la morale chrétienne ; beaucoup reconnaissent la vérité des affirmations du christianisme sur l'unité de Dieu, la spiritualité de l'âme, la vie future, et parmi eux cependant il en est un grand nombre qui ne voient pas de raison suffisante pour attribuer à l'auteur de ces vérités un caractère divin, parce qu'il n'est pas possible de donner de sa divinité une démonstration mathématique. D'autre part, toutes les promesses d'avenir du christianisme, tous les bienfaits futurs que l'humanité doit tirer de la réalisation de la morale chrétienne, les yeux de la foi seule peuvent les voir avec certitude. En tout état de cause, et jusqu'à l'accomplissement des temps, il subsistera un vaste espace pour la foi.

Mais la première condition de la foi, c'est d'être libre. La foi ne s'impose pas. Jésus-Christ a proposé sa doctrine à l'acceptation libre des hommes et cette acceptation libre forme un des principes essentiels du christianisme. La contrainte exercée pour faire entrer des hommes dans le giron de l'Eglise ou pour les y maintenir n'a donc jamais été justifiable. Lorsqu'un homme est convaincu que c'est Dieu qui lui parle, il est de son devoir d'accepter le commandement divin ; mais Dieu seul peut être juge de cette conviction. Nul individu n'est capable de savoir si c'est de bonne ou de mauvaise foi que son semblable repousse un enseignement qu'on lui présente comme venant d'en haut. L'autorité de l'Eglise ne peut donc s'exercer en aucune manière sur ceux qui ne la reconnaissent pas volontairement.

Par la même raison, toute tentative de l'Eglise d'empêcher ceux qui ne lui appartiennent pas de discuter, d'exposer et d'enseigner librement leurs opinions, serait un abus de pouvoir coupable. Ce serait en outre, dans notre temps, un manque étrange de confiance en la raison chrétienne.

En effet, comme je l'ai dit souvent, ceux mêmes qui aujourd'hui se montrent hostiles à la religion révélée, croient à la morale chrétienne. Leur raison est pénétrée des principes du christianisme. C'est au nom de ces principes que la masse de la société croyante ou incrédule juge en réalité les opinions diverses qui font appel à sa raison. Laissez donc les erreurs se produire. Les contradictions qu'elles ne pourront manquer d'opposer aux vérités généralement reconnues suffiront pour en faire justice. Le matérialisme, par exemple, pourra séduire quelques intelligences tant qu'il se tiendra sur le terrain des sciences physiques; mais sitôt qu'il formulera ses conséquences morales: l'indifférence du bien et du mal, la valeur égale du vice et de la vertu, il tombera devant la réprobation universelle.

Vis-à-vis de ceux qui acceptent la foi chrétienne, la position de l'Eglise serait différente, non qu'elle puisse posséder sur eux une autorité proprement dite, mais parce qu'elle serait tenue envers eux à un devoir, celui de conserver l'unité de la foi.

Le véritable lien entre les hommes, c'est l'unité des croyances. Sans elle il n'y a ni raison commune, ni action commune, ni sentiment commun. Unir l'humanité entière dans une même croyance, tel est le but suprême du christianisme. C'est le seul moyen en effet d'établir, sans l'emploi de la force, la communauté des travaux de tous les hommes et de tous les peuples, leur coopération à la grande œuvre de la civilisation. Hors de l'unité des croyances la société ne peut se maintenir que par la contrainte matérielle, qui est impuissante à résister longtemps à l'action dissolvante des intérêts.

C'est en ce point que consistait la supériorité de l'Eglise catholique sur toutes les autres confessions chrétiennes. Seule elle a maintenu fermement le principe de l'unité. Dans les derniers siècles, les églises luthériennes et calvinistes ont bien essayé aussi de sauvegarder l'unité jusqu'à un certain point en exigeant la croyance à certains dogmes, la participation à un certain culte. Mais on leur a objecté avec raison que c'était faire du catholicisme et que l'essence du protestantisme était l'indépendance absolue de la conscience protestante. Toutes les tentatives de reconstitution des églises protestantes ont échoué contre cet argument irrécusable, et depuis, le morcellement et la division en sectes n'a fait que continuer et des théologiens ont pu se dire chrétiens même en niant l'existence historique de Jésus-Christ.

Mais il n'est pas nécessaire, ni même utile, que l'unité existe sur tous les points, car dans ce cas il n'y aurait place ni pour la liberté des opinions, ni pour la discussion, ni pour le développement de la raison. Il suffit qu'elle existe sur les points fondamentaux, sur les principes essentiels, sur les enseignements que nous tenons du divin maître lui-même. Tout le reste a été ajouté par les hommes et est sujet aux variations de l'opinion humaine.

Le vaste échafaudage dogmatique que l'Eglise catholique a construit dépasse de beaucoup le besoin de l'unité nécessaire. Œuvre de la théologie, il embrasse bien des objets étrangers à l'enseignement du Christ et par conséquent il ne saurait être pris pour base de la foi. La même observation s'applique aux principales confessions formulées par les protestants depuis la Réforme. Il suffirait à cet égard d'un credo court et substantiel, simple comme l'enseignement de l'Evangile. Le symbole des apôtres a suffi pendant plusieurs siècles à l'Eglise; il ne faudrait guère plus de propositions pour exprimer toutes les vérités essentielles du christianisme.

Je concevrais que celui qui voudrait faire partie de l'Eglise fût tenu d'accepter le credo qu'elle aurait formulé. Ce serait la seule autorité à laquelle il se soumettrait, le seul point sur lequel il renoncerait à l'indépendance de sa conscience, et bien entendu cette renonciation serait parfaitement libre et rien n'empêcherait celui qui l'aurait faite de la retirer quand il le voudrait.

En dehors du texte précis de ce credo, et notamment pour l'interprétation de ce texte et pour les conséquences à en tirer, j'admets la liberté pleine et entière des opinions. En acceptant une certaine croyance, on ne renonce pas à la logique et on conserve surtout le droit de déduire des principes qu'on a acceptés toutes les conséquences qu'ils peuvent renfermer et d'y croire tant qu'on ne s'est pas convaincu qu'elles sont erronées. Et l'erreur pour ceux qui se trouvent dans cette position est beaucoup moins facile et moins probable que pour les adversaires directs de la religion chrétienne. Car la logique est indépendante jusqu'à un certain point de la volonté des individus et s'il n'est pas troublé par l'intérêt et la passion, le raisonnement tire des principes vrais des conséquences véritables. Si aujourd'hui la libre discussion n'offre aucun danger sérieux même de la part des incrédules, à plus forte raison ne pourrait-elle être qu'utile entre ceux qui reconnaissent des principes communs.

L'unité dans un pareil système n'existerait de droit que sur un petit nombre de points fondamentaux, mais de fait elle se réaliserait sur la plupart des questions, puisque les facultés logiques sont les mêmes chez tous les hommes et que partant d'un même principe ils doivent arriver à la même conclusion.

J'admets que s'il éclatait dans l'église des divisions graves capables de troubler profondément la conscience des fidèles, s'il s'élevait sur l'interprétation ou les conséquences de telle ou telle croyance dogmatique ou morale d'intérêt majeur, de ces vues opposées entre lesquelles la logique hésite, et s'il y avait urgence à prévenir une scission ou à rétablir la concorde entre les esprits, l'Eglise représentée non-seulement par ses évêques, mais aussi par les mandataires des fidèles laïques, pourrait être appelée à prononcer son jugement en assemblée générale, sur les questions controversées. Mais ce jugement ne pourrait toujours constater que l'opinion de la majorité des chrétiens sur le point en litige; tout en ayant la plus grande probabilité en sa faveur, puisque la logique des masses est soumise à beaucoup moins de chances d'erreur que celle des individus, il ne pourrait avoir l'autorité des enseignements de Jésus-Christ lui-même. Ce jugement produirait donc un grand effet moral, puisqu'il ferait connaître à chaque fidèle le côté où est le plus grand accord et la plus grande unité, et il aboutirait peut-être à une transaction entre les points de vue opposés. Mais il ne pourrait jamais avoir en matière de foi une force obligatoire semblable à celle des articles du credo, car, comme je l'ai dit, une affirmation qui paraît et qui est dans un moment donné la conséquence la plus juste qu'il soit possible de tirer d'un principe, peut se trouver incomplète et même erronée plus tard, quand il s'est produit de nouvelles lumières sur la question.

Dans ces conditions, je crois que la raison chrétienne et la foi chrétienne subsisteraient à côté l'une de l'autre dans un parfait accord.

CHAPITRE V

Des atteintes portées par la philosophie à l'autorité de la raison.

Je compte parmi les effets les plus funestes de la scission dont je viens d'analyser les causes, la négation des principes fondamentaux de la raison qui s'est produite dans la philosophie, quand celle-ci a voulu se dégager de plus en plus de ses rapports avec les croyances religieuses.

Je n'ai pas à raconter l'histoire des négations successives par lesquelles on est arrivé enfin à cette négation extrême. La première se produisit sous forme religieuse. Ce fut le protestantisme qui en même temps qu'il attaquait l'autorité excessive que s'attribuait le clergé, rompit l'unité de l'Eglise. Ensuite on nia la divinité du christianisme et par suite quelques-uns des dogmes fondamentaux de la religion révélée. Bientôt l'existence de Dieu et de l'âme humaine fut mise en question à son tour et le matérialisme compléta la négation des vérités issues directement de la religion. Mais ce résultat était insuffisant. Ces vérités font partie trop intégrante de la raison humaine pour qu'on ait pu se contenter de les nier purement et simplement; il fallut s'attaquer aux fondements de la raison même. C'est ce qu'ont fait le positivisme et le panthéisme.

Malgré l'absurdité qui fait l'essence de ces systèmes, on ne saurait méconnaître que, sinon le positivisme, du moins le panthéisme, a eu un très-grand succès, et il est difficile d'expliquer ce succès, de même que celui du déisme et du matérialisme, autrement que par les sentiments anti-religieux qu'ont provoqués les prétentions exorbitantes des représentants des religions officielles. Si les dépositaires de la foi avaient reconnu les droits de la raison, ces sentiments n'auraient pas eu l'occasion de naître. Il est certain qu'aujourd'hui ce qui avant tout entretient et propage l'incrédulité, c'est la crainte et l'hostilité qu'inspirent les tendances du clergé, et que du moment où les chefs des diverses confessions arriveraient à prouver que ces antipathies ne sont pas fondées, les esprits reviendraient en foule au christianisme.

Toutefois, si les représentants de la religion ont beaucoup fait pour justifier ces antipathies, ce n'est pas une raison pour les condamner avec l'aveuglement de la haine et surtout pour condamner la religion à cause d'eux. Ils ont commis des fautes et des erreurs, il est vrai, mais leurs adversaires n'en ont pas été exempts, et en fait d'erreurs sur la raison, dont nous avons à nous occuper spécialement ici, la philosophie anti-religieuse a abouti à des énormités comme il ne s'en est jamais rencontré chez les défenseurs de la foi.

Ce qu'on met en question, en effet, ce sont les bases premières de tout raisonnement, c'est le sens commun même. Il ne s'agit plus ici des opinions divergentes qui peuvent s'élever sur Dieu et l'âme humaine, sur la destination de l'homme, son libre arbitre, ses rapports sociaux. Il s'agit des idées premières de la raison, de ces notions fondamentales qui forment le cadre de toutes nos connaissances et dont j'ai longuement traité dans cet ouvrage [1]. Le positivisme prétend faire table rase de ces notions primitives, le panthéisme les altère dans leur essence. C'en serait fait, non-seulement de la raison chrétienne, mais de toute raison, si l'une ou l'autre de ces doctrines venait à prévaloir.

Ce n'est pas ici le lieu de discuter en détail ces systèmes, ni de rappeler les objections accablantes qui s'élèvent contre eux au nom de la morale et des faits. Il me suffira de faire voir qu'ils impliquent la négation directe des premiers principes de la raison.

Le positivisme représente jusqu'à un certain point le scepticisme dans la philosophie contemporaine. Il est remarquable qu'il ne se soit pas fondé dans l'époque moderne de grande école sceptique. Cela prouve que la société chrétienne est encore trop vivante, qu'elle a trop le sentiment de l'activité incessante et du progrès, pour s'adonner à cette doctrine du doute propre aux peuples en décadence qui laisse l'homme indifférent à tous les intérêts religieux et sociaux et ne conclut qu'à la satisfaction des besoins individuels. Aussi l'école positiviste n'est-elle sceptique qu'en partie : elle ne rejette que les principes essentiels de la raison, mais elle admet le témoignage des sens.

[1] Voir 2ᵐᵉ partie, livre I.

Ce témoignage, il est vrai, elle l'admet *a priori* et sans s'être inquiétée d'examiner les conditions auxquelles il est véridique, ni d'en scruter l'autorité. Suivant cette école, tout ce qui peut être observé, constaté par les sens est positif et constitue une connaissance réelle, tout ce qui va au-delà appartient au domaine de l'hypothèse et de l'imagination et ne peut faire l'objet d'aucune science. Il faut donc absolument bannir de la science la recherche des causes, des forces, des substances, du but et de la fin des êtres. Il est possible que ces choses existent ; mais comme il n'est pas donné à l'homme de les connaître en aucune façon, c'est comme si pour lui elles n'existaient pas ; la science ne doit donc s'en occuper en aucun cas et par conséquent toutes les questions sur Dieu, sur l'esprit, sur l'immortalité de l'âme sont purement oiseuses. Dans une brochure, publiée en 1859[1], M. Littré, le chef actuel de cette école, repousse même l'athéisme, « car l'athée est encore à sa manière une espèce de théologien qui a son explication de l'essence des choses. »

Quant à ce dernier point, il ne faut pas le prendre trop positivement, car il est connu que beaucoup de membres de l'école positiviste concluent de l'impossibilité de connaître Dieu à sa non existence et que cette école admet toutes les conclusions du matérialisme, notamment en ce qui concerne le caractère nécessaire de tous les phénomènes observables, le défaut de libre arbitre chez l'homme, la morale de l'intérêt. Mais ce n'est pas à ce point de vue que je dois la combattre. J'ai à prouver que dans l'hypothèse qui forme son point de départ toute science serait impossible.

On a beau vouloir en effet faire abstraction des idées de cause, de force, de substance, comme en définitive la science ne consiste qu'à distinguer les substances les unes

---

[1] *Paroles de Philosophie positive*, in-8°.

des autres, — dans son *Traité de chimie organique*, par exemple, M. Robin ne fait autre chose, — à rechercher l'action que les unes exercent sur les autres, à déterminer les lois générales des êtres, ce qui équivant toujours en fait à reconnaître des causes générales et à préciser leur mode d'action, on n'arrive jamais à opérer cette élimination impossible, quelque bonne volonté qu'on en ait. C'est ce que prouvent les travaux scientifiques des positivistes eux-mêmes.

Dans tous leurs livres, ils parlent de matière, de substance organisée et non organisée, de propriétés, d'actions qu'exercent les corps. Or, l'existence de la matière est aussi contestée que celle de l'esprit et la réalité de la première ne saurait pas plus que celle du second être constatée par le témoignage des sens. Et si l'on a assez de confiance au raisonnement pour admettre, sur la foi de preuves qu'il est seul en état de donner, l'existence de la matière et de diverses substances matérielles, pourquoi ne reconnaîtrait-on pas son autorité quand par des procédés tout à fait analogues, il démontre l'existence de l'esprit? Mais les positivistes ne se bornent pas à affirmer la matière ; ils lui attribuent *a priori* des qualités que le raisonnement lui refuse et sur la nature desquelles il est impossible aux sens de nous apprendre rien. Ainsi ils déclarent que c'est la matière qui produit les sensations perçues par nos organes, que la matière est active, que les forces sont des propriétés de la matière et n'ont pas d'existence indépendante [1]. Ce sont là de grosses questions métaphysiques, que la sensation est incapable de résoudre, que le raisonnement n'a résolues jusqu'ici que d'une manière très-insuffisante et que ces écrivains tranchent d'emblée sans avoir l'air de se douter du terrain sur lequel ils sont

---

[1] Voir le dictionnaire de Nysten, éd. de MM. Littré et Robin, aux mots MATIÈRE, ACTIVITÉ, FORCE.

placés. M. Littré dit dans la brochure citée plus haut : « Quelque solution individuelle que l'on donne aux insolubles questions d'origine et de fin, le fait est que l'univers nous apparaît présentement comme un ensemble ayant ses causes en lui-même. Le long conflit entre l'immanence et la transcendance touche à son terme : la transcendance, c'est la théologie ou la métaphysique expliquant l'univers par des causes qui sont en dehors de lui; l'immanence, c'est la science expliquant l'univers par des causes qui sont en lui. » Ainsi M. Littré ne s'aperçoit pas qu'il fait de la métaphysique, au moment où il résout à sa manière une question transcendante s'il en fût, le grand problème qui s'agite et s'agitera longtemps encore entre les panthéistes et les matérialistes d'une part, et les spiritualistes de l'autre. Voilà comment dans cette école on s'abstient de tout ce qui a trait aux causes, aux forces, aux substances !

C'est qu'en effet il est de toute impossibilité de faire abstraction de ces idées. Faites donc de la mécanique sans parler de forces, de la pathologie sans rechercher la cause des maladies, de la physiologie sans vous occuper de la finalité des organes. Si personne ne se livrait à des investigations pareilles, la science n'existerait pas. Sans doute son but n'est pas de pénétrer l'essence des choses; il y a d'abord une bonne raison pour cela : c'est qu'en vertu même de la nature de notre intelligence, qui en dernier ressort ne connaît que des rapports, cela lui est radicalement impossible. Mais rien ne l'empêche d'affirmer les êtres que ces rapports supposent; tout l'y oblige, au contraire, et il est de son droit et de son devoir d'approfondir la nature de ces êtres autant qu'elle le peut. Et comme je l'ai dit, les positivistes ne procèdent eux-mêmes pas autrement quand ils font de la science. Leur propre pratique prouve que leur prétention est insoutenable.

Et ce ne seraient pas seulement toutes les lois découvertes par la science qui se trouveraient frappées de nullité s'il fallait admettre cette prétention, mais il en serait de même des notions de la vie pratique, qui la plupart supposent des rapports de substance à qualité, de cause à effet, etc. Il faudrait changer la langue. Tous les verbes actifs qui expriment un fait de causalité devraient en être bannis. On ne pourrait admettre des propositions comme « Pierre est grand, l'or est jaune, » parce qu'elles impliquent la différence de la qualité et de la substance. Il est superflu d'insister davantage sur les absurdités auxquelles conduit ce système.

Comme je l'ai fait voir précédemment, en effet, ces notions de cause, de force, de substance dérivent directement de ces perceptions primitives qui forment les éléments les plus indispensables de la raison, puisqu'elles fournissent les points fixes et invariables qui servent de noyau à toutes nos idées concrètes. Seules elles ne nous apprendraient absolument rien sur l'univers ni sur nous-mêmes; elles n'acquièrent de valeur qu'en se joignant aux notions qui proviennent des sens, du raisonnement, de l'enseignement. Mais ces dernières notions à leur tour seraient impossibles sans elles. Le positivisme en niant, non pas toutes les perceptions premières, mais quelques-unes des plus importantes d'entre elles, s'attaque donc aux fondements de la raison même, et s'il devait triompher, il étoufferait dans son germe tout le développement scientifique de l'avenir.

Le panthéisme aussi s'attaque à des perceptions primitives de notre intelligence, mais à d'autres et dans d'autres directions.

Le panthéisme, c'est le matérialisme sous l'apparence du spiritualisme. Extérieurement, il se présente sous les formes les plus séduisantes. Il affirme l'existence de Dieu, de la Providence, de l'esprit humain, de l'immortalité de l'âme; il proclame que l'homme est libre, que sa destination est de faire le bien, que son but suprême est l'union avec l'être infini et absolu. Mais quand nous allons au fond de ces belles paroles, quand nous en cherchons le sens réel, nous trouvons que le Dieu du panthéisme c'est la substance unique, informe, sans conscience d'elle-même, qui constitue l'essence de tous les êtres ; que la Providence consiste dans l'action des lois fatales qui régissent cette substance et le monde par lequel elle se manifeste ; que l'esprit humain n'est que l'individualisation momentanée d'une partie de la substance éternelle, partie indestructible comme la substance dont elle est un élément, mais qui périt nécessairement comme individualité et comme souvenir ; nous trouvons enfin que la liberté de l'homme n'est pas la faculté du choix et qu'elle n'admet que des déterminations fatales, qu'il n'y a pas de différence réelle entre le bien et le mal, puisque tous deux sont des manifestations également nécessaires de la substance divine, et que l'union avec l'absolu est l'absorption finale dans le grand tout, qui est le sort commun de tous les êtres. Les affirmations du panthéisme sont donc directement contraires à ce qu'elles semblent énoncer et en réalité elles ne diffèrent que par la forme de celles du matérialisme.

Il est possible que la plupart des panthéistes ne se rendent compte que très imparfaitement de cette parenté entre le matérialisme et leur propre doctrine. Les hommes ne vont pas toujours jusqu'aux dernières conséquences de leur système. Ce qui me fait croire que la philosophie panthéiste se fait volontiers illusion à cet égard, c'est qu'elle a grand' peine à s'avouer elle-même. J'ignore s'il a existé dans les temps modernes un philosophe qui ait franchement reconnu qu'il était panthéiste et les auteurs les plus incontestables de cette doctrine se sont toujours efforcés de la couvrir d'un autre nom.

Il faudrait pourtant s'entendre sur les termes. Le nom certainement ne fait rien à la chose. La question est de savoir si parmi les enseignements de la philosophie ne se trouve pas une doctrine bien caractérisée, ayant pour affirmation essentielle : qu'il n'existe qu'un seul être, une seule substance dont le monde visible et intelligible est la manifestation, et que tous les phénomènes, tous les faits que nous pouvons connaître sont au même titre des expressions de cette substance unique. Cette doctrine, qui dans l'Inde a été représentée par le Védanta, dans la Grèce par Parménide, Héraclite, les Stoïciens, les Néoplatoniciens, dans la période cartésienne par Spinosa, enfin depuis le dernier siècle par Fichte, Schelling, Hegel, Schopenhauer, les Saint-Simoniens, M. Vacherot, a généralement été désignée sous le nom de panthéisme, parce que la plupart de ceux qui la professaient, appelaient cette substance universelle Dieu. Mais il faut reconnaître que plusieurs se sont exprimés autrement, que Schopenhauer, par exemple, a nommé «volonté» l'être unique qui produit tous les phénomènes. M. Vacherot déclare que Dieu n'est qu'une conception de l'homme, qu'il n'existe que dans notre esprit et que la substance universelle ne peut recevoir ce nom. On n'est donc pas en droit d'appeler panthéistes ces deux philosophes; mais au fond leur doctrine ne diffère pas de celle des panthéistes proprement dits et les atteintes qu'elle porte à la raison sont les mêmes.

Il est généralement reconnu aujourd'hui que le philosophe qui a déployé le plus de puissance intellectuelle au service du panthéisme est Hegel. C'est donc dans son système que nous chercherons de préférence les affirmations destructives de la raison, communes plus ou moins à tous les systèmes panthéistes.

La plus essentielle de ces affirmations est qu'il n'y a pas d'idées réellement contradictoires, qu'entre oui et non il n'existe pas de différence véritable, que toutes nos conceptions, quelque opposées qu'elles soient, peuvent être ramenées à l'identité. On voit que les panthéistes comme les positivistes s'attaquent aux perceptions primitives de la raison ; mais ce n'est plus sur les idées de cause, de substance, etc., que porte la négation, c'est sur le principe de la différence et de la contradiction, sans lesquels aucune conception ni aucun raisonnement ne sont possibles.

Et cette négation forme pour le panthéisme une nécessité impérieuse. Lorsqu'en effet on admet l'unité de substance ou d'être, on est obligé de supposer que toutes les oppositions et les contradictions qui se manifestent dans l'univers sont de vaines apparences. Car si cette substance est absolument une et homogène, d'où cette immense variété de phénomènes que nous offre le monde extérieur pourrait-elle provenir? Cette multitude de rapports, ces actions et ces réactions continues, ces réalités si diverses avec lesquelles nous sommes constamment en contact, s'expliquent parfaitement quand on admet l'existence d'êtres différents dont chacun a des propriétés spéciales et dont les relations variées donnent lieu à tous les phénomènes que nous connaissons. Mais que peuvent être les rapports d'une substance une avec elle-même, l'action qu'un être homogène exerce sur lui-même? La seule existence des différences que présente la nature suffirait donc pour faire rejeter l'hypothèse de l'unité de substance. Mais l'existence d'idées et d'êtres contradictoires la rend encore bien plus inadmissible. Nous percevons par l'usage même que nous faisons de notre intelligence que certaines idées s'excluent réciproquement, qu'un même être ne saurait être à la fois et sous les mêmes rapports blanc et noir, divisible et indivisible, fini et infini. Or s'il existait une seule substance, cette substance devrait réunir toutes ces propriétés contradictoires et c'est en effet ce que le panthéisme a toujours supposé.

On appelle absurde en logique toute proposition qui affirme des attributs contradictoires d'un même sujet, et l'argument par l'absurde consiste à prouver l'impossibilité d'une affirmation, parce qu'elle impliquerait contradiction. En vertu de leur hypothèse générale, les panthéistes sont donc forcés d'admettre la vérité de l'absurde et d'en faire même le principe de toute la connaissance. Est-il rien de plus destructif de la raison?

Il est vrai que par le mot raison les panthéistes n'entendent pas la même chose que les autres mortels. Comme évidemment la raison commune ne peut s'accorder avec leur doctrine, ils ont déclaré que ce que jusque-là on avait nommé ainsi n'était qu'une faculté inférieure, l'entendement, qui ne pouvait conduire l'homme à la vérité complète; que l'entendement se plaisait dans les contradictions, les oppositions, et les prenait au sérieux, mais que la véritable raison, la raison spéculative, celle dont étaient doués les fondateurs de la philosophie nouvelle, avait des lumières qui lui permettaient de reconnaître la vanité de toutes ces distinctions et d'apercevoir l'identité absolue des différences et des contradictions de tout ordre.

J'ai exposé dans un autre ouvrage la série des sophismes souvent grossiers par lesquels Hegel a essayé d'établir les vérités de la raison spéculative [1]. La conclusion dernière de sa doctrine relativement à la raison, conclusion parfaitement avouée par ses disciples, c'est que deux affirmations directement opposées sont également vraies toutes deux, c'est qu'à toute vérité peut être opposée une vérité contraire aussi certaine que la première.

Et il ne s'agit pas ici du caractère relatif de notre connaissance. Si Hegel s'était borné à affirmer que la science humaine était toute relative et que nous ne connaissions que des rapports, il n'aurait rien dit de nouveau et se serait trouvé d'accord avec la plupart des philosophes du XVIIIe siècle. Le principe hégélien de la vérité simultanée de deux affirmations opposées comme oui et non doit être pris à la lettre pour que le système hégélien puisse subsister, et il faut, par exemple, considérer comme simultanément vraies

---

[1] *Hegel et la philosophie allemande*, 1843, in-8°.

des propositions telles que celle-ci : La terre tourne; elle ne tourne pas; — tous les triangles ont trois côtés; il y a des triangles qui n'ont pas trois côtés; — il ne faut pas faire de mal à autrui; il faut faire du mal à autrui; — M. X est un honnête homme; M. X est un coquin. La raison spéculative parviendrait sans aucun doute à faire voir l'identité de toutes ces propositions. Mais pour ceux qui restent fidèles au sens commun, il est clair que cette raison spéculative conclut à l'anéantissement même de la raison.

Est-il surprenant de voir, sous l'influence de pareilles doctrines, le sophisme et la contradiction fleurir dans les écrits des penseurs contemporains?[1] Si la méthode de Hegel pouvait prévaloir, toute la science moderne serait remise en question et nous retomberions dans les arguties du Bas-Empire.

Par une autre affirmation encore, le panthéisme conclut à une altération profonde de la raison. C'est par la prétention hautement proclamée des philosophes de cette école d'atteindre à la science absolue, de dévoiler dans son essence intime la nature de toutes choses. J'ai eu trop souvent dans cet ouvrage l'occasion de démontrer l'absurdité de cette prétention, qui méconnaît à la fois les limites et la fonction de la raison et qui est incompatible avec le progrès, pour avoir besoin de m'y arrêter ici. Je ferai observer seulement que le panthéisme, fidèle en cela à sa nature contradictoire, au lieu d'éclairer d'une lumière nouvelle l'univers physique et moral, a été la doctrine la plus stérile, la plus inféconde en toutes choses et qu'il n'en est pas

---

[1] Voir sur ce sujet le livre du P. Gratry : *Les Sophistes et la Critique*, où ont été relevées les contradictions étonnantes que quelques disciples français de Hegel émettent à quelques pages de distance. Pour ne pas être accusé de ne citer que des passages tronqués, le P. Gratry a reproduit des feuilles entières des auteurs qu'il combat, et certes il n'y a rien de plus instructif pour ceux qui veulent s'édifier sur les résultats de la méthode hégélienne.

sorti une seule découverte scientifique digne d'être mentionnée. M. Vacherot trouve à la philosophie hégélienne « un mérite propre plus manifeste encore que tous les autres », c'est d'être féconde en applications aux sciences de toute espèce, mécanique, astronomie, physique, chimie, histoire naturelle, histoire proprement dite, psychologie, esthétique, morale et législation [1]. Quelle illusion ! Sans doute l'école de Hegel a produit un assez grand nombre d'ouvrages relatifs à des matières philosophiques, au droit, à l'esthétique. Mais que contiennent-ils de nouveau ? l'encadrement dans les triades hégéliennes des connaissances déjà acquises, et rien de plus. Quant aux sciences physiques et naturelles, il n'y a pas le moindre point de contact entre elles et l'explication métaphysique que Hegel donne du monde. M. Michelet, de Berlin, en éditant la *Philosophie de la nature* de son maître en 1842, a vainement supplié les savants de prêter quelque attention aux théories physiques qui y sont exposées. La science moderne n'a pu tenir aucun compte des affirmations cosmologiques de Hegel, parce qu'en effet il n'y a rien qui lui soit plus étranger.

Je crois avoir démontré l'incompatibilité du scepticisme positiviste et du panthéisme avec la raison.

Ces doctrines sont-elles plus dangereuses pour le développement de l'intelligence humaine que les entraves que veulent lui imposer une partie des représentants du christianisme ? Je ne le pense pas.

Sans doute, si elles parvenaient à prévaloir, elles pervertiraient complètement l'esprit de la société moderne et exerceraient une influence beaucoup plus funeste que les prétentions ecclésiastiques, puisque celles-ci ne tendent à enlever qu'un terrain circonscrit à la libre raison, tandis

---

[1] *La métaphysique et la science.* 2ᵉ éd., t. III, p. 129.

que le positivisme et le panthéisme s'attaquent aux bases mêmes de la logique humaine. Mais je ne crois pas que cette philosophie anti-rationnelle ait aucune chance de vie ni de durée.

Le positivisme et le scepticisme en général, de même que le panthéisme, répugnent tellement à la raison qu'ils ne peuvent exercer sur la société une action prolongée ; les esprits qui ont accepté une de ces doctrines ne sauraient s'y arrêter, ils vont en avant dans la route fatale où ils sont engagés et aboutissent au matérialisme.

Pour le positivisme, cela est déjà fait ou peu s'en faut. En réalité, les conclusions des positivistes n'ont jamais différé de celles des matérialistes, et si aujourd'hui quelques savants maintiennent encore la distinction entre les deux systèmes, c'est par des motifs personnels plutôt que par des raisons de doctrine.

De même, le Hégélianisme pur n'a fleuri qu'un moment en Allemagne. Dix ans après la mort du chef, l'école était dispersée et les disciples les plus avancés reconnaissaient une espèce d'athéisme à formes panthéistes dont Feuerbach et Arnold Ruge étaient les principaux représentants. C'est sous cette forme surtout que la doctrine de Hegel pénétra en France, à en juger par les ouvrages de Proudhon, de MM. Vacherot, Taine et autres. En Allemagne du reste le mouvement ne s'arrêta pas là. Il y eut d'une part une grande réaction spiritualiste et de l'autre l'athéisme hégélien fit place au pur matérialisme des Vogt et des Moleschott. Tout semble prouver que la même évolution est en voie de s'accomplir en France, et en tout cas cela ne pourra tarder, car la logique ne supporte pas de position irrationnelle. Déjà la chose paraît faite pour ce qui concerne M. Taine. Dans un temps plus ou moins prochain, le positivisme et le panthéisme se seront donc fondus dans le matérialisme, qui restera seul en présence des doctrines spiritualistes.

Or à ce moment le triomphe du spiritualisme sera déjà aux trois quarts assuré.

Je ne vois pas en effet que le matérialisme puisse jamais devenir bien redoutable. Il a sur les doctrines sceptiques et panthéistes l'avantage de ne pas pervertir la raison humaine. Ses données sont rétrécies, terre à terre; il se renferme dans de petites observations; la portée des problèmes qu'il agite lui échappe; il ne s'aperçoit pas même des mystères que recèlent les phénomènes sur lesquels il fonde l'explication de l'univers; il juge mal les faits qu'il observe et en tire de fausses conclusions; mais en somme ses erreurs sont analogues à celles qu'offre tout raisonnement humain et il ne vicie pas la raison dans ses bases essentielles. Or par cela même qu'il n'altère pas l'intelligence, la vérité parvient plus facilement à prévaloir contre les erreurs qu'il proclame et le plus souvent ces erreurs sont réfutées avant qu'elles soient parvenues à s'établir.

C'est ce qui explique le peu d'importance relative que cette doctrine a eue dans l'histoire de la philosophie et de l'humanité. Le matérialisme s'est montré souvent et en tous lieux, mais il n'a pas duré. Les premiers atomistes de la Grèce ne furent qu'une apparition passagère. Le système d'Epicure seul se maintint quelque temps, grâces à la profonde démoralisation où était tombé l'empire romain et à la foule des riches et des puissants qui trouvaient dans cette doctrine la justification de leurs débauches. Il ne reparut avec quelque autorité que dans le XVIIIe siècle, grâces encore à la protection des grands seigneurs. A ce moment il pénétra jusqu'à un certain point dans la science, mais la réaction ne tarda pas à se produire et en peu de temps il fut chassé de toutes ses positions.

Le matérialisme est incapable d'exercer une grande séduction sur les esprits. Comment des hommes qui ont l'intelligence un peu large et le cœur un peu haut pourraient-ils se complaire dans ce système étroit qui ne voit dans l'univers qu'un jeu mécanique d'atômes, qui fait de l'homme un rejeton du singe et qui assimile la pensée à la sécrétion de l'urine ! On conçoit que de grands penseurs se soient égarés dans le panthéisme, car il leur offrait au moins l'apparence des biens spirituels auxquels aspire l'humanité. Grâces à la flexibilité de ses doctrines et au défaut de logique qui lui est propre, le panthéisme peut faire une place aux grands mystères posés à l'intelligence et même aux sentiments nobles et généreux. Mais pour le matérialiste tous les mystères se réduisent à des combinaisons d'atômes, et s'il est conséquent, il doit traiter de dupes et d'aliénés tous ceux qui se préoccupent d'autre chose que de leur propre intérêt. Jamais un homme qui aura assez de force logique pour comprendre ces conséquences et assez de sens moral pour les repousser ne sera donc matérialiste. Aucun esprit de premier ordre ne l'a été. Les masses de même n'ont jamais été matérialistes. Le rapport des croyances spiritualistes avec les prescriptions de la morale est trop évident pour que le peuple puisse devenir tout-à-fait infidèle aux premières tant qu'il continue à obéir tant soit peu aux secondes. Quand les croyances spiritualistes se corrompent, le peuple s'adonne à la superstition et non au matérialisme.

Je ne crois donc pas que les doctrines anti-religieuses qui ont cours en ce moment soient bien menaçantes pour la société, malgré le bruit qu'elles font et le succès dont elles se vantent. En définitive la raison triomphera toujours et la raison moderne c'est le spiritualisme et le christianisme.

RÉSUMÉ ET CONCLUSION

Récapitulons les résultats auxquels nous sommes parvenus :

La raison n'est pas une faculté spéciale parmi d'autres facultés intellectuelles. Elle réside dans l'ensemble des idées que chacun de nous possède, idées qui n'ont pas toutes la même valeur au point de vue de la raison, mais dont quelques-unes sont plus générales et remplissent l'office de principes, tandis que les autres sont subordonnées et dépendent des premières.

Les idées dont se compose la raison forment donc toujours un système où dominent en première ligne les croyances morales et religieuses, en second ordre les conceptions qui se rapportent à l'utilité. La raison est d'autant plus haute et plus large que ces deux espèces de conceptions sont plus élevées et plus générales.

L'ensemble de nos idées n'est jamais conforme à la vérité absolue. La raison contient toujours des lacunes et des erreurs. Mais elle est progressive et à la série ascendante des civilisations correspond un développement analogue de la raison. Chaque peuple, chaque parti politique et même chaque individu se fait ainsi sa raison particulière.

De ces faits résulte une conséquence. C'est que la raison n'existe pas en vue d'elle-même, c'est que nous ne connaissons pas pour connaître, mais pour agir et remplir notre destination dans ce monde. La part de vérité acquise par l'humanité est proportionnelle à l'action que l'homme accomplit dans chaque moment de l'histoire. La raison est la condition et le moyen de notre libre arbitre, c'est dans les limites de cette fonction qu'est renfermée toute sa puissance.

Ayant ainsi déterminé par l'observation et l'expérience la nature de la raison, nous avons dû nous enquérir de la source des idées dont elle se compose.

Nous avons rencontré d'abord une série de perceptions primitives, résultant soit de la nature même de nos opérations intellectuelles, soit de rapports divers de notre esprit avec l'objet, qui forment les éléments nécessaires de toutes nos idées, le cadre de l'intelligence, ce qu'on a appelé les catégories de la raison. Nous avons attribué à ces perceptions la notion de l'être, de l'objet, de l'identité et de la différence, de l'unité et de la pluralité, du rapport, de l'espace et du temps, de la contradiction, de la substance et de la qualité, de la cause et de l'effet, de la dépendance des êtres entre eux, du général, du particulier et de l'individuel, de l'activité spontanée, du but et du motif. Nous avons vu aussi que les notions ainsi acquises constituent de pures abstractions, incapables de rien nous apprendre de positif ni sur le monde ni sur nous-mêmes et dont toute la valeur résulte de leur combinaison avec d'autres éléments rationnels, qui à leur tour ne sont accessibles à l'intelligence que par l'intermédiaire de ces notions primitives.

Cherchant d'où pouvaient provenir ces autres éléments rationnels, nous nous sommes trouvés en face d'une grande doctrine sur l'origine des idées, célèbre dans l'histoire de la philosophie, admise encore aujourd'hui par la plupart des spiritualistes, le système des idées innées. Nous avons consacré à l'examen de cette doctrine toute l'attention et toute l'étendue qu'elle méritait. Nous avons étudié les raisons générales qu'elle invoque en sa faveur. Nous nous sommes longuement arrêtés sur chacune des conceptions métaphysiques auxquelles on attribue l'innéité ; nous avons recherché avec soin surtout si les idées morales, qui ont toujours fourni à cette doctrine ses arguments les plus décisifs, se trouvent naturellement déposées dans notre conscience. Et la conclusion de cette étude approfondie a été qu'il n'existait pas d'idées innées, que ce système grandiose était propre au génie antique qui l'avait formulé, mais qu'il était impossible de le faire concorder avec la plus générale des conceptions modernes, avec l'idée du progrès.

L'hypothèse des idées innées devant être rejetée, il s'agissait de savoir si le sentiment, la sensation et le raisonnement suffisaient pour expliquer l'origine de tous les autres éléments rationnels. Or le sentiment doit être écarté tout d'abord, car rien n'a prouvé jusqu'ici qu'il ait fourni à la raison aucune conception spéciale. D'autre part il n'est plus soutenable aujourd'hui que la sensation soit la source unique de nos connaissances. Mais il est hors de doute que le raisonnement joint à la sensation et aux perceptions primitives est le grand instrument de la formation des idées nouvelles, que par son moyen nous tirons d'un principe toutes les conséquences qu'il renferme, nous induisons d'un fait tous les rapports qu'il suppose ; le raisonnement dans sa totalité, c'est l'ensemble des méthodes scientifiques et c'est à la science que la raison doit le plus grand nombre de ses idées.

Mais le raisonnement a toujours besoin de partir d'idées déjà acquises, de principes qui forment la base de ses opérations ultérieures ; la sensation même serait impossible, si elle ne s'appliquait à des objets déjà connus. Or ces idées acquises, la connaissance de ces objets, c'est la société qui les transmet par l'enseignement à chaque individu et dans cet enseignement figurent avant tout les idées morales et religieuses, qui jouent un rôle si dominant dans la raison. C'est de la nature de ces idées que dépend toute la puissance du raisonnement lui-même ; suivant que ces conceptions sont vraies ou fausses, les méthodes scientifiques sont fécondes ou stériles, et comme le prouve l'histoire, les peuples ne cessent de croître en science et en lumières lorsque ces principes premiers de toute l'activité intellectuelle sont capables de leur imprimer une impulsion progressive, tandis qu'ils croupissent dans l'immobilité et l'ignorance quand ces principes sont viciés et corrompus.

Le raisonnement aidé de la sensation et des perceptions primitives a-t-il le pouvoir de créer lui-même les idées morales et religieuses et surtout les idées morales? Je crois avoir prouvé que non. La morale que Dieu seul peut rendre obligatoire, ne peut provenir que de Dieu même. Aux autres sources de la raison, il faut donc joindre la religion, qui seule a pu nous fournir la notion des prescriptions de la morale et des principes métaphysiques d'ordre supérieur.

J'espère avoir démontré qu'aucun motif rationnel ne défend d'admettre que Dieu soit intervenu, à certaines époques, dans la marche du progrès humain pour lui tracer sa voie et lui poser par la loi morale l'idéal vers lequel il doit se diriger; que la croyance à des interventions de ce genre est autorisée par le fait de la création successive du monde physique ; que Dieu a donné à l'homme un premier enseignement au moment où il l'a créé, mais que cet enseignement s'est corrompu et a fait place aux fausses religions ; enfin que si l'on juge l'arbre par ses fruits, le christianisme porte les marques certaines de son origine divine.

Le nombre considérable de notions que l'humanité avait acquises avant la venue de Jésus-Christ, la morale et les principes religieux de l'Evangile, l'immense masse de connaissances qui se sont accumulées sous l'empire du christianisme, voilà donc ce qui constitue la raison aujourd'hui.

La raison ainsi constituée ne contient pas seulement des idées vraies ; si la vérité domine dans ses conceptions, elle n'exclut pas l'erreur. Mais cette imperfection nécessaire ne saurait diminuer en rien l'autorité qu'elle tient de la nature même des opérations intellectuelles, ni justifier les attaques dont elle est l'objet de la part des uns au nom de la foi et des autres dans l'intérêt d'une fausse philosophie.

Tels sont les résultats généraux auxquels nous sommes arrivés. Ils peuvent se résumer sous une autre forme dans les conclusions suivantes :

La raison n'est pas une faculté purement individuelle, propre à chaque esprit humain et qui ne tire aucun de ses éléments du monde extérieur. Au contraire, tout en ayant son siège dans l'intelligence personnelle, elle est le produit des facteurs les plus divers, elle représente toutes les conditions imposées à l'homme et tous les rapports dont il forme un terme; elle suppose Dieu et la loi morale, les bases métaphysiques du monde accessibles à notre connaissance, les formes sensibles de ce monde; elle suppose la nature spirituelle et matérielle de l'homme, elle suppose la société et l'histoire. La raison forme donc le lien intellectuel qui rattache l'homme à l'ordre universel, et à ce titre elle est plus qu'une simple faculté de penser qui contribuerait à distinguer l'homme de l'animal, elle est la participation à la pensée suprême qui a conçu le plan du monde et tracé la voie de toutes les créatures.

La raison forme le bien commun de la société entière, mais l'usage de ce bien est nécessairement individuel. Cet usage est libre en vertu de sa nature même, car il n'est pas possible d'exercer une contrainte extérieure sur des opérations intellectuelles. La seule contrainte que la raison puisse reconnaître est celle des lois inflexibles de la logique et de la force convaincante du raisonnement. Et cette liberté n'est pas seulement de fait, elle est de droit. Dieu a voulu que même ses commandements moraux fussent acceptés librement et il n'a donné à aucun homme le droit d'imposer ses convictions à autrui. Mais le libre usage de la raison serait nul et non avenu si chacun n'avait le pouvoir de manifester hautement ce qu'il croit être la vérité. La liberté intellectuelle sous toutes ses formes est donc la conséquence nécessaire de l'existence même de la raison.

L'activité libre de la raison ne peut conclure qu'à la vérité. Ou bien les principes généraux qui forment la base des croyances sociales sont faux, et dans ce cas la logique suffira pour les réduire à néant; ou bien ils sont vrais et alors la logique éliminera infailliblement tout ce qui y est contraire. Dans la société chrétienne, ceux-là seulement ont intérêt à suspecter l'autorité de la raison et doivent craindre le triomphe naturel de la vérité, qui ne croient pas aux principes du christianisme; car c'est sur ces principes que se fonde la raison moderne et c'est aux erreurs contraires que la libre discussion portera le coup de mort.

FIN

TABLE DES MATIÈRES

	Pages
But et plan de l'ouvrage	1

PREMIÈRE PARTIE
DE LA NATURE DE LA RAISON.

Chap.	I. Caractère général de la raison	3
»	II. La raison de chaque individu est formée par la totalité des idées qu'il possède	9
»	III. Les idées formant la raison sont systématisées .	19
»	IV. Les idées qui forment la raison ne sont vraies qu'en partie. La raison est progressive . . .	33
»	V. But et destination de la raison	49

DEUXIÈME PARTIE

| Des sources de la raison . . . . | 58 |

Liv. I. — Des idées premières ou catégories de la raison.

Chap.	I. Des catégories en général	59
»	II. Caractères généraux des idées premières de la raison	63
»	III. Les idées premières de la raison. I. Opérations intellectuelles. Les idées d'être, d'objet, d'identité et de différence, d'unité et de pluralité, de relation. — II. Les idées d'étendue et de durée, du rapport de contradiction, la relation du support au phénomène, de la cause à l'effet, de la dépendance. — III. Le général, le particulier et l'individuel. — IV. L'activité spontanée, le but et le motif	67

		Pages
Chap.	IV. Nature et portée des idées premières comme sources de la raison	102

Liv. II. — Des idées innées.

Critique générale du système des idées innées.

Chap.	I. Origine de ce système	117
»	II. Des vérités nécessaires et universelles	123
»	III. Ni les idées simples, ni les idées complexes ne sont innées	131
»	IV. Corruption des idées innées	143
»	V. Les idées innées sont incompatibles avec le progrès	150
»	VI. Si les idées peuvent être comparées à des germes	158

Des principales idées métaphysiques.

Chap.	VII. De l'idée de l'être et du système réaliste	167
»	VIII. De l'espace, du temps, du continu, de l'unité, de la quantité, de l'infini	175
»	IX. De la substance, de l'essence, de la qualité, de l'accident	190
»	X. De la cause et de l'effet, de la finalité, du but immanent, de la raison suffisante	201
»	XI. La force et la matière	212
»	XII. L'idée de Dieu	240

Des idées morales.

Chap.	XIII. Considérations générales	245
»	XIV. Des principes moraux qui n'ont qu'une valeur logique. Les idées d'obligation et de droit	247
»	XV. Des relations morales fondées directement sur la nature humaine. L'égoïsme et le dévouement. Le sentiment. La sympathie. La conscience morale	262
»	XVI. Des prescriptions de la morale primitive	277
»	XVII. Les variations de la morale	281

Des idées esthétiques.

Chap.	XVIII. Caractère organique du sentiment esthétique	293
»	XIX. Des variations dans l'idée du beau	297

TABLE DES MATIÈRES.

Pages

Liv. III. — **Du sentiment, de la sensation et du raisonnement comme sources de la raison** . 301

Chap. I. Du sentiment comme source de la raison . . . 302
» II. Des systèmes sensualistes en général. 307
» III. Des sensations comme sources des idées . . . 314
» IV. Du raisonnement et des méthodes scientifiques. — L'observation, la définition. — La démonstration rigoureuse. — L'analyse. — L'induction. — La déduction. — La critique. — L'hypothèse. — La méthode générale de la science . 344
» V. Le développement intellectuel suppose d'autres conditions que la sensation excitée par les besoins physiques. De l'influence du climat et de la différence des races. 378
» VI. Des conditions réelles du développement intellectuel. Il dépend des idées morales 393
» VII. Des fondements supposés des idées morales, et en premier lieu du plaisir et de la peine comme mobiles des actions humaines 401
» VIII. Si la morale est indépendante de l'idée de Dieu . 408
» IX. La morale n'est pas le produit d'un travail scientifique 427
» X. Des méthodes qui ont été appliquées à la science morale. — Méthode déductive. — Méthode inductive. 451
» XI. De l'utilité comme principe de la morale . . . 468

Liv. IV. — **De la religion comme source de la raison.**

Chap. I. La religion est une nécessité morale et sociale . 481
» II. De l'intervention divine dans le développement de l'humanité. 490
» III. La religion chrétienne 505

TROISIÈME PARTIE

DE L'AUTORITÉ DE LA RAISON.

Chap. I. De l'autorité de la raison en général et de la vérité de nos conceptions 516
» II. Des droits de la raison 526

		Pages
Chap. III.	Des rapports généraux entre la raison et la foi	532
» IV.	De l'opposition entre la raison et la foi dans la civilisation chrétienne	541
» V.	Des atteintes portées par la philosophie à l'autorité de la raison. — Positivisme. — Panthéisme.	566

Résumé et conclusion 582

www.ingramcontent.com/pod-product-compliance
Lightning Source LLC
Chambersburg PA
CBHW070359230426

43665CB00012B/1174